目的犯の
研究序説

伊藤 亮吉 著

成 文 堂

は し が き

　本書は，目的犯に関して公刊した拙稿に加筆・修正を加えた，私にとって初めての論文集である。

　目的犯の問題は，私が早稲田大学法学部を卒業して，早稲田大学大学院に進学してからの主たる関心テーマであった。名城大学法学部に奉職してからも，このテーマで研究を続けることができたのは幸いであった。

　そうはいっても，目的犯に関する研究はそれほどなされてきたとはいえない。同じ主観的要素であるにもかかわらず，一般的要件と特殊的要件の違いを反映してであろうか，故意に関する多数の詳細な研究が発表されているのとは対照的である。目的犯の目的は，刑法総論における主観的違法要素の肯否論で問題とされても，教科書では2,3行で終わる程度であり，刑法各論における個々の犯罪成立要件においても，「本罪は目的犯である」の一言ですまされることが少なくない。それほど目的犯が議論される領域というのは限定的ということであろう。もちろん，主観的違法要素の肯否論において目的犯が果たしてきた役割は大きいものがあると断言できる。特にわが国では，それが行為無価値論と結果無価値論の対立点をかなりの程度明確化し，結果無価値論内部における違法観の違いを鮮明にしてきたことに疑いを挟む余地はない。本書は，これとは別の観点から目的犯の問題に切り込んだものではないかと考えている。

　本書の完成には多くの方々からのご教示，ご協力をいただいた。まずは，早稲田大学の野村稔先生には学部ゼミと大学院の指導教授としてお世話いただいた。その学恩は語り尽くすことができない。野村先生が当時副会長を務められていた学内サークルの刑事法研究会に入会した直後の学部1年生の夏休みの合宿のゼミで，見張りが共同正犯か幇助犯かが話題となったときに，私が今からすると実に稚拙で議論ともいえない陳腐な話しをしたにもかかわらず，「君がそのような考える意見を聞きたい」とおっしゃってくださり，その後旅館内でたまたま遭遇した際にいい気になって「異説の伊藤です」と自己紹介したところ，「そうか，異説か」と豪快に笑われたのが，野村先生との

初めての会話であったと記憶している（先生は覚えていらっしゃらないであろうが）。その後学部の野村ゼミ・大学院の野村研究室へ進学をお許しいただいた際にも，大所高所から学生の議論を調整するというよりも，学生の側に降りてきて，本気になって学生と議論を交わしてくれる（そして，学生を打ち負かす）のが野村先生の指導方針であった。野村先生の熱の入った話しのために次の授業時間まで授業が延びてしまったことは一度や二度ではない。こうしたことも今ではいい思い出となっている。ただ，本書が野村先生の退職前に完成できなかったことは情けなく，また申し訳なくおもう気持ちでいっぱいである。

　早稲田大学では，西原春夫先生をはじめとして，研究者・実務家の多くの先生方には公私にわたり様々なご指導をいただいた。この学恩はどのような言葉でもってしても言い表すことはできない。学会や研究会等において常に気にかけてくださり，有益な助言もたくさんいただいた。マックス・プランク外国国際刑法研究所（Max-Planck-Institut für ausländisches und internationales Strafrecht）で在外研究ができたのも，西原先生をはじめとする先輩方がここで良縁を築いてきてくださったからであることは，ドイツにおいて何度も実感させられたことである。

　早稲田大学大学院時の先輩や同年代の方々，さらには，同じ授業・研究会をともにしていただいた他大学の大学院生で親切な交流をさせていただいた方々にも感謝したい。優秀な方々に囲まれたことから，自分の無力さゆえに羨望の感情を抱くことが頻繁にあったが，一緒に議論ができる環境にいさせていただいたことは同時に尊敬と敬愛の念も抱かせてもらえるという，この上なく幸せなときであった。

　次に，名城大学の木村裕三先生には名城大学に着員して以来，公私にわたりお世話していただいた。木村先生は来年（平成29年）3月で名城大学を退職されるが，先生のご退職の前に本書を出版できることは，野村先生へのおもいとは逆だが，わずかばりだがご恩に報いることができたのではないかとうれしくおもう。名城大学の法学部および法務研究科の刑事法スタッフをはじめとする諸先生方，職員の皆さんには日頃からお世話になりっぱなしで，いつも感謝している。本書がこの感謝の気持ちの一端として形に表すことが

できたのであれば，光栄の至りである。

　早稲田大学と同様に現在勤務する名古屋地区においても，刑事法の研究者・実務家の先生方には様々な研究会で色々と勉強させていただいている。名古屋という地域が大規模というほどではなくむしろ比較的小規模であることも大きな理由の１つであるとおもわれるが，それ以上にこの地にいらっしゃる研究者・実務家の先生方の気質が一番の理由であろう，各種の研究会において自由な雰囲気の中で自由な議論を交わすことができる。こちらでも自分の不勉強ばかりが気になってしまうのだが，それでもかなり密な関係を築かせていただけていることは非常にありがたいものであると常日頃感謝の念を抱いている。

　そして，私が２年間の在外研究期間をすごしたマックス・プランク外国国際刑法研究所の所長のウルリッヒ・ズィーバー先生（Prof. Dr. Dr. h.c. mult. Ulrich Sieber）と前所長のアルビン・エーザー先生（Prof. Dr. Dr. h.c. mult. Albin Eser）にも感謝申し上げたい。私自身はなかなか論文の執筆に至らなかった期間が長くに及んだが，ここですごした２年間は，これまでの研究姿勢を大いに反省させられるとともに，新たな研究方法・研究観をもつのには，絶好の機会であり，なかなか先が見えずにいたところに光明が灯されたおもいであった。ここでの在外研究がなければ本書の公刊はなかったであろう。それほど自由な雰囲気の中でじっくりと考察を深める機会を与えてくださった。ドイツの寒さが厳しく陽を見ることのない冬の時期は何度日本に帰りたいとおもったかわからないが，今となっては，再度訪れて研究に打ち込みたいと念願しているところである。自分が今いる環境が当然のものになってしまうと，別の環境を求めてしまい，それが失われて初めてその素晴らしさに気づかされるということはよく言われることであるが，マックス・プランク研究所は私にとってはまさにそのような大きな存在であった。本書の刊行により，ビールとワインの研究（だけ）に行ったのではないことが示すことができたであろうか。

　さらには，昨今の厳しい事情の中で，本書の出版を快諾してくださった阿部成一社長，阿部耕一会長をはじめとする成文堂の社員の皆様に感謝申し上げたい。おもえば，早稲田大学大学院に進学した直後に，身分違いにも『大

iv

コンメンタール刑法』の初版を購入させていただいたことから，当時の早稲田正門店店長である田中勝家氏に名前を覚えていただき，それ以来ことあるごとに気にかけていただくようになったのが成文堂とのお付き合いの始まりであった。阿部社長は早くから論文集の出版を推奨してくださり，私が在外研究に行く前にはわざわざ名古屋まできて激励していただいた。本書の編集を担当していただいた飯村晃弘氏は，氏が愛知県に勤務されていた時から何度も楽しい酒席へと案内してくださった。本書の執筆に際しても何度も叱咤激励に名を借りた非難を浴びせてくださった。またいつの日か風来坊よろしく星の見える丘や本の山に囲まれながら同席の機会を設けていただければとおもう。

　最後に，私が大学へ，大学院へと進学することを許してくれ，また研究者への道を志すことに何一つ苦言を呈することなく見守ってくれ，現在もそうしてくれている父と母，陰に陽に（陽に陽に，の方が正確であろう）支えてくれ，最良の相談相手であるひまわりのように明るくいてくれる妻，そして，日に日に大きく成長を遂げ，いつも満面の笑顔で大きな力を与えてくれるいたずら大好きの息子には，感謝を表す言葉を見つけ出すことができない。

　　　平成 28 年 12 月 18 日　息子 1 歳の誕生日に

　　　　　　　　　　　　　　　　　　　　　　伊 藤 亮 吉

目　次　v

目　次

はしがき

第1章　序　論 ……………………………………………………………… *1*

第2章　目的の内容に関する総論的考察 ……………………… *11*
第1節　目的犯の新たな潮流——ドイツにおける判例学説の状況… *11*
　一　はじめに　*11*
　二　目的犯の新たな分類　*14*
　　1　Absicht の二つの機能　*14*
　　2　新二分説の展開　*19*
　三　詐欺罪における利得 Absicht　*26*
　　1　判例の状況　*26*
　　2　学説の状況　*36*
　　3　望まれた中間目標と避けられない付随結果　*43*
　　4　恐喝罪における利得 Absicht　*53*
　四　文書偽造罪における欺罔 Absicht　*57*
　　1　判例の状況　*57*
　　2　学説の状況　*61*
　　3　虚偽告発罪における巻込み Absicht　*70*
　五　犯人庇護罪における利益確保 Absicht——新二分説における例
　　　外的取扱い　*75*
　六　若干の検討——新二分説の評価　*79*
　　1　Absicht と動機の関係　*79*
　　2　主観的違法要素としての Absicht と動機　*83*
　　3　法益侵害関連性と Absicht の地位　*90*
　　4　二つの dolus directus の同置性と Absicht 概念の拡大の許容性　*95*

vi　目　次

　　　　5　Absicht による犯罪成立範囲の限定の正当性　*102*

　七　結びにかえて　*105*

第2節　判例学説の状況とその評価としての目的犯の分類………*109*

　一　はじめに　*109*

　二　目的の内容に関するわが国の判例学説の状況　*109*

　　　　1　目的が確定的認識の意味で理解される類型　*109*

　　　　2　目的が動機の意味で理解される類型　*112*

　　　　3　目的が意図の意味で理解される類型　*113*

　　　　4　目的が未必的認識の意味で理解される類型　*117*

　　　　5　学説の状況　*127*

　三　検　討　*138*

　　　　1　判例学説の評価　*138*

　　　　2　目的と目的実現の危険性　*143*

　　　　3　目的の内容に関する目的犯の分類（1）──行為自体と目的実現の関連が
　　　　　強い場合　*147*

　　　　4　目的の内容に関する目的犯の分類（2）──目的が違法の性格を変える場
　　　　　合　*157*

　四　結びにかえて　*168*

第3章　目的の内容に関する各論的考察………………………*171*

第1節　ドイツにおける不法領得目的………………………………*171*

　一　はじめに　*171*

　二　領得概念　*173*

　　　　1　領得の構造──窃盗罪を素材として　*173*

　　　　2　排除と排除目的　*174*

　　　　3　収得と収得目的　*180*

　　　　4　横領罪における領得目的　*184*

　三　結びにかえて　*185*

第2節　奪取罪における不法領得の意思………………………………*186*

　一　はじめに　*186*

目　次　vii

　　二　わが国の奪取罪における不法領得の意思に関する判例学説の状
　　　　況とその評価　*188*
　　　1　権利者排除意思をめぐる判例の状況とその評価　*189*
　　　2　利用処分意思をめぐる判例の状況とその評価　*197*
　　　3　不法領得の意思の法的性格　*216*
　　三　奪取罪における不法領得の意思の内容　*218*
　　　1　不法領得の意思の内容に関する判例・学説　*218*
　　　2　権利者排除意思の内容　*220*
　　　3　利用処分意思の内容　*225*
　　四　結びにかえて　*230*

第3節　横領罪における不法領得の意思 ……………………………………*232*
　　一　はじめに　*232*
　　二　横領罪における不法領得の意思に関する判例学説の状況　*233*
　　三　権利者排除意思と利用処分意思の要請　*248*
　　　1　伝統的な不法領得の意思とその評価　*248*
　　　2　権利者排除意思　*251*
　　　3　利用処分意思　*258*
　　　4　裁判例に現れたその他の問題　*266*
　　四　不法領得の意思の内容　*270*
　　五　結びにかえて　*277*

第4節　背任罪における図利加害目的………………………………………*278*
　　一　はじめに　*278*
　　二　判例学説の状況　*279*
　　　1　学説の状況　*279*
　　　2　判例の状況　*280*
　　三　検　討　*283*
　　　1　消極的動機説の評価　*283*
　　　2　図利加害目的の内容　*289*
　　四　結びにかえて　*292*

第5節　価値中立行為と目的犯──迷惑防止条例における客待ち規

viii　目　次

　　　定を中心として……………………………………………294

　一　はじめに　*294*

　二　2つの客待ち行為　*296*

　　　1　売春類似行為を目的とする客待ち　*296*

　　　2　わいせつな見せ物の観覧等の客引きを目的とする客待ち　*299*

　三　犯人庇護──ドイツにおける価値中立行為と目的犯処罰　*301*

　四　検　討　*304*

　　　1　価値中立行為の処罰　*304*

　　　2　目的を伴う客待ち行為の処罰　*306*

　　　3　価値中立行為に対する目的犯構成　*310*

　　　4　価値中立行為と目的　*314*

第4章　目的犯と共犯………………………………………317

　一　はじめに　*317*

　二　目的犯の共犯に関する判例・学説の状況　*319*

　　　1　学説の状況　*319*

　　　2　判例の状況とその評価　*321*

　三　問題点の検討　*326*

　　　1　他者目的の目的性　*326*

　　　2　関与者に自己目的・他者目的はなく，共働者の目的を認識していない場
　　　　合　*329*

　四　関与者に自己目的・他者目的はなく，共働者の目的を認識してい
　　　る場合　*331*

　　　1　刑法65条の目的犯への適用可能性　*331*

　　　2　共働者の目的の認識の目的性　*334*

　　　3　目的の身分性　*337*

　　　4　刑法65条の性格　*340*

　五　認識関与者における目的犯の共犯に関する分類　*343*

　　　1　違法身分における共同正犯の成否　*343*

　　　2　責任身分における共同正犯の成否　*345*

目　次　ix

　　3　狭義の共犯の成否　*346*

　　4　私見に対して予想される疑問と回答　*349*

　六　結びにかえて　*350*

第5章　結　語……………………………………………………*353*

初出一覧

第2章　目的の内容に関する総論的考察

第1節　「目的犯の新たな潮流（1）—（3・完）」名城法学 61 巻 3 号（平成 24 年）
　　　　1-49 頁, 62 巻 1 号（平成 24 年）1-30 頁, 62 巻 3 号（平成 25 年）1-34 頁

第2節　「目的犯の目的の内容（1）,（2・完）」名城法学 63 巻 2 号（平成 25 年）
　　　　1-34 頁, 63 巻 4 号（平成 26 年）1-36 頁

第3章　目的の内容に関する各論的考察

第1節　「ドイツにおける不法領得の目的の内容に関する覚書」名城法学 64 巻
　　　　1＝2 号（平成 26 年）305-321 頁

第2節　「わが国における不法領得の意思の内容」名城法学 65 巻 3 号（平成 27
　　　　年）1-52 頁

第3節　「横領罪における不法領得の意思の内容」名城法学 66 巻 1＝2 号（平成
　　　　28 年）431-482 頁

第4節　「背任罪における図利加害目的」曽根威彦先生・田口守一先生古稀祝賀
　　　　論文集（下巻）（平成 26 年）169-185 頁

第5節　「価値中立行為と目的犯—迷惑防止条例における客待ち規定を中心とし
　　　　て」名城法学 60 巻別冊（平成 22 年）169-195 頁

第4章　目的犯と共犯

　　　　「目的犯と共犯」理論刑法学の探求 8（平成 27 年）1-36 頁

第1章　序　論

(1)　違法性の本質については現在客観的違法性論が通説をなしているが，そこでは行為は行為者から一応切り離れされて客観的な法秩序に矛盾するかどうかという観点から判断される。それは「違法は客観的に，責任は主観的に」という命題によって表現される。従来この命題にしたがって刑法学はその理論を構築し，違法性は全て客観的要素から，責任は主観的要素から構成されるものと考えられてきた。しかし，違法性段階でも主観的要素を認める必要があるのではないかという問題が提起されるようになり，ドイツではいわゆる主観的違法要素に関する議論が展開された[1]。

　主観的違法要素の是非のひとつに目的犯（Absichtsdelikt）における目的（Absicht）の性質について議論がある。目的犯とは犯罪成立のための主観的要件として故意の他に目的を必要とする犯罪形態をいうが，20世紀初頭に目的犯を目的の性質によって，二分することが提唱された[2]。この伝統的な二分類は，外部的行為が目的の内容である結果の原因と考えられる場合（原因・結果関係）である「断絶された結果犯」(kupierte Erfolgsdelikt)（あるいは，「結果を目的とする犯罪」(Erfolgsabsichtsdelikt)）と，外部的行為が行為者自身若しくは第三者の新たな行為の手段として意図される場合（目的・手段関係）である「短縮された二行為犯」(verkümmert zweiaktige Delikt)（あるいは，「後の行為を目的とする犯罪」(Nachaktsabsichtsdelikt)））である。

　これに引き続いて主観的違法要素論が展開されてきた。例えば，窃盗罪や詐欺罪における超過的内心傾向や，そこから結果に関する目的犯と後の行為

---

1)　ドイツにおける主観的違法要素の展開過程を論じたものとしては，Hans-Heinrich Jescheck/Thomas Weigend, Lehrbuch des Strafrechts, Allgemeiner Teil, 5.Aufl, 1996, S. 317f；Claus Roxin, Strafrecht, Allgemeiner Teil, Bd. I, 4.Aufl., 2006, S. 283；Jürgen Baumann/Ulrich Weber, Strafrecht, Allgemeiner Teil, 9.Aufl., 1985, S. 281ff.

2)　Karl Binding, Lehrbuch des Gemeinen Deutschen Strafrechts Besonderer Teil Bd. 1, 1902, S. 11f.

に関する目的犯の二分を検討したり[3]，シカーネの禁止，治療目的でない医師の診察行為，懲戒目的でない教師の懲戒を根拠に主観的違法要素の存在を肯定したり[4]，外面的には同じ行為が正当となったり不法となったりすることもあるので，不法の決定に際しては主観的要素に依存する場合がありうる[5]，などの主張がなされたのである。

　主観的違法要素に関する議論はわが国においても導入され，行為無価値論と結果無価値論の対立の中でその議論は深化を遂げた[6]。目的犯について言えば，行為無価値論からは主観的要素が違法性の存否及び程度に影響を及ぼすと考えることから，目的犯一般について目的を主観的違法要素と認めるので，このような区別を行わない[7]か，区別するとしても結果無価値論が検討するほど詳細に両者の相違は比較されてはいない[8]。こうしてこのような目的犯の分類は現在では結果的には結果無価値論内部での争いの中に現れているといえ，行為無価値論と結果無価値論とではその違法観の相違を反映するので，両者の相違を相対化するのは妥当ではなく，議論は平行線をたどらざ

---

3) August Hegler, Die Merkmale des Verbrechens, ZStW Bd. 36, 1915, S. 31f ; August Hegler, Subjektive Rechtswidrigkeitsmomente im Rahmen des allgemeinen Verbrechensbegriffs, Festschrift für Reinhard von Frank, Bd. I, 1930, S. 311ff.

4) Max Ernst Mayer, Der allemeine Teil des deutschen Strafrechts, 2.Aufl., 1923, S. 3ff, 10ff, 185f.

5) Edmund Mezger, Strafrecht, 3.Aufl., 1949, S. 169ff.

6) わが国の文献としては，佐伯千仭『刑法における違法性の理論』（昭和47年）209頁以下，高橋敏雄『違法性論の諸問題』（昭和58年）63頁以下，木村静子「主観的犯罪要素としての故意—その一—」京都大学法学論叢64巻2号（昭和33年）1頁以下，神山敏雄「主観的違法要素」Law School 23号（昭和55年）23頁以下，宗岡嗣郎『客観的未遂論の基本構造』（平成3年）347頁以下，中義勝『刑法上の諸問題』（平成3年）1頁以下，日高義博「主観的違法要素と違法論」福田平＝大塚仁博士古稀祝賀『刑事法学の総合的検討（下）』（平成5年）279頁以下，吉田敏雄「主観的構成要件要素と主観的違法要素」阿部純二他編『刑法基本講座第2巻』（平成6年）140頁以下。またわが国における主観的違法要素の現状および展開過程を論じたものとしては，中山研一『刑法の論争問題』（平成3年）24頁以下，垣口克彦「主観的違法要素の理論」中義勝先生古稀祝賀『刑法理論の探求—中刑法理論の探求—』（平成4年）91頁以下。

7) 団藤重光『刑法綱要総論［第3版］』（平成2年）132頁，福田平『刑法総論［第5版］』（平成23年）82-83頁，西原春夫『刑法総論［改訂版］［上巻］』（平成5年）169頁。

8) 野村稔『刑法総論［補訂版］』（平成10年）104-105頁，川端博『刑法総論講義［第3版］』（平成25年）114頁。なお大塚仁『刑法概説（総論）［第4版］』（平成20年）135頁は，「結果を目的とする犯罪」を「直接目的犯」，「後の行為を目的とする犯罪」を「間接目的犯」とする。

第1章 序 論　3

るをえないとの主張もある[9]。そうすると，目的犯の目的は，その主観的違法要素性の是非が主たる問題点であったと位置づけることができる。

　主観的違法要素論がわが国における違法論の発展に大きく寄与したことは疑いようもない。違法性の基礎づけおよび加重を判断するに際して主観的要素を含めてそれを行うことは依然として客観的違法論に立脚した判断といえるのか否かの議論が大きな深化を遂げたからである。そして，この争いが顕現したといえる行為無価値論と結果無価値論の対立は，価値観の相違とも相まって，いまだ終焉を迎えてはいない。目的犯の目的の法的性格も必然的にこの争いの中に組み込まれることとなるから，これについての決定的な結論にはいまだ到達してはいない。

　(2)　この解明のための努力は放棄されてはならないことは当然であるが，これと同時に目的については，もう1つ考えなければならない問題がある。例えば，故意については故意の体系的地位の問題と故意の内容の問題とが並列的に存在するのと同じく，目的についてもこの2つの問題は避けては通れないはずである。すなわち，故意の内容が，第一級の直接的故意である意図，第二級の直接的故意である確定的認識，未必的認識の3つに大分されるのと同様に，目的の内容も目的で記載される事実が発生することの意図，確定的認識，未必的認識の3つの状態を想定しうるのではないだろうか。そして，目的と故意とを同置する必然性はないことから，目的としては意図のみが認められ，未必的認識では目的としては不十分であるとの議論も可能なのではないだろうか。例えば通貨偽造罪（刑法148条）の行使の目的については，偽造通貨が流通することを意図して偽造通貨を作成して初めて行使の目的として存在しうるのであって，これを未必的に認識しているだけでは行使の目的としては不十分である，というようにである。

　目的の法的性格すなわち体系的地位の問題は，故意におけるほどではないとしても，これまでにかなりの成果が積み重ねられているのに対して，目的の内容についてはほとんど議論がなされてこなかったとおもわれる。わが国の判例は目的の内容を統一的に理解しているわけではない。個々の犯罪類型

---

9)　中山・前掲（注6）27，39頁。

4

ごとにその内容は確定的認識であったり，動機であったり，意図であったり，未必的認識であったりと，その理解は様々である。そして，判例と学説の間では個々の犯罪の目的の内容の理解については概ね一致があるとみることができるものの，実際には，学説はこの問題に関する体系的な議論はほとんどなされていないのが現状である。

この点，ドイツにおいては，現在 Absicht という用語には大きく 2 つの機能が認められる。故意の一形式としての「意図」を意味する Absicht と目的犯の「目的」を意味する Absicht である。ドイツ刑法典は Absicht に関して定義するところがなく，Absicht の意味は解釈に委ねられている。故意形式は個々の犯罪で特別に問題となる類型はあるものの，犯罪の成立要件としては特に問題を生じるものではない。現在では，Absicht は特に目的犯の目的の内容の解釈をめぐって問題となる。

Absicht が意味する意図と目的の整合性を考慮すれば，目的は意図を意味すると解するのが当然ともおもわれる。しかし，目的を表す Absicht という用語が意図の意味で把握すべきでない構成要件が存在することは，今日では一般的に認められている。目的は各目的犯の構成要件を解釈することでその内容が決定されるものであり，目的の内容について総論的に統一的な規則を提示することはできないとされている。しかしながら，目的の内容を中心に考察すると，例外の存在を認めつつも，一定の傾向を示すことができる。この傾向とは，目的犯の伝統的な 2 分類とは異なる視点から，目的犯を 2 つの類型に分類するものである。

これは，故意による侵害結果の発生だけでは可罰性を認めるには十分でなく，それを超えた目的が要求される場合と，法益侵害の発生を待つことなく，それに向けられた目的で十分とすることで可罰性が早期化される場合などと目的犯を 2 分し，前者のグループでは目的は第一級の直接的故意である意図の意味で理解される[10]のに対して，後者のグループでは目的は意図とともに第二級の直接的故意である確定的認識を含むと理解される[11]，というものである[12]。

10）代表的な判例として，BGHSt16, 1.
11）代表的な判例として，BayObLG NJW1998, 2917.

(3)　ドイツで主張される目的犯の新たな 2 分類は，わが国における目的の
内容を考えるうえで有益な素材を提供してくれると考えられそうである。し
かし，これについてはドイツにおける事情を考慮する必要があるだろう。
Absicht という用語から，目的が意図に限定されるものではないとしても，
目的が意図を出発点とすることは自然であり，そこからどの程度目的の意味
を拡大しうるかが問題となる。それは，Absicht の自然的意味内容からして，
目的から未必的認識が排除されることは当然であると，判例や多くの学説で
主張されることにも表れている。これに対して，わが国では意図と目的とで
用語の統一はなく，目的という用語がドイツと同じように本来的には意図を
意味するとしても，それに限定されることなく目的の意味を解釈しうること
から，ドイツの議論には必ずしも追随する必要はないともいえる。

　それでは，目的の内容については，目的犯の法的性格から帰納的に導き出
すことができるであろうか。目的犯の伝統的な分類である断絶された結果犯
と不完全な二行為犯との分類は，短縮された二行為犯では客観的構成要件は
法益侵害行為を不完全にすなわち未遂的に記述しているのに対して，断絶さ
れた結果犯では法益侵害行為は完全に行われており，法益侵害それ自体が発
生していないだけである[13]ことからすれば，法益侵害性すなわち違法論の本
質の問題から目的ないしは目的の内容の決定を導くことには直接の関係性を
見出すことは困難であるからである。

　目的犯の分類はその基準をどこに置くかによって多義的である。目的犯の
目的が存在することが犯罪の成立要件であるか，あるいは，刑の加重要素で

---

12) Albin Eser/Björn Burkhardt, Strafrecht Ⅰ, 4. Aufl., 1992, S. 91f.；Erich Samson, Absicht und direkter Vorsatz im Strafrecht Strafrecht, JA1989, S. 453f；Roxin, a.a.O. (Anm. 1), S. 441f；Rudolf Rengier, Strafrecht Allgemeiner Teil, 7.Aufl., 2015,, S. 132f；Theodor Lenckner, Zum Begriff der Täuschungsabsicht in §267 StGB, NJW1967,, S. 1893ff；Sternberg-Lieben/Frank Schuster, Schönke/Schröder Strafgesetzbuch Kommentar, 29. Aufl., 2014, §15Rn. 70；Klaus Gehrig, Der Absichtsbegriff in den Straftatbeständen des Besonderen Teils des StGB, 1986,, S. 33ff, 45ff, 79ff；Stefanie Mahl, Der strafrechtliche Absichtsbegriff—Versuch einer Inhaltsbestimmung mit Hilfe psychologischer Erkenntnisse, 2004,, S. 79ff, 86ff；Tobias Witzigmann, Mögliche Funktionen und Bedeutungen des Absichtsbegriffs im Strafrecht, JA2009, S. 488ff；Günther Jakobs, Strafrecht Allgemeiner Teil, 2.Aufl., 1993,, S. 307f.
13) Helmut Frister, Strafrecht Allgemeiner Teil, 7.Aufl., 2015, S. 105.

あるかといった分類も考えられる。前者を真正目的犯もしくは構成的目的犯,後者を不真正目的犯もしくは加減的目的犯と名づけることができるであろう。

目的の真正性,不真正性はあくまでも立法政策の問題である。例えば,未成年者拐取罪(刑法224条)と営利目的拐取罪(刑法225条)の関係についてみると,未成年者に対する拐取行為は目的の有無に関わらず犯罪が成立するから,ここでの営利目的は,未成年者拐取罪から営利目的拐取罪へと成立犯罪を変更するものの,実質的には刑を加重する要素として機能する。これに対して,成年者に対する単純拐取行為は処罰対象とはされていないから,ここでの営利目的は犯罪を成立させる機能を有する。「生活環境からの離脱」と「実力支配下に置かれること」という2つの要素から拐取概念は構成され,未成年者拐取罪においては前者が独自の意義を有し,成年者においてはもっぱら拐取罪全般に共通する法益侵害性である後者が法益侵害の内容をなすということができるが,そのような「被拐取者の行動の自由の侵害」の程度は軽微であって,それだけでは十分な当罰性を基礎づけえない[14]ことが,単純拐取行為が未成年者のみを捕捉し成年者を捕捉しないことの理由とされている。拐取罪における自由侵害の程度が逮捕監禁罪のそれと比較して緩やかなもので足りるにもかかわらず,拐取行為が処罰対象とされるためには純粋な自由侵害以外の何らかの法益侵害が要求されるべきことを考慮すれば,この見解は正当性を有するといえよう。しかし,このような犯罪化の設定は自明のものとはいえない。未成年者に対する単純拐取行為の非犯罪化や営利目的行為の非犯罪化は考えにくいとしても,成年者に対する単純拐取行為の犯罪化は立法論としては十分に成り立つ論法である。というのも,被拐取者の生活環境からの離脱という発生結果は,成年者においてもその自由や安全といった法益を侵害することに変わりはなく,それを可罰的と判断することは可能といえるからである。

故意犯は全て基本的に同一の内容の故意でよいとする一般的な犯罪類型である。したがって,故意は刑法総論の問題として検討すれば足りるのであっ

---

[14] 山口厚『問題探求刑法各論』(平成16年)58頁。

て，あえて殺人罪の故意や窃盗罪の故意といった各論的検討は一般的には必要ではない。これに対して，目的犯は特殊な犯罪類型である。何をもって目的犯構成とするかは立法論の問題であり，わが国の殺人罪の規定が，ドイツにおけるように，謀殺罪と故殺罪とにわけ，謀殺罪を目的犯構成とする立法は決して許されないものではなく，将来においてこうした構成がとられないという保障はない。そうすると，新たな立法がなされた途端に目的の性格が変わるという現象は奇異の印象を受けざるをえない。

　以上のような目的犯の特殊性を考慮すると，目的の内容について総論的な議論によってこれを決定するということは不可能なようにおもわれる。個々の目的犯においてその目的はいかなる内容を有するかを具体的に検討するという，各論的な方法でもってこれにアプローチするべきではないだろうか。そうすると，何か一定の法則なるものが見つかるかもしれない（ドイツにおいても，同様のアプローチがとられている）。

　⑷　このようにして結論がえられたとしても，これで全ての問題が解決されたことにはならない。まずは，目的犯の規定についてである。通貨偽造罪は行使の目的があって初めて可罰的とされる犯罪類型であるが，偽造通貨を流通させようとする目的はやはり違法な目的と評価しうるであろう。しかし，目的犯は目的が存在すればそれだけで可罰的となるというわけではない。通貨偽造行為それ自体の違法性はどのように考えればいいだろうか。行使の目的を責任要素と解する見解からは，客観的な行為態様で違法性は判断されるから，行使の目的であろうと，映画撮影目的であろうと，通貨偽造行為それ自体の違法性に変わるところはない。これに対して，行使の目的を違法要素と解する見解からは，行使の目的による通貨偽造行為であって初めて違法性を具備するのであり，映画撮影目的での通貨偽造行為は正当行為あるいは放任行為と評価される。しかしながら，これは純粋な正当行為あるいは放任行為と考えることができるだろうか。偽造通貨が市場に流通すると通貨に対する信頼が害されることとなるが，それは行使の目的をもって通貨を偽造したからではない。いかなる目的で偽造通貨を作成したかと，通貨に対する信頼の喪失とは別の問題である。そのように考えると，通貨偽造行為それ自体には可罰的ではないとしても一定程度の法益侵害性が内在されていると考える

8

べきではないだろうか。同様に，成年者に対する単純拐取は可罰的ではないとしても一定程度の法益侵害性は肯定しうる。このような客観的行為に目的という主観的要素が加わって犯罪として規定される，あるいは，別種の犯罪として規定し直されることになるが，目的犯における客観的行為の性格はどのようなものと捉えることができるであろうか。

　目的犯の客観的行為態様はこのようにそれ自体で一定程度の違法性を具備する場合に限らない。例えば，相場操縦罪（金融商品取引法159条2項1号，197条1項5号）における客観的行為である相場を変動させる取引は，それ自体では一定程度の違法性をも具備しているとはいえない，完全に正当な行為といえるのではないだろうか。そうすると，目的が付与されることによって，完全に正当な行為が完全に違法な行為へと転換を遂げることとなる。客観的側面での違法性に裏打ちなくして，主観的目的による違法化は果たして許される規定といえるであろうかは，当然に問題として提起されるべきである。

　(5)　次に解決されるべきは目的犯の共犯についてである。ここでも判例が学説を牽引しているとの印象を受ける。

　目的犯は2人以上で遂行することができることは当然である。これは，目的を有する者（共働者）による目的犯の遂行に関与した目的を有しない者（関与者）が，いかなる罪責を負うかに尽きるといってもよいだろう。その際には，目的が刑法65条にいう身分に該当するかどうかがまずは問題となる。判例は，刑法65条にいう身分とは「男女の別，内外国人の別，親族関係，公務員たるの資格のような関係のみに限らず，統て一定の犯罪行為に関する犯人の人的関係である特殊の地位又は状態を指称する」[15]とするが，目的のような主観的・一時的な心理状態が身分といえるかである。これが認められると，共犯と身分における議論がそのまま妥当することになる。これに対して，目的の身分性が否定されると，この問題は刑法65条とは別の基準にしたがうことになる。

　目的犯は，目的が犯罪の成立要件となっている場合と刑の加重要件となっている場合とに区分したり，目的が行為の違法性を基礎づけたり加重する場

---

15)　大判明治44年3月16日刑録17輯405頁，最判昭和27年9月19日刑集6巻8号1083頁。

合と責任を基礎づけたり加重する場合とに区分することができる。これらは，目的の身分性の肯否に関わらず，目的犯の共犯の解決に際して意味ある区分となろう。というのも，身分と同様に目的においても，その連帯的作用と個別的作用が，刑法65条の存在とは無関係に，考えられるからである。

ここでは，関与者が共働者の目的を認識している場合と認識していない場合とを想定することができる。後者はわが国では従来から目的なき故意ある道具の理論の問題としてあげられてきたものである。しかし，正犯・共犯の成否に関しては前者の方がより大きな問題を内包している。

(6) 本書は以上のような問題意識を出発点としている。これらについては，第2章「目的の内容に関する総論的考察」，第3章「目的の内容に関する各論的考察」，第4章「目的犯と共犯」で検討を加え，第5章「結語」においてこれからの目的犯像について今後の展望を述べることとしたい。外国法としてはドイツにおける議論を取り上げる。わが国の問題点は，類似する状況があるとはいえ，法理論の異なるドイツの議論に追随する必要はないと考えられるが，参考にすることは可能であろう。ドイツにおける議論を正確に概観し，わが国の法理論の中でどのように反映させていくことができるであろうかを中心として検討を加える。

第2章　目的の内容に関する総論的考察

第1節　目的犯の新たな潮流
——ドイツにおける判例学説の状況

一　はじめに

　20世紀初頭に目的犯（Absichtsdelikt, Absicht犯罪）を短縮された二行為犯（不完全な二行為犯，後の行為を目的とする犯罪）と断絶された結果犯（結果を目的とする犯罪）とに二分することが提唱され[1]，それに引き続いて発見・展開された主観的違法要素論の狙いは違法と責任を峻別して，「違法は客観的に，責任は主観的に」の命題においても主観的違法要素を肯定すべきかどうかの道のりであったといえよう。例えば，窃盗罪や詐欺罪における超過的内心傾向や，そこから結果に関するAbsicht犯罪と後の行為に関するAbsicht犯罪との二分を検討したり[2]，シカーネの禁止，治療目的でない医師の診察行為，懲戒目的でない教師の懲戒を根拠に主観的違法要素の存在を肯定したり[3]，外面的には同じ行為が正当となったり不法となったりすることもあるので，不法の決定に際しては主観的要素に依存する場合がありうる[4]，などの主張

---

[1]　Karl Binding, Lehrbuch des Gemeinen Deutschen Strafrechts Besonderer Teil Bd. 1, 1902, S. 11f. は，ドイツ帝国刑法典87条の反逆罪（外国政府をドイツ帝国に対する戦争へと誘うため）等を法律が明文で一定の結果達成のための行為を要求するものとして断絶された結果犯の例として，146条の通貨偽造罪（偽貨を真正の通貨として行使するため）を既遂犯を構成すべき第二行為を第一行為に続かせる目的で第一行為が遂行される形式として短縮された二行為犯の例としてあげている。

[2]　August Hegler, Die Merkmale des Verbrechens, ZStW Bd. 36, 1915, S. 31f ; August Hegler, Subjektive Rechtswidrigkeitsmomente im Rahmen des allgemeinen Verbrechensbegriffs, Festschrift für Reinhard von Frank, Bd. I, 1930, S. 311ff.

[3]　Max Ernst Mayer, Der allemeine Teil des deutschen Strafrechts, 2.Aufl., 1923, S. 3ff, 10ff, 185f.

[4]　Edmund Mezger, Strafrecht, 3.Aufl., 1949, S. 169ff.

12

がなされたのである。これを端的に表しているのが次の文章である。「長い間理論刑法学は Binding の権威のもと次のような信念があった。すなわち，違法な構成要件の充足は純粋に客観的なものであって，それゆえ主観的要素は責任の領域に属する。したがって刑法 242 条の目的（Absicht）は構成要件要素ではなく，例外的に責任につけ加わらなければならない特殊な主観的状況であり，これがあることによって責任が存在し処罰が可能となる，というものである。しかし，特に Hegler, Mezger, Nagler によって促進された，いわゆる主観的不法要素に関する学説によって初めて，不法と客観，責任と主観のこのような硬直した区別が排斥された。違法性の領域においても主観的要素が存在すること，例えば 242 条の Absicht が 242 条の構成要件不法の規定に属することには今日争いはほとんどみられない。もっとも，主観的不法要素を肯定することはこの客観的要素と主観的要素から組み立てられた状況を外部から，この意味では客観的に，考察することを妨げるものではないと見渡されることがしばしばある。こうして構成要件不法は外部から見られる現象であり，責任は同様に外部から判断されるが行為者の所為に対するその内心の関係である」[5]というものである。

目的犯を短縮された二行為犯と断絶された結果犯とに二分する考え方はわが国においても支配的であるといえる[6]。ここでの目的の性質については次のような見解が有力に主張されている。前者は客観的要素たる態度が行為者自身または第三者の側からの新たなる行為の手段または地盤として意欲される場合であり，目的を客観化して，行為自体の傾向が目的実現に向かっていることを要するというふうに考えることはできず，目的内容はまさに自己または他人の行為であり，外部的行為に内在する一般的傾向または可能性の包含しうる以上のものであるからであり，この目的は行為の違法性・危険性を理由づける主観的違法要素である。このような行為者の目的が加わることにより，その外部的行為はあるいははじめて法秩序に対する危険性を帯びまた

---

5) Jürgen Baumann/Ulrich Weber/Wolfgang Mitsch, Strafrecht Allgemeiner Teil, 11. Aufl., 2003, S. 114.

6) 平野龍一『刑法総論 I』（昭和 47 年）124 頁，佐伯千仭『刑法における違法性の理論』（昭和 49 年）268-270 頁，中義勝『刑法上の諸問題』（平成 3 年）33-39 頁，中山研一『刑法の論争問題』（平成 3 年）31-47 頁。

はすでに帯びていた危険性を増大すると考えられるからである。これに対して，後者は外部的行為が目的内容たる第二の結果の客観的原因と考えられている場合であり，行為自体が客観的にみてこれらの目的達成に十分なだけの潜在的可能性，すなわち危険性を有しなければならず，客観的要件である態度がなされれば当然そのいずれかが生ずる可能性があり，目的が行為の法益侵害性を左右すると考えることには疑いがある[7]，というものである。これに対して，行為から結果が発生する危険を行為者の主観と関係なく客観的・外部的に論定すべきことから，目的犯を一種の危険と解し，いずれの目的犯についても目的を客観化することによって主観的目的の違法要素化を避ける[8]見解や，目的犯の目的は，責任の面とは切り離して，行為の違法性の有無・程度を定めるうえにも不可欠な重要性を有し，例えば偽造行為は行使の目的で行われることによって初めて犯罪としての違法性を具備する，さらには，本来行為者の内心的要素であるべき目的をことさら客観化して捉えようとする不自然な方法論は目的の内容自体をゆがめてしまう嫌いがある[9]と主観的違法洋としての目的を肯定する見解も主張されている。いずれにしても，ここでは目的を違法要素として認めるべきかそれとも責任要素とすべきかが議論の中心となっている。

　Absicht 犯罪の Absicht を主観的違法要素とすることに異論がない点はわが国の状況と異なるものの，ドイツにおいてもこのような二分説を採用する見解は有力に主張されている[10]。そこでは Absicht 犯罪に関して次のような論述をすることで概ね一致をみている。すなわち，不完全な二行為犯では第二行為を行う Absicht が第一行為の時点で行為者に存在すれば十分であり（例えば，被誘拐者の同意のある誘拐（ドイツ刑法 236 条）では行為者の Absicht は被誘拐者に対して後に性的行為をすることでよい），Absicht は自身のさらなる行動に向けられるのに対して，断絶された結果犯では結果発生は構成要件に

7）佐伯・前掲注（6）268-270 頁。同様に，平野・前掲注（6）124-125 頁は，前者においては，目的があることによってはじめて，行為に法益侵害の危険性が生まれるとし，目的を主観的違法要素と肯定するが，結果を目的とする犯罪では，客観的に危険な行為を認識した場合だけを処罰し，目的は故意を確定的故意に限定する。

8）中山・前掲注（6）33，38，40-43 頁。

9）大塚仁『刑法概説（総論）［第 4 版］』（平成 20 年）362-363 頁。

14

含められるのではなく，行為者の結果に向けられた Absicht で十分であり（例
えば，詐欺（ドイツ刑法 263 条）における利得 Absicht），Absicht でもってなさ
れた結果の発生は行為者自身の行為とは無関係である[11]，というものであ
る。これは Absicht 犯罪を Absicht が行為態様や法益侵害性に対してどのよ
うに関係するかの観点から分類を試みるものであるが，この分類とは別に，
Absicht 犯罪の Absicht にどのような内容をもたせるべきかの見地から Ab-
sicht 犯罪の二分を試みる見解もまた有力に主張されている。本稿はこのよ
うな Absicht 犯罪の新しい分類をてがかりとして，Absicht 犯罪における
Absicht の内容のありかたの検討を試みるものである。なおいささか不正確
との誹りを免れないが，論文の構成上便宜的に Absicht 犯罪における短縮さ
れた二行為犯と断絶された結果犯という従来からの分類を旧二分説，本節で
指摘する新しい分類を新二分説と名づけるものとする[12]。

二　目的犯の新たな分類

1　Absicht の二つの機能

（1）　現在 Absicht には大きく二つの機能が認められる。第一は故意の一形
式としての意図である。一般的に故意は知的側面と意的側面の強さに応じ
て[13]，直接的故意（dolus directus）としての意図（Absicht, dolus directus 1.

10）Hans-Heinrich Jescheck/Thomas Weigend, Lehrbuch des Strafrechts Allgemeiner
Teil, 5.Aufl., 1996, S. 319；Claus Roxin, Strafrecht Allgemeiner Teil Bd. Ⅰ, 4.Aufl., 2006,
S. 318；Günther Jakobs, Strafrecht Allgemeiner Teil, 2.Aufl., 1993, S. 176.（ただし，短縮
された結果犯の概念のもとに，立法者が財の侵害に必要な態度の一部を待つことなく
放棄する場合（不完全なまたは断絶した二行為犯）と，立法者が行為の態度の終了まで
は待つが結果の発生を放棄する場合とに分類する）；Mezger, a.a.O.（Anm. 4）, S. 172.（短
縮された二行為犯と傾向犯の一種としての断絶された結果犯に分類する）；Jörg Eisele,
Schönke/Schröder Strafgesetzbuch Kommentar, 29.Aufl., 2014, vor §§13Rn. 63；
Tobias Witzigmann, Mögliche Funktionen und Bedeutungen des Absichtsbegriffs im
Strafrecht, JA2009, S. 489.

11）Jescheck/Weigend, a.a.O.（Anm. 10）, S. 266.

12）ドイツ刑法典の日本語訳は，法務省大臣官房司法法制部編『ドイツ刑法典』（平成 19
年）を参考とした。

13）Baumann/Weber/Mitsch, a.a.O.（Anm. 5）, S. 483. は，自己の家への放火に際して，屋
根に居住する者を殺害するための場合（強い意の現れ），この者の死が確かではあって
も自己の行為の気の毒な付随現象にすぎない場合（強い知の現れ），この者が救助され
ることもありうるが火事で死ぬことをも考慮していた場合（弱い意，弱い意の現れ）と，
知と意の内容の多様性の事例を出している。

Grades（第一級の直接的故意））と確定的認識（Wissentlichkeit, dolus directus 2. Grades（第二級の直接的故意）），そして未必の故意（Eventualvorsatz, dolus eventualis）に三分される[14]。意的側面と知的側面にはその構造上それぞれ二つの形態がみられることから両者を組み合わせると故意の内容としては次の四類型が考えられることになる。すなわち，①結果を求め，その発生を確実と予見した，②結果を求め，その発生を可能と予見した，③結果を受け入れ，その発生を確実と予見した，④結果を受け入れ，その発生を可能と予見した場合がそれである。dolus directus 1. Grades とは故意の意的側面が最も強く現れたものである。行為者の目標が構成要件を充足することで，結果の惹起が行為者に重要な場合である（①）。また dolus directus 1. Grades は，行為者が求めた結果が確実に発生することを知らず，可能にすぎないとした場合をも包含する（②）。ここでは知的側面の欠如は強い意思によって補われることとなる。こうして dolus directus 1. Grades にとっては結果発生を確実ととらえたのかそれとも可能にすぎないととらえたのかの強さに応じて知的要素を分割することは重要ではない[15]。一方，dolus directus 2. Grades は，行為者が法律上の構成要件を実現することを知っていたり確実であると予見している場合に認められる，知的側面が強く現れた場合であり，強くない意は強い知によって補塡される[16]（③）。④は未必の故意の類型である。こうして故意は三分される[17,18]。

　dolus directus 1. Grades と dolus directus 2. Grades の相違についてしばしばもちだされるのがトーマス事例[19]である。これは，保険金を獲得するために爆弾を爆発させて船舶を沈没させる計画を抱いていた行為者が，沈没の際

---

14) Joachim Vogel, Strafgesetzbuch Leipziger Kommentar, 12.Aufl, Bd. 1, 2007, §15Rn. 77.

15) Erich Samson, Absicht und direkter Vorsatz im Strafrecht Strafrecht, JA1989, S. 450. Baumann/Weber/Mitsch, a.a.O.（Anm. 5），S. 484. は，そうでなければ人間による手段の不完全性を意識している懐疑的な者は absichtlich に行動することはないとし，また，BGHSt21, 283. は，「行為者にとって行為の際に重要である結果は，行為者の一定の意思すなわち行為者の直接的故意の対象であり，行為者がその実現を確実としたのか可能としたのか，その実現を望んだのか遺憾におもったのかはどうでもよい」とすることから，結果発生を可能とした場合にも dolus directus 1. Grades を認めることは可能である。

16) Baumann/Weber/Mitsch, a.a.O.（Anm. 5），S. 485.

には乗船員が溺死することも高度な蓋然性でもって認識していたという事案
である。dolus directus 2. Grades は，自己の態度が刑法の前提を充足するこ
とについて行為者が確実な認識を有していれば存在する。ここでは乗船員の
死は一般的生活経験によれば通常は発生するが必然ではない付随結果であ
り，行為者は付随結果の発生を確実なものとして受け入れたにすぎず，Ab-
sicht は問題とはならない。すなわち，行為者が Absicht によらない結果を必
然的な付随結果として予見した場合[20,21]には，つまり行為者は乗船員の死
について意図してはいないが，その確定的認識があったために故意を有する
ことになる。

　ところで，ドイツ刑法典は Absicht に関して何ら定義するところがな
い[22]。Absicht に様々な意味が認められることは判例にも現れているとおり

---

17) Samson, a.a.O.（Anm. 15），S. 449f. は，表象することで行為者が所為へと動機づけら
れる結果を主要結果，発生が行為者にどうでもよいとか望まれていない結果を付随結
果としたうえで，dolus directus 1. Grades は主要結果の問題であり，知的要素によるさ
らなる分類は役に立たない（①，②），付随結果の問題は知的要素に応じて区別され，
dolus directus 2. Grades は行為者が結果発生が確実であるととらえた場合であり（③），
dolus eventualis は結果発生が可能ととらえた場合である（④）と説明する。

18) Vogel, a.a.O.（Anm. 14），§15Rn. 80. は，Absicht は未必の故意よりも重い，故意の基
本形態，理想類型と位置づけることができる。これに対して，Ingeborg Puppe, Nomos
Kommentar Strafgesetzbuch, 4.Aufl., Bd. 1, 2013, §15Rn. 105. は，dolus eventualis が故
意の基本形態であり，Absicht は dolus eventualis の特別類型であるとする。

19) トーマス事例については，Karl Binding, Die Normen und ihre Übertretung, Bd. 2, 2.
Aufl., 1916, S. 851ff.

20) Detlev Sternberg-Lieben/Frank Schuster, a. a. O.（Anm10），Schönke/Schröder,
§15Rn. 68. 他には，Puppe, a.a.O.（Anm. 18），§15Rn. 110.

21) Friedrich Sprang, Zur Auslegung der Absichtsmerkmale im deutschen Strafrecht,
1960, S. 57f. は，これについて，例えば，子供の食料を確保しようとする密猟者が雛に餌
をあげている雉を発見し，「雉に発砲すれば家族は食事をとれるが，そうすると必然的
に雛も死ぬことになろう」と考えたが，雛の死は密猟者の遂行のための刺激となったわ
けでもなければ，発砲により密漁者は目的的に雛の死を追求したわけでもない。必然的
であると表象された帰結を密猟者は受動的に受け入れただけであり，嫌々ながらもこ
れを許容した。付随結果は行為の目的ではないし，また付随結果でもって行為者はさら
なる目的を追求することもない。こうして両者の相違を見出すことができるとする。な
お，Samson, a.a.O.（Anm. 15），S. 450. は dolus directus 1. Grades は主要結果と，dolus
directus 2. Grades は付随結果と関係すると定義づけるが，疑問である。結果の発生につ
いて意図しておらず確定的認識しか有していない心理状態が常に付随結果とだけ関係
するものではなく，主要結果と関係することもありうるであろうからであり，そうであ
ると，未必の故意が登場する場面はどのようなものがあるか想定が困難となってしま
うであろうからである。

であり[23]，その内容はもっぱら解釈論に委ねられることになる[24,25]。そして，狭義の Absicht や技術的意味の Absicht とは dolus directus 1. Grades の意味で用いられ，これは，目標を達成することが重要でなければならない，ある目標に向けられていなければならない，一定の行動の目的として目標を意図することである，構成要件の目的として目標を求める，行為者の行為は目標に向けられていなければならず，これは構成要件に該当する態度の目的として求められる等と定義される[26]。これに対して，dolus directus 2. Grades の意味をも含めた Absicht は広義の Absicht と呼ばれることがある[27]。

　故意としての Absicht は主として意的要素によって特徴づけられるが，構成要件の実現が行為の動機や目的，目標であるとして特徴づけられることも

----

22) 1962 年草案 17 条は「法律が absichtlich な行為を前提とする事態を実現することが重要な者は absichtlich に行為したものである。」と Absicht を定義する試みがなされたが，立法には至らなかった。これに対して，1966 年代案は，Absicht の定義づけを断念したが，これは Absicht 概念は様々な所為事情において様々な機能を有しうるからであり，1975 年第二次刑法改正法は代案にしたがった。これについては，Klaus Gehrig, Der Absichtsbegriff in den Straftatbeständen des Besonderen Teils des StGB, 1986, S. 26；Stefanie Mahl, Der strafrechtliche Absichtsbegriff—Versuch einer Inhaltsbestimmung mit Hilfe psychologischer Erkenntnisse, 2004, S. 69；Baumann/Weber/Mitsch, a. a.O.（Anm. 5），S. 485.

23) BGHSt4, 107. BGHSt9, 142；BGHSt13, 64. Absicht の解釈，詐欺罪における利得 Absicht の解釈の変遷については，BGHSt16, 1. vgl. Theodor Lenckner, Zum Begriff der Täuschungsabsicht in §267 StGB, NJW1967, S. 1891.

24) BGHSt9, 142；BGHSt16, 1.

25) Sprang, a.a.O.（Anm. 21），S. 37f. は，Absicht には四つの異なる心理的事態を特徴づけるのに用いることができるとし，①行為者がその最終的な内心の満足を保持する結果や事態を求めることであり，結果を最終目的として求める Absicht，②最終目的に先行する目的の全て，その達成が心理的目的実現のために条件関係にある中間目的として求める Absicht，③確実に生じると認識され付随結果の惹起も含む（dolus directus（確定的認識）と一致する）Absicht，④dolus eventualis を含めた故意を意味する Absicht をあげる。ただし，刑法としては結果が最終目的である必要はないから，むしろ最終目的に先行する，その目的の達成が最終目的実現のための条件関係を形成している中間目的が求められうることとなるから，①の意味での Absicht は，②の Absicht を検討すれば足りることとなる。

26) Sprang, a.a.O.（Anm. 21），S42ff. Johannes Wessels/Werner Beulke/Helmut Satzger, Strafrecht Allgemeiner Teil, 45.Aufl., 2015, S. 96. は，構成要件結果の発生や法律が absihtlich な行為を前提とする事態の発生が重要な場合であるとし，Absicht は目標として向けられた結果意思として理解されるとする。

27) このような用法を用いるのは，Ingeborg Puppe, Strafrecht Allgemeiner Teil im Spiegel der Rechtsprechung, Bd. 1, 2002, S. 333f；Puppe, a.a.O.（Anm. 18），§15Rn. 109；Rudolf Rengier, Strafrecht Besonderer Teil Ⅱ, 16A, 2015, S. 482.

ありうる。ここでは構成要件該当結果の発生は行為者の唯一の動機であった
り唯一の最終目的である必要はなく、最終目的を達成するのに必要な手段で
あるという意味での中間目標であればよい。そのような手段目的関係が存在
すれば、その手段が行為者には無関心であったり望まれていなかったとして
も、Absicht は認められることとなる。そして、行為者の意思が結果に向けら
れていれば、目標の達成は最終目標である必要もなければ、主たる結果や唯
一求められた結果である必要もなく、他の目標とともに求められた結果や、
別の目的のための手段として求められた目標であってもよい[28]。これに対し
て、手段目的関係の外部結果である行為の付随結果については、それが行為
者の視点から確実に発生するとしても、Absicht によって把握されることは
なく[29]、dolus directus 2. Grades の問題となる。

(2) Absicht の第二の機能は目的犯(Absicht 犯罪)の目的(Absicht)であ
る。Absicht 犯罪とは客観的構成要件と主観的構成要件とが一致せずに、客
観的構成要件を超えた、すなわち行為の客観的側面に対応するもののない超
過的内心傾向としての特殊的主観的要素である Absicht が主観的構成要件と
して要求される犯罪類型である。ここでは通常の故意の他に一定の Absicht
が必要とされることになるが、この Absicht は故意によって把握されるので
はない追加的に確認されなければならない特別な心理状態を意味する[30]。い
ずれにしても故意であれば故意犯の客観的構成要件の全てのメルクマールが
故意の認識対象とされることとなり(ドイツ刑法 15 条)、一部の例外を除いて
は[31]、原則として特定の故意形式が要求されることはなく、上であげた三つ

---

28) Vogel, a.a.O. (Anm. 14), §15Rn81. Sternberg-Lieben/Schuster, a.a.O. (Anm. 10),
   Schönke/Schröder, §15Rn. 66 も同様に、行為者が結果を望ましいとすることは必要で
   はなく、たとえ行為者が結果に積極的に取り組まないとしても、論理必然的に結果が発
   生するのであれば、Absicht は存在するのであって、行為者が最終目標を望まざる中間
   結果を通じてしかえられないと知っていれば、行為者はこれを求めたといえる;Wes-
   sels/Beulke/Satzger, a.a.O. (Anm. 26), S. 96. は、行為者が結果を「近い将来の目標」と
   して到達しようとすれば十分であり、それは行為者をして「さらなる目標」への道のり
   へと進ませるからであり、自己所有の納屋に放火した場合に、最終目標である保険金の
   獲得だけでなく中間目標である納屋の放火をも意図すれば、それで求められた最終結
   果は到達しうるとする。
29) Vogel, a.a.O. (Anm. 14), §15Rn. 80.
30) Sternberg-Lieben/Schuster, a.a.O. (Anm. 10), Schönke/Schröder, §15Rn. 24.

第 2 章　目的の内容に関する総論的考察　19

の故意形式は犯罪成立について等価値的で異なるところはない。こうして現在では，Absicht はとりわけ Absicht 犯罪の Absicht として役割を果たすところが大きいといえる[32,33]。そこで次に，Absiht 犯罪における Absicht についていくらか詳細に概観していく。

2　新二分説の展開

（1）　旧二分説が Absicht 犯罪の考察に大きな足跡を残し，また現在でも意義を有していることに疑問はない。特にわが国における主観的違法要素の是非に関する議論が違法論に深化をもたらしたその功績に異論はないところである。しかし，ここでの主張からは，法益の側面から短縮された二行為犯に比べて断絶された結果犯の方が，後者の Absicht を違法要素とは認めない立場がみられることからも，所為が法益侵害により接近し，法益の危殆化はより徹底している[34]と言うことはできるとしても，Absicht 犯罪における行為態様や法益侵害との関連を述べる以上のことは引き出されてはいない。例えば，主観的違法要素論が発見・展開された時期には，Absicht とは結果を求めたり意思を結果へと方向づけるものである[35]，あるいは，目標を意識した直

31） ドイツ刑法典では，例えば 258 条 1 項，2 項のように「absichtlich oder wissentlich（意図的に又は事情を知りながら）」を構成要件上要求する犯罪類型が存在する。このような構成要件では，意図や確定的認識だけが問題とされ，未必の故意が排除されることになる。この点について，Mahl, a.a.O.（Anm. 22），S. 78；また，164 条や 187 条では「wider besseres Wissen（確定的な認識にもかかわらず）」と確定的認識で行為することが要求されている。

32） Samson, a.a.O.（Anm. 15），S. 452. は，このような Absicht の二義性の問題を防止するために故意形式では Absicht ではなく dolus directus 1. Grades とし，Absicht は超過的内心傾向で用いられるべきと提唱する。さらに，内田文昭『犯罪構成要件該当性の理論』（平成 4 年）243 頁参照。

33） ドイツ刑法典ではこの Absicht は，「um～zu」や「zu」（～のために）などの同義の文言で言い換えられて使用されているが，一般的にはこれらは全て同義であるとされている。この点について一部には「um～zu」では一定の目標に関する特に強い意思内容を強調したいとおもい，「in der Absicht」（Absicht でもって）では行為が動機づけられて行われたという事態にとりわけ重きをおくものとの理解もあるが，Sprang, a.a.O.（Anm. 21），S. 45ff. は，この言語感覚にしたがうだけの相違は刑法上は重要ではないとする。

34） Gehrig, a.a.O.（Anm. 22），S. 102.

35） Max Ernst Mayer, Die schuldhafte Handlung und ihre Arten im Strafrecht, 1901, S. 64.

20

接的な結果への意思方向と特徴づけるものである[36)]とする見解が主張され
た[37)]が，これらは Absicht 一般について述べたもので，Absicht 犯罪の Ab-
sicht を念頭に置いたものではなく，したがってその分析のために十分な素
材を提供してくれるとまではいえないであろう。その中で旧二分説に立脚し
て Absicht の分析を試みたものとしては，Absicht の内容は個々の構成要件
解釈であるとしつつも，短縮された二行為犯ではさらなる行為を行うには新
たな意思による活動が必要であり，その結果として意的要素に欠けた故意が
行為の遂行に関係するとは考えられず，したがって法益侵害活動の遂行に関
しては技術的意味の Absicht が要求されなければならない。これに対して，
断絶された結果犯では利益侵害結果に関して dolus directus 1. Grades, dolus
directus 2. Grades, dolus eventualis のいずれでもよく，この構成要件は特に
危険な態度を記述することから，行為者が違法結果発生のわずかな可能性し
かみていなくとも，（危険な）構成要件行為の実行は禁じられており，行為を
する者に dolus eventualis が存在する場合もこれに含まれ，断絶された結果
犯では構成要件外の結果に関する dolus eventualis で処罰には十分であ
る[38)]，との主張が注目に値する。

(2) 上であげた Absicht の分析は十分参考にすべきところではあるが，ド
イツにおいては現在 Absicht 犯罪の Absicht が違法要素としての地位を固
め，多様な形で Absicht 犯罪が規定されていることから，旧二分説とは異な
る Absicht 犯罪の構造から Absicht の内容を検討することに重点が置かれる
ようになってきている。この点について，Absicht が要求される場合には故
意としての意図との整合性を考慮すれば dolus directus 1. Grades を伴った行
為を要請するのが当然ともおもわれるところがある[39)]が，立法による言語使
用は統一的ではなく[40)]，「Absicht」や「absichtlich」という用語が刑法典の数
多くの構成要件で dolus directus 1. Grades の意味での Absicht として把握す

---

36) Edmund Mezger, Leipziger Kommentar, 8.Aufl., Bd. 1, 1957, S. 515.

37) Mayer, a.a.O. (Anm. 3), S. 241 ; Franz von Liszt, Lehrbuch des deutschen Strafrechts,
1932, S. 260 ; Hans Welzel, Das deutsche Strafrecht, 1969, S. 68 ; vgl. Sprang, a.a.O. (Anm.
21), S. 21ff.

38) Sprang, a.a.O. (Anm. 21), S. 78ff. これに対して，大塚・前掲注 (9) 135 頁は，断絶さ
れた結果犯では確定的認識を要するが，短縮された二行為犯では未必的認識で足りる
とする。

べきでないものがあることは今日では一般的に認められている。例えば通説によると、ドイツ刑法164条，274条，288条等ではAbsicht概念はdolus directus 1. Gradesの意味で用いられてはおらず，dolus directus 2. Gradesで十分である，そうはいってもdolus eventualisでは足りないとされている[41]。つまり，Absichtの内容としては，dolus directus 1. Gradesに限定されず，dolus directus 2. Gradesで足り，Absichtが未必の故意を排除するだけの役割を果たす場合があることが認められているのである[42]。そして各犯罪におけるAbsichtがいずれのAbsicht概念に妥当するかは各構成要件の解釈の問題であり，その意味で目的犯の目的の内容について総論的に統一的な規則を提示することはできないとされている[43,44]。

(3) Absicht概念が多義的であり，その解釈は各犯罪構成要件において解決されるべき問題であるとはいえ，新二分説ではAbsicht犯罪はAbsichtの

---

39) Robert von Hippel, Vorsatz, Fahrlässigkeit, Irrtum, Vergleichende Darstellung des deutschen und ausländischen Strafrechts, Allgemeiner Teil, Bd. 3, 1908, S. 534f. は，優れた法律では様々な意味のある文言を用いることは許されず，Absichtを望ましい価値あるものとして求められた帰結やその達成のための手段という狭義の意味で用いることを推奨しつつ，立法者がAbsichtという用語でもって何を考えているかを明確にし，この専門用語を一貫的に実行することが求められなければならないとする。

40) Rudolf Rengier, Die Unterscheidung von Zwischenzielen und unvermeidlichen Nebenfolgen bei der Betrugssbsicht, JZ, S. 324. は，Absichtがabsehen（見て取る，読み取る）に由来し，voraussehen, Voraussicht（予見する）と結びつけられることから，Absichtは確定的認識を含むことも可能であるとする。また，Rudolf Rengier, Strafrecht Allgemeiner Teil, 7.Aufl., 2015, S. 132. も，Absicht概念の中に確定的認識と未必の故意という可能性の認識を含める解釈はAbsichtという文言と矛盾するものではないとする。

41) Baumann/Weber/Mitsch, a.a.O.（Anm. 5）, S. 484；Sprang, a.a.O.（Anm. 21）, S. 55.

42) Albin Eser/Bjoern Burkhardt, Strafrecht I, 4.Aufl., 1992, S. 91. は，超過的内心傾向は客観的構成要件に対応物がないことで故意と区別され，法律はこの傾向を「Absicht」その他の文言で特徴づけるが，これについて常に同じものが考えられているわけではない，特に常に「目標に向けられた意思」ではないことについては一般的に認められている，とする。

43) Rengier, a.a.O.（Anm. 40）, AT, S. 132；Gehrig, a.a.O.（Anm. 22）, S. 44；Mahl, a.a.O.（Anm. 22）, S. 68；Vogel, a.a.O.（Anm. 14）, §15Rn. 87. Samson, a.a.O.（Anm. 15）, S. 452. は，Absichtの規定からは未必の故意では十分でないことは確かだが，dolus directus 1. Gradesが必然的であるとみるべきなのか，それともdolus directus 2. Gradesでも十分なのかは規定自体から取り出すことはできないとする。BGHSt13, 219. も，「刑法は『Absicht』という用語やそれと意味の同じ内心の所為側面のメルクマールを用いている。しかしこのメルクマールの法的意味は常に同じわけではない。むしろ各刑法の意味と目的に応じて変わるものである」とする。

内容にしたがって一応の分類が可能であるとされている。例えば，Absicht
が法益侵害ではなく典型的な行為者動機を記述する場合と，Absihct が保護
法益の侵害に関係する場合[45]とに二分して検討される。前者のグループには
主として財産犯罪が属し，窃盗罪の「違法に自ら領得し又は第三者に領得さ
せる目的」（ドイツ刑法242条），恐喝罪の「不法に自ら利得し又は第三者に利
得させるため」（ドイツ刑法258条），詐欺罪の「違法な財産上の利益を自ら得
又は第三者に得させる目的」（ドイツ刑法263条）等がこの類型に属するとさ
れている。例えば詐欺罪においては財産侵害でもって法益侵害は完全に発生
しているところ，これだけでは可罰性に十分でなく行為者に侵害故意ととも
に利得 Absicht も認められなければならないかは自明なことではないが，構
成要件は財産移転の Absicht に動機づけられた行為者だけを捕捉しようとす
るのであって，ここでは，別の動機づけがほとんど現れないためか，それと
もこの動機づけだけが行為者をして民法による損害の均一化がもはや達成で
きないほどに危険であるとおもわせるためかは別として，いずれにしても特
別な動機だけが問題とされており，行為者によって意図されたさらなる法益
侵害が問題なのではない。この動機は，財産侵害が他者の利得に通じること
が可能であるとか確実であるととらえたが，これが重要ではない行為者に認
めることはできない。つまり，Absicht が法益侵害に関係せずに，遂行された
法益侵害の領域から特別に動機づけられた領域だけが可罰的であると強調す
る機能を有している場合には，Absicht は dolus directus 1. Grades の意味で
理解される[46]。

　これに対して後者のグループは，例えば文書の法的取引の安全を保護しよ

---

44) この点は古くからも指摘されており，例えば，v. Hippel, a.a.O.（Anm. 39），S. 533f. は，
　　ドイツ刑法典において Absicht は最終目的すなわち望ましいものとして求められる帰
　　結である場合と，求められた帰結と必然的なものとして結びついた帰結を含める場合
　　とを表しているので，Absicht という文言は統一的な意味を有しておらず，Absicht そ
　　れ自体の文言が意味するものを検討するのは全くもって無益である，立法者が用語を
　　どう用いるのかは立法技術の問題である，とする。vgl. Reinhard Maurach, Deutsches
　　Strafrecht Allgemeiner Teil, 1954, S. 230.
45) Samson, a.a.O.（Anm. 15），S. 453.
46) Samson, a.a.O.（Anm. 15），S. 453. は，Absicht が法益侵害に関係するのではなく，法
　　益侵害の大きな部分から特別に動機づけられた部分が可罰的と強調する機能を有する
　　場合には Absicht は dolus directus 1. Grades の形式として現れるとする。

うとする文書偽造罪では，偽造文書をどこにも提示していない限りではまだ法益侵害は達成されていないように，この犯罪では法益侵害が発生して初めて可罰性が認められるものではなく，所為が法益侵害の前段階に達していれば可罰性が認められ，Absicht は行為者と法益侵害との主観的連関を表しているため，dolus directus 1. Grades と dolus directus 2. Grades の相違は重要ではなく，Absicht は dolus directus 2. Grades を含む。この犯罪類型は未遂犯の構造を有するものであり，そうすると未必的認識でも足りるのはないかとも考えられるが，Absicht という用語からこれを理解することは困難である[47]とされている。ここでは文書偽造罪における「法的取引において欺罔するため」（ドイツ刑法 267 条），虚偽告発罪における「他の者に対し官庁の手続又は官庁のその他の措置を開始させ又は継続させる目的」（ドイツ刑法 164 条），文書隠匿罪における「他の者に不利益を与える目的」（ドイツ刑法 274 条），強制執行の免脱罪における「債権者への弁済を免れる目的」（ドイツ刑法 288 条）等がこの類型に属するとされている[48]。

　(4)　このような分類は論者によって用語の使用等で完全な一致がみられるわけではないが同様に二分する見解が対応的に主張されている。例えば，Absicht が犯罪類型を構成する場合（利得や領得の Absicht は犯罪類型を構成し，これによって意識的で absichtlich な他者への損害を与える以上のことが予定されている。したがって怒らせるためなど欺罔によって他者を侵害しただけでは詐欺を遂行したわけではなく，詐欺を遂行するのはこれを違法な利得の Absicht で行う者だけである）と，犯罪類型は構成要件に該当する法益侵害によってのみ特徴づけられ，目的は犯罪類型にとって意味がない場合（Absicht は犯罪類型を変更しようとするのではなく，結果に関して危険のある行為つまり未必の故意の場合を処罰から排除しようとする）[49]，Absicht が法益侵害に向けられておらず，これが付け加わることで初めて法益侵害が当罰的となる場合（Absicht は特別

---

47) Samson, a.a.O.（Anm. 15），S. 453f. は，後者のグループの Absicht の内容について，前者の思考を裏返し，Absicht が特に非難すべきまたは危険な動機づけを捕捉せずに法益侵害に関係する場合は全て dolus directus 1. Grades は要求されていないとする。

48) 判例も古くから Absicht 概念を二分して考えており，例えば，RGSt16, 150. では Absicht は行為者の目標や目的を表し，RGSt24, 255. では Absicht は結果発生が確実とされる場合も含むとする。vgl. v. Hippel, a.a.O.（Anm. 39），S. 533f.

49) Roxin, a.a.O.（Anm. 10），S. 441f.

24

な行為者の動機づけを規定しており，例えば他人の物の奪取や欺罔による損壊は所有権や財産を侵害するが，単なる法益の侵害だけでは足りず一定の傾向と結びついて初めてその種の行為は刑法上明確な特徴を有する）と，立法者が法益侵害の発生を待つことなく可罰性を前へと延長した場合（Absicht は法益侵害との主観的関係を作り出している）[50]，当罰的な行為に可罰性を限定するために Absicht が法益侵害の可罰性を基礎づける場合（保護法益が財産であれば，侵害の発生は同時に最終的な法益侵害なので，実質的な既遂の時点と法律で定められた既遂の時点とは密接な関係にあり，当事者が侵害された財産で何がなされるか，特に被害者の損害が行為者の利益となるかどうかはどうでもよい。行為者による当該財産の自己の財産への組入れが，損害の大きさや被害者の法的地位の追加的侵害を意味するものではない。Absicht が「法侵害者からの防衛の重点を侵害の前段階に早めること」は適切ではない。行為者が一定の特に非難すべき手段を用いた場合にだけ，財産侵害に刑罰を科せられることから，財産は刑法によって絶対的に保護される財ではない。Absicht は行為者の一定の内心の態度を特徴づけるにすぎない。自己または他人の利用のために行う行為者だけが当罰的であり，法益侵害の可罰性を基礎づけ，行為者の相当する主観的傾向を付け加えるために，行為者にはまさに利益が重要でなければならない）と，最終的な法益侵害の意味での実質的な既遂を待たずに法益保護を早期化した場合（法益侵害は主観面の中に溶け込み Absicht の対象であり，Absicht には犯罪の真の結果との関係を作る任務があてがわれる。法益保護の早期化が重要であって，行為者の一定の内心の態度を捉えることが重要とはならないので，行為者が結果を求めたのか，結果を単に自己の行動の必然的かつ確実に発生する帰結と認識したにすぎないのかは基本的には何の役割も果たさない）[51]，法益保護の限定として利得が行為者に重要なときだけに刑罰を科する場合（法益保護の限定では例えば他人の財産への侵害は自己または第三者のために利得することが行為者に重要な場合にだけ刑罰を科され，目標に向けられた意思が必要である）と，法益保護の早期化による拡大として法益侵害が完全または一部主観面に溶け込んでいる未遂犯と同様の場合（法益保護の早期化による拡大では法益侵害は完全にもしくは一部で主観面に溶け込んでいるため，

50）Rengier, a.a.O.（Anm. 40），AT, S. 132f.
51）Lenckner, a.a.O.（Anm. 23），S. 1893ff.

第2章　目的の内容に関する総論的考察　25

未遂と同様に直接的故意（さらには未必の故意）で十分である）[52]，行為者が自己もしくは他人に有利な立場を求めることによって不法が特徴づけられている場合と，純粋な侵害犯において Absicht によって加重された故意を要求するにすぎない場合[53]，Absicht が保護法益の外部に位置する事態に関係する場合（故意による損害だけでは可罰性に十分ではなく，それを超えて Absicht による行為が要求されている場合であって，無価値内容は行為者が他者の利益を侵害したことですでに基礎づけられており，侵害行為が行為者に利益をもたらすことによって行為が追加的に無価値内容を含むことはない，ここでの Absicht は可罰性を行為者自身の目標に向けられたことに依存させる機能しかない。つまり Absicht は可罰性を保護法益の侵害を超えて行為者の行為の一定の目標に向けられたことに依存させるものである）と，Absicht が保護法益に関係する場合（保護法益の侵害の発生を待たずにそれに向けられた Absicht で満足させることによって可罰性が早期化された場合には，法益侵害以前の段階 Absicht は法益侵害のための行為者の意思方向を考慮せず，行為者が法益侵害を確実に発生するものと予見すれば十分である）[54]，Absicht が保護法益を超える場合（Absicht が保護法益を超えるために犯罪に付加的な特徴を与える事態に関係するものであって，これは可罰性を制限し非典型的な場合を可罰性から排除するためであり，主観的要素が犯罪の性格を形成し，そこから初めて当罰性が明らかとなる）と，Absicht が保護法益に関係する場合（客観的構成要件要素でもって法益の十分な危険が表され，非典型的な場合だけを可罰性から排除するのであり，ここで主観的要素を強く要請すると，当罰的な場合から可罰性から除外されてしまい，不当な処罰の間隙が生じることになる）[55]，Absicht 要素が犯罪類型を構成する場合（一定の客観的な構成要件に該当する態度を各々の規範の適用領域から遠ざけることに役立ち対応する法益の保護が限定される場合，詐欺罪の利得 Absicht では，自己もしくは第三者への優遇傾向のない単なる財産侵害は可罰性から排除される）と，可罰性の間隙を防止して効果的な法益保護を保証する場合（文書偽造罪では，行為者が法的取引における欺罔を

52） Eser/Burkhardt, a.a.O.（Anm. 42），S. 91f. ここではさらに謀殺罪（ドイツ刑法 211 条）における動機要素としての Absicht についても言及されている。
53） Sternberg-Lieben/Schuster, a.a.O.（Anm. 10），Schönke/Schröder，§15Rn. 70.
54） Gehrig, a.a.O.（Anm. 22），S. 33ff, 45ff, 79ff.
55） Mahl, a.a.O.（Anm. 22），S. 79ff, 86ff.

26

自己の行為の確実な帰結であると予見した場合への可罰性の拡大は，法的取引の確実性と信頼性の観点で命じられている）[56]等に二分する見解がこれである[57]。

(5) 以上のとおり，故意の一態様としての Absicht が dolus directus 2. Grades としての確定的認識とは区別される dolus directus 1. Grades としての意図として構成されるのに対して，目的犯の目的である Absicht では dolus directus 1. Grades とする場合とともに dolus directus 2. Grades でも十分とする場合とにわけられるところに Absicht の問題が存在するものといえる。そこで以下では，新二分説から両者の典型的犯罪である詐欺罪と文書偽造罪における Absicht を主たる手掛かりとしてその内容を検討する。

三　詐欺罪における利得 Absicht

1　判例の状況

(1) ドイツ刑法263条は詐欺罪の成立に「違法な財産上の利益を自ら得又は第三者に得させる Absicht」を要求する。これについて一般的には次のように言われている。詐欺は他人の財産の損害に尽きるものではなく財産移転に向けられており，被害者の財産損害は行為者の側面でそれに対応する財産利益に通じなければならない。利得は必ずしも実際に発生する必要はなく，利益獲得に向けられた主観的な Absicht が存在するだけで十分である[58]。この Absicht は構成要件の実現すなわち利益獲得に目標として向けられた意思や，行為者には財産上の利益を達成することが重要でなければならないことを意味し，dolus directus 1. Grades の機能を果たしている[59]。ただし，Absicht の知的要素としては，自己が利益をえるかもしれないと行為者は未必

---

56) Witzigmann, a.a.O.（Anm. 10), S. 488ff. ここでは目的犯を不完全な二行為犯と結果短縮犯に分類しつつ，各論的に Absicht の内容を考察する。しかし Absicht 犯罪としてこの二種類の形態を紹介しているにすぎず，Absicht 犯罪の分類と Absicht の内容との関係は存在せず，新二分説の分類から Absicht の内容について検討を加えている。ここから旧二分説と新二分説との主張は相互に排斥し合うものではないことがわかる。

57) Jakobs, a.a.O.（Anm. 10), S. 307f. は，行為者が財をさらに侵害する故意で行為を行うことで犯罪が既遂となる場合（虚偽告発罪等），財をさらに侵害するためには別の行為が行われなければならないにもかかわらず犯罪が既遂となる場合（文書偽造罪等），財への侵害が Absicht によって初めて規定されている行為者の計画を特徴づける場合（詐欺罪等）とに三分する。

58) Albin Eser, Strafrecht IV, 4.Aufl., 1983, S. 148.

的に表象すればよく，財産移転の失敗を考えたとしても Absicht が排除されることはない[60]。また，利益は行為の唯一の目的であることも優越的であったり決定的な目的であることも必要ではない。すなわち，行為者が利益を他の目標と並んで，あるいは他の目的のための手段としてのみ求めればそれで十分である[61]。

(2) ライヒ裁判所と戦後初期の判例：詐欺罪の利得 Absicht については多くの判決が出されているので，これを概観することとする。これについては古くはライヒ裁判所の時代にまでさかのぼることができる。そこでは，権限なしに他人の名前で雑誌にその他人の娘の結婚に関する広告を出させた一方で，その他人へ請求書を送付すれば，その者から即座に支払いすることを確約した事案（雑誌広告事例）[62]や，馬に正式な合図とよく似た合図を覚えさせ，その合図で始まる様々なレースに馬を出走させて賞金を獲得した事案（競馬事例）[63]がある。前者では　錯誤惹起が利益の獲得をもたらすことの認識だけでは Absicht には十分ではなく，広告費用の支払いのために自分ではなく他人に編集を義務づけることに Absicht が向けられていたかは蓋然的ではないとして Absicht が否定されたが，これに対して，後者では，行為者はレースへの愛着から行動したものではあるが，獲得された賞金を受取ったり，賞金が出されているレースに参加することは，勝利への意思と賞金に関する利

---

59) Klaus Tiedemann, Strafgesetzbuch Leipziger Kommentar, 11. Aufl., Bd. 6, 2000, §263Rn. 249f ; Walter Perron, a.a.O.（Anm. 10），Schönke/Schröder, §263Rn. 176. は，利益の獲得という目標に向けられた意思であり，Hans Welzel, Vorteilsabsicht beim Betrug, NJW1962, S. 21. は，利益は行為者の次の目的でなければならない，Baumann/Weber/Mitsch, a.a.O.（Anm. 5），S. 485. は，利益は最終目標ではなく，次のための動機でよいとする。

60) Tiedemann, a.a.O.（Anm. 59），§263Rn. 249. ただし，後述するようにこの点については争いがある。

61) Tiedemann, a.a.O.（Anm. 59），§263Rn. 250. Perron, a.a.O.（Anm. 10），Schönke/Schröder, §263Rn. 176. は，利益獲得は唯一のものでも第一に追求された目的である必要はなく，利益が行為者によってその後ろに存するさらなる目的のための必然的な手段として求められればそれで十分であるとする。

62) RGSt15, 9.

63) RGSt44, 87. Absicht の存在に争いがあるとするのは，Tiedemann, a.a.O.（Anm. 59），§263Rn. 250. 限界づけが困難とするのは，Urs Kindhäuser, Nomos Kommentar Strafgesetzbuch, 4.Aufl., Bd. 3, 2013, §263Rn. 354. Absicht を否定するのは，Perron, a.a.O.（Anm. 10），Schönke/Schröder, §263Rn. 176.

得 Absicht を示すものとして Absicht が肯定された。

　戦後の判例としては，西ベルリンへの出張の際に飛行機を利用するように指示されていたにもかかわらず，当時は禁止されていた東ベルリンを自動車で走行した公務員が，この事実が露見すると懲戒手続により責任を追及されかねないので，出張清算書に飛行機を利用したと虚偽の報告をして航空運賃の支払いを職場に申請して代金を受け取ったという事案（航空運賃事例）があげられる。ここでは，「被告人には懲戒手続の回避だけが重要であり，航空運賃補助金の獲得は重要ではなかった」「たとえ詐欺や財産上の利益の獲得が被告人の行動の最終目標や最終目的ではないとしても，これは懲戒手続を回避するという自己の目標を達成するのに必要な活動であった」「違法な財産上の利益をえる Absicht は，利益を獲得するという表象が行為者の行為の動機であり，行為者の行動へと決意をさせ決定づける，それゆえに行為者意思を動機づける表象であることを前提とする。…航空運賃の獲得の意思は行為の動機や行為の直接的な目標としての Absicht ではない。…被告人は，懲戒手続の回避という目標は詐欺によってしか達成できず，この目標達成のために必要であると信じていた。…利得は一般的で排他的な行為動機である必要はないが，利得は行為者の意思形成にきわめて近い直接的な目標として決定的でなければならない」「被告人が懲戒手続を免れる Absicht だけで請求をしたのであれば，国庫が損害を被った金銭獲得は行為者意思を決定づける表象ではなく，Absicht はない」として，航空運賃補助金に関する利得 Absicht は否定された[64]。これは，「利得は一般的で独占的な行為動機である必要はないが，行為者の意思形成にきわめて近い直接的な目標として決定的でなければならない」ことから，公務員に費用弁済の獲得も重要であれば，利得 Absicht は存在するが，公務員の関心が懲戒手続きだけに向けられていれば利得 Absicht は欠如するとしたものである。

　(3)　**無賃乗車事例**：連邦通常裁判所で初めて詐欺の利得 Absicht について

---

64) KG NJW1957, S. 882. 判決と同じく Absicht を否定するのは，Jakobs, a.a.O. (Anm. 10), S. 267；Andreas Hoyer, Systematischer Kommentar, 60.Lfg., 7.Aufl., 2004, §263Rn. 272. 同旨とおもわれるのは，Tiedemann, a.a.O. (Anm. 59), §263Rn. 252；Roland Hehfendehl, Münchener Kommentar Strafgesetzbuch, 2.Aufl., Bd. 5, 2014, §263Rn. 793. これに対して Absicht を肯定すべきと主張するのは，Rengier, a.a.O. (Anm. 40), JZ, S. 323.

判断の枠組みを示したのが無賃乗車事例[65]である。これは，被告人は電車に乗る直前に，あらかじめ購入していた乗車券を見つけられなかったにもかかわらず，授業に間に合うためには当該電車に乗る必要があったので入場券を買って乗り込んだ。その際被告人は車内で乗車券が見つかることを期待したが結局見つけられず，また切符を買うだけの金銭を持ち合わせてもいなかった。しかし，被告人は下車する際に鉄道係員に事情を説明するのに多大な時間を要して授業を欠席してしまうことを恐れて係員に事情を知らせることなく改札を通過しようとした，という事案である。連邦通常裁判所は，航空運賃事例判決では「付け足し的に，詐欺構成要件の Absicht を意思を動かす一定の結果の表象と理解するライヒ裁判所の判例が指摘されたにすぎなかった」としたうえで，「Absicht 概念…と同じまたは類似の行為者の表象を特徴づけるところでは常に同じものが考えられているわけではない。この概念の法的意味は個々の刑罰法規の意味と目的に応じて様々に考えられる」として，Absicht が dolus directus 1. Grades 以外でも理解しうることを明示する。そして，「263 条の Absicht にとっては結果を未必の故意の形式で包含する行為者の認識と意思では十分でないことに疑いはない。未必の故意で行動する者のように，結果を可能であるとしか表象していない者は，結果が発生してその結果に向けられた意思があるとしても，それにもかかわらず absichtlich な行為を特徴づける結果を求めているものではないからである」「財産上の利益を将来確実に獲得されるものと表象し意思する者は，これに向けられた未必でない直接的故意で行為し，この結果を absichtlich にも望んでいるとも考えられるが，そうすると刑法 263 条の Absicht は直接的故意と同置されることになろう。しかしこのような Absicht 概念の拡大は詐欺構成要件では大いに疑問である」と，利得 Absicht には dolus directus 1. Grades の意味で Absicht が必要であるとし，その基準としては，「故意の欺罔では故意で惹起された被欺罔者の財産処分，被欺罔者や第三者の財産侵害，これに対応する利

65）BGHSt16, 1. 無賃乗車事例については，Gunther Arzt/Ulrich Weber, Strafrecht Besonderer Teil, 2000, S. 526f. が事案を詳細に紹介する。ただし，Gunter Arzt/Ulrich Weber/Bernd Heinrich/Eric Hilgendorf, Strafrecht Besonderer Teil, 2.Aufl., 2009. ではこの部分の記述は存在しない。無賃乗車事例で利益獲得が中間目標ではないとするのは，Gehrig, a.a.O.（Anm. 22), S. 74.

得が自己の欺罔の確実な帰結であることは何人でも表象しうる。それにもかかわらずこれを遂行すれば，財産侵害の発生と自己または第三者のための財産上の利益の発生とを未必的でなしに望むことになる。しかしながら行為者が結果を別の目標に向けられた自己の行為の具合が悪かったり煩わしい帰結であるとみるときは，行為者には当該結果は，少なくとも利得結果は，望まれてはいない。行為者はそうしなければ目標を逸してしまうと信じているからである。そのような態度は行為者が予見された財産上の利益を absichtlich に望んだとの非難には値しないであろう。しかし財産上の利益が行為者にはその他の点では同じ表象や心情でもって欺罔により財産を侵害する自己の態度の確実であると予見され意図された結果として望まれているのであれば，行為者にはこの利益も重要である。そうすると財産上の利益は行為者の求めるものの中に含まれている」「詐欺構成要件の Absicht にとっては，行為者にとって違法な財産上の利益が自己の行為の確実で望ましい帰結として重要であれば，それで十分としなければならない」と判示した。

　ここでは，利得 Absicht としては結果発生の未必的認識や確定的認識では足りず，結果発生が行為者にとって重要であるという意味で意図されていることが要求されるとともに，「結果を別の目標に向けられた自己の行為の具合が悪かったり煩わしい帰結とみる」ときは Absicht を否定し，「自己の態度の確実であると予見され意図された結果として望まれている」ときは Absicht を肯定するという，それまでの連邦通常裁判が明文でもって立場を表明したことのなかった詐欺罪における利得 Absicht の有無を判断する基準を提示したところに本判決の意義が認められ，その後の諸判決のリーディングケースとなっている[66]。

　(4)　無賃乗車事例以降の判例：無賃乗車事例で示された Absicht 判断の基準は，その後の詐欺事案において肯定的に採用されている[67]。まずは，ブルセラ症調査のためにいくつかの牛舎で数十頭の牛の血液サンプルを採取する

---

66)　Tiedemann, a.a.O.（Anm. 59），§263Rn. 252.
67)　Arzt/Weber/Heinrich/Hilgendorf, a.a.O.（Anm. 65），S. 615f. は，無賃乗車事例以降の事案では，別の目標の追求という文脈の中で避けることのできない利得があっても，利得が望まれていなければ確定的認識があっても Absicht は否定される，そして理由づけはあまり納得がいかないが，詐欺の成立を拒絶することは安直すぎる，とする。

ことを獣医局から依頼を受けた獣医が，任務をかなり進めたところで，一頭の牛が血液サンプルの入った箱に衝突してサンプルを破壊してしまったために，破壊された分も含めて残りのサンプルを一頭の牛だけから取ってこれを満たして，任務完成の対価として報酬を受け取ったという事案（獣医事例）である。ここでは，被告人には「あまりに困難で，他人の助けなしにはほとんど成し遂げることのできない，牛舎で新たに血液を採取するという労働の負担から解放され，負担の大きな遠く離れた牧場へ行くことを節約することだけが重要であって…報酬は自分にはあまりに困難な労働の義務の不履行を明らかにさせないために自己の欺罔の望ましくない，具合が悪かったり煩わしい付随結果として受け入れた」と原審が判示したことに同意し，「被告人は金銭の獲得を内心では拒絶し，自己の態度の望ましくない，具合が悪かったり煩わしい付随結果として受け入れたにすぎないので，この金銭を財産上の利益として自らえる Absicht を有していなかった。利益の獲得は本来的な動機や第一に求められる行為の目標である必要はないが，利益が別の目的のための手段として求められるにすぎないとしても，行為者に利益が望ましい内心的に是認された自己の行動の帰結として重要であることは必要である」として，詐欺における利得 Absicht について無賃乗車事例で提示された原則をあげてこれにしたがうとともに，「反対給付を受けることなく偽りの血液サンプルを作るだけでは被告人に財産上の利益はなく，報酬の支払いによる獣医局への侵害を被告人は自己の行動を隠蔽するために必要な帰結として受け入れたが，獣医局の損害を自己のための財産上の利益としては absichtlich に求めてはいなかった」と，獣医には労働の負担からの解放だけが重要であり，謝礼を獣医は自己の行動の隠蔽のための必要な帰結として受け入れたので，Absicht が否定された[68]。

　次に，行為者は偽名を使って商品を注文して一部を偽名を使用した当該他人に，一部を第三者に配達させたが，それはこれらの者に支払いをさせて怒らせるためであったという事案（注文事例）では，「匿名の注文をして一定の

---

　[68] OLG Köln JR1970, S. 468. 判決と同じく Absicht を否定するのは，Karl Lackner, Leipziger Kmmentar, 10.Aufl., Bd. 6, 1979, §263Rn. 262；Tiedemann, a.a.O.（Anm. 59），§263Rn. 252；Hehfendehl, a.a.O.（Anm. 64），§263Rn. 722.

人に支払いのために不快感を覚えさせるのが被告人の本来的な目標であった
ということは，このような諸事情のもとでは，主観的構成要件にとっては意
味がない。詐欺の利得 Absicht にとっては，たとえ別の目標表象や感情を被
告人が抱いていて，その結果が被告人にとっては別の目的のための手段にす
ぎないとしても，被告人にとって違法な財産上の利益を自己の行為の確実で
望まれた帰結として重要であることで十分である。財産上の利益が本来的な
動機であったり，被告人の行為の第一に求められる目標である必要はない」
と，無賃乗車事例の基準にしたがう。そして，「本件ではこの前提は存在する。
注文によって被告人に発生した請求権は被告人にはさらなる結果のために必
要な手段であり，この請求権は被告人には重要であり，被告人なくしてこの
計画は実行しえなかったからである。他人や第三者をして支払いを理由に怒
らせるために善意の配達業者に商品をこの他人に配達させる匿名の注文者
は，配達業者の被侵害財産から自分のために財産利益を求めたのである」と
して，Absicht が肯定された[69]。ここでは被欺罔者である配達業者の配達と
いう労働の点に財産上の利益をみている点が注目に値する。そして，行為者
には給付の取り決めから商品に対する権利を有し，被欺罔者は義務を充足す
るには行為者の指示を必要とし，行為者は配達の要求によってしか第三者の
不快感を達成しえない[70]点をとらえて Absicht が肯定されたものである。

　そして，自分の幼児が誘拐されたことを装い，誘拐者から身の代金の支払
いを要求されたと偽りを述べた行為者が，自ら金銭の借入を頼みはしなかっ
たものの，誘拐を打ち明けられた者から提供された金銭を受け取ったという
事案（偽装誘拐事例）では，「Absicht は利益の獲得に目標として向けられた意
思を意味する。したがって利益が行為者の動機である必要はなく，利益の獲
得が唯一の目的であったり第一に追求される目的である必要はない。利益が
行為者によってその向こうにあるさらなる目的のための必然的な手段として

---

69) BayObLG JR1972, S. 344＝JZ1972, S. 25. Absicht の存在に争いがあるとするのは，
Tiedemann, a.a.O.（Anm. 59），§263Rn. 250. Absicht を肯定することに批判的なのは，
Kindhäuser, a.a.O.（Anm. 63），§263Rn. 354.

70) Mahl, a.a.O.（Anm. 22），S. 102. Reinhart Maurach/Friedrich-Christisn Schroeder/
Manfred Maiwald, Strafrecht Besonderer Teil Teilband 1, 10.Aufl., 2009, S. 539. は，利得
Absicht は商品に関してではなく，配達に存する労働給付に関して存在するものとす
る。

第2章　目的の内容に関する総論的考察　　33

求められればそれで十分である。しかし，利益獲得が必然的な，行為者には
望まれていない，自己の求める別の結果の付随結果にすぎない場合には，
Absichtは存在しない」と同じく無賃乗車事例の基準にしたがうとともに，
被告人が心理的ノイローゼ状態にあってその負担を軽減させるのに誘拐をお
もいついたことや，被告人は自分から進んで金銭を求めたものではなく「金
銭を拒否したら貸与者から嫌疑を受けるであろうから」受け取ったのであり，
貸与された紙幣の番号をメモした後でこれを冷蔵庫の中に隠していたり，で
きるだけ早く返済すると約束していたことは，被告人が金銭を将来所有して
使用しようと考えてはいなかったことを示しており，「金銭の受領は『誘拐物
語』の望まれない付随結果にすぎなかったことの証拠として評価できる」と
して，Absichtが否定された[71]。

　最後に，有罪判決を受けたが担保の提供をして刑の執行を延期された者の
弁護人として活動する者が，自己の依頼者が刑に服して担保保証金を取り戻
そうとする一方で，赴いた先の外国で作成された病気のために帰国できない
旨の診断書を，その後に依頼者の死亡証明書をそれぞれ偽造と知りつつ提出
したという事案（刑の延期事例）がある。ここでは，「被告人の依頼者にとって
は主として，確定的に科せられた刑罰に服す必要のないことが重要であった。
保証金の損失は依頼者にとっては特には重要ではなかった。したがって刑の
執行を免れる努力によって，いずれにしても依頼者は詐欺未遂の責任を負わ
されることはできない。…被告人にとってはいずれにしてもまずは自己の依
頼者のための刑の延期が重要であったということから出発されなければなら
ない。なるほどその後は保証金を取り戻す試みが前面に出てきた。しかしな
がら，これが排他的に被告人の努力の目標であったということは，依頼者が
この時点でなお逮捕されていなかったことに鑑みれば疑わしいとおもわれ
る。偽造された死亡証明書の提出は，いずれにしても後日に刑に服すること
を免れることを依頼者が希望したという帰結であった」として，詐欺に関し
て利得Absichtは存在しないとされた[72]。

71）OLG Köln NJW1987, S. 2095. Absichtを否定するのは，Hehfendehl, a.a.O.（Anm. 64），
　　§263Rn. 793.
72）BGH NJW1993, S. 273.

この他刊行物には掲載されていないが，コートを盗むために診療所に赴いたが，盗む前に診察に呼ばれたために，代金を支払う意思がなくかつ実際にもできないにもかかわらず自己の正体を露見させないために病気を偽り診察を受けた，という事案（診療所事例）では，医師の診察を利用するのは具合が悪かったり煩わしい付随結果ではなく，行為者が求めるものの中に包含されていた。行為者はコートの窃取だけを狙っていたが，医師を利用することを決意した。医師の診察は，自分は病気でないと患者が知っていれば，財産上の価値とみることができ，これを行為者は自己の態度の確実な帰結であると予見していた。以上の理由から Absicht が肯定された[73]。

(5)　素材同一性に関する判例：素材同一性とは，詐欺罪においては違法な財産上の利益と被害者の財産侵害の間には同一的な関係がなければならないことをいう。詐欺罪の成立には行為者または第三者が行為者の行為から利益をえただけでは足りず，行為者または第三者のえた利益と被害者の被った財産上の不利益とが対応関係にあることが必要である。素材同一性は書かれざる要件であり[74]，財産移転犯罪としての詐欺の特徴をなすものである。そして，行為者がいくら利得する意思でもって行為したとしても，利益と損害との間に素材同一性がない限りでは，当該利得意思は詐欺罪における利得 Absicht としては認められないことになる。

素材同一性が問題となった判例としてはまずは，手数料詐欺は必然的であると意図される中間目標について問題となる詐欺の古典的事例である[75]とされているが，会社の手数料代理人である行為者が買主を欺罔して自動販売機を売却したが，行為者は買主が契約を取消すこともあるだろうと考えていた，それとともに，行為者は外見上は正当だが実際上は欠陥のある契約書類を手数料を支払わせる目的で会社に提出し，手数料を受け取ったという事案

---

73) BGH, Urt. v13.4.1965.-5 StR93/65, S. 3-nicht veröffentlicht ; Mahl, a.a.O.（Anm. 22），S. 113ff. による。判決に賛成するとおもわれるのは，Hehfendehl, a.a.O.（Anm. 64），§263Rn. 793. Absicht を否定するべきとするのは，Tiedemann, a.a.O.（Anm. 59），§263Rn. 252. Mahl, a.a.O.（Anm. 22），S. 113. は，Absicht を肯定する判例の結論を学説は了解していないとする。

74) 素材同一性の必要性は判例も認めている。z.B. BGHSt6, 115. 山中敬一『刑法各論［第3版］』（平成 27 年）377 頁を参照。

75) Mahl, a.a.O.（Anm. 22），S. 91.

（手数料代理人事例）では，「契約は詐欺を理由に取消すことができるし，被告人は取消を考慮に入れた。しかしこのことは顧客の財産侵害や，会社を不法に利得させるという被告人の Absicht を排除するものではない。契約締結に関する詐欺では取引の取消可能性は考慮されないからである」として，Absicht が肯定された[76,77]。

　そして，有責に交通事故を起こした行為者が保険会社に責任保険の報告をする際に，高額の保険料を支払うことを避けたいと考えて，被害者である相手方に落ち度があるように偽って事故経過を述べ，会社に被害者への賠償金を支払わせないようにした事案（無事故割引事例）では，「詐欺は財産移転犯罪であり，財産上の利益と財産上の不利益は行為者が利益を直接的に被害者の財産から求めなければならないということで一致しなければならない，…行為者は無事故で運転したことの対価として無事故割引を獲得し維持する Absicht で行為したところ，それと同時に弁済がなされないために損害の不利益を事故の相手方が被ることを甘受した場合にはこの一致はない。…利益（無事故割引）は直接的には事故の相手方の損害からではなく保険会社の財産から生じているから自利的な詐欺は問題とはならない」「被告人には保険会社の違法な財産上の利益を自己の欺罔行為の確実で望まれた帰結として重要であったということは本件では当たらない。被告人は損害を特別な条件をつけて自身で清算しようとはせず事故の届け出をしたので，損害の清算は保険会社に移った。…損害の届け出（と保険会社に与えられた包括的な清算代理権）によって，被保険者には保険が適用される年度に損害のないことを理由とし

---

76) BGHSt21, 384. この事例については，Eser, a.a.O.（Anm. 58），S. 147ff. が詳細に取り扱っている。Perron, a.a.O.（Anm. 10），Schönke/Schröder, §263Rn. 176. は，顧客を不利な契約の締結へと仕向ける手数料代理人は，このことが行為者によって最終的に求められた手数料の獲得のための必然的な手段であれば，自己の使用者に違法な財産上の利益をえさせる Absicht でもって行為することがあると評価する。判決と同じく Absicht を肯定するのは，Kindhäuser, a.a.O.（Anm. 63），§263Rn. 354；Perron, a.a.O.（Anm. 10），Schönke/Schröder, §263Rn. 176；Hoyer, a.a.O.（Anm. 64），§263Rn. 269；Eser, a.a.O.（Anm. 58），S. 147ff.

77) 手数料代理人事例の判例は他にあり，例えば，OLG Braunschweig NJW1961, S. 1272. は，雑誌の予約購読の契約締結をえることで手数料をえるという同様の事案であり，「会社のあために求められた利益は顧客の財産損害に対応し，素材同一性が与えられている。行為者はまた会社に財産上の利益をもたらす Absicht で行動した」と同様の判断をしている。

て無事故割引承認の請求権はなくなった。…被保険者としての被告人が損害清算時に保険会社にわずかしか影響を及ぼすことができない法的状況においては，保険会社に違法な財産上の利益を自己の欺罔行為の確実で望まれた帰結としてもたらしたいという被告人の Absicht は，その可能性が理論上でしか考えることができない」と，行為者の違法な財産上の利益と事故の相手方の財産損害との間には素材同一性が存在しないとして保険会社の利益に関する詐欺未遂が否定された[78]。

(6) その他の事例：詐欺罪における利得 Absicht について，その他に学説が説明のためにあげている事例としては以下のものがある。産業スパイ活動をカムフラージュするために給料を支払われる従業員の地位に就くことを受け入れた場合，行為者にとって給料という金銭的な利益が望まれていなければ利得 Absicht は否定される（産業スパイ事例）[79]。また学者が自己の名声を高めるために専門誌に盗作を自己の論文として公表するよう依頼してこれを行わせた場合，謝礼を受け取れば詐欺の客観的構成要件を満たすが，この学者にとって謝礼が目標として向けられて重要なのではなく，名声をえることだけが重要であれば利得 Absicht は否定される（学者事例）[80]。さらにはドーピングをしたスポーツ選手には主として名声が重要であるが，学者事例と同様に Absicht が名声と結びついた金銭的な利益に向けられているかが問題となる（ドーピング事例）[81]。

2 学説の状況

(1) 詐欺罪における利得 Absicht を dolus directus 1. Grades として目標に向けられた意思と考える判例の立場に対して学説は，個々の事案の結論につ

---

78) BayObLG NStZ1994, S. 491. 判例と同じく Absicht を否定するのは，Tiedemann, a.a. O.（Anm. 59），§263Rn. 252；Hoyer, a.a.O.（Anm. 64），§263Rn. 269.

79) Lackner, a.a.O.（Anm. 68），§263Rn. 262；Kindhäuser, a.a.O.（Anm. 63），§263Rn. 354；Perron, a.a.O.（Anm. 10），Schönke/Schröder, §263Rn. 176；Rudolf Rengier, Strafrecht Besonderer Teil Ⅰ, 17.Aufl., 2015, S. 295. これに対して，Tiedemann, a.a.O.（Anm. 59），§263Rn. 250. は Absicht の存在には争いがあるとする。

80) Günter Jerouschek, Strafrechtliche Aspekte des Wissenschaftsbetrugs, Goltdammer's Archiv für Strafrecht, 1999, S. 416ff；Rengier, a.a.O.（Anm. 79），S. 296；Hehfendehl, a.a. O.（Anm. 64），§263Rn. 793.

81) Arzt/Weber/Heinrich/Hilgendorf, a.a.O.（Anm. 65），S. 616.

いては反対はみられるものの，結果としては同意するのが一般的である[82]。

ここで dolus directus 1. Grades としての利得 Absicht とは，財産上の利益すなわち経済的価値の増大の意味で財産状態のよりよい状態を形成しようと努めることを意味するが，この見解は次のように主張する。すなわち，故意による損害では可罰性には十分ではなく，それを超えて利得 Absicht による行為が要求されているところでは，この追加的要素は未必でない故意や未必の故意として意味あるものと理解することはできない。行為者が客観的行為によって法益を侵害した場合に，これが自分に利益をもたらすものと表象して行為したことに可罰性を依存させるのだとすれば，それは納得できるものではない。財産侵害行為が行為者に利益をもたらすことで所為は追加的な無価値内容を付与されるのではなく，行為者が自分の利益のために他人の財産を侵害したことによって無価値は基礎づけられる。利得 Absicht は行為の目標方向に可罰性を依存させる機能を有し，したがって，自ら財産上の利益をえまたは第三者にえさせることが行為者にとって重要であることが必要である[83]。こうして，Absicht が客観的構成要件の外部に位置する，保護法益にとっては重要でない事態に関係する場合には，可罰性の前提として行為を超えて行為者の一定の目標方向を要求することで，Absicht には可罰性を制限する機能が加わることになる[84]。つまり，詐欺罪が保護する被害者の財産は客観的構成要件の充足によって侵害され，主観的に要求される付加的要素が何らかの転機を引き起こすことはなく，ここから，Absicht の要請は典型的な事案の処罰を目的として非典型的な場合を処罰から除外しようとするために dolus directus 1. Grades が要求されるのであって，行為者には利益獲得が重要でなければならず，行為者は利益獲得を目標として向けられた意思でもって行為しなければならない[85]。

(2) 唯一性：利得 Absicht について，利得をえることが唯一の目的である

---

82) Lackner, a.a.O.（Anm. 68），263Rn. 261；Tiedemann, a.a.O.（Anm. 59），§ 263Rn. 249；
　　Hehfendehl, a.a.O.（Anm. 64），§ 263Rn. 792；Kindhäuser, a.a.O.（Anm. 63），§ 263Rn353；
　　Perron, a.a.O.（Anm. 10），Schönke/Schröder，§ 263Rn. 176；Hoyer, a.a.O.（Anm. 64），
　　§ 263Rn. 272.

83) Gehrig, a.a.O.（Anm. 22），S. 45f；Rengier, a.a.O.（Anm. 79），S. 294.

84) Gehrig, a.a.O.（Anm. 22），S. 60f.

85) Mahl, a.a.O.（Anm. 22），S. 89f.

ことが必要であるかが考えられる。これについてはライヒ裁判所において、利得 Absicht は唯一かつ排他的な行為者の動機である必要はないとする判決[86]と、利益を獲得する表象が行為者の動機でなければならず、行為者の行動への決意を引き起こし決定しなければならないとする判決[87]が対立的に出されていた中で、航空運賃事例は、利得 Absicht は「行為者意思を動機づける表象であることを前提と」し、「利得は行為者の意思形成にきわめて近い直接的な目標として決定的でなければならない」と後者の判決に近い判断を示した。これを無賃乗車事例は、航空運賃事例判決はライヒ裁判所の後者の判決を「狭い法解釈の理由づけのために引き合いに出すことがきると考えているが、刑法263条の Absicht 要素に関して誤解を招くものである」と批判したうえで、「財産上の利益が行為者の決意に決定的な目標であったり、行為者が求める唯一の対象であった場合にだけ Absicht を肯定するとしたら、被告人はどのような最終の動機でもって欺罔し財産を侵害する態度で満たされていたのかというしばしば不可能な検討を刑事裁判官は行わなければならないであろう」、そうすると「動機の束から決定的なもしくは少なくとも優越的な動機を見つけ出すという刑事裁判官にとってはしばしば解決不可能な任務が設定されてしまうことになり、こうして刑事司法は詐欺者の追及をしばしば挫折しなければならなくなるであろう」とし、本来的に欲する結果が利得結果を求めた場合にだけえられると行為者が認識していれば、それで Absicht は肯定できるが、これは唯一のものと追求したり第一に追求した目的である必要はないことを示した[88]。

この無賃乗車事例での判断について学説は一致して賛意を表しており、利益は行為の唯一の目的であることも優越的もしくは決定的な目的である必要もなく、行為者が利益を他の重要な目標と並んで、もしくは他の目的のための手段としてのみ求めたとしても、それで十分であるとされている[89]。

(3) 最終目的性：Absicht は行為者の目標に向けられた意思ではあるが、この意思によって求められる利得は最終目標である必要はない。中間目標，

---

86) RGSt27, 217：RGSt44, 87.
87) RGSt55, 257.
88) Mahl, a.a.O.（Anm. 22), S. 91.

すなわち最終目標に到達するために不可欠な基盤として達成されるべき目標をえようと努めることで十分である[90]。これは，必然的な中間目標を通してしか最終目標を達成することができないのであれば，それでよい[91]。航空運賃事例では，「被告人は，懲戒手続の回避という目標は詐欺によってしか達成できず，この目標達成のために必要であると信じていた」が，「利得は行為者の意思形成にきわめて近い直接的な目標として決定的でなければならない」ことから利得 Absicht が否定された。これは，職務違反の隠蔽という利得によって仲介されることのない別の目標を達成するために利得を受け入れただけでは Absicht は存在しない[92]ことを示すものであり，職務違反の隠蔽は金銭の支払いがなくてもうまくいかなかったであろうし，行為者は財産上の利益の見込みがなくても行為をしたであろうから，目標が不達成でないとしても財産上の利益はないものと考えられ，金銭の支払いは避けられない付随事情にすぎず必然的な中間結果ではないと考えられる[93]とも主張されている。

　行為者が構成要件を実現してさらに別の目的を追求するのは珍しいことではない。例えば騙し取った金銭で旅行することが詐欺行為者の行為の本来的な目標であるとしても，このような行為者が金銭の詐取を目的的に求めた，つまり absichtlich に遂行したことは確かであるが，それは行為者の遂行全体はまずは目的的に騙し取った金銭を取得することに向けられているからである。行為者は誰でも次に起こるべき事態を達成するために当然の手段を選択し，最初の手段を将来の手段と関連させて，手段・目的を通じて定められた目標を達成させるために，目的的に投入しようとする。そうはいっても，求

---

89) Tiedemann, a.a.O.（Anm. 59），§263Rn. 250. 同旨として，Hehfendehl, a.a.O.（Anm. 64），§263Rn. 792；Perron, a.a.O.（Anm. 10），Schönke/Schröder，§263Rn. 176；Hoyer, a.a.O.（Anm. 64），§263Rn. 272. なお，Kindhäuser, a.a.O.（Anm. 63），§263Rn. 353. は，利得 Absicht は支配的な意思である必要はなく，行為にとって決定に与るものであれば十分であるとするが，これも同旨とみてよいであろう。

90) Rengier, a.a.O.（Anm. 79），S. 294；Maurach/Schroeder/Maiwald, a.a.O.（Anm. 70），S. 539；Lackner, a.a.O.（Anm. 68），§263Rn. 261.

91) Hehfendehl, a.a.O.（Anm. 64），§263Rn. 792.

92) Hoyer, a.a.O.（Anm. 64），§263Rn. 272. Jakobs, a.a.O.（Anm. 10），S. 267. は，行為者は財産上の利益ゆえに欺罔したのではなく，行為者にとってこのことは歓迎すべき付随事情であろうからであるとして，判例に賛成する。

93) Rengier, a.a.O.（Anm. 40），JZ, S. 323.

40

められた目標達成のために必要な原因全ての惹起が目的とされるわけではない。因果連関の内部にはその惹起が行為者には全く望まれていないような要素も存在するからである。例えば自分の健康を取戻すために手術を受ける者は，危険な手術を受け入れるであろうし（手術事例），雪山で迷った登山者は，凍死から自身を守るために日暮後に唯一の山小屋の窓ガラスを破壊することを受け入れるであろう（山小屋事例）。これらは全て行為者の全体計画では望まれてはいないが必要な手段であり，手術の遂行，窓ガラスの破壊といった一定の目的すなわち Absicht でもって行われるものである。そして，手段・目的に認められる感情的価値は結果的には重要ではない。目的とするのは好ましいものとして求めることではなく，気持ちに反してでも別の目的のために不快なことを求めることもありうるからである。Absicht にとって重要なのは，行為者が求めた結果の実現を狙ったことだけである[94]。

(4)　素材同一性：素材同一性からは，被害者の損害と行為者の利得は二つのわけてみることのできる事態ではなく，財産処分によって被害者による行為者への財産状態の移動が行われなければならないことを意味する[95]。つまり，素材同一性では利益と損害が同一の財産処分に基づいて利益が損害を受けた財産の犠牲であることが要求される。すなわち，利益は同一の財産処分によって仲介され，利得結果に影響を及ぼす被欺罔者の同一の財産処分は損害を直接惹起しなければならないのである[96]。素材同一性が欠けることが明確な事案としては例えば，隣人の投資の成功を妬んで，投資コンサルタントに対して，この隣人に相場の下落が間近に迫っていると装い優良株を売却させることに成功すれば報酬を与えると約束した場合や，無収入の者に報酬を

---

94) Sprang, a.a.O.（Anm. 21），S. 49ff；Gehrig, a.a.O.（Anm. 22），S. 65f.

95) Maurach/Schroeder/Maiwald, a.a.O.（Anm. 70），S. 540. こうして，欺罔して他人に損害を与えたことに対して第三者から報酬を受けた場合，対価をえて第三者の身代わりとして自由刑の執行を受けた場合は詐欺ではないとする。Rengier, a.a.O.（Anm. 79），S. 296.

96) Rengier, a.a.O.（Anm. 79），S. 296. 同様に，Maurach/Schroeder/Maiwald, a.a.O.（Anm. 70），S. 541. は，利得は損害から直接的にえることが必要とされる，Hoyer, a.a.O.（Anm. 64），§263Rn. 271. は，財産処分と財産減少の間とともに財産処分と財産利益の間に要求される直接性関連が必要とされるのであって，被害者側と利得側の財産移動は別の財産が割り込んでくることなしに直接的に同一の財産処分から出てこなければならないとする。

第 2 章　目的の内容に関する総論的考察　　41

支払って自分の代わりに自由刑の執行を受けさせた場合をあげることができる。ここでは，欺罔により財産を侵害する処分（株の売却と拘禁中の食事）がなされているが，欺罔を行うコンサルタントや無収入者が求める利益は，隣人や司法国庫の損害からではなく，第三者である行為者の財産から出ている。この場合に詐欺を肯定するのは，財産移転犯罪としての詐欺の性格に矛盾することになろう。この移転は，獲得された利益が財産処分によって影響された損害へ還元される場合にしか問題とならないからである[97]。

　判例に現れた事案について，注文事例では「被告人によって自己のために求められた財産上の利益が存在するところ，被告人が被欺罔者の財産処分によってもたらしたかったこの利益は，主観面へと移動された財産侵害と対応するものである」として，被告人に注文により発生した請求権と配達業者の被侵害財産との間の素材同一性が肯定されたが，これに対しては，求められた，動機によって支えられた最終事情（偽られた注文者の怒りの惹起）は付随事情（費用節約による財産利益）とは区別されるので，両者に素材同一性は存在せず，財産上の利益獲得に向けられた Absicht を認めることはできない[98]，また，納入の請求は十分な財産上の利益とはならないので履行請求には利得 Absicht はなく，不快感と費用節約の間には必要とされる素材同一性が欠けて利益は財産上適法な価値として求められていない[99]，などと素材同一性を否定する見解が主張されている。

　手数料代理人事例では，契約が顧客において取消可能であるにもかかわらず会社に対して手数料を請求する会社に対する詐欺と，顧客に対して偽りの契約内容を提示して契約を締結させる顧客に対する詐欺とを考えることができる。会社詐欺については「行為者は売買契約の取消を考慮したにもかかわらず，手数料を支払わせる目的で見かけは秩序に則っているが実際には欠陥のある契約書類を会社に提出したことによって，会社を詐欺で侵害した」とされ，直接的な財産上の利益は，会社が行為者に対して自己に損害を及ぼす記入をしたり手数料を支払う点にあるから，素材同一性が認められることに

---

97) Eser, a.a.O.（Anm. 58）, S. 149.
98) Reinhard Maurach, Anmerkung, JR1972, S. 346.
99) Mahl, a.a.O.（Anm. 22）, S. 102. は，素材同一性が欠如することで学説は一致しているとする。

問題はない。そして，主観的な観点においても，行為者が手数料を目標として求めたこと，これを dolus directus 1. Grades でもって行為したことに問題はないので，会社詐欺については行為者の自己利得の Absicht を肯定することができる[100]。

これに対して，顧客詐欺では手数料は注文によるのではなく会社の処分によって行為者に与えられるから，顧客の損害と行為者の手数料の間には直接的な関係は存在せず，その意味では行為者には手数料の獲得が重要ではあったが，手数料を顧客の侵害された財産から素材同一的に受け取ったのではないので，この点に詐欺の成立を認めることはできない。ここでは手数料獲得が構成要件上重要なのではなく，顧客の損害の裏面である会社の利得が考慮されることになる。詐欺罪では第三者利得でも構成要件としては十分だからである。手数料の要求は注文によるものであるから，行為者には侵害された購入義務による会社の利得が必然的な中間結果として重要であり，この点に利他的な利得 Absicht を認めることができる[101]。判決においても，「被告人が会社のために会社が締結を求めていない契約によってえようとした債権は債務と対応する。したがって被告人の Absicht は，第三者に違法な財産上の利益をもたらすことであり，これは注文者の財産侵害の裏面である」として素材同一性が肯定されている。ここでは会社という第三者利得が構成要件上重要な利益をえるものとして考慮されることになるが，これについて行為者は二次的または別の最終目的の手段としてしか関心を有していないが，第三者利得 Absicht にはこれで十分であり，行為者には最終的に手数料という自己の利得が重要ではあったが，この目標は会社による中間利得を通じてしか達成することができず，これを認識して自己利得のために望んでもいたので，会社のために第三者利得 Absicht を有していたものである[102]。

無事故割引事例については，事故の相手方の財産不利益に対応しない利益をえようとしただけでは，利益が損害の裏面であったり，行為者には第三者の財産を通過させることなく直接的に被害者の財産からその処分に基づいて

---

100) Eser, a.a.O.（Anm. 58），S. 150f.

101) Eser, a.a.O.（Anm. 58），S. 150f；Maurach/Schroeder/Maiwald, a.a.O.（Anm. 70），S. 541；Rengier, a.a.O.（Anm. 79），S. 296.

102) Eser, a.a.O.（Anm. 58），S. 150f.

第2章　目的の内容に関する総論的考察　43

流れ込んでくるとはいえず，素材同一性は認められない[103]，と判決に賛成
する見解があるが，それに対して，欺罔により被告人は利欲的に割引レベル
を維持しようとしたのであり，被告人は今のランクを失わないために保険会
社に支払いをさせないようにしなければならず，保険会社が支払いをしなけ
れば保険会社は素材同一的に利得したことになるから，保険会社の利得は被
告人の目標にとって必然的な通過段階，中間目標であるとして，Absicht を
肯定する見解も主張されている[104]。

3　望まれた中間目標と避けられない付随結果

　(1)　詐欺罪における利得 Absicht を検討するにあたっては，望まれた中間
目標と避けられない付随結果の区別に着目する必要がある。利得 Absicht を
認めるには最終目標ではなく中間目標を望めば十分だが，因果連鎖の中で当
該事態が生じないとしたら行為者の目標が達成できないために，目標達成の
ためには必然的に通過しなければならない場合に中間目標が認められるのに
対して，結果発生を予見してもその実現は行為者の目標達成には本来必要で
はなく，これがなくても行為者が求めた結果を達成できる場合は付随結果で
ある[105]。dolus directus 1. Grades を要求する Absicht 犯罪では，結果の発生
を望めば Absicht は肯定されるが，その一方で，結果発生が確実であると認
識したにすぎなければ Absicht は否定されることになるから，中間目標を求
めることと避けられない付随結果を認識しているにすぎないこととの限界が
可罰性にとって重要な役割を果たすことになり[106]，その区別基準を明らか
とする必要が出てくる。

　しかし，望まれた中間目標と避けられない付随結果の限界づけはほとんど
証明することのできない内心の態度や感情に依存するがゆえに困難を伴う。
しかし，それにもかかわらずこの限界づけを断念することはできないのは，
利益の追求は財産移転犯罪としての詐欺構成要件の必要な構成要素だからで
あり[107]，行為者が利益をもっぱら別の目的に向けられた自己の態度の必然

---

103) Hoyer, a.a.O.（Anm. 64），§263Rn. 269.
104) Mahl, a.a.O.（Anm. 22），S. 95.
105) Mahl, a.a.O.（Anm. 22），S. 10f.
106) Rengier, a.a.O.（Anm. 40），AT, S. 133；Rengier, a.a.O.（Anm. 79），S. 294.

的な帰結や考えられうる帰結として予見したにすぎない dolus directus 2. Grades では Absicht を認めるには十分ではないからである[108]。

例えば航空運賃事例では行為者の利得 Absicht が否定されたが，行為者が最終目標として望んでいた職務違反を隠蔽するには金銭の受領なくしてはうまくいかなかったかもしれないが，行為者は財産上の利益をえられなくても偽りの申告をしたであろう。もし金銭の受領なくしては職務違反の隠蔽ができないのであれば，つまり隠蔽にとって金銭受領が必要不可欠な要件というのであれば，行為者は金銭受領を中間目標として望んでおり，違法な財産上の利益として利得 Absicht が肯定されることになる。これに対して金銭受領が最終目標である隠蔽を達成することとは無関係の条件であれば，たとえそれが隠蔽を実現するに際して必然的に発生するとしても，金銭受領につき利得 Absicht を認めることはできない。利益の獲得は避けられないが，行為者には望まれていない，行為者の求めた別の結果の付随結果にすぎないこととなる。

(2) 制定史においては，刑法改正のための刑法大委員会の中で，付随結果は達成しようとされた中間目標として理解することはできないのかの問題が提起されたところ，望まれてはいないが避けられない付随結果が同時に Absicht であり目標となってしまうことになるのは正しくない[109]，望まれていない付随結果が行為者の目標たりえないのは，これを認めると dolus directus 2. Grades と Absicht の間にはもはや相違は全く存在しなくなってしまうであろうことを考慮すればそれで明らかであり，これにより dolus directus 2. Grades の事例は全て Absicht の事例となってしまうからである[110]と，両者を区別する方向性がとられている。

判例においても，無賃乗車事例は，行為者が自己の欺罔行為によって別の目標を財産上の利益として求め，この目標の達成と自己または第三者のため

---

107) Perron, a.a.O.（Anm. 10）, Schönke/Schröder, §263Rn. 176. そして，詐欺では利益の追求は財産移転犯罪としての詐欺構成要件の必然的な構成要素なのでこの限界づけを断念することはできないとする。

108) Tiedemann, a.a.O.（Anm. 59）, §263Rn. 251.

109) Eduard Dreher, Niederschriften über die Sitzungen der Großen Strafrechtskommission, Bd. 12, 1959, S. 125.

110) Karl Lackner, a.a.O.（Anm. 109）, Niederschriften, S. 125.

の財産上の利益が不可避的に結びついていると認められるのであれば，この付随事情が自分にとって望ましいのか望ましくないのかが本質的であり，これが望ましいのであれば，行為者にはこの利益は重要であると構成する。この論理にしたがうと，行為者が劇場に公演を見に行くために電車に乗ったが，乗車券を忘れたことに気づいたという類似の事案を二分して，運賃を支払うと公演の入場券を購入する金銭が残らないので，金銭を確保するために改札口で欺罔をはたらいたとすれば，欺罔行為は乗車費用の節約という目的のための手段であり，この点に財産上の利益の獲得が存在するが，これに対して，入場券をすでに有していて，説明に多くの時間を費やす結果公演に間に合わなくなってしまうために欺罔したとすれば，行為者の欺罔行為の目的は時間通りに劇場に着くことだけである。それとともに乗車券の節約を期待しているのであれば，その心情は道徳的に非難されるべきであろうが，自己の行為の付随結果に対して非難されるべき感情を抱いている者には行為の際にこの帰結もまた重要であったという結論は肯定できない[111]ことになる。この分類に対しては，劇場への入場という目標を行為者が追求した前者では，必要とされる中間目標と手段である不払いによる利得が Absicht でもってなされているから支持されるべきであるが，時間の獲得という目標にとっても不払いによる利得は必要な手段であるから，後者について利益 Absicht を否定することに疑問を呈する見解もある[112]。これにしたがえば，無賃乗車事例でAbsicht を肯定することに問題はないであろう。

　無賃乗車事例で提起されてそれ以降の諸判決で採用される Absicht の判断基準は，違法な財産上の利得が自己の行為の確実で望ましい帰結として重要であれば Absicht が肯定され，その一方で具合が悪かったり煩わしい帰結として避けられないが確実に発生する付随結果であれば Absicht は否定されるというものである。利益が別の価値ある目的のための手段として求められた中間目標にすぎなくとも，行為者にとっては利益が自己の行動の望まれた，内心で是認された帰結として重要であれば，主観的構成要件を肯定すること

---

111) Welzel, a.a.O.（Anm. 59），S. 21f.
112) Arzt/Weber, a.a.O.（Anm. 65），S. 527. ただし，Arzt/Weber/Heinrich/Hilgendorf, a.a. O.（Anm. 65）. ではこの部分の記述は存在しない。

ができる[113]。諸判決で現れた事案では，手数料代理人事例では，手数料代理人は顧客を不利な契約へ導く場合，これが最終的に求められた手数料の獲得のために必要な手段であれば，手数料代理人は第三者支払い Absicht でもって使用者にもたらす利益に関して行為した[114]ものとして利得 Absicht が肯定されたが，これに対して，ほとんど成し遂げることのできない仕事から解放されるため（獣医事例），誘拐が真実であるとみせかけるため（偽装誘拐事例），窃盗として自分の正体を露見させないため（待合室事例），無事故割引の損失を回避するため（無事故割引事例）とされるこれらの事例は全てにおいて，行為者は利益をえたけれども利得 Absicht は否定された。利得は行為者にとっては望まれておらず，付随結果にすぎないと判断されたからである。こうして産業スパイ事例や学者事例では，カムフラージュが判明しないために報酬を受け取ったり，金銭獲得のためではなく自己の名声のために欺罔を行い利益をえたにすぎないのであれば，諸判決同様の手法により利得 Absicht は否定されることになる。

(3) Absicht の肯否に関して特に議論があるのは注文事例である。ここで判例は，被告人には注文品の処分請求権が重要であったということから Absicht を認めた。すなわち，被告人の最終的な目標は他人に不快感と怒りを与えることであったが，被告人はこの目標を達成するには契約締結による注文品の発送を指示するしかなかった。財産上の利益は行為者の行為の本来的な動機や第一に求められた目標である必要はないので，行為者が他人を怒らせるという本来的な目標の手段や前提としてこの請求を求めればそれで十分である[115]，というものである。つまり，欺罔は行為者の精神的な最終目的のために必要な中間目標として経済的に無意味なサービスを要求しなければならないが，そのサービスの中に損害が存するから，行為者は利他的でなく利己

---

113) Hehfendehl, a.a.O.（Anm. 64），§263Rn. 793. は，無賃乗車事例に通じるものとして，学者事例（学者には名声だけが重要），獣医事例（被告人は金銭の獲得を内心では拒絶し，自己の態度の望まざる具合の悪い煩わしい付随結果として受け入れた），偽装誘拐事例，航空運賃事例（利得は唯一かつ排他的な行為動機である必要はないが，最も近くて直接的な目標として行為者の意思形成にとって決定的でなければならない，との意図が存在しない），診療所事例，競馬事例をあげる。

114) Kindhäuser, a.a.O.（Anm. 63），§263Rn. 354.

115) Horst Schröder, Anmerkung, JZ1972, S. 26.

的な利得 Absicht を有している[116]のである。

　しかしこの論法に対して学説は，Absicht の肯定，否定を問わずいずれの立場からも疑問が提起されている。例えば，Absicht を肯定する見解からは，欺罔者にとって重要なのは，商品が被害者に納入されて勘定に入れられることであり，そのために被送付者は不快感を抱く。納入は求められたことの達成には不可欠なので，労働は必然的な中間目標であるが，それとともに，欺罔者には納入者の活動だけではなく，これが自分の勘定に入れられないことも重要である。被告人自身が匿名で勘定を引き受けていれば，不快感の効果は非常にわずかであったであろうからである。費用がかからないことは必要な前提であり，利得それ自体は行為者目標の達成のための必然的な中間目標である[117]。これは，請求権とともに，請求権を可能とする地位，労働，自己に勘定をつけられないことを中間目標と位置づけるものである。これに対して Absicht を否定する見解からは，行為者が特定の者に不快感を与える Absicht で偽名を使って商品を被送付者の住所に代金引替で届けることを委任して注文したが，行為者は経済的に考察して，被送付者が損害を受けたことが明白な他の者による履行を，それが労働履行であろうが商品であろうが，被送付者に不快感と怒りを生じさせるために自己の目的にしたがわせたのであり，行為者は自身の財産からではなく欺罔によって第三者である被送付者の財産から消費し，行為者には所為の成功のために他者の履行の中にある財産上の利益を自己の支配にしたがわせることが重要であり，その一方で被害者は善意の道具としての役割を果たしたにすぎないので，利得 Absicht を認めることはできない[118]として，素材同一性を否定する。あるいは，物の配達請求は財産上の利益それ自体ではなく，請求が向けられている履行を認めるにすぎないということを判例は誤認している。商品配達の請求権をえることが財産価値となりうることは否定できないとしても，請求が財産価値や詐欺に適する客体となるのは，経済的利用可能性が履行に役立つ請求の対象であるときでしかない。行為者がその前提として求める重要な地位も詐欺罪の財

116） Rengier, a.a.O.（Anm. 79），S. 294.

117） Mahl, a.a.O.（Anm. 22），S. 102f.

118） Lackner, a.a.O.（Anm. 68），§263Rn. 262.

産上の利益となりうるが，この地位が財産法上の価値として求められること
が必要である。自分の利益にもならず第三者に利益を与えようとの目標もな
い請求権がその根拠とされるのであれば，この場合からは除外される。した
がって，ここでの請求権は履行のための中間段階ではなく，財産上の利益を
自ら得又は第三者に得させる Absicht も存在しない[119]として，行為者の請
求権に財産法上の価値を否定する。

(4) 無賃乗車事例で提示された「確実で望ましい帰結」か「具合が悪かっ
たり煩わしい帰結」かの基準[120]については，この基準は学説によって圧倒
的に是認されている[121]とされる一方で，この基準は誤りであることで学説
は一致している[122]との主張もあり，これに対する学説の評価は一様ではな
いようである[123]。

判例の基準に異議を唱える見解としては，まずは，望まれたか望まれなかっ
たかの区別は意思要素の観点では満足がいくが，結果発生の確定的認識のあ
る場合にはうまく機能しないことを指摘する[124]。これは，知的要素として
は利益をえる可能性の表象で十分である[125]とするものであり，以下のよう
な批判があげられている。例えば，保険金を獲得するために農家を放火した
が，障害のある母親を前もって安全なところに連れて行くことのできなかっ
た行為者にとっては，母親の死は自己の行為の望まれていない具合が悪かっ
たり煩わしい帰結であろうが，それでも殺害 Absicht について疑うことはで
きない[126]とする。また，身の代金は自らを拐取者と名乗ることを重視した

---

119) Schröder, a.a.O. (Anm. 115), S. 26.

120) Rengier, a.a.O. (Anm. 40), JZ, S. 322. は，端的にこれを，内心で望まれていたか，それ
とも望まれていなかったか，と評価する。

121) Tiedemann, a.a.O. (Anm. 59), §263Rn. 253. は，学説は判例を圧倒的に承認する，
Kindhäuser, a.a.O. (Anm. 63), §263Rn. 354. は，通説であるとする。

122) Arzt/Weber, a.a.O. (Anm. 65), S. 526. ただし，Arzt/Weber/Heinrich/Hilgendorf, a.a.
O. (Anm. 65). ではこの部分の記述は存在しない。

123) Tiedemann, a.a.O. (Anm. 59), §263Rn. 253. によると，少数説は，望まれた中間目標
と避けられない付随結果との間の個々のあまり納得のいかない区別化は，目標に向け
られた意思としての Absicht の定義という出発点から離れて，部分的には時代遅れの
行為者類型論にならって利得の動機を取り入れることになるが，内心の感情もまた実
際上は解明や証明ができないと反対し，限界づけと証明が困難であるとしても，理論的
に完全に満足のできる解決が見つかるまでは判例の視点は有益であるとする。

124) Arzt/Weber/Heinrich/Hilgendorf, a.a.O. (Anm. 65), S. 615.

125) Lackner, a.a.O. (Anm. 68), §263Rn. 263；Welzel, a.a.O. (Anm. 59), S. 20.

い行為者には望まれていなかった，自己の名声のために実際よりも年長とし
ていたスパイには年功序列によるそのレベルでの俸給は望まれていなかっ
た，自己の所有する最良の牛乳を出す牛がその生産量が弱まったときに，名
声から牛乳に水を加えた農夫には，高い支払いを強制的に受け入れたなどの
事案から，別の目標の追求という文脈の中で利得が避けることのできないも
のとして望まれていた場合にのみ Absicht を肯定するような区別は納得でき
るものではなく[127]，確実性要件は必要ではないことになる。

　また，判例の，確実に生じると予見された利得結果が行為者に内心で望ま
れていたのかそれとも望まれていなかったかの基準によると，可罰性が説明
のほとんどできない内心の動機や感情に依存するのとともに，Absicht には
目標に向けられた意思が重要であるとする出発点からも遠ざかることにな
る[128]との批判もあげられる。

　この論者は後述するように，利得 Absicht の解釈において意図と確定的認
識の区別を不要とすることを提唱するものであるが，さらに，判例の基準は
具体的な事案にあてはめたときに不透明であるとも指摘する。すなわち，学
説上 Absicht の存否について無賃乗車事例では一致がなく，航空運賃事例で
は否定され，診療所事例では肯定されるところ，これらの事例の異なった取
扱いは容易に納得できるものではない[129]とされる。このような各事案の帰
結への疑義の他に，さらに二つの事案について検討が加えられている。すな
わち，偽装誘拐事例について，被告人が完璧な誘拐を装う望みを有していれ
ば，被告人には金銭もまた望まれていなければならないが，それは金銭の受
領が誘拐物語を信用できるものとするからである。この判決を肯定する学説
の背後にある，身の代金を要求することで誘拐物語が信用できるかは第三者
に金銭を請うことに依存しないとの思考は正当であるが，具体的な状況にお
いては事態は変わり，金銭の受領は行為者の表象によればその物語を危険に

---

126) Arzt/Weber, a.a.O.（Anm. 65), S. 526. ただし，Arzt/Weber/Heinrich/Hilgendorf, a.a.
　O.（Anm. 65). ではこの事例の記述は存在しない。
127) Arzt/Weber, a.a.O.（Anm. 65), S. 527. Arzt/Weber/Heinrich/Hilgendorf, a.a.O.（Anm.
　65), S. 615. においても，あげられた事案について Absicht を否定すべきだとする。
128) Rengier, a.a.O.（Anm. 40), JZ, S. 322.
129) Dirk von Selle, Absicht und intentionaler Gehalt der Handlung, JA1999, S. 310. は，こ
　うして診療所事例における利得 Absicht の肯定には疑問があるとする。

50

することのない，機能的に必然的な中間段階となることもある。また，航空運賃事例について，公務員は自己の欺罔の結果違法な支払いが生じることは明らかであり，金銭の受取りは懲戒手続きを回避する目的にも役立つ。公務員にとっては具体的状況において求めた最終目標は避けることのできない利得によってのみ達成可能である。これが中間目標なのか付随結果なのかの意味ある基準は見出すことができない[130]。論者はこのような検討から個々の事案に関する結論づけをする以前の問題として，中間目標と付随結果の区別化はほとんど納得のいく帰結を導くものではなく，可罰性にとって決定的であるとみられる区別化がいかに疑わしく恣意的であるかを指摘することを試みている。

(5)　このような事情から，詐欺の Abicht の目的論的解釈を基礎にして避けられない付随結果が Absicht から除かれるのはどのようにしてか，またそれはなぜなのかについて説得力のある理由づけを通説はこれまで生み出してこなかったとして，結果の確定的認識についても Absicht に組み込もうとする見解が主張される[131]ことになった。これは，行為者は中間目標として利得を求めるのではなく，避けられない付随結果として甘受したにすぎないから Absicht を否定するという考え方が理解できないのと同じく，目標の達成が不可能かどうかにかかわらず財産上の利益がないとは考えられないからこのような区別化も理解できないとして，ここでは具体的な遂行形態が重要であり，行為者が構成要件の外部にある最終目標を達成するために利得と不可避的に結びついている欺罔をするのであれば，行為者は利得なくして最終目標を達成することはできず，利得結果は最終目標や付随目標として Absicht の対象としても考えられなければならない[132]とするものである。これによって，望まれた中間目標と避けられない付随結果の区別を放棄し，Absicht を目標に向けられた意思に制約されない結果意思として，利得結果を最終目標，中間目標，確実に発生すると予見された避けられない付随結果としていずれにおいても認めることができることになる。故意論や量刑論にお

---

130) Rengier, a.a.O. (Anm. 40), JZ, S. 323.
131) Rengier, a.a.O. (Anm. 40), JZ, S. 325.
132) Rengier, a.a.O. (Anm. 40), JZ, S. 322f.

いては，dolus directus 1. Grades と dolus directus 2. Grades は不法，責任の内容において基本的に同視することができると強調されているところから，刑法典が dolus eventualis では可罰性に十分ではないとするところでは absichtlich な行為と確定的認識による行為とを同程度で把握するべきである[133]と主張する。

これに続けて論者が主張するところでは，詐欺罪の利得 Absicht では利益発生の確定的認識では十分ではないことの理由として，確定的認識はそれだけでは所為の不法内容を形成する追加的な当罰性の視点はないために，行為者は自身で利用したり他人に利用させる意思で行為しなければならないといった解答しかえられないのだとすれば，この論拠には説得力は認められない。後述するように，法益関係的な Absicht では dolus directus 1. Grades と dolus directus 2. Grades を区別することが当罰性の基準から矛盾するというのであれば，このことは可罰性を限定する詐欺 Absicht にも妥当しなければならない。立法者は可罰性を限定するに際しては法益保護を早期化する場合には拒否する基準にしたがって可罰性の限界線を意味あるように引いてはいないからである。要求される追加的不法内容は，主観的な財産移動傾向が存在しなければならず，dolus eventualis では十分ではないという点に存するとして，詐欺罪の利得 Absicht については dolus directus 2. Grades でよい[134]とする。

この他にはさらに，一般論として短縮された結果犯では，主観的構成要件にしか存在しない不法要素に関して既遂の早期化は故意を強く要請する理由とはならず，日常用語上の意味の Absicht の概念は，dolus eventualis と同様に dolus directus 2. Grades を含んではおらず，既遂時期を前置化するだけという立法者の明白な目的には dolus directus 2. Grades を除外しないのと同様

---

133) Rengier, a.a.O.（Anm. 40），JZ, S. 324.

134) Rengier, a.a.O.（Anm. 40），JZ, S. 325. Rengier, a.a.O.（Anm. 79），S. 295f. は，これに対して，求められた必然的な中間目標と避けられないと認められた付随結果との間に存在する限界づけの難しさのために利得 Absicht を dolus directus 2. Grades でも十分とする提案は世間で認められなかったが，それは文言内容（重要であるとの意味での「Absicht」），典型的な詐欺要素としての利益追求，意味ある限定機能は dolus directus 1. Grades への制限に与えられることに結びついている，とする。このような記述は，Rudolf Rengier, Strafrecht Besonderer Teil Ⅰ, 10.Aufl., 2008, S. 257. で初めて登場する。

に dolus eventualis も除外されていない[135]）として，Absicht に dolus even-
tualis まで含める見解も主張されている。

　(6)　行為者が利益を自己の別の目的に向けられた態度の必然的または可能
な帰結として予見しただけで十分であるとすれば，航空運賃事例，診療所事
例，獣医事例，産業スパイ事例などでは Absicht が肯定され，詐欺罪の成立
が認められることになろう[136]）。このような見解によると，不可避性や必然
性で生じる問題が回避されることは確かではある[137]）が，この見解に対する
反対は強い。まずは，確実であると予見された避けられない付随結果を Ab-
sicht 概念に取り入れようとして，Absicht を確定的認識で十分とする見解
は，Absicht の可罰性制限機能と対立することになる。Absicht が確実と予測
された結果に限定されず，また，行為者に確実に発生するとは評価されてい
ない主たる目標として意思された財産上の利益が構成要件に該当する Ab-
sicht 概念に含まれないというのであれば，それは理に反した帰結であり，し
たがって優先されるべきは，主たる結果と付随結果とを区別して目指された
主たる結果に Absicht を限定する Absicht 概念に固執する解釈である。主た
る結果とは，行為者が最終目的や必然的な中間目標とみるのに対して，付随
結果とは，行為者にとって目標の達成には必要ではなく，所為に随伴する事
情にすぎないようなものである[138]）からであり，また dolus directus 1. Grades
と dolus directus 2. Grades の相違を均等化するこの見解は，付随結果の確実
な認識から結果が重要であることを推論することで，知的な Absicht 要素と
意的な Absicht 要素とが混同するという欠点を克服できないからであ
る[139]）。

---

135) Puppe, a.a.O.（Anm. 18），§15Rn108f. 論者は「短縮された結果犯」との用語を使用す
る。
136) Lackner, a.a.O.（Anm. 68），§263Rn. 262.
137) Hehfendehl, a.a.O.（Anm. 64），§263Rn. 797.
138) Kindhäuser, a.a.O.（Anm. 63），§263Rn. 355. Tiedemann, a.a.O.（Anm. 59），§263Rn.
253. も，この見解は法的感覚にも詐欺構成要件における Absicht メルクマールの可罰
性を制限する機能にも矛盾するとする一方で，責任構成要素としての動機づけと構成
要件に関係する行為者決意とを峻別するという利益を有しているとする。また，Sam-
son, a.a.O.（Anm. 15），S. 449. は，主たる結果とは行為者がその表象によって所為へと動
機づけられるものであり，付随結果とはその発生は行為者にはどうでもよいとか望ま
れていないが，これなしには主たる結果は発生しえないものであるとする。

第2章　目的の内容に関する総論的考察　53

　また，知と意の対象が同一でも，付随結果と目標は分けられているので，財産上重要な付随結果を考慮には入れたがこれが動機づけとなってはいない者は，財産処分と財産侵害という構成要件要素に関して故意で行動するとしても，利得に関しては absichtlich に行動してはいない[140]との見解もこれに対する批判として向けられる。これによって，獣医事例では，欠陥のある仕事を隠蔽するために報酬をえたとしても，それは戦略的にしたことであって，このような態度は報酬がすぐに捨てられるようなことでもあれば明確となるであろうし，また，注文事例では，労働給付がなければ不快感を与えるという目標は達成することはできず，不快感には行為にとって動機づけとなる作用が与えられ，これは違法な利得の Absicht に含まれている[141]とされる。

　さらに，dolus dorectus 1. Grades と dolus directus 2. Grades が一般の故意論と量刑論において不法内容と責任内容にしたがえば基本的に同じものと認められるからといって，この二つの故意形式が概念上分離されることが変わるものではないこと，なぜ確実に発生すると予見された付随結果だけが Absicht を基礎づけるかの問題提起によって，Absicht が知的側面において一般に構成要件結果の発生が可能であるととらえれば十分であるとみなされるのであればむしろ，構成要件を実現する付随結果においても結果発生が可能であると予見されれば満足できるものと考えられうること，付随結果の領域での目標として向けられた結果意思の意味での Absicht と確定的認識の同置は Absicht を正当に評価するものではない[142]とされる。

　利得 Absicht を dolus directus 1. Grades に限らず dolus directus 2. Grades をも含めて解釈すべきとする意欲的な見解には，以上のような批判が向けられ，論者自らが明言するとおり，この見解が広まることはなかった[143]。

4　恐喝罪における利得 Absicht

　(1)　詐欺罪における利得 Absicht について論じてきたことと同じく，Ab-

---

139)　v. Selle, a.a.O.（Anm. 129），S. 310.
140)　Hehfendehl, a.a.O.（Anm. 64），§ 263Rn. 797.
141)　Hehfendehl, a.a.O.（Anm. 64），§ 263Rn. 797f.
142)　v. Selle, a.a.O.（Anm. 129），S. 310.
143)　Rengier, a.a.O.（Anm. 79），S. 295f.

sicht 犯罪の Absicht について dolus directus 1. Grades を要求する犯罪類型は他にも存在する。例えば恐喝罪（ドイツ刑法 253 条1項）は「不法に自ら利得し又は第三者に利得させるために」として同様に利得 Absicht の存在を要求する。この Absicht は詐欺罪の利得 Absicht と完全に一致するとされている。すなわち，ここでの行為者の関心は保護法益の外部に存在する事態である金銭的価値のある利益に向けられており，Absicht は dolus directus 1. Grades の意味で理解される。そしてこの利益は他方の損失と素材同一的かつ違法でなければならない[144]。

(2) 恐喝罪の利得 Absiht について判例に現れた事案をみると，まずは妻と喧嘩をして名誉を傷つけられたと感じた行為者が，自分が真の男であることを示そうと，銀行を襲撃してナイフを用いて銀行事務員を恐喝することを考えたが，えた金銭はすぐさま返還して逮捕されるべく警察に通報するつもりであった。行為者は銀行から２万マルクを略奪した後に金銭をもって現場を離れ，その後通行人に警察への通報を頼んで逮捕された，という事案（銀行強盗事例）[145]では（正確には，恐喝罪の加重類型として強盗の罪で罰せられる恐喝罪（ドイツ刑法 255 条），さらには犯情の重い強盗罪（ドイツ刑法 250 条）が成立する可能性がある），原審は，「占有の継続中に占有者には追加的な財産上の利益が何ら生じないとしても，金銭の占有には財産上の利益がある。というのも，占有者は金銭を処分することができる立場にあるからである。たとえ占有者がこのような処分を beabsichtigen しなかったとしても，占有者は占有によって財産上の利益を獲得している。占有者が財産上の利益を限られた時間の中でのみ保持しようとしたという事態があるからといって，占有者が財産上の利益を求めたという点について何ら変わるところはない。犯罪を行って自ら通報するために被告人はこの利益をまさに望んだものといえる」ことから，行為者は奪った金銭をもって逃走して銀行からいくらか離れたところで初めて警察に出向くことを予定に入れていることから，一時的にしても占有の取得を欲したとして Absicht を肯定した。

---

144) Mahl, a.a.O.（Anm. 22），S. 116；Gehrig, a.a.O.（Anm. 22），S. 50；Joachim Vogel, Strafgesetzbuch Leipziger Kommentar, 12.Aufl., Bd. 8, 2010, § 253Rn. 29f；Albin Eser/ Nikolaus Bosch, a.a.O.（Anm. 10），Schönke/Schröder, § 253Rn. 20f.
145) BGH NJW1988, S. 2623.

第2章　目的の内容に関する総論的考察　　55

　これに対して，連邦通常裁判所は次のように判示して利得 Absicht を否定した。「不法に自ら利得し又は第三者に利得させる Absicht は，内容的には完全に詐欺における違法な財産上の利益を自らえ又は第三者にえさせる Absicht に対応する。ここでは財産上の利益としての利得すなわち財産の経済的価値の増大という意味でよりよい財産状態の形成が求められなければならない。客観的にはこの意味での利得は，これと結びついた処分可能性ゆえに，金銭を一時的に占有する場合にも存在する。この意味での利得が実際に発生したことが重要なのではなく，利得を行為者が構成要件の実現に際して求めたことが決定的に重要である。行為者にとっては，（少なくとも）求められた利得と（客観的に）結びついた自己の財産の経済的価値の高まりが重要でなければならない。行為者が自己の所為と結びついた財産上の利益をもっぱら別の目的に向けられた自己の態度の必然的ないしは可能的な帰結にすぎないと予見しているだけでは十分ではない」として，恐喝罪の利得 Absicht については dolus directus 1. Grades として結果を求める意思を要求する。そして，原審判決が「確定したところからは，財産上の利益として法的評価の基礎にある所為事情すなわち物の一時的な占有取得それ自体については被告人は認識しており，被告人の所為計画によればこれを望んでもいたと読み取ることができる。しかしながら原審判決は，被告人がこの所為事情の意味を財産上の利益として自分自身のために正しくとらえて故意の中に算入したのかどうかについては，何ら確定することはしなかった。銀行を襲撃した時点において，自分が獲得した金銭を返却する時までに経済的に利用しうるということ，したがって自分には金銭の一時的な占有から財産上の利益が発生するということを被告人が認識していたかどうかは原審判決からは読み取ることができない。被告人はその所為計画によれば…そのような事態を表象していなかったといえる。むしろ原審裁判所の確定した所為の時点における被告人の異常な行為動機と特殊な精神的心理的事情からは，その表象からは一時的にすぎない金銭の占有移転が自分自身のための何らかの財産上の利益と結びついているとは被告人は所為を遂行するときには考えていなかったものとおもわせる。この認識が欠けているので，被告人は財産上の利益を求めたものではない」として，利得 Absicht が否定された。

これに対して，競争相手の企業のマイクロバスを破壊しようとした行為者が，ガソリンスタンドでバス運転手を襲撃し重い傷害を負わせた後に，運転手に対して自動小銃を使ってバスの鍵を渡すように脅迫してこれを奪取し，警察に通報されないように運転手を連れて共犯者との待ち合わせ場所までバスで逃走し，そこでバスを破壊したという事案（マイクロバス事例）[146]で，「自動小銃を用いてバス運転手を脅迫することで引き起こされたバスの占有の喪失は財産上の利益であるという地方裁判所の見解は正当である。刑の減軽事由としては，『自動車の一時的な占有はその最終的な取得ほど重大ではない』ということが考慮されたが，ここから，被告人が自ら不法に取得するために所為を遂行したことは明らかである。すなわち，輸送手段および逃走車両としてマイクロバスを利用することに存する経済的な利益が被告人には重要であった。そのような求めは，唯一のものとしてや第一次的なものとして追求される目的である必要はない」「ガソリンスタンドでの事件の後には被告人にはバスの破壊だけが重要であったとする上告趣意には理由がない。被告人は自動車の破壊にとどまることなく，むしろこれを利用したのである」として，利得 Absicht が肯定された[147]。

(3) 学説は，銀行強盗事例について，違法な奪取を理由として処罰を受けるために他者から物を奪う Absicht は，行為者の意思が物を再び所有者の占有に戻すのであれば，物を経済的に利用する Absicht を意味するものではないから，行為者には利得 Absicht が欠けるとして判決に同意する[148]。これに対してマイクロバス事例では，行為者はバスの破壊だけが重要であったことからすると，通説からは Absicht が否定されるものと考えられるはずである[149]。そして，詐欺罪における無賃乗車事例では輸送を求めた行為者が利

---

146) BGH NStZ1996, S. 39.
147) その他最近の判例に現れた事案としては，恐喝によってえた物（麻薬）をすぐに棄てるために恐喝がなされた事案（BGH NStZ2005, S. 155.），被害者を助けのない状況に陥れてこらしめるために恐喝がなされた事案（BGH NStZ2006, S. 450.），他者の財産を自己の財産に組み込むのではなく，破壊したり所有者から取り上げるために恐喝がなされた事案（BGH JuS2011, S. 846.）で，それぞれ判例の法理を再確認するとともに，利得Absicht が否定されている。
148) Harro Otto, JK1989, StGB §253/3. ただし，結論の論理展開の詳細については異なる。Mahl, a.a.O.（Anm. 22），S. 118.
149) Mahl, a.a.O.（Anm. 22），S. 119.

得もしようとしたのかを考察し，単なる輸送とそこから帰結される利得とを区別したのに対して，本判決は行為者にとってバス利用の経済的観点が重要であったのかどうかを確定しなかった。行為者にとって輸送費用を節約することが重要であった場合も考えられるし，また行為者がバスを最もよく破壊することのできる場所にもっていきたいだけであった，つまり破壊だけを目的とした場合も考えられるから，行為者の目標を確かめるためには行為者の計画が正確に認識されなければならない[150]，と批判が向けられている。

四　文書偽造罪における欺罔 Absicht

1　判例の状況

(1)　ドイツ刑法 267 条 1 項は「法的取引において欺罔するために」すなわち欺罔 Absicht でもって文書を偽造することを処罰する[151]。文書偽造罪では「不真正文書の作成」（第一類型），「真正文書の変造」（第二類型），「不真正文書または変造文書の行使」（第三類型）がその行為態様として規定されている。第三類型に対して第一，第二類型はその前段階を処罰するものと考えられる。しかし，立法が統一的に 267 条の三つの類型を全て等価値であるとし，これら全てについて超過的内心傾向として「法的取引において欺罔するため」の Absicht を要求するのであれば，この主観的要素はいずれの類型においても同じ機能を有しなければならず，この文言について異なった内容の解釈を与えることは許されない[152]といえよう。「法的取引において欺罔するために」の行為の要請は通常は，他人を文書の真実性や非偽造性に関して欺罔しこれによって法的に重要な態度をとるきっかけを与える意思と理解される[153]が，その意思内容としてどのようなものを含めるべきかが Absicht の問題として出てくる。そしてその内容については激しい対立がみられるのである。

---

150) Mahl, a.a.O.（Anm. 22），S. 120.
151) ドイツ刑法 267 条は Absicht ではなく，「zur（〜のために）」という語を使用しているが，両者に相違がないことには一致がある。Samson, a.a.O.（Anm. 15），S. 454. なお，Puppe, a.a.O.（Anm. 18），§15Rn. 108a. は，偽造罪では行為者は欺罔行為を自ら実行せず可能にしなければならないだけなので，偽造罪は断絶された結果犯であって，断絶された二行為犯ではない（短縮された二行為犯とはしていない）とする。
152) Lenckner, a.a.O.（Anm. 23），S. 1891f.

58

欺罔 Absicht については，1871 年刑法典では「違法な Absicht で文書を改竄し，これを欺罔の目的で使用する」ことが構成要件要素として要求された。ここでの Absicht について，dolus directus 1. Grades を要求する見解もみられたが，諸判決では未必の故意を排除して dolus directus 2. Grades で十分とされていた[154]。1943 年に処罰の早期化のための改正がなされ，「法的取引において欺罔するために」の文書偽造が処罰されることとなったが，それ以外に変わったところはなく，立法者が「法的取引において欺罔するために」をどう理解しようとしたかはここからは出てこない[155]。しかし，その間に作成された各草案で処罰の早期化は模索されており，ここでは過去の判例が取り上げられていないことからすれば，目標に向けられた行為の意味で Absicht を捉えることはできない[156]と主張される。

(2) 判例の「法的取引において欺罔するために」の解釈は錯綜したと評価されている。連邦通常裁判所は最初はこの問題について結論を出さないでいた[157]ところ，金策を求めていた共同被告人とともに他人名義の白地手形を権限なしに振出すことを計画した行為者が，一度は失敗に終わったため，自分自身で裏書して正当な手形であるとしたうえで，流通に置く際には自分の

---

153) Georg Freund, Urkundenstraftaten, 2.Aufl., 2010, S. 212. 判例に現れた事案としては例えば，恋人に実際よりも若い年齢と見られたいがためにパスポートの生年月日データの情報を変更した事案（BayObLG MDR1958, S. 264.）や，交通検問を受けた際に運転していた自動車が自分が運転できるクラスであるにもかかわらず，運転免許証が偽造であることを認識しかつこれを使用することを望んで偽造免許証を提示した事案（BGHSt33, 105.）で，いずれも法的取引における欺罔が認められている。

154) z.B. RGSt24, 255. これに対して，Gehrig, a.a.O.（Anm. 22），S. 83. は，学説上はかつては dolus directus 1. Grades の意味で Absicht を要求する見解も強く主張されており，またいくつかの草案では目標に向けられた行為の意味で Absicht 概念の定義づけを試みるものもあったので，白地手形裏書き事例判決はこれにしたがったのではないかと推測する。

155) Gehrig, a.a.O.（Anm. 22），S. 81ff.

156) Gehrig, a.a.O.（Anm. 22），S. 84.

157) BGHSt2, 50. Lenckner, a.a.O.（Anm. 23），S. 1890. は，本判決は具体的事案では法的取引における欺罔目的の追求に依存するものではないので，連邦通常裁判所が当該問題について立場を明らかにしようとしているのかは明らかではない傍論にすぎないとし，白地手形裏書き事例で初めて判例は「法的取引において欺罔するために」の立場を明らかとしたと評価する。これに対して，BGHSt5, 149. は，付加的に Absicht としては dolus directus 2. Grades でも十分ではないかとの問題提起をしたが，Absicht の内容の検討に立ち入ることはなかった。

第2章　目的の内容に関する総論的考察　59

許可をえることを条件づけて共同被告人に引渡した事案（白地手形裏書き事例）[158]で，行為者は，共同被告人に対して自分が金銭の調達ができることを自慢し失敗を認めたくはなかった，共同被告人が条件にしたがって手形が流通に置かれることはないと信頼したが，「文書偽造罪の構成要件に属する『法的取引において欺罔するために』という内心の要素については，偽造文書が何らかの法的作用を表すことでその充足には必要かつ十分である。これによれば高い個人的評価をえようと求める者は文書偽造を遂行するものではない。被告人が自己の失敗を恥じて『失敗者』と見られたくないというのは，本要件を充足するものではない」「被告人には受取人が手形をえてさらなる措置をとるように決定づけられることが明らかであったり，少なくとも自己の態度の確実な帰結として予見していた」が，「犯罪を終了させる行為が同時に実現されるべきさらなる結果の惹起を狙っており，これが構成要件を充足するのであれば，これに向けられた『超過的内心傾向』を示さなければならないような構成要件を刑法267条は内包するものと考える。制定史からは，内心の所為側面を要請してもこれでもって Abischt の程度を下げるものと認めることにはならず，故意と重なり故意を超える行為者の意思方向の要請を変えるのは正当ではない」「行為者には法的取引における欺罔が重要でなければならず，その一方で，行為者がこれについて明確であったり，少なくとも自己の態度の確実な帰結として予見したのでは十分ではない」とした。つまり，行為者が法的取引における欺罔の結果を自己の行為の確実な帰結であると予見するだけでは十分ではなく，行為者にはこれが重要でなければならないとして，dolus directus 1. Grades の意味で Abischt を要求したのである。

（3）　その後に判例はこの内容を変更し，真正に振出された手形について権限がないにもかかわらず記載されている支払期日を行為者は前倒しに書換えて変更し，その後裏書した事案（支払期日事例）[159]について，「『法的取引において欺罔するために』行為するのは，第三者が当該文書が真正であると受入れ，その結果法的に重要な態度をする決意をさせるために，不真正文書や偽

158）BayObLG JZ1968, S. 29.
159）OLG Saarbrücken NJW1975, S. 658. ただし本事例では，行為者は「手形が真正であるとの印象に基づいて法的に重要な態度を惹起させることを望んだ」ので，dolus directus 1. Grades が存在する事案であったといえる。

60

造文書を第三者が利用できるようにしようとする者である。その際には法的に重要な態度が文書の真正さに関する錯誤の確実な結果であると認めればそれで十分である」として，欺罔 Absicht は dolus directus 2. Grades でも足りることを認めることとなった。

　そして，誕生日祝いに母親から高級自動車を貸与された行為者が，ナンバープレートの地名表示から自動車が自己の所有物でないことは明らかなため，友人に自分が当該自動車の所有者であると信じてもらおうとして自分の居住する地域を示すナンバープレートと交換した事案 (ナンバープレート事例)[160] について (ナンバープレートが文書であることに疑問はない)，白地手形裏書き事例判決は「学説上は主として拒絶され」，これは「1943 年の刑法 267 条の新規定の制定史に支えられているとされるが，制定史は規定の内心の所為側面の要請が下げられることについて提供するものは何もない。またこの判決は，特別な意思方向のない本来的な侵害態度の前段階で刑罰付与を禁じる法治国家の要請にも適するものである」が，「この判決に対する批判として，1943 年の新規定における刑法 267 条の制定前でも『違法な Absicht』概念の解釈は争われており，新規定が文言の変更で狙ったのは正当にも，Absicht の概念化を回避して，その意味と目的から法的取引の外部に発生する保護に値する証明手段とはならない態度との限界づけを保証することである」と，白地手形裏書き事例判決で示された Absicht の基準を否定する。そして，「法益保護すなわち刑法 267 条では法的取引の確実性と信頼性という法益保護の効果という点では，たとえ欺罔行為で主として法の外部にある結果を狙っているとしても，これが法的生活での証明手段を妨害する確実な (付随) 結果につながるとすれば，この欺罔行為を規定の適用領域に取り入れることが命じられている。…法的確実性の問題にとっては，行為者には法益の侵害が重要なのか，それとも行為者は法益の侵害を自己の行動の確実な帰結と予見したのかで相違はない。行為者は両者の場合で保護法益にとって危険なのである。道路交通の観点からは，自動車がそのナンバーに基づいて信頼できるように個別化されるのがまずもって重要である。したがってナンバーを交換した者は，ナ

---

160) BayObLG NJW1998, S. 2917.

第2章　目的の内容に関する総論的考察　　61

ンバー交換が冗談や威圧行動や実際に自己確認を免れる目標でなしたかとは無関係にこの利益を危殆化する。したがって被告人が実際に偽りのナンバーを取りつけたのが，友人に強い印象を与えるためであったことは問題とはならない。被告人はその他の交通関与者や監視する警察の欺罔によってえられる確実な帰結を知っていたからである」として，欺罔 Absicht は dolus directus 1. Grades の意味で要求される必要はなく，法の外部にある結果を求めても法的取引の侵害を自己の行動の確実な帰結と予見していれば「法的取引において欺罔するために」にあたるとして，dolus directus 2. Grades すなわち広義の欺罔 Absicht の意味で足りるとした。

　その後の諸判決はこれにしたがい，欺罔 Absicht は dolus directus 2. Grades で足りるとしており[161]，またここでの基本的考え方は現在の通説と一致するものである。

2　学説の状況

　(1)　通説は，支払期日事例やナンバープレート事例と同様に，欺罔 Absicht については dolus directus 1. Grades までを要求する必要はなく，dolus directus 2. Grades で十分とする。ここでの Absicht は，dolus directus 1. Grades と dolus directus 2. Grades の両者を含むことになる。すなわち，行為者が結果の発生を求めた，つまり行為者が dolus direcus 1. Grades でもって行為した場合には，行為者が結果の発生が確実であると予見する必要はなく，単にその可能性を認識さえすればよい。その逆に，結果が確実に発生すると行為者が認識していれば，行為者はこれを求める必要はないことを意味する[162]。一般的な見解によれば，法的取引における欺罔ではドイツ刑法267

---

161)　例えば，BGH NStZ1999, 619. は，「不真正文書や偽造文書においては行使による法的に重要な態度の惹起に関しては直接的故意（direkter Vorsatz）を前提とする」としつつも，被告人は「偽造小切手の行使による錯誤の惹起を自己の態度の確実な帰結と予見しただけではない。むしろ被欺罔者に法的に重要な態度をとらせること，すなわち小切手詐欺のこの目的のために使用する口座への入金を達成することが重要であり，法的取引における欺罔のために行為した」とするが，これはむしろ dolus directus 1. Grades の存在した事案であるといえよう。

162)　Wolfgang Ruß, Strafgesetzbuch Leipziger Kommentar, 12.Aufl., Bd. 6, 2010, § 164Rn. 31.

条で保護される本来的な法益侵害が問題となり，欺罔 Absicht は行為者の動機や心情は問題とならない超過的内心傾向である[163]。なお，欺罔 Absicht は法的に重要な効果を求めることが唯一の目的である必要はない。また欺罔結果それ自体が違法である必要はなく，偽造した領収書で苦情の要求を回避したり，債権者からえた正当でない領収書を実際に支払われた額に変更しても，欺罔 Absicht は認められる[164]。

(2)　欺罔 Absicht について dolus directus 2. Grades で足りるとする根拠としては概ね二点に集約することができる。まずは dolus directus 1. Grades と dolus directus 2. Grades は不法の内容として同置であることがあげられる[165]。これは，法的確実性にとっては，法益侵害が行為者に重要なのか行為者が侵害を確実であると予見したかでは相違がなく，いずれの場合も法益侵害にとっては危険である[166]とされたり，dolus directus 2. Grades においては，Absicht の特徴をなす行為を決定づける目標表象が欠けているが，構成要件はいずれにしても実現することは確実であるから，両者の間で不法と責任の内容は同価値である[167]とされている。刑法 267 条の保護法益は一般的な見解によれば法的取引の確実性と信用性であるが，行為者にとって証明力の妨害が重要なのかそれとも行為者がこれを自己の行動の確実な帰結にすぎないと予見したかでは，前者の意思の強さと後者の知の強さは対応しているために行為者の行動の不法内容は両者の場合で同じであって法益に相違はな

---

163) Eser, a.a.O. (Anm. 58), S. 216；Lenckner, a.a.O. (Anm. 23), S. 1890；Mahl, a.a.O. (Anm. 22), S. 83；Friedrich Dencker, Zur Täuschung im Rechtsverkehr, Festschrift für Erich Samson, 2010, S. 285；Franz Zieschang, Strafgesetzbuch Leipziger Kommentar, 12.Aufl., Bd. 9/2, 2009, §267Rn. 263ff；Günter Heine/Frank Schuster, a.a.O.(Anm. 10), Schönke/Schröder, §267Rn. 91. Puppe, a.a.O. (Anm. 18), §267Rn. 102. は，偽りの生年月日を記載した者が，結婚相手に若く見られることが第一に重要であるとしても，法的取引において欺罔したといえるが，それは，法的取引における欺罔では法益の本来的な侵害が問題であり，行為者の動機や心情の特徴は問題ではないからとする。

164) Zieschang, a.a.O. (Anm. 163), §267Rn. 270.

165) Gehrig, a. a. O. (Anm. 22), S. 86；Horst Schröder, Aufbau und Grenzen des Vorsatzbegriffs, Festschrift für Willhelm Sauer, 1949, S. 223. この点は，ナンバープレート事例でもあげられている。

166) Lenckner, a.a.O. (Anm. 23), S. 1893；Gehrig, a.a.O. (Anm. 22), S. 87；Mahl, a.a.O. (Anm. 22), S. 84.

167) Jeschek/Weigend, a.a.O. (Anm. 10), S. 298；Sternberg-Lieben/Schuster, a.a.O. (Anm. 10), Schönke/Schröder, §15Rn. 68.

い[168]ことになるが，このような解釈は法益保護を理由として許される拡大解釈であり，理論的に完全には説得力がないとしても，歓迎すべきことである[169]とされる。

　欺罔 Absicht を dolus directus 2. Grades で足りるとする第二の根拠としては職業偽造者の問題があげられる。顧客から依頼を受けて偽造文書を作成する職業偽造者にとっては，これを売却して利益をえることだけが重要であって，当該偽造物を使ってその後に行われる欺罔は重要でなく，これは自己の行動の必然的で確実と予見される帰結にすぎない。つまり，欺罔行為を自らまたは自己の利益のために他人を通じて行おうとする者だけが dolus directus 1. Grades を有すると考えられるので，特に自己の顧客に偽造文書を委ねる職業偽造者は法的取引において欺罔することを意図していない，すなわち狭義の欺罔 Absicht を有するものではない[170]。この偽造者が行使の幇助でしか処罰できないとすれば（ドイツ刑法 27 条により刑が減軽される），この結論は満足のいくものではなく[171]，このような職業偽造者を文書偽造罪で捕捉するためには Absicht の内容は dolus directus 1. Grades に限定することは許されず，dolus directus 2. Grades で十分としなければならないのである。

　なお，Absicht を dolus directus 2. Grades とすることについては，文書偽造罪の三つの行為類型の比較からアプローチする手法も主張されている。すなわち，文書偽造罪において本来的な法益侵害の既遂を被害者への欺罔や法的に重要な態度と考えるのであれば，偽造物の行使は本来的な法益侵害の未遂であると構成することも可能といえるから，第三類型は未遂の段階を書き改めているといえる。こうして未遂段階を既遂へと引き上げる犯罪類型においては主観的構成要件の超過部分にとっては未必的認識では十分でないとすることは望ましくかつ刑事政策的にも主張できるであろうが，これに対して結果発生を確定的に認識しているという形態での直接的故意を除外することには説得力のある理由を見出すことはできない。それは，自己の行動の必然的な帰結として文書の証明力の妨害が生じることが確実であると認識して偽

168）Lenckner, a.a.O.（Anm. 23），S. 1892.
169）Klaus Geppert, JK1999, StGB §267/25.
170）Puppe, a.a.O.（Anm. 18），§267Rn. 102.
171）Lenckner, a.a.O.（Anm. 23），S. 1891.

造文書を行使した者は，名宛人を法的に重大な態度へと決意させることが重要である者ほどの当罰性がないとはいえないからである。このような結論は第一，第二類型についても妥当すべきであり，ここでは偽造文書の作成は予備行為にすぎないが，第一，第二類型が第三類型と同価値であるとすれば，Absicht も同じ意味を有していなければならないからである。すなわち，行為者が偽造文書を自己の目的のために作成すれば，行為者は当該文書を行使する意思を有さなければならないが，その他の点では，行為者が法的取引における欺罔を行使の確実な帰結であると予見すれば，これが行為者には重要でなくてもよい。行為者が文書を他人の目的のために偽造すれば，第三者による行使が法的取引における欺罔へと至ることの確実な認識で十分であり，これが行為者の行為の最終目標や中間目標である必要はない[172]。

(3) 文書偽造罪の欺罔 Absicht を dolus directus 2. Grades で足りるとする判例通説に対しては，詐欺罪における利得 Absicht の議論ほどの一致はみられず，強い反対説が主張されている。まずは白地手形裏書き事例と同様に，267 条では行為者がまさに「法的取引における欺罔のために」行為することが要求されることからすると，基本法 103 条 2 項の罪刑法定主義の観点から「欺罔するために」の文言を重視し，欺罔構成要素に関して行為者に dolus directus 1. Grades を要求すべきとする見解が主張されている[173]。Absicht 概念の本来的な意味を考慮すれば，当然ともおもわれる主張といえる。

しかし，このような Absicht 概念の限定に対しては，法的取引における欺罔では 267 条で保護される本来的な法益侵害が問題であり，行為者の動機や心情の特徴は問題ではないと考えられる[174]ため，dolus directus 1. Grades を求める犯罪類型とは異なる，白地手形裏書き事例判決は，これが出された直後から批判の対象とされており[175]，そのために，その後のナンバープレー

---

[172] Lenckner, a.a.O. (Anm. 23), S. 1891f. これに対して，Dencker, a.a.O. (Anm. 163), S. 287. は，未遂との関係から，法律が dolus directus を要求していない以上は，dolus eventualis で十分とすることも正当であるとする。

[173] Hoyer, a.a.O. (Anm. 64), SK, 45.Lfg., 6.Aufl., 1998, § 267Rn. 92.

[174] Dencker, a.a.O. (Anm. 163), S. 290. は，かつて規定されていた「違法な Absicht」について，法的に重要な被害者の態度が狭義の Absicht で求められるべき財産上の利益や他人の損害を達成するための必要な中間目標ではないとして，Absicht を dolus direcus 1. Grades と解する必要がないことを主張する。

ト事例で Absicht の内容に変更が加えられたものと評価されている[176]。

　職業偽造者の問題がこの批判に加わる。ここで強度の主観的要素を要請すると，当罰的な場合が可罰性から除外されることになってしまう[177]からである。そうすると，欺罔行為を自らまたは自己の利益のために他人を通じて行おうとする者しか Absicht を有さないとするのでは Absicht の範囲はあまりに狭く[178]，Absicht として dolus directus 1. Grades を要求すると，職業偽造者が第三者から依頼を受けて任務を遂行する場合はこれを捕捉できないこととなってしまう。それは，第三者が偽造文書を現実に欺罔目的をもって用いるかどうかは偽造者には通常はその行為の目標とすることのない無関心の事項だからである。ここで dolus directus 1. Grades を要求すると，267条1項の構成要件を偽造類型と行使類型に分類した文書偽造罪の本質的な目標を無にすることとなり，このような解釈は退けられるべきである[179]。

　なお後述するように，Absicht で dolus directus 1. Grades を要求して職業偽造者が第三者による文書の行使を助けた幇助犯としてしか処罰できないのでは納得がいかないことから，少なくとも偽造文書の作成が自己目的ではなく第三者目的でなされた場合は，当該第三者だけが目標に向けられた行為の意味で Absicht を有していれば，偽造は「法的取引において欺罔するために」なされたとする見解も考えられ，その限りでは第三者のための偽造においては行為者が第三者の欺罔 Absicht を知っていれば十分であるとする[180]ものである。しかし，これでは偽造者自身が欺罔が重要でなければならないとする命題が部分的にでも放棄されてしまうことは否定できない[181]ことになろう。こうして職業偽造者を文書偽造罪の正犯として処罰するためには[182]，

---

175) Lenckner, a.a.O.（Anm. 23), S. 1890ff；Peter Cramer, Anmerkung, JZ1968, S. 30ff.
176) Dencker, a.a.O.（Anm. 163), S. 284.
177) Mahl, a.a.O.（Anm. 22), S. 79ff.
178) Puppe, a.a.O.（Anm. 18), §267Rn. 102.
179) Volker Erb, a.a.O.（Anm. 64), MK, §267Rn. 209.
180) Reinhart Maurach/Friedrich-Christian Schroeder/Manfred Maiwald, Strafrecht Besonderer Teil Teilband 2, 10.Aufl., 2012, S. 211；Jakobs, a.a.O.（Anm. 10), S. 280；Gehrig, a.a.O.（Anm. 22), S. 88f；vgl. Lenckner, a.a.O.（Anm. 23), S. 1891.
181) Lenckner, a.a.O.（Anm. 23), S. 1891.
182) Wolfgang Joecks, Studienkommentar StGB, 11.Aufl., 2014, §267Rn99. は，これを刑事政策的背景とする。

Absicht はここでは dolus directus 1. Grades では不十分というべきである。

そして，「欺罔するために」の用語は，一般的な言語使用でも法的に目標として向けられた努力を必要とするものではない。文書の作成は欺罔の予備行為として処罰されるが，文書がこれに役立つことが確実であると予見し，行為者がこれを重要としなくても，問題となってくるのである[183]。

(4) 反対説の第二としては欺罔 Absicht の内容としては未必的認識すなわち dolus eventualis までを認めなければならないとする見解が強く主張されている[184]。まずは，既遂の早期化は，構成要件において主観的要素が客観的要素を対応的に充足していないからといって主観的要素を強めることの要請と結びつく必然性はなく，また文書の不真正さだけが欺罔されなければならないことからは，偽造文書が法的に重要な事項について他者が行使することの確実性ではなく可能性しか認識していない場合も考えられうる[185]。例えばナンバープレート事例では，偽造ナンバープレートへの交換は，偽造文書が法的取引において欺罔するために役立つという帰結と必然的に結びつくものではなく，むしろ当該自動車を運転した行為者が警察その他の交通関係者に認識されたのは偶然にすぎず，当該自動車で道路を走行したときに警察の検問を受けるとは被告人の表象によれば確実ではなかった。自動車が事故で毀損したり交通関係者の注意を引き起こして自動車の同一性や登録地に関して欺罔がなされるなどの可能性はあったが，これも確実ではなかった。したがって裁判所は，法的取引における欺罔に関して dolus eventualis でも十分とするか，文書偽造罪としては無罪を言い渡すかの選択に立つことになったのであり，法的取引において欺罔するために関して dolus eventualis でも行為しうると認めることをなぜ裁判所が拒絶したのか理解できない[186]。

偽造文書を法的取引で使用することが重要ではない職業偽造者の問題については，文書偽造では dolus directus 1. Grades と dolus directus 2. Grades の

---

183) Mahl, a.a.O.（Anm. 22），S. 83f. Erb, a.a.O.（Anm. 64），MK，§267Rn. 209. も，「欺罔するために」は強制的に狭義の Absicht を表す必要はなく，目標に向けられた意図という入口の下で行為に内在する傾向を記述しうるとする。

184) Cramer, a.a.O.（Anm. 175），S. 30ff；Freund, a.a.O.（Anm. 153），S. 87；Puppe, a.a.O.（Anm. 18），§267Rn. 103；Erb, a.a.O.（Anm. 64），MK，§267Rn. 209.

185) Puppe, a.a.O.（Anm. 18），§267Rn. 103.

186) Puppe, a.a.O.（Anm. 27），AT, S. 334.

いずれでも捕捉することのできない事態が存在することから，dolus directus 2. Grades で足りるとする Absicht 概念では狭すぎるのであって，dolus eventualis を「欺罔するため」の行為へ取り込むことによって初めて解決することができる[187]とする。すなわち，職業偽造者が，自己の製品が違法に使用されるものではないと顧客から告げられるとともに，自分自身でも製品が法的取引において欺罔するために使用されることが重要でもなくまたその確定的認識もなかったが，顧客が欺罔することはありうるとして受け入れる場合も考えられる事態であり，この可能性が防止するために禁止されるほど重要であると評価されるのであれば，主観面において dolus directus 2. Grades やさらには dolus directus 1. Grades しか要求しないのは正当とはいえないであろう[188]。このような者にも保護法益に違反する行為傾向は存在しているため，法律の文言内容上では，Absicht に認識的側面を取り込みことほどの強い負担がかけられるものではない。dolus eventualis の取り込みによってしか職業偽造者における処罰の間隙を信用できるほどに取り除くことはできないが，それは，例えば他人のために偽造された運転免許証を作成した者は，自己の顧客が交通検問にあたり偽造品が欺罔目的で実際に使用されることについて，dolus directus 1. Grades だけでなく dolus directus 2. Grades をも有する必要はないからである[189]。

　Absicht という言語使用上の問題について，「欺罔するために」が「欺罔 Absicht でもって」の意味であるとすれば，通説は欺罔目的のある行為者の行為を要求するのか，それとも Absicht 概念の一般的に行われている日常言語上の意味を飛び越えるのか，いずれを採用するのか板ばさみに陥ってしまうことになる。広義の Absicht という新たな概念を用いて，これによって言葉の日常使用の意味から離れてしまうと，「Absicht でもって」概念や「欺罔

---

[187] Freund, a.a.O.（Anm. 153), S. 86.
[188] Freund, a.a.O.（Anm. 153), S. 87.
[189] Erb, a.a.O.（Anm. 64), MK, §267Rn. 209. Gehrig, a.a.O.（Anm. 22), S. 90. が，dolus directus の二つの形式と dolus eventualis の段階づけが可能かどうかを疑問視することから，目標に向けられた行為であっても結果は可能としか表象していない場合もあり，また結果発生が確実と予見しても結果を求めていない場合もあるから，結果発生の確実な予見と可能性の予見とで可罰性をわけることは考えられないと帰結するのも，このような趣旨につながるものとおもわれる。

68

するために」概念を一般の故意と同置しないことにも理由がないこととなる[190,191]。

これらの理由づけについては，論者が Absicht 一般について，主観的構成要件として存在する違法要素に関しては既遂の前置化は主観的要素の要請を強くする理由とはならず[192]，日常用語上の意味における Absicht 概念は，dolus eventualis と同様に dolus directus 2. Grades をも含んでおらず，既遂時期を前置化するという立法者の目的からは dolus directus 2. Grades が排除されていないのと同様に dolus eventualis も排除されていない[193]とするところからも理解しうる[194]ものといえよう。

こうして論者は最終的に次のように主張する。文書偽造罪では，第二行為に関する主観的構成要件にはその他の故意犯以上の高度の要請をすべきではない。第二行為が本来的な法益侵害を記述していることからすると，不完全な二行為犯は予備罪といえる。予備罪においては未遂と同じく法益侵害の単純な故意で十分としなければならない。一般的な故意概念は結果を惹起する

---

190) Puppe, a.a.O.（Anm. 27), AT, S. 334. Dencker, a.a.O.（Anm. 163), S. 286ff. は，Absicht がどのような心理的態度を表しているかについて刑法上の規定は何も述べていないこと，欺罔から被害者が法的に重要な態度をとるであろうと行為者が考慮した場合，dolus directus 2. Grades を要請すれば，この場合が処罰対象から除外されることになろうが，故意論の領域では行為者が別の目的のために行為したことだけを理由として故意を否定することはありえないので，ここでもこれを処罰対象から除外するだけの理由は見出すことができないと指摘する。

191) Puppe, a.a.O.（Anm. 18), §267Rn. 102f. は，法的取引における欺罔では 267 条で保護される法益の本来的な侵害が問題であり，行為者の動機や心情の特徴は問題ではないので，狭義の欺罔 Absicht と理解する必要はないとし（狭義の Absicht は欺罔行為を自らまたは自己の利益で他人を通じて行おうとする者しか有さないので，特に職業偽造者は狭義の欺罔 Absicht を自らは抱きえない），さらに，「um zu」の用語使用は超過的内心傾向を導く機能を有するにすぎず，それについて日常用語は「um zu」と別の結びつきを提供するものではないことからは，法的取引における欺罔に関して dolus eventualis で十分ではないと理解することはできない，とする。

192) Puppe, a.a.O.（Anm. 18), §15Rn. 108.

193) Puppe, a.a.O.（Anm. 18), §15Rn. 109.

194) Günter Stratenwerth/Lothar Kuhlen, Strafrecht Allgemeiner Teil, 6.Aufl., 2011, S. 10. は，欺罔 Absicht はここでは事態によれば偽造物の目的の認識にある。それは，たとえ欺罔に役立つような状況が発生し，その限りで故意が未必の故意であるかどうかがなお決定されていないとしても，であるとして，通貨偽造罪における偽貨を流通に置くことを可能とする Absicht は目標に向けられた意思を必要とするが，それ以外の断絶された二行為犯では全て Absicht は dolus eventualis で足りるとする。

のに有益な態様をとることをすでに含んでいるが，それからすると，構成要件の本来的な不法結果に関して Absicht や dolus directus 2. Grades について追加的な要請をすることは完全にその正当性を失っている。日常用語上の意味の Absicht がそのような故意概念になお付け加えるのはもはや結果の希望にほかならないからである。そのような希望に構成要件該当の不法は依存すべきではない。Absicht が違法要素として実質的な正当性を有しないのであれば，dolus directus 2. Grades もそのようなものを有しない。dolus directus 2. Grades は Absicht と結びついているからである[195]。

　(5)　このように Absicht を dolus eventualis で足りるとする見解に対しては通説の立場から，欺罔する「ために」行為する者は，欺罔を目的としたり，欺罔結果の発生が少なくとも確実であると考慮に入れており[196]，Absicht の中に dolus eventualis を含める解釈は Absicht 概念の自然な言葉の意味や罪刑法定主義（基本法 103 条 2 項）に矛盾する[197]，dolus eventualis では，法益の危殆化は，行為者が法的取引への効果を所為の時点ですでに確実であると予見したり求める場合ほどは明らかでないから可罰性として十分とすることはできず，dolus eventualis と dolus directus とを同置することはできない[198]，通常では単なる予備行為にすぎないものを処罰するこの種の犯罪では，客観的構成要件の弱さは犯罪所為の不法内容をそれに対応する強い主観的側面によって初めてえることができることを考慮すべきである[199]，犯罪遂行の初期段階において最も弱い故意形式である dolus eventualis では可罰性としては十分とすることはできない[200]，この見解によれば，自慢するために小切手を偽造した者が，自己の部屋の貸主が小切手を見て部屋代を猶予するとの印象を抱くこともありうると考えれば欺罔 Absicht が認められるし，職業偽造者が自分の偽造したパスポートを悪意の購入者に売却したが，購入者がこれを法的取引に持ち込むことは偽造者には確実ではなかったが，

---

195) Puppe, a.a.O.（Anm. 27), AT, S. 335.
196) Geppert, a.a.O.（Anm. 169), JK1999.
197) Gehrig, a.a.O.（Anm. 22), S. 90 ; Geppert, a.a.O.（Anm. 169), JK1999 ; Witzigmann, a.a. O.（Anm. 10), S. 491.
198) Gehrig, a.a.O.（Anm. 22), S. 91.
199) Samson, a.a.O.（Anm. 15), S. 454.
200) Gehrig, a.a.O.（Anm. 22), S. 91.

欺罔に使用されることもありうると考えれば欺罔 Absicht が認められることになってしまう[201]，との反論があげられている。

(6)　なお，Absicht は dolus eventualis で足りるとする見解を修正するものとして，関与者が複数人おり任務を分担することで一方が行為をし他方が計画するなど両者が分裂する場合として職業偽造者の事例をあげ，ここで二つの dolus directus に固執すると，中立的な目標のために他人の計画の準備をする行為者や，他人の計画の成功を認識していない行為者を捕捉できなくなってしまうため，任務が分担されていまだなされていない行為にとっては dolus eventualis でよいとするものの，これだけでは危殆の特徴をなす計画関連がなくなってしまうので，補足的に他の関与者が実行を本来的な意味で beabsichtigen していることの認識を要求する見解[202]が主張されている。

これに対しては，この提案は一貫的ではなく，刑法上の帰属の一般規則にも矛盾する。すなわち，日常言語上の意味での Absicht の意味で欺罔するためにという表現を理解して，結果の意図や望みという要素に固執すると，この意思要素を他者の意思の認識によって補うことはできない。他者の故意や Absicht の認識は一般的な帰属論によれば幇助の可罰性を理由づけるにすぎず，これは Absicht の認識が十分具体的な場合だけである。注文者がどのような目的でまたどのような状況で偽造文書を用いようとするのかを職業偽造者は知る必要はない。このように文書偽造の幇助の可罰性を注文者の欺罔 Absicht に基づかせようとするのであれば，その可罰性は疑わしい[203]との批判が加えられている[204]。

3　虚偽告発罪における巻込み Absicht

(1)　虚偽告発罪（ドイツ刑法164条1項）は，「他の者に対し官庁の手続又は官庁のその他の措置を開始させ又は継続させる Absicht」すなわち手続へと

---

201) Samson, a.a.O.（Anm. 15), S. 454.
202) Jakobs, a.a.O.（Anm. 10), S. 280. Gehrig, a.a.O.（Anm. 22), S. 89f. も同様に，この場合の重点は法益に危殆化にあるから，結果に対する行為者の態度は重要ではなく，第三者の Absicht の認識が行為者の Absicht と同置されるとし，第三者の Absicht の認識とこれが法的取引における欺罔へと至ることの未必的認識があれば可罰性を肯定してよいとする。
203) Puppe, a.a.O.（Anm. 27), AT, S. 334f.

第2章　目的の内容に関する総論的考察　71

巻込む Absicht で，他の者に対して違法な行為又は職務義務違反の嫌疑をか
ける行為を処罰する犯罪類型である。虚偽告発罪は，法益侵害の惹起が客観
的構成要件行為を超えて行為者または第三者のさらなる行為を必要とするの
ではなく，客観的行為が超過的内心傾向と関係する結果を惹起する類型であ
るため，ここでは行為は法益侵害により接近し，法益の危殆化はより徹底し
ており，可罰性にとって行為者の意思方向は重要でない[205]。このような論
理から新二分説のこれまでに述べてきた論法を虚偽告発罪に妥当させると，
巻込み Absicht は dolus directus 2. Grades の意味で理解されることにな
る[206]。旧二分説では偽造罪と虚偽告発罪はそれぞれ不完全な二行為犯と短
縮された結果犯の代表的な犯罪類型と位置づけられているが，両者は可罰性
を早期化することとは無関係に所為が法益を危殆化したにすぎない段階で
Absicht が関与する[207]ため，新二分説から Absicht の内容に関しては一致
することになる。

　巻込み Absicht の内容に関する判例についてみると，当初は虚偽告発罪の
犯罪類型が現在とは異なり Absicht 犯罪としては規定されておらず，行為者
は被嫌疑者が無実であることについて確定的認識（wider besseres Wissen）を

204）その他に，Dencker, a.a.O.（Anm. 163), S. 293f. は，欺罔 Absicht は結果の発生すなわ
　ち故意の予測要素としか関係しないので，欺罔に条件づけられた被害者の態度の実現
　に関して dolus eventualis 以上のものを要求する理由はないとしつつも，これに加えて，
　実際は本来的な法益侵害に対して予備の領域にあると考えられる行為を既遂犯として
　刑罰を科すのであれば，「本来的な法益侵害の終了未遂」遂行のための確たる意思が要
　求されるという意味で，この「既遂」と関係的に Absicht 要素は理解されなければなら
　ない。これによって職業偽造者が無罪とされる危険は解消される。偽りの物を作ったと
　いう予備活動のままで放置しておくのではなく，完成した文書を偽造したというので
　あれば，そのような意思の確定は困難ではないからであるとして，予測には偽造物を自
　ら使用するか，第三者の法的に重要な態度を引き起こすかもしれない他者にこれを譲
　渡するといった偽造者の確実な決意が必要であると主張するが，この見解も dolus
　eventualis としての Absicht を修正する方向を志向するものといえよう。
205）Gehrig, a.a.O.（Anm. 22), S. 102.
206）Rengier, a.a.O.（Anm. 27), S. 482；Theodor Lenckner/Nikolaus Bosch, a.a.O.（Anm.
　10), Schönke/Schröder, §164Rn. 32. なお，Arzt/Weber/Heinrich/Hilgendorf, a. a.O.
　（Anm. 65), S. 1210. は，ここでも Absicht 解釈は困難であるとする。Ruß, a.a.O.（Anm.
　160), §164Rn. 31. も同様に主張し，本罪の意味と目的から解釈されなければならない
　とする。また，Maurach/Schroeder/Maiwald, a.a.O.（Anm. 180), S. 505. は，Absicht に
　よる限定機能はじつにわずかであるとする。
207）Mahl, a.a.O.（Anm. 22), S. 79.

有していることを明文で要し，それ以外の客観的構成要件要素については未必的認識で足りるとされたことから，通常の犯罪と同様に行為者が誰かに嫌疑をかけさせた行為が結果として刑事手続へと至る可能性を認識すればよかった[208]が，1933年の改正によって巻込みAbsichtが導入されることによって，主観的構成要件は狭く把握されることとなった[209]。

　例えば，行為者が恋人を結婚へとつき動かすために，この恋人に対して自分は母親から不動産を相続したが，この不動産を親族が不法に奪おうとしていると虚偽の事実を述べて，恋人に迫られてこの親族を告発した（これによって捜査が着手されはしたが維持することができずに中止された）という事案（偽相続人事例）[210]で，巻込みAbsichtについては「未必的認識は疑うことなく排除されている。…Absichtは，学説の一部で行われているように，結果の表象が行為者をして所為へと決定づけなければならないという意味での行為の動機と同置することはできない。164条1項ではAbsichtは構成要件の本来的な結果つまり官庁の手続の惹起と関係するので，行為者の意思がこれに向けられていればそれで十分である。行為者がそれを超えてさらなる目的を追求したことや，その表象が行為者をして行為へと動機づけたことは重要ではない」「164条1項のAbsichtのもとでは特定の故意が理解されるべきである。これについては，自己の虚偽の告発が官庁の手続を惹起することになり，その動機が別の法の外部にある結果の表象であったとしても，自分がこれを望んでいると行為者が知っていればそれで十分である」「告発状を提出した被告人の動機は，警察の尋問における真実でない告発の維持というよりも，恋人との関係の確保であった。被告人はこの目標を他では達成することができなかったゆえに，告発によって被嫌疑者に対する官庁の手続を惹起しようとした。したがって被告人にはこの結果が重要であった」。ここで連邦通常裁判所は，Absichtとしては行為者の意思が結果に向けられていることを要求していることから，dolus directus 1, Gradesを必要としたと解釈できそうだが，その実態はdolus directus 2. Gtadesを意味するものと考えられる。この

---

[208]　RGSt8, 162.
[209]　Gehrig, a.a.O.（Anm. 22), S. 102. 立法の変遷については，Winrich Langer, Die falsche Verdächtigung, 1973, S. 13ff.
[210]　BGHSt13, 219.

第 2 章　目的の内容に関する総論的考察　73

両者の関係については，Absicht と動機を同置することはできないと判示するとともに，目標の達成や手段の利用が一定の帰結と必然的に結びついていると意識して行為した行為者はこの結果を「自己の意思に取り入れた」と評価されている[211]との主張がみられる。

　偽相続人事例では自分は豊かな相続人であるという恋人に対する嘘を行為者は維持しようとしたかったが，この目標を達成するために行為者は偽りの遺産略奪者に対する刑事告発を行うようにとの恋人の要請にしたがわなければならなかった。この刑事告発を被嫌疑者に対する捜査手続にまで至らせることは，行為者によって計画された因果経過の構成部分ではなかった。たとえ告発状が配達の途中でなくなったり検察官がこれに従事しなかったとしても，行為者は自己の目標を達成したであろうから，ここでは dolus directus 1. Grades の意味での Absicht は存在しない[212]。検察官が告発に基づいて捜査手続を開始するであろうということは高度に蓋然的であった。この行為の帰結を被告人が主たる目的としてであろうが，さらなる目的のための手段としてであろうが，付随目的としてであろうが，望まれていたのかいなかったのかは，被告人の遂行した不法とその可罰性にとっては重要でないものといえる[213]。

　次に，自動車運転時にスピード違反を犯した行為者が，レーダー測定により撮影された運転者の写真が添付された質問票が送付された際に，自分は違反を犯していない，当日の運転者は別人の A であると回答した（後日行為者は写真の人物は自分であることを認め，A に対する告発を取下げた）という事案（スピード違反事例）[214]で，「主観的構成要件の充足に必要とされる Absicht は，行為者が他の者に対する官庁の手続又は官庁のその他の措置の開始を目的としていたり（dolus directus 1. Grades）や，官庁によるそのような活動が自己の不適切な主張の必然的な帰結となるのが確実であると知っている（dolus directus 2. Grades）場合にのみ存在する」とした。これは，ここでの Absicht は dolus directus 2. Grades で足りることを明確に示した判決と評価さ

211）Puppe, a.a.O.（Anm. 27），AT, S. 327.
212）Puppe, a.a.O.（Anm. 27），AT, S. 327.
213）Puppe, a.a.O.（Anm. 27），AT, S. 336.
214）OLG Düsseldorf NStZ-RR1996, S. 198.

74

れている[215]。

(2) 虚偽告発罪の巻込み Absicht について学説は，dolus directus 1. Grades を要求する見解がある。つまり，ここでの Absicht は手続や措置の開始という目標として向けられた意思と理解するもので，行為者がこの目標を中間目標として求めればそれで十分であり，これは Absicht という文言の自然な言葉の意味から導かれるものである[216]，とする。また手続が進行し始めるであろうとの予見すなわち未必的認識，すなわち dolus eventualis で足りるとする見解もこれまでの論理からすると十分に考えられるであろう[217]。

これに対して，Absicht を dolus directus 2. Grades と解する通説は，以下のことを理由とする。まずは，164 条の構成要件行為はそれだけで司法という法益を侵害し，理由のない強制措置から個人の保護を害するところ，付加的な主観的構成要件要素は客観的要素をこえておらず，もっぱら構成要件に該当する法益侵害によって特徴づけられる犯罪類型への影響力を有していない。したがって Absicht は犯罪類型を変更するのではなく，結果に対して危険性があるにすぎない行為（つまり未必的認識）を処罰から除外しようとするものである。また，1933 年改正は，主観的要素として wider besseres Wissen 以外の要素は dolus eventualis で足りるとするそれ以前に妥当とされていた法解釈を，立法者が意識的に変更したものとみるべきであり，その後の改正においても 164 条は本質的な変更がなされなかったことは，立法者が Absicht をここであげたような判例にしたがって理解しようとしたことは当

---

215) Mahl, a.a.O.（Anm. 22），S. 81；Ruß, a.a.O.（Anm. 162），§164Rn. 31. は，Absicht に dolus directus 2. Grades を含めることで，本罪の保護目的が有効的に機能することになるとする。

216) Winrich Langer, Aktuelle Probleme der falschen Verdächtigung, Goltdammer's Archiv für Strafrecht, 1987, S. 305. Thomas Vornbaum, a.a.O.（Anm. 63），NK，§164Rn. 64. も，Absicht という言葉の自然な意味から，Absicht は手続や措置の開始という目標として向けられた意思と理解すべきであり，行為者がこれを中間目標として求めれば十分であるとする。また，Johannes Wessels/Michael Hettinger, Strafrecht Besonderer Teil 1, 39.Aufl., 2015, S. 221. は，被嫌疑者に対する捜査手続の開始は，告発者によって求められた最終目標へと至る過程の中間目標であるとの記述があることから，同様の趣旨とおもわれる。

217) Puppe, a.a.O.（Anm. 27），AT, S. 325ff. は，偽相続人事例を基にして故意論を検討しているが，Absicht は dolus eventualis とするものであろう。

第2章　目的の内容に関する総論的考察　75

然とおもわれる。そして，訴追官庁の嫌疑を他人に向けることで自分からそ
らすことが重要な者の可罰性が問題となるが，第三者の手続の開始は重要で
もなく必要な中間結果でもない，行為者から嫌疑が逸れる前提は第三者に嫌
疑を向けることであり，その結果開始される手続は付随結果にすぎないが，
このような事態が自分にとって具合が悪いことを承知の上で何の措置もとら
ない者を可罰性から排除することは正当とはいえないであろう。さらに，不
正な権利行使に対する国家司法と無権限な強制措置に対する個人の保護とい
う164条の保護法益の危殆化は，行為者の虚偽告発で追求する目標に依存す
ることはなく，行為者が意識的に他の者を刑事手続へと巻込めば，行為者に
とってこのことが重要でなくても，行為者は当罰的であると考えられる[218]。

五　犯人庇護罪における利益確保 Absicht——新二分説における例外的取扱い

　(1)　新二分説では，Absicht が保護法益の外部に位置する事態に関係する
場合は Absicht により可罰性が限定され，dolus directus 1. Grades が要求さ
れるのに対して，Absicht が保護法益に向けられて犯罪成立時期が早期化さ
れる場合は可罰性が拡大され，dolus directus 2. Grades で十分であるとされ
る。しかしこれは Absicht 犯罪一般にいえることではなく，あくまでも一応
の目安を提示しているにすぎず，最終的には個々の Absicht 犯罪の各論的考
察から Absicht の内容は導き出されるべき問題であることはすでに述べたと
おりである。そこでは Absicht の内容について例外的な取扱いをする類型が
存在することが当然のこととして承認されるべきであり，その典型が犯人庇
護罪（ドイツ刑法257条1項）である[219]。これは，違法な行為を行った他の者
（本犯者）に，犯行の利益を確保させる Absicht で，本犯者を援助することを
処罰の対象とするものである。
　犯人庇護罪では本来的な法益侵害は Absicht による利益確保に存するた
め，Absicht は行為者の動機を記述するものではなく，法益侵害がいまだ発
生していない段階での処罰の早期化を目指したものであるから，この犯罪は

---

218)　Roxin, a.a.O.（Anm. 10），S. 442；Gehrig, a.a.O.（Anm. 22），S. 102f；Mahl, a.a.O.（Anm.
　　22），S. 82.
219)　この点については，本書294-316頁を参照。

後者の類型に属し，したがってここでの Absicht は dolus directus 2. Grades で足りるとするのがこれまでの議論の流れといえる[220]。

これを支持する見解もある[221]が，判例通説は，利益確保 Absicht について dolus directus 1. Grades までを要求する[222]。その理由としては，Absicht の限定によって客観的な犯人庇護の構成要件の射程距離は意味あるように制限される[223]ことにある。すなわち，ここでその根拠としてあげられているのが，幇助との相違である。どちらもいまだ結果が発生していない場合を扱っている点では共通だが，犯人庇護が可罰的なのに対して幇助未遂は不可罰であることを考慮すると，Absicht を強く要請しなければ評価矛盾となってしまう[224]。また，「援助した」との構成要件は特に中立的であったり広く把握されるため，社会的に相当な行為までがこの規定で捕捉されることになってしまうので，主観的側面を高く要求することで可罰性を限定する必要がある[225]。

通説に対しては，これと類似した行為を処罰する刑の免脱罪（ドイツ刑法 258 条 1 項・absichtlich oder wissentlich（意図的に又は事情を知りながら）を規定して未必の故意を排除する）での主張ではあるが，通説によるとそれ自体では

---

220) Mahl, a.a.O.（Anm. 22），S. 139.

221) Lenckner, a.a.O.（Anm. 23），S. 1894. Roxin, a.a.O.（Anm. 10），S. 442. は，ここでも虚偽告発罪と同様に，犯罪類型を変更するのではなく，結果に関して危険性があるにすぎない行為つまり未必的認識だけが処罰から除外されているとする。なお，Walter Stree, Schönke/Schröder Strafgesetzbuch Kommentar, 27.Aufl., 2006, § 257Rn. 22. は，犯罪の既遂には保護法益の実際の侵害は必要でなく，この方向に進む行為で十分であるが，Absicht は構成要件該当行為の方向だけを特徴づけるので，行為者がその方向を求めたのか，自己の行為がこの方向につながるのを確実と表象したのかで可罰性の相違を理由づけることはできないとして，dolus eventualis では足りないが，dolus directus 2. Grades でよいとするが，Walter Stree/Bernd Hecker, a.a.O.（Anm. 10），Schönke/Schröder Strafgesetzbuch Kommentar, 28.Aufl., 2010,, § 257Rn. 17. では，利益の確保が行為者に重要でなければならないと変更され，Walter Stree/Bernd Hecker, a.a.O.（Anm. 10），Schönke/Schröder, § 257Rn. 17. も同様である。

222) Tonio Walter, a.a.O.（Anm. 144），LK, § 257Rn. 74. は，そのために Absicht は動機として形成されるとする。

223) Rengier, a.a.O.（Anm. 40），AT, S. 133；Rengier, a.a.O.（Anm. 79），S. 389；Samson, a.a.O.（Anm. 15），S. 453f；Witzingmann, a.a.O.（Anm. 10），S. 491；Karsten Altenbain, a.a.O.（Anm. 63），NK, § 257Rn. 31；Hoyer, a.a.O.（Anm. 64），SK, 52.Lfg., 6.Aufl., 2001, § 257Rn. 28.

224) Mahl, a.a.O.（Anm. 22），S. 140.

第2章　目的の内容に関する総論的考察　77

問題がなかったり社会的に相当な態度が無価値な Absicht を付け加えること
で無価値な構成要件に該当することになってしまう心情刑法であり，法益保
護刑法の基本理解とは一致しない[226]と批判が向けられている。しかしこれ
に対しては，タクシー運転が空港へ向かって運転する場合等の多くの完全に
日常的な行為がもしかすると刑罰付与やその執行を免れさせることもありう
るので，法は absichtlich oder wissentlich な刑の免脱だけを刑罰に処すると
の主張[227]を反批判としてあげることができるであろう。

　また，犯人庇護の援助だけが特に中立的な行為（ガソリンスタンド係員が獲
得物をもって逃走する窃盗にガソリンを販売した）によって遂行されうるのでは
なく，同じことは例えば横領罪（ドイツ刑法 246 条 1 項・代金取立てを依頼され
た者が指示通りに金銭を取り立てたが，この者は金銭を自ら留めておくことをすで
に決意していた）や密猟罪（ドイツ刑法 292 条 1 項・悪意のない散歩者と同じよう
に森の中を歩いていたが，その際に他人の狩猟権にもとにある野生動物を自ら引き
込むことを計画した者が野生動物を待ち伏せした）でも考えられるため，この一
般問題の解決は，客観的構成要件の中に求められなければならず，主観的構
成要件の中に求められるべきではない[228]との主張も存在する。

　(2)　判例も Absicht を dolus directus 1. Grades の意味で解することに同意
している。例えば，タクシー運転手である行為者が窃盗犯人（前提行為者）と

---

225) Gehrig, a.a.O.（Anm. 22）, S. 111f；Vogel, a.a.O.（Anm. 14）, §15Rn. 88；Karsten
　　Altenhain, a.a.O.（Anm. 63）, NK, §257Rn. 31；Hoyer, a.a.O.（Anm. 64）, SK, §257Rn.
　　28. なお，Puppe, a.a.O.（Anm. 27）, AT, S. 335f. は，ここでも本来的な法益侵害は主観的
　　構成要件にのみみいだされるが，Absicht はこの法益侵害に関する意思側面や行為者の
　　心情への要請を強める理由とはなっていないとして，dolus eventualis で足りると主張
　　する。なお，Samson, a.a.O.（Anm. 15）, S. 453. は，特に広い法益侵害に向けられた
　　Absicht が刑罰を強化する機能を有しているもののひとつとして 257 条を問題として
　　いるが，その他に間接的な不実記載罪（ドイツ刑法 271 条）をあげている。これは，行
　　為者が基本構成要件（現行の 1 項に相当する）を利益 Absicht や侵害 Absicht で行った
　　場合には，272 条（現行の 271 条 3 項に相当する）で刑を加重するものである。利益
　　Absicht は特別な行為動機を記述しているため，Absicht としては dolus directus 1.
　　Grades が必要であるとする。
226) Wolfgang Frisch, Zum tatbestandsmäßigen Verhalten der Strafvereitelung—OLG
　　Stuttgart, NJW1981, 1569, JuS1983, S. 917.
227) Helmut Frister, Strafrecht Allgemeiner Teil, 7.Aufl., 2015, S. 145.
228) Samson, a.a.O.（Anm. 15）, S. 454. ただし，犯人庇護に限らず一般論として，客観的構
　　成要件の弱くともそれに対応する強い主観的所為側面であって初めて犯罪所為の不法
　　内容がえられることは肯定するようである。

認識しつつ通常の運賃でもってこの窃盗犯人を自分の運転するタクシーに乗せ, 盗品を確実にさせた事案 (タクシー運転手事例)[229] について, 行為者にとっては運賃の獲得が重要であったので Absicht を有していないとの主張に対して, 「刑法 257 条の Absicht は, 犯罪行為の表象が目標の達成に依存していないとしても, 犯罪構成要件の本来的結果, つまり刑の免脱や利益確保と関連している。…行為の動機が重要なのではない。援助によって庇護結果が生じることを知っているだけでは刑法 257 条で有罪判決を下すには十分ではないが, 行為者の意思が刑の免脱や利益確保という結果に向けられていて, 行為者がこの目的のために庇護行為を行えば, したがって行為者にとってこの結果が重要であればそれで十分である」「被告人が運賃を獲得するためにタクシーを走行しても, この目標を達成するために窃盗犯人に犯罪の利益を確保させる意思で被告人が行動したことが排除されるものではない。被告人にとっては, このようにしなければえられなかったであろう運賃をこうして稼ぎたいと欲したがゆえに, 被告人にはこの結果が大いに重要であった」として, タクシー運転手の利益確保 Absicht が肯定された。

　また, 盗まれた指輪の買戻しを所有者から依頼された行為者が, 窃盗犯人 (前提行為者) から委任を受けて指輪を保管する本犯者の恋人と交渉したところ, 行為者は指輪を買い戻したい所有者の利益と窃盗犯人の利益の両方を念頭に置いていたが, どちらの利益が優越するかは明らかとすることができなかったという事案 (買戻し事例)[230] について, 「Absicht が意味するのは, 行為者は構成要件該当行為ないしは構成要件上前提とされる結果を求めることである。したがって Absicht では認識要素よりも意思要素の方が支配的である。すなわち, 自己の行為が一定の結果をもたらすであろうことを知っているだけでは, この結果が同時に求められていないのであれば, 十分ではない。これに対して, 刑法 257 条の Absicht は, 前提行為者に行為の利益を確保させることが行為者の排他的もしくは優先的な目標でなければならないことを要求しない。行為者は自己の行動でもっていくつかの相互に下位の (中間目標や最終目標) または独立的に等価値でも非等価値でもありうる相互に

---

229) BGHSt4, 107.
230) OLG Düsseldorf NJW1979, S. 2320.

存立可能な目標を追求してもよい。したがって，行為者にとって刑法 257 条の前提行為者を援助することが重要で『も』あればそれで十分である」「金銭を提供する者は庇護 Absicht で行為するものではない。というのも，この者は，自己の行動が窃盗犯人の利益に存すると知っているが，この者には利益の獲得が重要なのではなく，自己の排他的な目標（盗品の再獲得）を可能にしうるためにこれを必然的な悪として甘受しているのである」「もっとも窃盗犯人に金銭をえさせることも被告人には重要であったという事態はそれだけで，被告人は窃盗犯人を刑法 257 条の意味で援助しようとしていたとの非難を正当化するものではない。犯人庇護は被害者に対して向けられている。適法状態の再構築を困難とし所有者の損害を強めることに自己の行動が適していると被告人が意識していたり，被告人がこの結果を目的としていれば，被告人は結果として庇護 Absicht でもって行為をしている。それゆえに被告人が窃盗犯人の利益のためでも，同時に被害者の利益に反して行為しようとしていなければ，被告人には庇護 Absicht が欠けている。…被告人が窃盗犯人に好意的であったということは，被告人は所有者の利益に反して行為をすることが重要であったことを簡単には強制的に推論させるものではない」として，所有者のための取戻しと窃盗犯人の金銭の受取りのいずれの関心が強かったのか証明がなく，利益確保 Absicht に欠けるとして無罪が言い渡された。

六　若干の検討——新二分説の評価

1　Absicht と動機の関係

(1)　以上の通り，Absicht 犯罪における Absicht の内容について新二分説に基づいてドイツの判例学説の状況を概観してきたわけだが，いくつかの問題点を指摘することができるであろう。まず Absicht が目標として向けられた行為の意味で理解される構成要件，つまり特に詐欺罪においては，Absicht が法益侵害と関係するのではなく典型的な行為者動機を記述するものであるとの主張がある[231]。かつては Absicht は動機の意味で理解された時

---

[231]　前掲注（45）参照。

80

代もあった[232]とされるが，Absichtと動機の関係についてどのように理解
すればよいであろうか。

Absichtと動機の関係については様々な見解が主張されている[233]。まず
はAbsichtと動機を関連づける見解にはその内部でも多岐にわかれる。すな
わち，行為者の求めた結果は行為者の行為の目標であるだけでなく，同時に
行為者が行為をする内心の動機でもあるとしてAbsichtと動機の強い結びつ
きを要請したり[234]，主たる動機が最終的な動機である必要はないが，行為
者は第一の近しい動機として結果に対するAbsichtを有しなければならない
としてAbsichtを動機の一部とする[235]一方で，Absichtと動機には重なり
合いが認められるにすぎない[236]とする見解など，両者の関係の密接度には
相違がみられる。これに対して両者を峻別する見解は，故意論において動機
は重要ではなく，目標に向けられた行為としてのAbsichtとしては，行為者
の意思が構成要件上の犯罪結果に向けられていたり，行為がさらなる目標達
成のための手段であることだけが重要である[237]とする。これはさらに，

---

232) RGSt44, 87；Gehrig, a.a.O.（Anm. 22), S. 24；Mahl, a.a.O.（Anm. 22), S. 31.

233) Mahl, a.a.O.（Anm. 22), S. 16ff.

234) Samson, a.a.O.（Anm. 15), S. 449, 453. は，行為者の求めた結果は，行為者の行為の目
標であるだけでなく，それと同時に行為者が行為をするための内心の動機でもある，そ
して詐欺罪の利得 Absicht では特別な動機が問題となっており，財産侵害が利益につ
ながることが重要でなければならない，とする。内田文昭『改訂刑法 I（総論）[補正
版]』（平成 9 年）113, 180, 247 頁は，目的犯の目的は故意を生み出す動機であり，あ
るいは結果を強く求める意欲，意図であると解されるとするが，同趣旨と理解すること
ができるであろう。また，Stratenwerth/Kuhlen, a.a.O.（Anm. 194), S. 112. は，動機と
Absicht はどちらも理性的問題であり，情緒的心理的問題ではなく，両者を限界づける
のは困難であるが，Absicht のような主観的要素がどこに属するかの判断には明確な基
準がないために恣意に陥りやすい，とする。

235) Baumann/Weber/Mitsch, a.a.O.（Anm. 5), S. 484f.

236) Gehrig, a.a.O.（Anm. 22), S. 27. は，行為者が一定の結果を惹起しようとした場合には，
この結果は行為者の行為にとっては動機であるとする。これに対して，Gehrig, a.a.O.
（Anm. 22), S. 63ff. は，動機は一定の目標表象ではなく，これを決定づける原動力が問
題となるが，目標表象の中だけで出現するわけではない。そして，妬み，虚栄心，逮捕
勾留される，性的満足をえるといった動機から窃盗を行った，すなわち領得がさらなる
目標を達成するための手段であるとしても，領得 Absicht の存在が否定されるもので
はない。Absicht は行為者心理を把握するためのものではなく，これによって一定の態
度を標準的な価値判断に到達させるための刑法上の非難が高められる前提を提示する
ものであって，Absicht が行為者の悪い心情を特徴づけるものではない，としている。
これは，後述する Absicht と動機を峻別する見解に通じているともおもわれる。

第2章 目的の内容に関する総論的考察 81

Absicht を中間目標とし，動機を最終目標としたうえで，Absicht で求める目標は構成要件で規定される中間目標で十分である[238]とも主張される[239]。動機を最終目的，つまり行為者をして行動へと突き動かすものとみることで，動機は行為者を行動へと突き動かす最終目的としての内的要因であり，Absicht は外的要因としての役割を果たすとの見解[240]も両者を峻別する見解に位置づけることができよう。

(2) 詐欺罪における利得 Absicht についても事情は同じであり，Absicht と動機の関係については様々に主張されている。財産上重要な付随結果を計算に入れているがこれが動機づけとなってはいない者は，財産処分と財産侵害という構成要件要素に関して故意で行動しても，利得に関しては absichtlich に行動してはいない[241]，詐欺構成要件は財産移転 Absicht に動機づけ

---

237) Sternberg-Lieben/Schuster, a.a.O.（Anm. 10），Schönke/Schröder，§15Rn. 66. ここでは，目標として向けられた行為の意味での Absicht は，性的興奮状態であれ，ライバルを排除するためであれ，行為者が人の死を求めれば存在する。また，Rengier, a.a.O.（Anm. 40），JZ, S. 320. も，Absicht を目標に向けられた結果意思と理解し，原則として動機は重要ではない，Absicht は故意と同じく意思活動に向いているが，意思形成に決定的な理由である動機には向いていないとする。そして，Jescheck/Weigend, a.a.O.（Anm. 10），S. 297. は，Absicht にとっては，結果が行為の動機となっているかはどうでもよく，動機との関連づけをさけるために判例は，法であげられる結果を惹起することが行為者にとって重要であった場合に Absicht は存在するという表現を一般的に使用しているとする。さらに，Eser/Burkhard, a.a.O.（Anm. 42），S. 92. は，動機要素や心情要素を主として責任と関係づけ，違法要素としての Absicht と区別する。

238) Sternberg-Lieben/Schuster, a.a.O.（Anm. 10），Schönke/Schröder，§15Rn. 66. しかしながら，Gehrig, a.a.O.（Anm.），S. 65. も同様の主張をしており，このような主張はいずれの立場からも可能であろう。

239) Sternberg-Lieben/Schuster, a.a.O.（Anm. 10），Schönke/Schröder，§15Rn. 66. は，dolus directus 1. Grades の意味での Absicht は，法によって特徴づけられる行為結果に向けられる行為意思を意味し，そこで達成すべき目標は中間目標であれば十分であることを前提として，行為者が行為結果を求めるとしても，望ましいとする必要はない。つまり，望まれてはいないが，それ自体が望まれた最終目標達成のために論理必然的な中間結果であれば，すなわち行為者が望まれない中間目標を通じてしか最終目標をえられないと認識していれば，Absicht は存在すると主張する。これに対して，Roxin, a.a.O.（Anm. 10），S. 440. は，行為者が構成要件結果を確実に惹起するが，この結果を望んでおらず，無関心であったり同情を感じているにすぎない場合に Absicht を認めることに疑問を呈している。

240) Mahl, a.a.O.（Anm. 22），S. 17. は，悪政打倒のために義勇軍を結成し盗賊の首領となったロビン・フッドは，尊い目標を追求したが，同時に領得 Absicht で行為もした，そして前者は動機に組み込まれ，後者は態度の目的と理解される，とする。

241) Hehfendehl, a.a.O.（Anm. 64），MK，§263Rn. 797.

られた行為者だけを捕捉しようとするのであって，ここでは特別な動機だけが問題とされ，行為者によって意図されたさらなる法益侵害は問題とされない[242]，目標に向けられた意思の要請は所為を駆り立てる利得動機の要請によって補われる[243]との見解は両者を関連づける見解に属するが，これに対して，Absichtは目標に向けられた行為の意味で動機として理解することはできない[244]，Absichtは行為決意を惹起決定する動機と同一ではなくAbsichtはもっぱら行為者が構成要件行為で達成しようと求める目的である，もしAbsichtが動機だとすると，構成要件該当性の決意の背後に問いかけ，しかもその感情や努力に欺罔行為で追求される利得Absichtは基づくことになってしまうからである[245]，とする見解は両者を峻別する見解に属するとみてよいであろう。その他には，利益を求めることが唯一の動機や主たる動機であるとする要求は法律によって命じられていない[246]，Absichtは動機である必要はない[247]とする中間的見解もみられる。

(3) このように学説の状況は一言で言い表すことができないほど多様な状況を呈しているところ，判例についてみると，ライヒ裁判所と戦後早期の判例の一部と同様に航空運賃事例では，「違法な財産利益をえるAbsichtは，利益を獲得するという表象が行為者の行為の動機であり，行為者の行動へと決

---

242) Samson, a.a.O.（Anm. 15), S. 453.

243) Rengier, a.a.O.（Anm. 40), JZ, S. 325f. は，故意やAbsichtは意思活動を把握する主観的構成要件要素であることから，意思形成要素として責任に属する動機の側面は考慮されないとも考えられるが，動機が決意の基礎と関係してくると，Absichtは責任要素と認められないとしても，責任性格を有する要素によって豊かなものとされることは否定できない，刑法263条のAbsichtは目標に向けられた，動機づけられた結果意思である，とする。

244) 恐喝罪の利得Absichtに関する記述ではあるが，Eser/Bosch, a.a.O.（Anm. 10), Schönke/Schröder, §253Rn. 21. は，Absichtと動機とを完全に峻別する。なお，Eser/Burkhard, a.a.O.（Anm. 42), S. 92. は，法益保護を拡大するAbsicht，限定するAbsichtを違法要素と位置づける一方で，謀殺罪における責任要素としての超過的内心傾向としてのAbsichtを動機と位置づける。ここから，違法要素としてのAbsichtは動機と無関係であることを導くことができるであろう。

245) Welzel, a.a.O.（Anm. 59), S. 21. しかし，この主張が「動機である必要はないが動機であってもよい」ことを否定して，「動機であってはならない」とまで断言できるかは不明である。その意味ではこの見解が次の中間的見解に属する可能性は否定できない。

246) Binding, a.a.O.（Anm. 1), S. 364.

247) Tiedemann, a.a.O.（Anm. 59), §263Rn. 250；Perron, a.a.O.（Anm. 10), Schönke/Schröder, §263Rn. 176.

意をさせ決定づける，それゆえに行為者意思を動機づける表象であることを
前提とする」「利得は一般的で独占的な行為動機である必要はないが，行為者
の意思形成に極めて近い直接的な目標として決定的でなければならない」と，
自ら利得することの表象が原動力として所為の決意を（も）惹起し決定しな
ければならないことを要求することで，利得Absichtが強い動機であること
を要求する[248]。しかしながら，このような考え方はその後の無賃乗車事例
において否定され，それ以降の諸判決（獣医事例，注文事例，偽装誘拐事例）が，
「財産上の利益は行為者の行為の本来的な動機や第一に求められた目標であ
る必要はない」との表現を用いていることから，Absichtは動機たりうるが，
そうでなければならないものではないとする中間的見解を採用するに至って
おり[249]，現在の判例は，Absichtと動機を強く結びつけたり関係を完全に否
定したりすることなく，少なくとも詐欺罪においては利益が行為者の動機で
ある必要はないという立場で一致しているといってよいであろう[250]。

2　主観的違法要素としてのAbsichtと動機

(1)　「Absichtは動機である必要はない」との表現からは「Absichtは動機
であってはならない」ではなく，「Absichtは動機であってもよい」を意味す
るものと考えるのが自然であろう。しかしながら，そうするとこの考え方は
Absichtの体系的地位との整合性がとれるかの問題に直面せざるをえない。

---

248) RGSt55, 257. も，利益を獲得する表象が行為者の動機でなければならず，行為者の行
　動への決意を引き起こし決定しなければならないとする。前掲注（87）参照。

249) なお，Wessels/Beulke/Satzger, a.a.O.（Anm. 26）, S. 96. は，Absichtは目標に向けら
　れた結果意思とするが，それは同時に行為の動機たりうる，だからといって強制的に同
　一たりうるものではない，そのため行為者の目標表象と行為の動機とは概念的に区別
　することができる，Mahl, a.a.O.（Anm. 22）, S. 16ff. は，Absichtにとって行為者目標は
　動機に分類しうるが，この他の目標表象の存在も考えられるのであり，構成要件上の目
　標が動機であればAbsichtは存在するが，そうでなくてもAbsichtは存在しうる，とす
　る。

250) Binding, a.a.O.（Anm. 1）, S. 364. は，自称専門家に恥をかかせる目的だけでこの者に
　卓越してはいるが偽りの筆跡を本物であるとして高い金額で売るつけた者が無罪に
　なってしまうのは不当であると指摘して，Absichtと動機の一致を不要する。また詐欺
　罪以外にも，Welzel, a.a.O.（Anm. 59）, S. 21. は，聖クリスピヌスが貧しい者に靴を作る
　ために皮革を盗んだとすると，この動機は信心深いもので利己的なものでないことは
　確実であるが，それにもかかわらず皮革の奪取は領得Absichtによるものである，とす
　る。

84

すなわち，ドイツにおいては一部の犯罪を除いて[251]，Absicht 犯罪の Ab-
sicht が主観的違法要素であることに疑いはなく，そうすると，全体的であれ
部分的であれ重畳的であれ，詐欺罪における利得 Absicht を動機と構成する
と，Absicht を主観的違法要素とすることと整合性があるといえるだろうか
という問題である。これは動機が犯罪論体系上いかなる地位を有するかの検
討を要するものでもある。Absicht を動機と解するのであればこれはむしろ，
責任要素，さらには量刑要素に親しむのではないだろうか[252,253]。

　(2)　動機が Absicht を限界づけるとともに違法を限界づける要素として不
可欠であることに関して説得力のある証明はこれまでなされてきておらず，
利得結果が行為者に望まれていたのかそれとも望まれていなかったのかの基
準については，その種の表象が違法を基礎づける意味を獲得することはな
い[254]との指摘が示す通り，Absicht と動機の限界づけは不明確であるとの
印象を受けざるをえない。Absicht 犯罪における Absicht が，謀殺罪の Ab-
sicht は別として，少なくとも主観的違法要素としての地位を確立したドイ

---

251) Absicht が動機の意味で把握されるべき犯罪類型が考えられないわけではない。例え
　ば，謀殺罪（ドイツ刑法 211 条 2 項）の「他の犯罪行為を可能にし若しくは隠蔽する」
　Absicht がその例である。これについて，Eser/Burkhard, a.a.O.（Anm. 42）, S. 92. は，法
　益保護の早期化による拡大や法益保護の限定にも資するのではなく，特に危険であっ
　たり非難すべき態度の特徴づけに役立つ, Sternberg-Lieben/Schuster, a.a.O.（Anm. 10）,
　Schönke/Schröder, §15Rn. 71. は，Absicht が行為の違法とは関係しない事態に関係す
　るもので，真正な動機として理解される場合であるとして，Absicht を違法要素と位置
　づけることに疑問を提起する。その他には，Jakobs, a.a.O.（Anm. 10.）, S. 309f；Puppe, a.
　a.O.（Anm. 18）, §15Rn. 107；Puppe, a.a.O.（Anm. 27）, AT, S. 336. は，Absicht が意的側
　面の要請が強い場合には，Absicht は違法ではなく，所為の心情を特徴づける心情要素
　であるとする。
252) ドイツ刑法 46 条 2 項では「行為者の動機（Beweggründe）及び目的（Ziele）」が量刑
　事情として規定されている。Jescheck/Weigend, a.a.O.（Anm. 10）, S. 886. は，この事情
　は所為に対する行為者の内心の態度に関する事情であるが，46 条 2 項では，行為者に
　有利または不利に働く事情を相互に比較衡量するということが一般的に裁判所に課さ
　れているにすぎず，量刑の決定を行うにはあまり寄与するものではない，とする。そし
　て，Puppe, a.a.O.（Anm. 18）, §15Rn. 114. は，故意の三形態は主観的違法や責任の様々
　な段階を特徴づけるものではなく，量刑においても意味を有してもおらず，故意の概念
　的三分類は放棄されるべきであるとするのに対して，Vogel, a.a.O.（Anm. 14）, §15Rn.
　77. は，故意の三分類には量刑上重要な価値の相違があることを認める。
253) 内田・前掲注（234）113, 180, 247 頁は，目的は故意を生み出す動機とすることから，
　故意以外の特殊な責任要素であるとする。
254) Rengier, a.a.O.（Anm. 40）, JZ, S. 325f.

第2章　目的の内容に関する総論的考察　85

ツにおいて，動機の一部であるにしろ全部であるにしろ，いずれにしても動機と関係づけられることには，すなわち，動機は行為者の内心の事情として責任段階または量刑段階で考慮されるべきとすれば，それが一部分とはいえ構成要件要素として記述されると違法要素へと転換されることには即座に賛成することはできない。そのような意味で Absicht が動機と関係することの前提として，動機が違法を基礎づける根拠が示されるべきである。

　特に動機との関連づけがなされることの多い詐欺罪における利得 Absicht では，これが主観的違法要素であることに疑問はないといってよいのは，Absicht の内容をどのように解するかの立場とは関係なしに主張することができる[255]。Absicht を動機と位置づけるのであれば，動機を違法要素と認めてよいのかが問題とされなければならない[256]。その一方で，文書偽造罪における欺罔 Absicht はこのような行為者の動機や心情とは一般に無関係に考えられる[257]とされる。そうはいっても，Absicht として dolus directus 2. Grades で足りるとは，dolus directus 1. Grades を排除するのではなく，これをも包含して広く Absicht 概念を認めることを意味するのであるから，この種の犯罪でも dolus directus 1. Grades との関係では基本的には詐欺罪における利得 Absicht と同じように動機との関連の問題は生じるはずである。Absicht が法益侵害と関係すれば，全てにおいて動機とは関係がなくなるとする Absicht の一元的な構成は十分に考えられうるけれども，そうすると欺罔 Absicht が dolus directus 1. Grades の意味で機能するときはどのような内容を有するかが新たに問題となってしまうが，dolus directus 1. Grades に利得 Absicht と欺罔 Absicht とで異なる意味を付与しうるかは疑問である。これ

---

255) Baumann/Weber/Mitsch, a.a.O.（Anm. 5），S. 114 ; Eser/Burkhard, a.a.O.（Anm. 42），S. 91f ; Puppe, a.a.O.（Anm. 18），§ 15Rn. 114 ; Eisele, a.a.O.（Anm. 10），Schönke/Schröder, vor § § 13Rn. 63 ; Tiedemann, a.a.O.（Anm. 59）. § 263Rn. 248.

256) 山口厚『刑法各論［第2版］』（平成22年）198-203頁は，窃盗罪の不法領得の意思について，排除意思は可罰的な法益侵害を惹起しようとする意思であり，その危険を基礎づけるものとして主観的違法要素だが，利用意思については，法益侵害行為が強力な動機に基づき行われるために責任が重いと解されるのであり，財物奪取行為についての責任を加重する責任要素であるとする。動機を違法ではなく責任と関連づけるものと評価できる。

257) Puppe, a.a.O.（Anm. 18），§ 267Rn. 102 ; Heine/Schuster, a.a.O.（Anm. 10），Schönke/Schröder, § 267Rn. 93.

に対して，法益侵害と関係しようがしまいが dolus directus 1. Grades の部分
では Absicht は動機と関連するという Absicht の二元的構成，すなわち動機
と関連する Absicht と関連しない Absicht という二重の意味の Absicht を肯
定する構成も可能であると考えられる。

　(3)　動機としての Absicht の位置づけに対しては，Absicht の内容につい
て dolus eventualis まで広く認める立場から，次のような主張が提起されて
いる。すなわち構成要件結果を発生させようとの行為者の望みという日常言
語上の意味の Absicht は，構成要件の実現ではなく行為者の動機に関係する
にすぎないから，これは違法要素ではなく責任要素として機能するにすぎな
い，これはドイツ刑法 46 条の「行為者の動機及び目標」の文言で量刑事情と
して違法ではなく責任と関係づけるように規定されている[258]が，それに対
して，Absicht が違法要素となる場合は犯罪の既遂時期が前置化されており，
Absicht は故意の類型と考えられる[259]，というものである[260]。この指摘は，
Absicht を dolus eventualis にまで拡大しうるかどうかは別として，Absicht
を動機と関連づけて，その結果動機を違法要素に分類することへの警鐘とし
て注目に値する。

　(4)　人間の行為は何らかの動機がその原動力となっていることは確かであ
り，また人間の行動が動機を刺激として発動されるのであれば，その動機を
行為の最終目標と位置づけることも許されるであろう。動機とは行為の最終
目標として求めることであるが，Absicht は中間目標として求めることとと
らえる見解[261]は，この点に両者の相違を見出している。しかし，この見解は
Absicht では結果を最終目標として求めることまでは必要ないとも主張する
のであって，その意味からすれば最終目標と中間目標が一致する場合も想定

---

258) Puppe, a.a.O.（Anm. 18），§15Rn. 106. Puppe, a.a.O.（Anm. 27），AT, S. 326. は同様に，
　　謀殺罪のように Absicht が行為者の心情や動機を特徴づけ責任要素として生じる場合
　　には，目標それ自体が無価値なのではなく，目標の無価値内容は，目標が故意による構
　　成要件実現でもって達成されることから生じるものであり，Absicht は日常用語上の意
　　味で理解される，とする。

259) Puppe, a.a.O.（Anm. 27），AT, S. 326.

260) これと同様に，Rengier, a.a.O.（Anm. 40），JZ, S. 325. は，主観的構成要件要素は意思
　　活動を把握し，動機は意思形成要素として責任に属するとしつつも，その一方で両者は
　　完全には分離することまではできないともして，Absicht と動機を関連づけている。

261) 前掲注（238）参照。

しうるのであり，そこでは動機と Absicht が一致することになってしまう。このような結論を回避しようとするのであれば，動機が最終目標であることを否定するか，あるいは最終目標に動機とは異なる何か別の意味を付与するかの方策がとられるべきであろう。

　まず動機を最終目標の意味でとらえることは否定できないと考えられる。動機については，行為者が行為をするきっかけとなる動因であり，目標表象ではなくこれにとって決定的な原動力が問題となる[262]，行為者が求める構成要件結果という目標に対する内心の方向性[263]といった定義づけや説明をすることができる。人間は何らかの結果を求めて行為するものであるが，中間目標とされる犯罪行為から最終的に求められている事態こそが行為の原動力となっているのであり，これが動機として形成されるからである。こうして動機とは行為によって最終的にもたらされるべき事態を求めることと定義することも可能といえるであろう。

　そうすると最終目標に動機とは異なる何か別の意味を付与するという道が残される。つまり，最終目標は動機と一致したり重なる部分があることを認めつつも，動機とは異なる機能を果たしうるのか，そして果たしうるとすればそれは犯罪論体系上いかなる機能として位置づけられるかを確定しなければならない。ここでは動機は量刑事情とはなりえても，違法要素たりえないことがまずは改めて確認されておかなければならない。

　最終目標が動機と異なる機能を果たしうることを前提としても，最終目標が犯罪論体系上は何らかの機能を有するとは考えられない。詐欺罪における航空運賃事例，獣医事例，偽装誘拐事例，診療所事例（いずれも証拠隠蔽ないしは犯跡暴露防止のための金銭の取得），無賃乗車事例（時間節約のための金銭利益の取得），注文事例（不快感付与のための金銭利益の取得），刑の延期事例（刑の執行免除のための金銭の取得）では，いずれの事案においても最終目標は犯罪の成否に関して問題ではなく，あくまでも金銭取得ないしは金銭利益取得といった中間目標が利得 Absicht に当たり詐欺罪を構成するかどうかが問題となるのである。財産上の利益というこのような金銭取得はあくまでも手段

---

262) Gehrig, a.a.O.（Anm. 22), S. 65.
263) Mahl, a.a.O.（Anm. 22), S. 31.

であり，その先にある何らかの事態の発生こそ行為者が最終的に求めている事態なのである。

各犯罪構成要件に規定されている Absicht は最終目標である場合がほとんど考えられないことから中間目標として規定されている。最終目標が一定の類型に当たる場合にのみ犯罪成立を認める必要はなく，最終目標に至るまでの中間目標が犯罪事態に関係すればそれで犯罪の成立を認めてよい。そして金銭取得を最終目標として求めるというたとえ中間目標と最終目標が一致するというほとんど考えられない事態が生じたとしても，犯罪論体系上問題とされるべきは刑罰法規に規定されている事実だけであり，その意味では中間目標と最終目標の区別は重要ではない。あくまでも最終目標は中間目標である Absicht の延長線上にある事態に関するという意味で存在するにすぎない。そして，犯罪構成要件が中間目標である Absicht の存在だけを問題としている以上は，行為者としては犯罪に関係する事態である中間目標を求めれば十分であり，それ以外の要素は犯罪成立については何の役割も果たすことはない。そうはいっても，最終目標が量刑に関与することは肯定しうるであろう。量刑判断に際しては様々な要因が考慮されるべきである[264]から，最終目標は犯罪要件ではないとしても行為者が行為に至った背景等を表すものとして，そこから除外される理由はないからである。

そうすると，最終目標は動機とは異なる機能を果たすかという第一の検討課題は無意味なものとなろう。これは最終目標を行為者関係的にとらえる他に行為関係的にもとらえられるのかと言い換えることができる。行為関係的とは違法論における犯罪成立の問題を前提とするから，最終目標という犯罪成立とは無関係の要素は行為関係的にとらえることはできず，最終目標が動機と異なる機能を果たしうるとしても，それは違法論に関わる機能ということはできないからである。こうして最終目標に動機とは異なる意味を付与する道も閉ざされることとなる。

以上の二つの方策を探ることができないとなれば，動機と Absicht とは一

---

264) Walter Stree/Jörg Kinzig, a.a.O.（Anm. 10），Schönke/Schröder，§46Rn. 10. は，ドイツ刑法 46 条は量刑に際して特に考慮すべき事情を規定するが，ここであげられた事情は量刑において最も多くの役割を果たすものではあるが，裁判所は刑の高低にとって意味あるその他の事情も全て考慮しなければならないとする。

致しないということはできない，ないしはそのことを言及することは無意味であり，結果的には両者の関係を否定することはできないものといえる。

(5) しかし，このことが動機と Absicht が完全に一致することを意味するものではない。むしろ Absicht の二面性から事態を考えることができるであろう。Absicht はまずは動機として行為者関係的に機能するが，これは違法論では意味を有さず，動機の把握の仕方次第により責任論ないしは量刑論の枠内で考慮すべきものである。そこでは Absicht は最終目標として結果を求めることなどを意味することになる。それとともに Absicht はさらに行為関係的に違法の量と質を決定する機能をも有するといえる。詐欺罪では，財産侵害行為が行為者に利益をもたらすことによって所為は違法を追加することはなく，行為者が自己の利益のために他人の財産を侵害することによって無価値が基礎づけられるのであって，したがって利得 Absicht は可罰性を行為者行為の目標方向に依存させる機能しか有しておらず，行為者には自らまたは第三者に財産上の利益をもたらすことが重要でなければならない[265]という表現は，まさしく動機とは異なる態様で Absicht が法益侵害性に関わる主観的違法要素となりうることを表しているものであり，ドイツ刑法理論からは納得のいく説明といえる。違法論ではこの行為関係的な Absicht にのみ着目すれば足りることになる。

こうして，Absicht の行為者関係的側面からすれば動機と Absicht とは「重なり合う」ものであり，また Absicht の行為関係的側面からは両者は「区別される」。しかし，犯罪論体系上の観点からすれば，動機は行為者をして行動へと突き動かす最終目的としての内的要因であり，Absicht は外的要因としての役割を果たす[266]ものとして区別されるべきである。判例が「財産上の利益は行為者の行為の本来的な動機や第一に求められた目標である必要はない」や，法で規定された結果を惹起することが行為者にとって重要であった場合には Absicht は存在するという表現を一般的に使用していることは，Absicht の二重評価の観点からいずれを評価しているかを考慮することで，正当なものとして肯定的に評価することができるであろう。

---

265) Gehrig, a.a.O.（Anm. 22），S. 46.
266) 前掲注（240）参照。

90

　以上のことから，動機を違法要素として位置づけることは妥当でなく，利得 Absicht を主観的違法要素と把握することを前提とする立場からは，Absicht の内容について動機と関連づける構成は採用することはできず，Absicht は行為を判断する要素として，行為者関係的な動機とは識別されるものと解すべきである。

3　法益侵害関連性と Absicht の地位

　⑴　これまでに述べてきた通り，新二分説では Absicht が法益侵害に向けられていない場合には dolus directus 1. Grades を必要とし，法益侵害に関係する場合には dolus directus 2. Grades で足りると理解することで Absicht 犯罪を二分する見解が有力に主張されている。これに対してわが国では，目的が法益侵害に関係する場合には目的は違法要素である（短縮された二行為犯）が，法益侵害性が客観的要件でのみ決定されると目的は法益侵害とは関係しない責任要素である（断絶された結果犯）と目的犯を二分する見解が有力に主張されている[267]。両者は Absicht ないし目的が法益侵害およびその危険と関係するかどうかの視点からその性格について論じていることでは同じ方向性を模索するものと考えられるが，この関係をどうみればよいだろうか。わが国とドイツでは Absicht や目的の体系的地位の把握にかなりの違いがみられるため両者を一概に比較することはできないとおもわれるが，もし両者に強い関連があるとすれば，断絶された結果犯の目的は dolus directus 1. Grades の意味で，短縮された二行為犯の目的は dolus directus 2. Grades の意味で理解することを正当化する根拠を与えることになろう。

　⑵　わが国では目的犯の目的の内容について一般論としては，目的の内容が，断絶された結果犯では行為者に確定的なものとして認識されていることを要するのに対して，短縮された二行為犯では一般に未必的にでも認識されていれば足りるとの見解[268]がある。これに対してドイツでは，短縮された二行為犯では dolus directus 1. Grades を要求するが，断絶された結果犯では dolus eventualis で足りるとする見解[269]が主張されている。このように総論

267）前掲注（7）参照。

第2章 目的の内容に関する総論的考察 91

的議論においてもわが国とドイツの見解はわかれることになる。ドイツにおける総論的議論は多くの議論がなされておらず，これはあまり功を奏していないところから，わが国の状況においてもむしろドイツにおけると同様に，各論的問題として取り扱うことができよう。

わが国の刑法においては例えば，各種偽造罪（行使の目的）（148条等），公務執行妨害罪（公務員に処分させたりさせない目的等）（95条2項），逃走援助罪（逃走させる目的）（100条），営利目的拐取罪等（営利の目的等）（225条）等が短縮された二行為犯に，内乱罪（国の統治機構を破壊する目的等）（77条），虚偽告訴罪（人に刑事又は懲戒の処分を受けさせる目的）（172条），背任罪（図利加害目的）（247条）等が断絶された結果犯に分類されるのが通常である[270]。なお窃盗罪（不法領得の意思）（235条）を短縮された二行為犯に分類する見解もある[271]。窃盗罪では確かに奪取行為に引き続いてこれとは無関係の領得行為が想定され，領得行為に対して目的が要求されるから，これを短縮された二行為犯に分類するものであろう。しかし，領得行為はあくまでも法文上要求されているものではなく，奪取行為の後で領得を行うという目的を有して行為が行われれば足りる。つまり，奪取行為によって法益侵害は完成するのであって，その後に何らかの第二の行為が法文上予定されているわけではないから，窃盗罪はむしろ断絶された結果犯に属するものと考えるべきであろう[272]。そして，詐欺罪（246条）においても，行為者が利益獲得に目標として向けられた Absicht を有していれば，構成要件は被害者の損害の発生でもって充足される断絶された結果犯である[273]ことから，領得犯罪（不法領得の意思）は断絶された結果犯と考えるべきである。そしてこのような分類はドイツにおいても犯罪の性質の相違や論者による見解の相違はありつつも，わが国のそれ

---

268) 大塚・前掲注（9）135頁。これに対して，林幹人『刑法総論［第2版］』（平成20年）103頁は，目的の対象が行為者の行為の結果としての客観的状況である場合（断絶された結果犯）には，少なくともその客観的危険が発生しなければならないとすれば，そのような客観的危険こそが違法内容であって，目的はその認識，すなわち故意にすぎないとするが，それは未必的認識まで含めたものと理解しうる。

269) 前掲注（38）参照。

270) 佐伯・前掲注（6）268-270頁，平野・前掲注（6）124頁，中山・前掲注（6）31, 35頁。

271) 平野・前掲注（6）124頁，内田文昭「主観的構成要件要素と主観的違法要素」阿部純二他編『刑法基本講座第2巻』（平成6年）150-152頁。

92

と概ね一致している[274]。

　そうするとここで早くも両者に齟齬が生じることになる。すなわち，わが国とドイツにおいて類似した犯罪について，断絶された結果犯である虚偽告訴罪の目的は dolus directus 1. Grades を要求すべきところ，新二分説では dolus directus 2. Grades で足りるとしている。また，領得犯罪の不法領得の意思は新二分説では dolus directus 1. Grades を要求しているが，これを短縮された二行為犯であると構成すれば dolus directus 2. Grades で十分とされることになってしまう。さらに，営利目的拐取罪の営利目的について，判例は「誘拐行為によって財産上の利益を得ることを動機とする」[275]としているが，これはまさしくドイツ刑法の詐欺罪における利得 Absicht と同様の論法

272）ドイツにおいて窃盗罪を断絶された結果犯と位置づける見解としては例えば，Eser, a.a.O.（Anm. 58), S. 24；Johannes Wessels/Thomas Hillenkamp, Strafrecht Besonderer Teil 2, 38.Aufl., 2015, S. 35；Witzigmann, a.a.O.（Anm. 10), S. 489；Albin Eser/Nikolaus Bosch, a.a.O.（Anm. 10), Schönke/Schröder, §242Rn. 46. これに対して，Urs Kind-häuser, Strafrecht Besonderer Teil Ⅱ, 8.Aufl., 2014, S. 52. は，奪取行為が領得行為の予備行為と化すと，領得を処罰根拠とする横領が窃盗よりも軽い法定刑を規定していることと矛盾すると批判して，物の占有でもって領得 Absicht のための活動は十分であり，行為者が自己の領得意思を表明する占有状態を変更する態度としての領得は必要ではないとして，Absicht を超過的内心傾向ではなく，むしろ客観的要素の中に解消する。しかしながら，これは奪取の中に領得をみるものであり，これでは使用窃盗の問題の解決が困難となってしまう。

273）Perron, a.a.O.（Anm. 10), Schönke/Schröder, §263Rn. 5.

274）ドイツでは，Binding, a.a.O.（Anm. 1), S. 11f. は，通貨偽造罪（146 条）の「偽造通貨を真正なものとして行使するために」が短縮された二行為犯に，犯罪庇護罪（257 条）の「違法行為者を処罰から免れさせ又は利益を確保させるために」，詐欺罪（263 条）の「自ら財産上の利益を得又は第三者に違法な財産上の利益を得させるために」が断絶された結果犯に分類される，Jescheck/Weigend, a.a.O.（Anm. 10), S. 319. は，窃盗罪（242 条），強盗罪（249 条），犯情の特に重い放火罪（旧 307 条 2 号，現 306 条 b2 項）が短縮された二行為犯に，強盗の刑で罰せられる窃盗罪（252 条），恐喝罪（253 条），詐欺罪（263 条），強制執行の免脱罪（288 条），利益供与罪（333 条）が断絶された結果犯に分類される，Roxin, a.a.O.（Anm. 10), S. 318. は，通貨偽造罪（146 条），文書偽造罪（267 条）が短縮された二行為犯に，強制執行の免脱罪が断絶された結果犯に分類される，Jakobs, a.a.O.（Anm. 10), S. 307. は，通貨偽造罪，窃盗罪，文書偽造罪（267 条）の第一，第二類型が短縮された二行為犯に，虚偽告発罪（164 条），文書偽造罪の第三類型が断絶された結果犯に分類される，Eisele, a.a.O.（Anm. 10), Schönke/Schröder, vor §§13Rn. 63. は，文書偽造罪が短縮された二行為犯に分類され，恐喝罪，詐欺罪が断絶された結果犯に分類されるとする。なお，内田文昭『刑法概要上巻』（平成 7 年）264 頁は，論者により目的犯のいずれへの分類が一定しないことから，この分類にどれほどの意義があるのかと疑問を呈している。

275）最決昭和 37 年 11 月 21 日刑集 16 巻 11 号 1570 頁。

第2章　目的の内容に関する総論的考察　93

を採用しているものであり，そこでは dolus directus 1. Grades が予定される
ことになるはずだが，わが国の分類では dolus directus 2. Grades で足りるこ
とになる。このように旧二分説を基盤とする限りでは目的ないしは Absicht
の意味内容のとらえ方にわが国とドイツで一致を見出すことは困難ではない
かとおもわれる。

　むしろ旧二分説からは Absicht ないしは目的の内容を決定することは困難
であるとの帰結が導きだされるべきであろう。短縮された二行為犯では客観
的構成要件は法益侵害行為を不完全にすなわち未遂的に記述しているのに対
して，断絶された結果犯では法益侵害行為は完全に行われており，法益侵害
それ自体が発生していないだけである[276]ことからすれば，法益侵害性すな
わち違法論の本質の問題から Absicht ないしは目的の内容の決定を導くこと
には直接の関係性を見出すことは困難であるからである。

　また，ドイツにおいて旧二分説から Absicht の内容の説明を試みる論者も，
dolus directus 1. Grades の意味での Absicht を要求する短縮された二行為犯
では通貨偽造罪（行使するため又はその他流通に置くため）（146 条）や人身奪取
罪（人の強取罪）（人を保護のない状態において遺棄し，奴隷若しくは農奴とし，又
は外国の軍隊若しくは船舶の労務につかせるため）（234 条）を，dolus eventualis
で Absicht は足りるとする断絶された結果犯では文書隠匿罪（他人に証明上
の不利益を加える Absicht）（274 条）や強制執行の免脱罪（債権者の弁済を無効
果にする Absicht）（288 条）をあげている[277]。これらの犯罪は現在でも Ab-
sicht に関してはその内容面ではほとんど変わりはないところ，通貨偽造罪
と人の強取罪のいずれの Absicht も目標として向けられた意思として dolus
directus 1. Grades の意味を要求し，強制執行の免脱罪では dolus directus 2.
Grades の意味で足りるとする見解が一般的であり，文書隠匿罪の Absicht
は動機とする見解と dolus directus 2. Grades で十分とする見解が対立してい
る[278]。以上の点について，この論者の見解と現在の一般的な見解は結論と
しては同じ部分も見られるが，論者がそれ以外の犯罪，特に詐欺罪と文書偽
造罪について Absicht をどのように解するのかは不明である。おそらく前者

---

276) Frister, a.a.O.（Anm. 227），S. 105.
277) Sprang, a.a.O.（Anm. 21），S. 78ff, 104ff.

は断絶された結果犯として Absicht は dolus eventualis で足り[279]，後者は短縮された二行為犯として Absicht は dolus directus 1. Grades を要することが予想される。そうであれば，これは現在一般的に主張されている見解とは大きく異なるものであり，両犯罪に内蔵する問題を解決するためにはそれ相当の説明を要することになるから，この見解には一概に賛成することはできないことになる。

(3) 法益侵害性との関係から Absicht の内容を導くことが困難であることは，Absicht が法益侵害と関係しないことを意味するものではない。例えば短縮された二行為犯と比べて断絶された結果犯では，所為は法益侵害により接近し，法益の危殆化はより徹底している[280]ものの，構成要件は違法を基礎づける機能を有しているために，構成要件要素は違法要素でもあるが，すべての主観的要素が違法要素となるわけではなく，主観的要素を違法へ体系的に分類するのに決定的なのは犯罪類型との関係であり，保護法益と関係づけられることによって，主観的要素は違法類型を性格づける[281]のであるから，Absicht が違法といかなる関係を有するかが示されなければならないであろう。この点は新二分説の内部でも Absicht が違法に対してどのように位置づけられるかについては見解がわかれることになる。

例えば，詐欺罪では Absicht は犯罪類型を構成する，すなわち利得は被害者からの利益奪取の裏面であることから，被害者の財産すなわち保護法益と関係するとともに，利得は財産侵害犯としてではなく，利得犯と予定されている詐欺の犯罪類型を性格づけている[282]が，これに対して犯人庇護罪，虚偽告発罪，文書偽造罪については，犯罪類型は構成要件に該当する法益侵害

---

278) Detlev Sternberg-Lieben, a.a.O.（Anm. 10），Schönke/Schröder，§146Rn. 7；Albin Eser/Jörg Eisele, a.a.O.（Anm. 10），Schönke/Schröder，§234Rn. 6；Günter Heine/Frank Schuster, a.a.O.（Anm. 10），Schönke/Schröder，§274Rn. 15；Günter Heine/Bernd Hecker, a.a.O.（Anm. 10），Schönke/Schröder，§288Rn. 17.

279) Sparang, a.a.O.（Anm. 21），S. 125ff. は，窃盗罪を短縮された二行為犯に位置づけうるかは争いがあり，客観的構成要件の外部に存在する社会侵害結果は客観的構成要件の実現それ自体で発生することから，窃盗罪を断絶された結果犯に位置づけるので，詐欺罪についても同様の結論に至るであろうと推測される。

280) Gehrig, a.a.O.（Anm. 22），S. 102.

281) Roxin, a.a.O.（Anm. 10），313f.

282) Roxin, a.a.O.（Anm. 10），314.

によってのみ特徴づけられ，Absicht は犯罪類型にとって意味がない，その
ため Absicht は犯罪類型を変更しようとするのではなく，結果に関して危険
のある行為つまり未必的故意の場合を処罰から排除しようとするものである
との見解[283]がある。これは，明言はされていないが，後者について結果的に
法益侵害と関係しない Absicht を主観的違法要素としては認めないか，その
趣旨にかなり接近することになるのではないだろうか。

　これに対して，詐欺罪では Absicht は法益侵害に向けられておらず，これ
が付け加わることで初めて法益侵害が当罰的となり，Absicht は特別な行為
者の動機づけを規定しているが，虚偽告発罪や文書偽造罪では立法者が法益
侵害の発生を待つことなく可罰性を前へと延長し，Absicht は法益侵害との
主観的関係を作り出しているとする見解[284]は，むしろ前者について主観的
違法要素としての Absicht の性格に疑問が生じることととなる。

　上であげた二つの見解は，Absicht の内容に関しては結果的に同じ結論に
は至るものの，ドイツ刑法学が前提とする Absicht の主観的違法要素として
の位置づけに関しては正反対の理論を展開することになる。しかしながら，
Absicht が主観的違法要素であることを維持するのであれば，詐欺罪のよう
に当罰的な行為に可罰性を限定するために Absicht が法益侵害の可罰性を基
礎づける場合と，文書偽造罪や虚偽告発罪のように最終的な法益侵害の意味
での実質的な既遂を待たずに法益保護を早期化する場合とに二分する見
解[285]が妥当な方向性を示しているものと考えられる。これによって利得
Absicht は動機とは異なる目標として向けられた意思と解することで責任要
素や量刑要素となってしまうとの批判を回避するとともに，既遂時期の早期
化に Absicht を関係づけることで Absicht と違法との関係が導かれてもいる
からである。

4　二つの dolus directus の同置性と Absicht 概念の拡大の許容性

　(1)　行為者の主観的側面に着目した場合，dolus directus 1. Grades は結果

---

283) 前掲注（49）参照。前掲注（53）も同様。前掲注（56）も同様の趣旨とおもわれる。
284) 前掲注（50）参照。前掲注（54），（55）も同様。
285) 前掲注（51）参照。前掲注（52）も同様。

96

発生を重要とし，行為者は目標の惹起に対して内心で積極的にこれを求めて関与する意的側面の問題であるのに対して，dolus directus 2. Grades と dolus eventualis の両者は結果に対する意図を欠き，結果発生に対しては内心では消極的な態度をとってこれを甘受しているにすぎない知的側面の問題である。結果発生を確実と認識しているのかそれとも可能と認識しているのかだけが異なる。こうして dolus directus 1. Grades と dolus directus 2. Grades の間には構造上の相違があるが，dolus directus 2. Grades と dolus eventualis とは同じ体系上の地位にある[286]。それにもかかわらず，dolus directus 1. Grades と dolus directus 2. Grades とは違法内容として同価値であるとされる[287]。しかし，二つの dolus directus はそもそも同価値といえるのであろうか。

　二つの dolus directus は，結果発生の「意思はあるが確定的認識はない」と「確定的認識はあるが意思はない」では相互補完的に違法内容は同価値である[288]ことを肯定しうるとしても，dolus directus 1. Grades に属することが否定できない「意思もありかつ確定的認識もある」場合にはその違法は飛躍的に増大し，もはや「確定的認識はあるが意思はない」とは同価値とはいえないのではないだろうか。つまり，両者の同価値性というのは最小限度における違法の重なり合いがあるというにすぎないのであって，完全に一致して同価値とまでいうことはできないのではないだろうか。ナンバープレート事例判決が文書偽造罪の欺罔 Absicht を dolus directus 2. Grades で足りるとしたのは「理論的に完全には説得力がないとしても，これは歓迎すべきである」[289]との叙述は，職業偽造者等の当罰的な行為を捕捉するという実際的要請からこれを認めざるをえないとの結論に至ったことを示すものであり，両者の同置性からえられた結論ではないと考えられよう[290]。

　(2)　二つの dolus directus の同置性を前提として Absicht を動機と解さな

---

[286]　Sprang, a.a.O.（Anm. 21), S. 74ff.

[287]　前掲注（165)，(167）参照。

[288]　わが国では，井田良『刑法総論の理論構造』（平成 17 年) 75-76 頁は，「第 1 段階の確定的故意」「第 2 段階の確定的故意」について，意思か認識かのいずれかが際立てば確定的故意が肯定されるとする。

[289]　Geppert, a.a.O.（Anm. 169), JK1999.

いのであれば，詐欺罪における利得 Absicht を dolus directus 1. Grades とする構成ではなく，偽造罪における欺罔 Absicht と同様に，広く Absicht を肯定して dolus directus 2. Grades で足りるとする構成を導けるのではないだろうか。つまり，Absicht の解釈は個々の犯罪構成要件の解釈によるという各論的解決は，利得 Absicht を動機として dolus directus 1. Grades を要求するという理論的基盤が崩れることから，Absicht の内容の統一的解釈という総論的解釈の志向へと移る道が可能となるのではないだろうか。そしてもしこの構成が可能であるとすれば，Absicht は一般的に dolus directus 2. Grades をもって足りるとする理論が帰結されることになろう。

　すなわち，dolus directus 1. Grades と dolus directus 2. Grades は同じ価値があるとしながら詐欺罪における欺罔 Absicht について前者のみを認めるべきであろうか。文書偽造罪の法益に関しては，行為者にとって証明力の妨害が重要なのかそれとも行為者がこれを自己の行動の確実な帰結にすぎないと予見したかで相違はありえない。行為者の行動の違法内容は二つの場合で同じなのである。第一の場合の意思の強さと第二の場合の知の強さは対応するからである[291]とあるが，この論理は詐欺罪では成り立たないのだろうか[292]。

　(3)　意的側面の知的側面への拡大，すなわち Absicht に dolus directus 2.

---

290) Puppe, a.a.O.（Anm. 18），§15Rn. 110f. は，故意の三分類を否定する立場から，dolus directus 2. Grades は，自己の目標のひとつを達成させる限りで，構成要件該当結果が確実にまたは高度に蓋然的に発生するであろうことを意識して行為者が行為したということでもって正当に特徴づけられる。しかし行為者にとって目標達成は確実である必要はないので，Absicht との比較で意思の欠落が強度の知的側面によって補われるという説明では満足できるものではなく，そうすると行為者が必然的であるとして自己の Absicht と結びついていると考える事態にまで Absicht は拡大されることとなってしまうことになる。意図されていない内容までも意思に取り入れ，構成要件実現と行為者の Absicht の結びつきの必要性ゆえに結果が意図されたものとするようなことが認められると，dolus directus 2. Grades は理論的にも実務的にも意味を有しない，と主張する。

291) Lenckner, a.a.O.（Anm. 23），S. 1892.

292) Absicht が動機を内容とするのであれば，動機の地位からして，Absicht は責任論，さらには量刑論の問題と位置づけられるべきだが，これに対して，Puppe, a.a.O.（Anm. 18），§15Rn. 108, 114. が，主観的構成要件でしか存在しない違法要素に関しては既遂の前置化は故意の要請を強くする理由とはならず，故意の形式を三分類することには違法，責任，量刑のいずれにおいても意味を認めないことから，Absicht に未必的認識まで含める主張には一貫性があるものといえる。

Grades を含めることはそもそも許される解釈といえるであろうか。文書偽
造罪における欺罔 Absicht に dolus directus 2. Grades を含めることの最大の
理由は職業偽造者を処罰すべきとする刑事政策的理由からであると考えられ
るが，そうだとすると，これは共犯の問題として処理しうるのではないかと
も考えられる。しかし，この理論構成はドイツでは困難であると考えられる。
ドイツにおいては一般的に，正犯者の Absicht を認識しているにすぎない者
は Absicht を有していることにはならず，共同正犯は成立せず，教唆犯か幇
助犯が成立するにすぎず[293]，そして，Abicht は行為の外部的形態を形作る
行為関係的要素であり，特別な心情を特徴づける行為者関係的要素ではない
ので，ドイツ刑法 28 条にいう特別な一身上の要素でもない[294]。したがって，
職業偽造者の場合には，偽造文書を自ら行使する意思がなく単に他人の行使
を認識しているにすぎない心理状態をも Absicht に含めなければこれを正犯
として処罰することはできないことになってしまう[295]。これに対して，わ
が国では職業偽造者の問題は共同正犯として処罰することが十分に可能であ
る。というのも，正犯者の目的を認識しているにすぎない心理状態も目的と
して十分であり，このような者に対しても目的犯の共同正犯が成立し，正犯
者から依頼を受けて文書を偽造すれば，大抵の場合には正犯が偽造物を行使
することの未必的認識を肯定できるからである[296]。逆に，そのような意思
さえ有していないような偽造者は，偽造物を作成したという客観的行為しか
存在せず，偽造罪の主観的要件を充足しておらず，不処罰とせざるをえない

---

[293] Günter Heine/Bettina Weißer, a.a.O. (Anm. 10), Schönke/Schröder, vor §§25Rn. 27,
§25Rn. 89. 恐喝罪の領域での論述ではあるが，Eser/Bosch, a.a.O. (Anm. 10), Schönke/
Schröder, §253Rn. 21. は，共働者に自己利得または第三者利得の Absicht が欠けてい
ると，共犯が問題となるにすぎないとする。

[294] Heine/Weißer, a.a.O. (Anm. 10), Schönke/Schröder, §28Rn. 16. 例えば詐欺罪の利得
Absicht について，28 条 1 項の意味の行為者関係的な特別な一身上の要素ではなく，主
観的違法要素として行為関係的であるとするのは，Urs Kindhäuser, a.a.O. (Anm. 63),
NK, §242Rn. 125；Lackner, a.a.O. (Anm. 68), §263Rn. 260；Tiedemann, a.a.O. (Anm.
59), §263Rn. 248, 288. これに対して，Hoyer, a.a.O. (Anm. 64), §263Rn. 273. は，
Absicht が財産侵害ではなく，財産侵害とは無関係の出来事に関連づけられることか
ら，Absicht は法益侵害の種類や程度とは関係しない。利得 Absicht はむしろ刑事政策
的に特に危険な行為者の動機を特徴づけ，所為においては一般予防的理由から特に持
続して生じていなければならい。したがって利得 Absicht は特に危険な行為者を捕捉
するものではなく，28 条 1 項の意味で行為者関連要素である，とする。

第2章　目的の内容に関する総論的考察　　99

であろう。

　Absicht に dolus directus 2. Grades の意味まで拡大する要請は虚偽告発罪にも存在する。嫌疑を自分から逸らすために第三者に嫌疑をかける行為者にとっては，第三者の手続は重要ではないが，第三者を意識的に刑事手続にさらせば，これは当罰的であると考えられる[297]からである。虚偽告発罪の保護法益が刑事司法の機能と個々の被嫌疑者の保護[298]とされていることからは，行為が dolus directus 1. Grades か dolus directus 2. Grades のいずれで遂行されようとも保護法益の危殆化は変わることはない。自己の告発によって他者を官庁の手続に巻込むことが確定的であると認識していれば，これによって保護法益の危殆化を認めることができるからである。その意味では Absicht に dolus directus 2. Grades まで含めて解することの必要性は十分に認められる。

　その一方で，詐欺罪に関しては，航空運賃事例，獣医事例，偽装誘拐事例，刑の延期事例で利得 Absicht が否定された。しかしこれらの事案ではその全てで財産上の利益を獲得することの確定的認識を行為者は有していたから，

---

295) Absicht は dolus eventualis で足りるものの，複数人が関与する場合には他者が実行を本来的な意味で beabsichtigen していることの認識を要求する見解からは，正犯者の Absicht の認識という心理状態をも Absicht に含める趣旨であると読み取ることができる。前掲注（202）参照。そして当該他者に dolus directus 1. Grades を要求する点は，この種の犯罪においてわが国の判例が目的の内容について明言していないために確たることは言えないが，以上のような意味からすると，他者の目的ないしは Absicht を認識していれば正犯として処罰しうる点で同じような帰結に至るものとおもわれる。さらに，Jakobs, a.a.O.（Anm. 10), S. 281. は，詐欺罪の利得 Absicht について，Absicht の分担により行為と計画の分裂は，特に計画者が所為の実行の全体についてその遂行には関心のない関与者を雇っている場合に認められ，例えば，企業の持ち主が従業員をして前もって支払われた給与と引き換えに第三者に対して偽りの説明をするよう決意をさせたが，この第三者を通じてこの企業は錯誤などのために利益をえられるという場合は，持ち主は Absicht を有していても行為支配論から正犯とは認められないのに対して，従業員は会社のための利益を beabsichtigen してはいないが，前もって支払いを受けたために，持ち主の Absicht は知っている。ここでも，所為が他人の計画連関にあることで十分としなければならず，Absicht はあらゆる故意を含むが，所為は absicht-lich に行動する関与者の計画ゆえになされるという実行する者の認識が付け加わらなければならないとして，共働者の Absicht の認識は必要としつつも Absicht は未必的認識で足りる，とする。

296) この点については，本書317-351頁を参照。

297) 前掲注（218）参照。

298) Lenckner/Bosch, a.a.O.（Anm. 10), Schönke/Schröder, §164Rn. 1a.

Absicht を dolus directus 2. Grades にまで拡大して解釈すれば，いずれも Absicht の存在が認められたものと考えられる。文書偽造罪等において Absicht について，dolus directus 2. Grades までその内容を拡張しうるのであれば，詐欺罪でも同じことが可能だとも考えられる。そのような意味でも利得 Absicht 概念の拡大の提案[299]は問題の関心としては大きな意義があると考えられるし，またこのように解することによって Absicht 概念の統一性を担保することができることにもなる。

　この提案に対しては様々な批判が向けられており，知的な Absicht 要素と意的な Absicht 要素との混同，財産上の利益をえることへの動機づけの必要性，確定的認識から可能性認識で足りるとするさらなる拡大可能性がそれである[300]。それは他方で，利得 Absicht について dolus directus 2. Grades では足りずに dolus directus 1. Grades の意味での結果発生を目標として求める意思まで要求しなければならないのかの裏面ともいえる。しかしながら，一方では知的な Absicht と意的な Absicht の同置を認めておきながら，他方ではこれを否定する態度は一貫していない。また Absicht を動機と関係づけえないことからは利得が動機づけとなるべきではない。ドイツにおいては利得 Absicht を動機と関連づけてきたからこそ，これを dolus directus 1. Grades に限定する見解が主流を占めてきたものとおもわれる。詐欺罪における利得 Absicht が当罰的な行為に可罰性を限定し，Absicht に法益侵害の可罰性を基礎づける機能を認めるのであれば，dolus directus 1. Grades と dolus directus 2. Grades とでは，両者における違法の程度が異なるものではないとされる以上，財産上の利益に対する危険の程度は異なるとはいえない。その意味では，財産上の利益の獲得を目標とはしていないが，その発生を自己の行為の確実な帰結として認識していれば，Absicht としては十分としてもよいのであって，無賃乗車事例等で用いられている望まれた中間目標と避けられない付随結果という概念の区別は不要ということになろう。

　そうはいっても，望まれた中間目標として無賃乗車事例判決で唱えられた「欺罔により財産を侵害する自己の態度の確実であると予見され意図された

---

299) 前掲注 (131) 参照。
300) 前掲注 (139), (140), (142) 参照。

結果として望まれている」として財産上の利益の確実性の認識まで要求するのであれば，それでは当罰的な行為の捕捉が不十分となるおそれがあろう[301]。また，Absicht が意図として意的側面を重視することからは目標として方向づけられた意思性が重視されるべきであって，知的側面については結果発生の確実性，可能性のいずれを認識しているかは，そのような意思性とは無関係である。故意の三分類では知的側面の内容如何に関わらず Absihct は決定される[302]ことからも，Absicht について dolus directus 1. Grades を有している際にさらに知的側面として dolus directus 2. Grades まで要求する必要はないと考えられる[303]。

(4) そこで，Absicht 概念の意的側面から知的側面への拡大が許されるとすれば，これをさらに dolus eventualis にまで広げることは許されないのだろうか。Absicht 概念を本来的意味である dolus directus 1. Grades という意思的要素から dolus directus 2. Grades という認識的側面への拡大が許されるのであれば，認識的側面内部での確定的認識から未必的認識への拡大もまた許される解釈といえるのではないだろうか。

これを肯定する論拠としてあげられる他者による偽造文書の行使を未必的に認識しているにすぎない職業偽造者の存在は十分に考えられるところであり，「このような者にも保護法益に違反する行為傾向は存在している」ことは否定できない。また，意思的側面の認識的側面への拡大と，認識的側面内部での拡大とを比較した場合には「法律の文言内容上では，Absicht に認識的側面を取り込みことほどの強い負担がかけられるものではない」ということもできよう。さらに，刑事政策的観点からしても「dolus eventualis の取り込みによってしか職業偽造者における処罰の間隙を信用できるほどに取り除くことはできない」[304]ことも十分に認められる。

しかしながら，Absicht の内容について dolus eventualis で足りるとすることへの反対説は，まず「Absicht 概念の自然な言葉の意味や罪刑法定主義（基本法 103 条 2 項）に矛盾する」[305]という文言上の理由をあげる。故意の全

---

301) 前掲注（124）参照。
302) 前掲注（17）参照。
303) 前掲注（138）参照。
304) 前掲注（189）参照。

ての形式を採用するのであれば Absicht という用語を使用する必要はない[306]という意味では文言の重要性が大きいことは否定できない。また保護法益の問題としても，未必的認識による行為でも法益侵害の危殆化はある程度は認められる。しかし故意を違法要素と認めることからは，dolus eventualis は dolus directus 1. Grades と dolus directus 2. Grades に比べて違法の量と質が異なることは否定できない。dolus eventualis を Absicht から排除することによって処罰の間隙が生じることは否定できないけれども，低度の危険しか有していない行為までをも可罰的とする必要があるといえるだろうか，Abicht 概念のさらなる拡大には疑問がある。

5　Absicht による犯罪成立範囲の限定の正当性

⑴　犯人庇護罪では本来的な法益侵害は Absicht による利益確保に存するため，Absicht によって法益侵害がいまだ発生していない段階での処罰の早期化を目指しており，その意味では Absicht は dolus directus 2. Grades で足りることになる[307]。しかしここでの Absicht の内容については，本来十分とされるべき dolus directus 2. Grades ではなく dolus directus 1. Grades まで要求されており，「Absicht の限定によって客観的な犯人庇護の構成要件の射程範囲は意味あるように制限される」[308]ことになる。これらの主張は客観的要件では十分な処罰範囲の限定機能を果たしえないことから，主観的要件である Absicht の内容を厳格化することによって適正な処罰範囲の限定を図ろうとする趣旨とおもわれる。Absicht 犯罪は Absicht が構成要件要素として存在することによって犯罪の成立が認められる類型であるから，主観的要素に犯罪成立の範囲を限界づける機能を付与するなど犯罪成立のための一定の役割を認めることは十分に成立しうるものである。しかしここで問題とされるべきは，客観的行為態様がそれだけで可罰的とするには弱かったり，処罰の限界づけをするには不明確であるがゆえに，主観的要素にその不足を補わせ，犯罪成立を牽引する役割を付与することが果たして正当として認めるこ

305）前掲注（197）参照。
306）Roxin, a.a.O.（Anm. 10），S. 442.
307）前掲注（220）参照。
308）前掲注（223）参照。

第 2 章 目的の内容に関する総論的考察　103

とができるのかということである。

　個々の犯罪において目的と手段を求めることだけで刑罰を科したり，dolus eventualis を除いた dolus directus のみに限定して刑罰を科すという立法措置は十分に認められる[309]ことからも，Absicht 犯罪という立法形式が否定されるべきものではない。また，犯人庇護罪で規定されている「援助」という本来違法とは無関係な中立的な行為を一定の場合に違法行為と位置づけることも否定されるべきではない。法益侵害性との関係で当罰性を考慮して犯罪を認定することを前提とすれば，いずれの立法形式も許されてしかるべきだからである。しかしながらこのような立法形式が無制限に許容されることにはならない。このような立法形式には解釈制約の程度が比較的弱いために人権保障に対する危険が内在しているのであるから，恣意的な法解釈による不必要なまでの犯罪成立を防止する観点からは制約は当然である。

　(2)　刑事司法と被害者の個人的利益という犯人庇護罪の保護法益[310]は，dolus directus 1. Grades と dolus directus 2. Grades の同置性からは，Absicht の内容をいずれとしようとも，その侵害に変わるところはない。その意味では買戻し事例において，窃盗犯人への利益確保の確実性を認識しているが意図していないとしても，利益確保 Absicht の存在は十分に認められうるところである。しかし，ここで予定されている行為が援助，すなわち指輪の買い戻しという中立的行為であるために，行為自体では違法の判断することが難しく，主観的要素にこれを委ねるのであれば，このような危険を防止するためには，Absicht の内容から本来認められるべき dolus directus 2. Grades を排除して，その本来的な意味である dolus directus 1. Grades に限定することは解決の一つの手法といえるだろう。ここでは法理論的問題よりもむしろ「意味あるような制限」[311]すなわち処罰範囲限定の要請という刑事政策的側面が前面に出てきているものといえる。

　価値中立的な行為の全てを違法とすることは処罰範囲の不要な拡大を招く危険があるから，このような主観的側面からの犯罪成立範囲の限定には意味

---

309) v. Hippel, a.a.O.（Anm. 39), S. 535.
310) Stree/Hecker, a.a.O.（Anm. 10), Schönke/Schröder, §257Rn. 1.
311) 前掲注（223）参照。

があるものと考えられる。しかしながら，中立的行為だからといってその犯罪行為性を無限定のまま判断の対象に組み込んだり，またはそこから完全に除外したままにしておくべきではない。法益侵害との関係で一定の場合には，そして一定の場合に限って，中立的行為であっても犯罪としての評価を与えてしかるべきである。そこで主観的要素は，特に客観的対応物を有しない超過的内心傾向は，その評価が恣意に流されやすいことは否定し難いことを考慮すれば，まずは行為の危険性を判断することで客観的側面での限定を図るべきと考える[312]。すなわち，行為の中に Absicht の存在を明らかにする積極的態度を要求することによって，客観的な行為態様を限定し，その結果 Absicht があっても行為の外形を備えていない場合は無罪とするような方策がとられるべきである。

　ここでは例えばわが国の売春防止法5条3号前段は売春をする目的で公衆の目に触れるような方法での客待ちを処罰するが，これは「単に売春の目的で公共の場所等をうろつ〔く等〕…だけでなく，外形上，売春の目的のあることが，その服装…等と相まち，一般公衆に明らかとなるような挙動を伴う客待ち行為をいう」「売春の目的が明らかとなるような挙動のない限り，それは，外形上，単なる待ち合わせや人探しの行為と何ら選ぶところがなく，未だ社会の善良の風俗をみだすものとは認められない」「売春目的で客待ちしていたとはいえ…外形上，未だ売春の目的があることを一般公衆に明らかとなるような挙動を伴う客待ち行為とは認めがたい」として被告人を無罪とした判決[313]が参考となろう。一般的には広く解されうる客待ち行為に犯罪を暗示する外形を要求することによって，行為を制限的に解するものと評価することができる。

　犯人庇護罪での「通常では単なる予備行為にすぎないものを処罰するこの種の犯罪では，客観的構成要件の弱さは犯罪所為の不法内容をそれに対応する強い主観的側面によって初めてえることができる」[314]との表現は，主観的側面が違法の有無や程度に関係することからは当然の主張ではあるが，超過

312）この点については，本書310-316頁において，価値中立行為に対する目的犯構成として若干の検討を試みた。また，本書157-161頁も参照。
313）東京高判昭和52年6月21日判時885号173頁。
314）前掲注（199）参照。

的内心傾向という客観的側面に対応物のない要素に過度の役割を与えることにもなりかねず，そのような判断方法は控えるべきである。犯人庇護罪の事案では行為者はそれぞれ，タクシー運転手事例ではタクシーを走行することで窃盗犯人に盗品を確実に帰属させることを認識しており，また買戻し事例では盗品の買戻しによって窃盗犯人に利益が確実に帰属することを認識していたことは十分に認められるから，dolus directus 1. Grades と dolus directus 2. Grades の同置性からは Absicht としては十分であるともいえる。そして，タクシー走行と指輪の買戻しは行為自体からすれば，いずれも日常的に通常行われている行為ではあるが，一般公衆にとってこれが犯人への援助となっていることが明らかに認められるような場合であれば，犯罪の成立を認めることは十分に考えられるものである。もっとも，その判断は例えば公の面前で行われるのと密室で行われるのとで援助かどうかが決定されるものではなく，事態を一般的に観察して，およそその種の行為が犯人援助としての性質を有しうるものであるかどうか，すなわち本罪の保護法益を危殆化するに値するだけの性質を当該行為自体が有しているのかを判断すべきであろう。

七　結びにかえて

　以上論じてきた通り，短縮された二行為犯と断絶された結果犯という伝統的な Absicht 犯罪の分類（旧二分説）から，Absicht の内容の検討の必要性という視点からドイツで提唱されている新たな分類（新二分説）について本節は検討を加えたものである。

　しかし，新二分説については，ドイツ刑法学が一部の例外を除いて争いなく Absicht を主観的違法要素と解することからの帰結と整合するのかの疑問が提起されるものとなる。すなわち，特に詐欺罪の利得 Absicht について Absicht は実体としては動機と重なる部分はあるが，犯罪論体系上は両者を関連づけて考えることはできず，Absicht は行為関係的な違法要素として，行為者関係的要素として違法要素ではない動機とは別個の存在と位置づけるべきである。さらに利得 Absicht は法益侵害と関係するものとして，被害者の財産と関係する違法要素と位置づけることができる。新二分説はその内部

でも様々な主張がみられるが，こうして Absicht が主観的違法要素であることを維持するのであれば，詐欺罪のように当罰的な行為に可罰性を限定するために Absicht が法益侵害の可罰性を基礎づける場合と，文書偽造罪のように最終的な法益侵害の意味での実質的な既遂を待たずに法益保護を早期化する場合とに二分する見解が妥当な方向性を示しているものと考えられる。

Absicht の内容については，二つの dolus directus はあくまでも最小限度で違法が重なり合っているという意味で同価値と評価することができるにすぎないという条件は付与されつつも，違法段階での両者の同置性を前提として，主観的違法要素である Absicht と法益侵害との関係から導くべきである。そして Absicht を動機と解することができないこと，Absicht という用語が本来的な dolus directus 1. Grades に限られず，より広い意味を付与するも可能であることから，一部の例外を除いて，基本的には新二分説内部では Absicht 犯罪では Absicht の内容の違いに意味はなくなり，Absicht は dolus directus 1. Grades のみならず，dolus directus 2. Grades をも含めて広く解する，すなわち Absicht には目標として向けられた意思であると同時に結果発生の確実な認識をも含めることができるとおもわれる。こうして結局は新二分説によっても，Absicht は主観的違法要素として法益侵害に関係することを否定することができないことから，その内容はいずれの場合にも dolus directus 2. Grades で足りると解すべきとの結論に達したものである。その意味では Absicht 犯罪を二分してその内容を検討する意義は小さいものとならざるをえないことは否定できない。そして，刑法が人権保障性格をも有することからは，Absicht という主観的要素には過大な要求をするべきではなく，まずは客観的要素からの犯罪成立範囲の確定を志向すべきであろう。しかし，このような結論はあくまでもドイツにおける Absicht の性質から論じられることであって，わが国の状況にそのまま妥当することを意味するものではない。むしろわが国では目的犯の目的の性質については大きな争いがあるので，ドイツの状況からは否定せざるをえない目的を動機と解することは十分に可能である。

ところで，ドイツの判例学説で問題となった Absicht 犯罪，特に詐欺罪の諸事例がわが国で問題となったと仮定した場合に，不法領得の意思が否定さ

れるかは疑わしい。各事例において行為者は結局は財物や財産上の利益を取得したり，あるいはこれを放棄していない場合が多数存在するからである。わが国の詐欺罪における不法領得の意思が争われた判例では，「郵便配達員を欺いて交付を受けた支払督促正本等について，廃棄するだけで外に何らかの用途に利用，処分する意思がなかった場合には，支払督促正本等に対する不法領得の意思を認めることができない」[315]とするのは不法領得の意思の認定において正当であるといえる。もちろん客観的要素と主観的要素とは独立に存在する別個の要素であるものの，客観的な行為態様から不法領得の意思の存否を窺い知るという両者の関係性を否定することはできない。しかしながら，わが国では結局のところ，不法領得の意思の認定においては，純粋に主観的事情だけで判断するのではなく，利益を捨てるなどして放棄したという外観があることが，意思を否定する判断にとって重視されているようにおもえる。つまり，外観という客観的要素の確定があって初めて目的という主観的要素の存否の検討を行うのではないか，客観的側面が認められて初めて主観的側面の存在が肯定されるといえるほど主観的側面の認定には客観的側面が大きな役割を果たすのではないかとの印象を払拭し難い[316]。これは一方では，行為それ自体に犯罪の形式が十分に認められなければ目的があっ

---

[315] 最決平成 16 年 11 月 30 日刑集 58 巻 8 号 1005 頁。窃盗罪に関しては，大阪高判昭和 61 年 7 月 17 日判時 1208 号 138 頁は，財物を持ち帰っても投棄の意思によるとして不法領得の意思を否定したが，これに対して，東京高判平成 12 年 5 月 15 日判時 1741 号 157 頁は，被害者への報復の意図を認めつつも物を廃棄したり隠匿したりする意思ではないとして不法領得の意思を肯定した。文書偽造罪について，最決昭和 42 年 3 月 30 日刑集 21 巻 2 号 447 頁は，父親を満足させる目的で偽の卒業証書を偽造した場合に文書偽造罪の成立を認めた。

[316] 東京地判昭和 62 年 10 月 6 日判時 1259 号 137 頁は，犯行発覚防止のため財物を投棄しようとして死体から剝がしたものの，これを捨て忘れたまま持ち帰ってしまい保管していた場合に，財物「から生じる何らかの効用を享受する意思があったということはできない」として不法領得の意思を否定した。これに対して，東京高判平成 12 年 5 月 15 日判時 1741 号 157 頁は，被害者に対する報復目的で財物を強取して自宅に保管したり庭に埋めていた場合に「物を廃棄したり隠匿したりする意思からではなく…物取りを装う意図を有して」いることから不法領得の意思を認めており，「犯行後に，領得した金品の一部を廃棄したり，保管し続けて，費消・売却等の処分行為をしていないが，そのことで不法領得の意思が否定されることにはならない」とする。なお，大野市太郎「殺意」小林充＝香城敏麿編『刑事事実認定（上）』（平成 4 年）1-2 頁は，殺意の認定に当たっては情況証拠を重視すべきであり，その認定はすぐれて総合的な判断であるとする。

ても犯罪性を否定するとの方向[317]で，客観的行為の危険性の大きさを考慮する面で現れるが，他方で，目的の有無の判断が客観的行為態様に依存してしまい，「物を廃棄していないから領得意思があった」「物を廃棄したから領得意思はなかった」といったような典型的場合から逃れることができずに，本来別個に判断されるべき両者が同一に判断されかねないことが危惧される。

　また，わが国では目的の内容について「未必的目的で足りる」[318]との表現が用いられることがある。このような未必的認識あるいはそれに近い消極的な意思であっても，目的として認められるところにわが国の目的犯の現状がある。その意味からでも目的が広く肯定されることになる。ドイツにおいても，Absicht を広く解して，未必的認識で足りるとの主張が存在するが，しかしこれに対しては，Absicht という文言の解釈を逸脱する[319]，Absicht の解釈では憲法上の解釈の限界が想起されなければならず，Absicht 概念が do-lus directus 2. Grades をも意味しうるかは二つの故意概念が長年明確に区別されてきたところからは疑わしいが，違法と責任の限界に関する理論に対しては，主観的要素の目的論的解釈からはこれに限定されるものではない[320]などと激しい反対がみられる。このような文言による解釈の限定をまずもって図る姿勢は傾聴に値するであろう。ただし，尊重することがわが国においてこのような解釈を採用することに必然的に通じることを意味するものではない。わが国における目的犯解釈は，ドイツの議論に拘泥する必要はなく，わが国の事情を考慮に入れたうえで展開すべきことは当然であり，その結果として目的を広く解釈することが正当といえるのであれば，そのような解釈も受容されうるものと考える。

317）前掲注（313）参照。

318）例えば偽造罪の行使の目的について，大判大正 11 年 4 月 11 日新聞 1984 号 19 頁，最判昭和 28 年 12 月 25 日集刑 90 号 487 頁，大塚仁『刑法概説（各論）［第 3 版増補版］』（平成 17 年）414，461 頁，大谷實『刑法講義各論［新版第 4 版補訂版］』（平成 27 年）430，451 頁。

319）前掲注（197）参照。

320）Vogel, a.a.O.（Anm. 14），§ 15Rn. 89.

第2章　目的の内容に関する総論的考察　109

第2節　判例学説の状況とその評価としての目的犯の分類

一　はじめに

　前節ではドイツにおける目的犯（Absichtsdelikt）の目的（Absicht）の内容について若干の考察を試みた[1]。そこでは，ドイツにおいては，短縮された二行為犯と断絶された結果犯という伝統的な目的犯の二分類の他に，詐欺罪のように当罰的な行為に可罰性を限定するために目的が法益侵害の可罰性を基礎づける場合と，文書偽造罪や虚偽告発罪のように最終的な法益侵害の意味での実質的な既遂を待たずに法益保護を早期化する場合とに目的犯を二分し，前者においては目的は第一級の直接的故意である意図（dolus directus 1. Grades）を要するが，後者においては目的は第二級の直接的故意である確定的認識（dolus directus 2. Grades）で足りるという，判例通説が目的の内容についてどのように理解しているのかに関する分類を紹介した。しかしながら，わが国の状況に関してはほとんど言及することはなかった。法律学の任務としてまずは自国での有用性に資するかどうかということを考える場合には，外国法の検討を行うとしても，それがわが国において妥当しうるのか，どのように適用されうるのかの種々の検討は必要不可欠のものであり，それをしない論稿では不十分との謗りを免れないかもしれない。

　そこで目的の内容について判例学説で問題とされるいくつかの犯罪類型を素材として，目的犯における目的についてわが国ではいかなる内容が考えられているのかを考察したい。

二　目的の内容に関するわが国の判例学説の状況

1　目的が確定的認識の意味で理解される類型

　(1)　わが国の判例の状況を概観すると，目的犯の目的について一様の理解があるわけではなく，犯罪類型ごとにその内容は確定的認識であったり，動

---

　1)　本節に関しては特に，本書 95-105 頁を参照。

機であったり，意図であったり，未必的認識であったりと様々に理解されている。犯罪の中には，その内容に変遷がみられるものもあるが，そのようなものでも最高裁判所の判断が出されれば一応の終止符が打たれることになる。そこで，まずはいくつかの目的犯の目的の内容について判例がどのような判断を示しているかを検討し，引き続いて学説がこれに対してどのように主張しているかを検討する。

(2)　目的を確定的認識の意味で理解する類型としては，爆発物取締罰則1条の「人ノ身体財産ヲ害セントスルノ目的（による爆発物の使用）」と3条の「第一条ノ目的（による爆発器具の製造等）」をあげることができる。この目的は後に示すように，その内容が大きく変遷するが，確定的認識を要するとするものとしては，「爆発物取締罰則第一条違反の罪は講学上所謂目的罪であつて，治安を妨げる目的又は人の身体財産を害する目的を構成要件の主観的要素とするものであり，ここに治安を妨げとは国又は社会の安寧秩序を侵害することを言い，人の身体財産を害するとは人の身体を傷害し若くは人の財産を損壊することを指すものである。而して，右目的の内容たる事実について如何なる程度の認識を必要とするかは，本罰則の法理を合理的に解釈して決すべきであることは言うまでもない。そもそも本罰則が特別法規として制定された趣旨は，爆発物のもつ極めて大なる破壊的性能が前記の各目的と結合するときは，国家社会の平穏を著しく阻害し或は極めて兇悪なる犯罪として発現するため，これを禁遏しもつて国家社会の安全と人の生命，身体，財産を保護せんとするものである。即ち，刑法及び火薬類取締法規等をもつては充分とせず，特に本罰則の存置を必要とする主たる理由は，爆発物とその使用目的の結合にあると言うべきである。かように本罰則においては前記各目的の存在が構成要件の主観的要素として重要な比重をしめていること及び本罰則が予防主義的ないし刑事政策的色彩の濃厚な法規であり，刑法第一一七条の罪等に比して厳格な法定刑を定めていること等を合せ考えると，本罰則における目的につき，その内容たる事実の認識は単なる予見ないし未必的認識をもつては足らず，確定的認識を必要とすると解するのが相当である」[2]，「爆発物取締罰則は我国の安寧秩序を維持し人の身体，財産を保護しようとすることを立法趣旨とし，か〻る立法趣旨から，同罰則はつとめて予

防主義的な立場に立ち，その第一条にいわゆる爆発物の使用とは，同条所定の目的を達するがために，爆発の可能性を有する物体を爆発すべき状態におくだけで足り，現実に爆発することを必要としないものと解されており…これらの点から考えると，同条はその所定の使用目的を極めて重視し，この目的の下に爆発物を使用した場合には，等しく公共危険罪に属する刑法第百十七条の罪等に比して特に重い法定刑を以て臨んでいるのである。従つて右使用目的は，極めて厳格に考えるべきであつて，結果の発生に対する単なる未必的な認識，予見の程度を以ては同条所定の目的ありとなすことは妥当ではなく，確定的な認識，予見を必要とするのが，同条の合理的な解釈といわねばならない」[3]，「同罰則一条は爆発物の使用が『治安を妨げ又は人の身体，財産を害せんとする目的』をもつこと，すなわち，公共の秩序と安全を侵害し，又は自己以外の他人の生命，身体，財産を損壊する目的をもつことを要件として，いわゆる目的犯として重罰を以て臨んでいることに徴すると，その目的の内容たる事実の認識については相当に明白であつて，確定したものでなければならないと解されるのである」[4]としている。

　これらの諸判決では目的の意的側面については述べてはいないが，流れを同じくする，「本件爆発物取締罰則一条または三条の罪は危険犯であると同時に『治安ヲ妨ケ又ハ人ノ身体財産ヲ害セントスル目的』を構成要件とする目的犯である。しかしてこの目的の内容たる事実認識の程度については，同条項が右のような目的を重視しこれを主観的要素として規定していること，特に重い法定刑をもつて臨んでいること等に徴し，単なる未必的認識だけでは足りず，確定的な認識を必要とするが，それ以上に積極的な意図までは必要としないものと解するのが相当である。」[5]とすることからすると，知的側面としては確定的認識は必要だが，意的側面としては意図までは必要ではないと考えてよいであろう。

---

2) 新潟地長岡支判昭和 37 年 6 月 15 日下刑集 4 巻 5＝6 号 520 頁。
3) 福岡地判昭和 39 年 3 月 30 日下刑集 6 巻 3＝4 号 358 頁。
4) 東京高判昭和 54 年 12 月 13 日高刑集 32 巻 3 号 274 頁。
5) 東京高判昭和 49 年 6 月 11 日高刑集 27 巻 3 号 219 頁。

2　目的が動機の意味で理解される類型

　(1)　目的を動機の意味で理解するものとしてはまずは，営利目的等拐取罪（刑法 225 条）の「営利の目的」をあげることができる。これについては，「刑法第二百二十五條ニ所謂營利ノ目的トハ署取誘拐ノ行為ニ因リテ利益ヲ取得スルコトヲ目的トスルノ謂ニシテ營業的ニ利益ヲ收得スルコトヲ必要トセス」[6]，「刑法第二百二十五條ニ所謂營利ノ目的トハ利益ヲ得ル目的ヲ指稱スルモノニシテ繼續又ハ反覆シテ利益ヲ得ル目的アルコトヲ必要トスルモノニ非ス」[7]と，「利益を得る目的」というにとどまるものがあるが，その実体は，「誘拐者カ誘拐行為ヲ為スノ意思決定ノ動機ヲ指稱スル」[8]，「刑法が営利の目的に出た誘拐を，他の動機に基くそれよりも，とくに重く処罪しようとする理由は，原判決も詳細に判示しているが，要するに営利の目的に出た誘拐行為は，その性質上他の動機に基く場合よりも，ややもすれば被誘拐者の自由に対する侵害が一層増大される虞があるためであつて，とくに被誘拐者その他の者の財産上の利益に対する侵害を顧慮したためではないと認められるから，刑法第二二五条にいわゆる『営利の目的』とは，ひろく自己又は第三者のために財産上の利益を得ることを行為の動機としている場合の総てをいうものではなく，被誘拐者を利用し，その自由の侵害を手段として，自己又は第三者のために財産上の利益を得ようとする場合に限るものと解すべく，ただそれは被誘拐者を利用するものである限り，必ずしも誘拐行為自体によつて利益を取得する場合に限らず，誘拐行為後の或行為の結果，これを取得する場合をも包含するものと解するのを相当とする」[9]，「刑法二二五条にいわゆる営利とは単に利益を得ることを意味するにとどまりその一回的たると継続的反覆的たるとを問はないものであり又営利の目的とは誘拐者が誘拐行為をする意思決定の動機をいい必ずしも誘拐行為自体による利益を得る場合にかぎらない」[10]，「刑法二二五条所定の営利誘拐罪にいわゆる『営利ノ目的』とは，誘拐行為によつて財産上の利益を得ることを動機とする場合をいうも

---

　6)　大判明治 44 年 11 月 16 日刑録 17 輯 2002 頁。
　7)　大判昭和 9 年 3 月 1 日刑集 13 巻 166 頁。
　8)　大判昭和 2 年 6 月 16 日新聞 2726 号 13 頁。
　9)　東京高判昭和 31 年 9 月 27 日高刑集 9 巻 9 号 1044 頁。
　10)　大阪高判昭和 36 年 3 月 27 日下刑集 3 巻 3＝4 号 207 頁。

のであり，その利益は，必ずしも被誘拐者自身の負担によつて得られるもの
に限らず，誘拐行為に対して第三者から報酬として受ける財産上の利益をも
包含するものと解するを相当とする」[11]と諸判決が示すとおり，ここでの目
的を動機の意味で理解してきたものといってよいであろう。その意味ではこ
こでの目的は意的要素の側面から目的を把握しているといえる。

　(2)　各種薬物犯罪の「営利の目的」(覚せい剤取締法 41 条 2 項，麻薬及び向精
神薬取締法 64 条 2 項等) についても事情は同様である。「『営利の目的』とは，
〔薬物〕の交付，所持等の行為の動機が財産上の利益を得る目的に出たことを
い〔う〕」[12]，「『営利の目的』とは，犯人がみずから財産上の利益を得，又は
第三者に得させることを動機・目的とする場合をいうと解すべきである」[13]
とする諸判決をあげることができる。

3　目的が意図の意味で理解される類型

　(1)　目的を意図の意味で理解するものとしてはまずは，内乱罪 (刑法 77 条)
の「国の統治機構を破壊し，又はその領土において国権を排除して権力を行
使し，その他憲法の定める統治の基本秩序を壊乱する目的」(以下，壊乱目的
という。かつては，朝憲紊乱目的と称した) について，「集団的ノ暴動行為アル
モ之ニ因リ直接ニ朝憲紊乱ノ事態ヲ惹起スルコトヲ目的トスルニ非スシテ之
ヲ縁由トシテ新ニ発生スルコトアルヘキ他ノ暴動ニ因リ朝憲ヲ紊乱スル事態
ノ現出ヲ期スルカ如キハ之ヲ以テ朝憲ヲ紊乱スルコトヲ目的トシテ集団的暴
動ヲ為シタルモノト称スルヲ得ス…本件行為ハ議会制度ノ否認内閣制度ノ変
革其ノ他国家ノ政治的基本組織ノ破壊ヲ直接企図シタルモノニ非スシテ之ヲ
機運トシテ新ニ発生スルコトアルヘキ他ノ暴動ニ依リ斯ル事態ノ現出ヲ予想
シタルモノニ外ナラス要スルニ以上ノ事実ニ依レハ A 等ハ本件ノ集団的暴
動行為ニ際シテ未タ直接ニ朝憲ヲ紊乱スルコトヲ目的トシタルモノト認ムル

---

11)　最決昭和 37 年 11 月 21 日刑集 16 巻 11 号 1570 頁。
12)　最判昭和 42 年 3 月 3 日刑集 21 巻 2 号 383 頁。
13)　最決昭和 57 年 6 月 28 日刑集 36 巻 5 号 681 頁。本決定は，覚せい剤取締法に関する
　　ものであるが，目的を「動機・目的」と把握することは麻薬取締法についても妥当する
　　といえる。千葉裕「麻薬及び向精神薬取締法」平野龍一他編『注解特別刑法 5-I〔第 2
　　版〕』(平成 4 年) 151 頁を参照。

ヲ得サルモノトス」[14]とする判決は，たとえ暴動行為が行われたとしても，それを縁由・機運として，これとは別に発生する暴動によって，国家の統治組織の変革の現出を期待・予想するような場合は，目的を具備するとはいえないとして，目的の直接性が要求されている[15]。ここでの「目的」とはこのような意思内容よりも強い意図の意味で理解すべきことになろう。

(2) 爆発物取締罰則1条「人ノ身体財産ヲ害セントスルノ目的」と3条「第一条ノ目的」については，確定的認識とするものの他に，「凡そ爆発物取締罰則第一条に言う人の財産を害する目的で爆発物を使用するとは爆発物の使用を手段として他人（犯人以外の者）の財産を害するという結果招来を意図して爆発物を使用することを言い，他人の財産を害するとはその財産の権利者の意思に反して不法にこれを損壊するの意と解すべき」[16]，「爆発物取締罰則第一条第三条の『治安を妨げる目的』…の意味内容については，同罰則第一条が『治安ヲ妨ケ又ハ人ノ身体財産ヲ害セントスルノ目的ヲ以テ爆発物ヲ使用シタル者及ヒ人ヲシテ之ヲ使用セシメタル者』に対し，『死刑又ハ無期若クハ七年以上ノ懲役又ハ禁錮』というような極めて厳しい刑をもつて臨み，同罰則第三条も『第一条ノ目的ヲ以テ爆発物若クハ其使用ニ供ス可キ器具ヲ製造輸入所持シ又ハ注文ヲ為シタル者』に対し『三年以上十年以下ノ懲役又ハ禁錮』というような重刑をもつて臨んでいることを勘案しこれを文理に即して解釈すれば，同罰則第一条第三条にいう『目的』とは『意図』を意味するものと解釈することができる」[17]と，意図を要求するものがみられる。

(3) 旧証券取引法125条2項1号後段（現金融商品取引法159条2項1号に相当）の現実取引による相場操縦罪は，有価証券市場における有価証券の売買取引を誘引する目的で，相場を変動させるべき一連の売買取引等をすることを禁止する規定であるが，従来から誘引目的の存在が違法取引と適法取引の区別にとって重要なものとされてきた。ここでの主観的要件である誘引目的と客観的要件である変動取引との関係について，判例は，特にいわゆる協

---

14) 大判昭和10年10月24日刑集14巻1267頁。
15) 大塚仁他編『大コンメンタール刑法第6巻［第3版］』（平成27年）28頁〔亀井源太郎執筆〕。
16) 高松高判昭和36年5月31日高刑集14巻3号177頁。
17) 静岡地判昭和47年6月17日刑月4巻6号1190頁。

同飼料事件において，大きな変遷がみられる。

　この事件の第一審判決は，「『売買取引を誘引する目的』とは，市場の実勢や売買取引の状況に関する第三者の判断を誤らせてこれらの者を市場における売買取引に誘い込む目的，すなわち，本来市場における売買取引における需給関係ないし自由競争原理によって形成されるべき相場を人為的に変動させようとの意図のもとで善良な投資家を市場における売買取引に参加させる目的といい，また『一連の売買取引』とは，継続した誘引目的の発現と客観的に認められる複数の取引をいうと解すべきであり，更に『相場を変動させると取引』とは，同号が売買取引のほかその委託，受託をも併せて禁止していることに徴し，市場価格を変動させる可能性のある取引を広く指称すると解すべきである」[18]とする。ここでは，変動取引は「広く指称する」と制限を付していないのに対して，誘引目的を「第三者の判断を誤らせて」や「相場を人為的に変動させようとの意図」というように，限定的に解釈している。

　これに対して控訴審判決は，「『有価証券市場における有価証券の売買取引を誘引する目的』とは，有価証券市場における当該有価証券の売買取引をするように第三者を誘い込む意図である。この目的は，他のいわゆる目的犯の目的と同じで，実行行為をする動機であり，一号後段違反の罪の故意である当該有価証券の相場を変動させるべき一連の売買取引又はその委託若しくは受託の事実の認識と相おおうものではない」「右に示した目的は，そこで述べたように，実行行為，換言すると，所論のいう客観要件たる売買取引をする動機であって，…『客観的要件たる売買取引を原因として，客観的にその結果として生ずる，いわゆる因果的連鎖に立つ事実』ではない」「『変動させるべき取引』とは，単に，取引自体が相場を変動させる可能性をもっているその取引ということではなく，相場を支配する意図をもってする，相場が変動する可能性のある取引と解するのが相当である」とする[19]。ここでは，誘引目的を「誘い込む意図」とのみ非制限的に「実行行為をする動機」と解釈する一方で，変動取引を「相場を支配する意図をもってする」取引と限定的にとらえている。

---

18) 東京地判昭和 59 年 7 月 31 日判時 1138 号 25 頁。
19) 東京高判昭和 63 年 7 月 26 日判時 1305 号 52 頁。

このような対立を最高裁判所は，「証券取引法一二五条二項一号後段は，有価証券の相場を変動させるべき一連の売買取引等のすべてを違法とするものではなく，このうち『有価証券市場における有価証券の売買取引を誘引する目的』，すなわち，人為的な操作を加えて相場を変動させるにもかかわらず，投資者にその相場が自然の需給関係により形成されるものであると誤認させて有価証券市場における有価証券の売買取引に誘い込む目的をもってする，相場を変動させる可能性のある売買取引等を禁止するものと解され，また，同法一二五条三項は，同条二項の場合とは異なり，『有価証券市場における有価証券の売買取引を誘引する目的』をもってするものであることを要しないことは，その文言から明らかである」[20]として，第一審判決と同様に，「投資者に…誤認させて有価証券市場における有価証券の売買取引に誘い込む目的」と誘引目的を限定的に解することによって解決した。

　協同飼料事件最高裁判所決定の前に，藤田観光株事件の第一審判決が出された。そこでは，「証券取引法一二五条二項一号にいう誘引目的というのは，その誘引という言葉自体に意味があるのではなく，それは，売買取引が繁盛であると見せるあるいは有価証券の相場を変動させる売買取引が，意図的，目的的に行われることを抽象的に表現したものであって，人為的に売買取引が繁盛であると見せかけ，あるいは人為的に有価証券の相場を操作しようとの目的と言い換えることができると解される。」「〔協同飼料事件控訴審判決〕が，誘引目的についてその誘引という言葉にはさしたる意味はなく，むしろ誘引の原因となる変動取引がいかなる意図で行われたかに着目すべきことを示した点は，鋭い考察というべきであるが，その『有価証券市場を支配する意図をもってする』という内容がいささか漠然としている嫌いがあるのみならず，変動取引に主観的要素と客観的要素の二つを盛り込むことによって，行為に違法性を付与するものとして，主観的要素が要求されている趣旨をあいまいにする恐れがあると考えられるので，その主観的要素はやはり主観的要件である誘引目的の内容として理解するとともに，その内容は前記のように解釈するのが相当と考えられる」「変動取引とは市場価格を変動させる可

---

20)　最決平成 6 年 7 月 20 日刑集 48 巻 5 号 201 頁。

能性のある売買取引を指すと解すべきで，それ以外に，相場を支配する意図を有することを要しないと解すべきである」[21]と，表現上の相違はあるものの，協同飼料事件第一審判決と同様に，誘引目的を限定的に解釈する方向をとっている。

誘引目的と変動取引との関係については変遷がみられるとともに，目的の具体的な内容に変化はみられるものの，目的を意図や動機と解する点は一環しているといえる[22]。

(4) 近年では，危険運転致死傷罪（刑法旧208条の2，現行の自動車運転死傷行為処罰法2条）の「人又は車の通行を妨害する目的」について判例の集積がみられる。例えば，「『通行を妨害する目的』とは，相手方の自由かつ安全な通行を妨げることを積極的に意図することと解される」[23]，先行車「の進路変更をさせないようにして，その自由かつ安全な通行を妨げることを積極的に意図している」[24]と，積極的意図の用語を使用する[25]。

4 目的が未必的認識の意味で理解される類型

(1) 目的を未必的認識の意味で把握するものとしては，まず虚偽告訴罪（刑法172条）の「人に刑事又は懲戒の処分を受けさせる目的」をあげることができる。すなわち，「刑法第百七十二條ニ所謂『人ヲシテ刑事又ハ懲戒ノ處分ヲ受ケシムル目的ヲ以テ』トハ不實ナル申告カ其性質上他人ヲシテ刑事若クハ懲戒ノ處分ヲ受ケシムル結果ヲ發生スヘキコトノ認識ヲ以テスルノ意ナレハ誣告罪ノ成立ニハ右認識ノ下ニ不實ノ申告アルヲ以テ足リ必シモ上叙結果ノ

---

21) 東京地判平成5年5月19日判タ817号221頁。
22) ただし，前掲注 (19) 東京高判昭和63年7月26日は，誘引目的を「有価証券市場における当該有価証券の売買取引をするように第三者を誘い込む意図であつて…この目的は，他の目的犯の場合と同様に，その内容であることがら，この場合には，有価証券市場における当該有価証券の売買取引をするように第三者を誘い込むことを意識しておれば足りるのである」とする。ここで「意図」とともに「意識」という用語が使用されていることから，誘引目的を誘引の認識ととらえることもできそうであるが，当該部分は目的の知的側面について述べているにすぎないととらえることができるであろう。
23) 横浜地横須賀支判平成15年7月8日判例集未登載。
24) 東京高判平成16年4月13日判時1890号156頁。
25) その他には，東京高判平成16年4月15日判時1890号158頁，静岡地判平成18年8月31日判タ1223号306頁。

発生ヲ欲望スルコトヲ要セス」[26]，「苟モ虚偽ノ申告ヲ爲スニ當リ被申告者カ之ニ因テ刑事ノ處分ヲ受クルニ至ヘキコトノ事實ニ對スル認識アル以上ハ刑法第百七十二條ニ所謂目的アリト爲スヘキモノニシテ其ノ他特別ノ希望意欲ノ存スルヲ要スルモノニ非ス」[27]，「虚偽ノ申告ヲ爲スニ當リ他人カ之ニ因テ刑事又ハ懲戒ノ處分ヲ受クルコトアルヘシトノ認識アル以上ハ刑法第百七十二條ニ所謂目的ノ存在ヲ認ムルニ足ルモノニシテ別ニ其ノ處分ヲ希望スル意思アルヲ必要トセサル」[28]，「『刑事又ハ懲戒ノ處分ヲ受ケシムル目的ヲ以テ』ト明定スルモノナルカ故ニ單ナル認識ヲ以テハ不十分ニシテ所謂目的故意罪トシテ之ヲ斷スヘキモノト信ス…刑法第百七十二條ニ所謂人ヲシテ刑事ノ處分ヲ受ケシムル目的ヲ以テ虚偽ノ申告ヲ爲ストハ虚偽ノ申告ヲ爲スニ當リ之カ爲ニ他人カ刑事ノ處分ヲ受クルコトアルヘシトノ認識アルヲ以テ足リ其ノ處分ヲ希望スルノ意思アルコト又ハ處分ナル結果ノ發生ヲ要セサル趣旨ナリト解スヘキモノトス」[29]，「刑法第百七十二條ニ所謂目的トハ不實ナル申告カ其ノ性質上他人ヲシテ刑事又ハ懲戒ノ處分ヲ受ケシムル結果ヲ發生スキコトノ認識ヲ要スルモ該認識ノ外更ニ動機縁由ヲ要スル趣旨ニ非ス故ニ同罪ノ成立スルニハ叙上認識アルヲ以テ足リ其ノ結果ノ發生ヲ希望スルコトヲ要セサルコト同條ノ解釋上疑ヲ容レス」[30]，「人ヲシテ刑事ノ處罰ヲ受ケシムルハ特ニ希望スル所ニ非サルモ民事事件ヲ有利ニ解決セシムル手段トシテ虚偽ノ申告ヲ爲シタルトキモ刑法第百七十二條ニ所謂目的アリト謂フヲ得ヘシ蓋虚偽ノ申告カ刑事上ノ取調ヲ誘發シ得ヘキ程度ノモノタルコトノ認識アル以上ハ更ニ處罰ヲ希望セサルモ同條ニ所謂目的ノ存在ヲ認ムルニ足ルモノナレハナリ」[31]とする諸判決をあげることができる。これらは，目的は刑事処分・懲戒処分という結果の発生を認識することで足り，それを「欲望」「希望」「動機」とする必要はないとしている。これらは「未必的認識」という用語は用いてはいないが，「受クルコトアルヘシトノ認識」（大判昭和8年2月14日），「程度

26）大判大正6年2月8日刑録23輯41頁。
27）大判大正12年12月22日刑集2巻1013頁。
28）大判昭和2年11月7日新聞2777号14頁。
29）大判昭和8年2月14日刑集12巻114頁。
30）大判昭和11年3月12日刑集15巻275頁。
31）大判昭和12年4月14日刑集16巻525頁。

ノモノタルコトノ認識」（大判昭和 12 年 4 月 14 日）との表現は未必的認識で足りるとすると考えられるとともに，「確定的認識」の用語を使用していないことからも，判例は一貫して目的を未必的認識で足りると理解していると考えてよいであろう。

(2) 通貨偽造罪（刑法 148 条）や文書偽造罪（刑法 154 条）等の各種偽造罪における行使の目的について，「通貨偽造罪における『行使ノ目的』とは，その偽造等にかかる通貨を真正なものとして流通に置く目的をいうのであるが，それは，偽造者自らがこれを流通に置くと他人を介して流通に置くとを問わない」[32)]，「行使の目的は自己が行使する場合に限らず他人をして真正の通貨として流通に置かせる目的でもよい」[33)]，また，「文書偽造罪における行使の目的は，必ずしも所論のごとくその本来の用法に従つてこれを真正なものとして使用することに限るものではなく，苟も真正な文書としてその効用に役立たせる目的があれば足りるものである」[34)]とする諸判決がある。ここで「目的」という用語を使用していることから，目的を意図の意味で理解しているとも考えられるが，これらは意図が存在する場合という目的の最大値を示しているといえよう。したがって，これらは目的の必要条件について言及するものではないといえる。

目的の内容に言及するものとしては，「未必條件付行使ノ目的ヲ以テ他ノ文書ト共ニ判示ノ如ク偽造シタルモノト認メタルモノニシテ文書偽造罪ノ成立スルガ爲メニハ必ズシモ之ヲ行使スル確定ノ目的アルコトヲ要セズ未必條件付ニテ之ヲ行使スル目的ヲ有スル場合ト雖モ亦刑法第百五十九條ニ所謂行使ノ目的ヲ以テ文書ヲ偽造シタルモノ稱スルニ何等妨ゲアルコトナシ」[35)]，「文書が正当のものとして不法に使用されることについて予見がある以上，作成者自身において不法に使用する目的がなくても，行使の目的がなかつたものということはできない」[36)]をあげることができる。ここでの「意識」「知りながら」という表現からは，目的を知的側面から把握しているもの

---

32) 東京高判昭和 29 年 3 月 25 日高刑集 7 巻 3 号 323 頁。
33) 最判昭和 34 年 6 月 30 日刑集 13 巻 6 号 985 頁。
34) 最決昭和 29 年 4 月 15 日刑集 8 巻 4 号 508 頁。
35) 大判大正 11 年 4 月 11 日新聞 1984 号 19 頁。
36) 福岡高判昭和 25 年 12 月 21 日高刑集 3 巻 662 頁。

といえる。後者では未必的認識か確定的認識かいずれかまでは言明されていないが、「予見」という文言を使用するとともに、「確定的」という文言がないことからは「未必的認識」で足りると考えてよいであろう。

判決の中には、「本罪ノ構成要件トシテハ犯人ニ偽造手形ヲ行使スルノ意思アルコトヲ必要トシ犯人ニ此意思アリトスルニハ犯人カ人ヲシテ眞正ノ文書ナリト誤信セシムル目的ヲ以テ之カ偽造ヲ爲シタルコトヲ要スルト同時ニ文書ノ偽造カ此目的ニ出テタルトキハ文書偽造罪ニ要スル主觀的條件ハ常ニ具備スルモノトス又犯人ノ目的ハ人ヲシテ偽造ノ文書ヲ眞文書ナリト誤信セシムルニ存セサル場合ト雖モ犯人カ此危險ノ實在セルコトヲ意識シ之ヲ其目的トスル所ノ用ニ供セント企テタルトキハ尚ホ行使ノ目的ヲ以テ文書ヲ偽造シタルモノタルコトヲ失ハサルモノトス然レトモ文書ノ信用ヲ害スヘキ危險カ客觀的ニハ實在スルモ偽造者カ主觀的ニ全然之ヲ否定シ又ハ全然之ヲ意識セサリシ場合ニ於テハ所謂行使ノ目的ナキモノニシテ文書偽造罪ハ主觀的條件ノ欠缺ニ因リテ成立セサルモノトス」[37]、「何人かによつて真正な文書と誤信せられる危険あることを意識して、文書を偽造する以上『行使ノ目的ヲ以テ』文書を偽造するものと解して差し支えないのであつて、偽造者自らこれを行使する意思あると他人をして行使せしめる意思あるとは問うところでない」[38]とするものがある。これらはいずれも「意識」と「意思」という用語を使用しており、これからすると、「認識しつつ意思する」と、知的要素と意的要素の両者が目的には必要であると述べていると理解することもできなくはないが、判例の流れからすると、ここでの「意思」に意欲的要素を目的を必要とすると読み取ることまではできないであろう[39]。

(3) 凶器準備集合罪（刑法208条の3）の「他人の生命、身体又は財産に対し共同して害を加える目的」については、「刑法二〇八条の二にいわゆる共同加害の目的を肯定するためには、対象に対する加害の認識、認容の存在を必要とするけれども、加害を意欲することまでは必要でないと解される」[40]、

---

37) 大判大正2年12月6日刑録19輯1387頁。
38) 最判昭和28年12月25日集刑90号487頁。
39) 金谷暁「判解」『最高裁判所判例解説刑事篇平成3年度』（平成5年）11頁は、これを認識とのみ考えるようである。
40) 東京高判昭和57年5月20日判時1072号154頁。

第2章　目的の内容に関する総論的考察　121

凶器準備集合罪は「個人的保護法益ばかりでなく社会的保護法益も存することを考慮すると，複数の政治的ないし社会的集団又は組織相互間で，その構成員に対する殺傷行為を中心とした深刻な暴力的対立抗争関係があり，しかもその抗争状態が緊迫した状況に達していて，かつ現実に集合した者が，相手方と遭遇すればいつでも闘争状態に入るべく臨戦態勢にあるときは，集合者において右の状況を認識したうえ，相手方との遭遇（出合い）を予期し，その予想した状態が到来した場合には，積極的に相手方の生命，身体等に共同して危害を加えることを確定的にあるいは具体的可能性のあることとして認識し，かつこれを認容している限り，本罪にいう共同加害の目的があるというべきであ〔る〕」[41]，「『共同して害を加える目的』とは，二人以上の者が共同実行の形で実現しようとする加害行為の結果の発生を確定的に認識し，更にこれを積極的に意欲して行動に出る意思までを必要とするものでなく，結果の発生を確定的に認識し，或はその発生の可能性を認識してあえて行為に出る意思があれば足り，又，その意思も相手方の行為その他の事情を条件とし，条件成就の時には加害行為に出ると決意することで足りると解される」[42]と一貫して未必的認識で足りるとしている。

　ただし，「兇器準備結集罪ないし兇器準備集合罪における共同加害の目的があるというためには，本件に則していえば，A派等B系学生らがC大学文学部を襲撃して来た際にはこれを迎撃し，右学生らに対し多数のD派学生らと共同して火炎びん投てき，投石，段打などの加害行為を実現する具体的な可能性があれば足りるというべきであつて，加害目的をもつてする集合行為自体に公共の危険を認めてこれを処罰しようとするこれらの罪の目的，性格に徴すると，たとえ加害の対象である右B系学生らの襲撃が不確定的な状況にあつたとしても，同罪の成立を妨げるものではないと解するのが相当であ〔る〕」[43]と，加害行為実現の客観的可能性の存在をも要求している。

　(4)　各種予備罪では，「〜の罪を犯す目的」と，既遂犯罪遂行の目的を要求する類型がいくつかみられるが，例えば殺人予備罪（刑法201条）の殺人「の

41）大阪高判昭和54年10月30日刑月11巻10号1146頁。
42）大阪高判昭和39年8月11日下刑集6巻7＝8号816頁。
43）東京高判昭和49年2月15日刑月6巻2号126頁。

罪を犯す目的」については,「殺害ノ意思ヲ確定シ之カ豫備ヲ爲シタル以上ハ其殺意ノ條件附ナルト否トヲ問ハス人ヲ殺スノ目的ヲ以テ其豫備ヲ爲シタルモノナレハ其所爲ノ刑法第二百一條ニ該當スルコト論ヲ俟タス」[44],「刑法二〇一条にいわゆる『前二条の罪を犯す目的』（以下単に殺人の目的と称する）は殺人予備罪の特別の主観的要素であつて,この要素が構成要件要素であるか,それとも責任要素であるか,はた又違法性要素であるかについては,学説判例の一致しないところであるけれども,何れにしても,この殺人予備罪が成立するがためには,『殺人の目的』について故意の内容としてその認識を必要とするものといわなければならない。而してこの『殺人の目的』についての認識は所論の如く確定的排他的であることを要するものではなく,いやしくも目的についての認識があり,言い換えれば,殺意が認められる以上,それが条件付であると否とに拘らないものというべく…,又その目的についての認識即ち殺意が未必にかかる場合でも差支えないものと解するを相当とする。何となれば,未必の殺意をもつて人を殺害し又は殺害せんとした場合には殺人罪の既遂,未遂が成立するのに反し,未必の殺意をもつてその予備をなした場合には殺人予備罪が成立しないということは,殺人罪の予備,未遂,既遂が等しく一連の発展段階であるにも拘らず,故意の内容である殺意の点においてその認識に差等を設けることは必ずしも当を得たものではなく,又このことは他の目的犯例えば誣告罪,背任罪等において判例が目的の認識は確定的であることを必要とせず未必のもので足ると判示している趣旨にも反し,到底正当とはいえないからである」[45]として,目的は未必的認識で足りるとする[46]。

　(5)　爆発物取締罰則１条「人ノ身体財産ヲ害セントスルノ目的」と３条「第一条ノ目的」については,確定的認識,意図と解するものの他に,未必的認

---

44)　大判明治42年6月14日刑録15輯769頁。
45)　大阪高判昭和39年4月14日高刑集17巻2号219頁。
46)　ただし,大阪地判昭和34年2月4日下刑集1巻2号319頁は,「刑法第二百一条の殺人予備罪における『殺人罪を犯す目的を以て』は明確な決意でなければならないのであつて…徹底的な傷害を加えれば被害者の生命が断たれる危険性が大きい,従つて場合によつては被害者は死に至るかも知れないと考えていたとしても,かかる心理状態は右殺人予備罪における『殺人罪を犯す目的を以て』に当るとは言えない」として確定的認識を要求する。

識で足りるとするものもある。すなわち,「爆発物取締罰則一条の爆発物使用罪における目的は,爆発物使用の時点,すなわち爆発物を爆発すべき状態においた時点において,その行為者が爆発により惹起される結果について認識したところをその内容としているものと解される。ところで,この認識は,将来の事実についての予見を内容とするものであるから,爆発物の構造及び威力の程度,その使用方法,使用現場の状況等のいかんによつては,行為者が,爆発物の使用時に,その爆発によつて同法条所定の目的の内容をなす人の身体財産を害する等の加害結果が発生するか否かということを確定的に認識することは,困難な場合も少なくない。殊に,時限装置付きの爆発物を使用した事犯のように,その使用行為と爆発による結果発生との間に相当の時間的間隔が設けられ,しかもその間に人の去来があるなど爆発物を仕掛けた現場の状況が変化する蓋然性があるような場合には,爆発による加害結果発生の有無を未必的にしか認識しえない場合が少なくないのである。そして,そのことは,同罰則三条の爆発物等の製造及び所持等においても基本的には同様であるが,爆発物等の製造及び所持等においては,爆発による結果の発生のみならず,その使用行為までもが将来の事象となるため,製造及び所持等の行為から爆発の結果発生までの間に種々の不確定要素の介在する可能性があり,中には,爆発物使用の日時,場所等も特定していないこともあるため,同法条所定の目的の内容をなす爆発により生ずべき加害結果の発生についての認識は,爆発物の使用の場合に比べて,一層未必的なものにとどまる場合が多くなるものと考えられるのである。このように,爆発物の使用,製造及び所持等の行為にあつては,爆発物の爆発による加害結果発生の有無を確定的に認識することができない場合があり,しかも,その認識が確定的であるか否かは,加害結果の発生に対する犯人の意欲の有無,程度とは必ずしも一致せず,また,行為の重大性,客観的危険性等とも直ちには結びつかないものであるから,未必的な認識にとどまる場合が確定的な認識のある場合に比べて罪責が軽いとは限らないのである。また,確定的といい,未必的といつても,もともと単なる認識の程度の差にすぎないものであつて,実際上その限界を截然と画することも困難である。そうであれば,爆発物の使用,製造及び所持等にあたり,爆発による加害結果の発生を確定的に認識した場

合と未必的に認識した場合との間に，法的評価の面で決定的差等を設けなければならないほどの実質的差違があるとは考えられないのである。このように，爆発物取締罰則一条及び三条の目的の内容をなす爆発物の爆発による加害結果の発生についての認識の程度については，未必的認識をもって足りると解する方が爆発物の使用，製造及び所持等の実態に適合するものと考えられる。一方，確定的認識を必要とすると解することは，徒に同罰則による処罰の範囲を限定し，公共の安全と秩序，個人の生命身体及び財産を爆発物による侵害の危険から保護しようとする同罰則の趣旨に反するおそれなしとしないのである。また，そもそも，同罰則一条及び三条が，爆発物の爆発による加害結果の発生を犯罪の成立要件とせず，単にそれを目的として有するのみで足りるものとし，かつ，比較的重い法定刑を定めているのは，爆発物の有する危険性に鑑み，これが所定のような加害目的をもって使用された場合に生ずべき影響が深刻であることを憂慮したためであつて，右のような同罰則の定めには十分な合理性が認められるのであるから，同罰則の法定刑が比較的重いことを考量して，右目的の意義をことさら限定的に解するのは相当ではないといわなければならない。してみれば，同罰則一条及び三条の目的があるというためには，爆発物の使用，製造及び所持等にあたり，爆発物の爆発により，治安が妨げられ，又は他人の身体財産が害される結果の発生することを確定的に認識するまでの必要はなく，右のような結果の発生することを未必的に認識し，かつ，これを認容していれば足りると解するのが相当である」[47]と，未必的認識と確定的認識の識別困難性，両認識における法益侵害性の同価値性，爆発物の有する危険性という客観的要件への可罰性の基礎から判断を行った本判決を契機として，目的を未必的認識認容と解する判決が支配的となった。

　その後は，「爆発物取締罰則一条，三条にいう『人ノ身体ヲ害セントスルノ目的』があるというためには，爆発物を使用し又は人をして使用せしめることにより人の身体を害する結果の発生することを未必的なものとして認識し，かつ，これを認容することをもつて足り，必ずしもその発生を確定的な

47）東京高判昭和 56 年 7 月 27 日高刑集 34 巻 3 号 331 頁。

ものとして認識し，あるいはこれを意図することを要しないものと解するのを相当とする…目的犯における目的は，主観的違法要素であるが，故意を超過するものとして構成要件に取り込まれたものであり，その構造は，故意におけると同様，その対象となる事象に対する認識（将来の事象については予見）という知覚的要素と，その実現へ向けての意図ないしは認容という心情的要素との複合したものである。〔原文改行〕爆発物取締罰則一条，三条所定の身体加害目的についてこれを見るに，従来，前者についての確定的認識あるいは後者についての結果実現への意図のいずれかを要するとの裁判例も見られたところであるが，近時，身体加害結果発生の未必的認識とその認容とをもつて足りるとする裁判例が定着する傾向が窺われ，右解釈は妥当なものとして，当裁判所もこれを支持すべきものと考える。〔原文改行〕まず，身体加害結果の発生に対する認識の程度の点について考察すると，もともと確定的認識と未必的認識との区別は相対的なものであつて，その境界は流動的であるうえ，目的犯における目的にあつては，認識の対象となる事象が，実行行為時を標準とすればすべて将来の事象に属し，不測の障碍によつてその発生が妨げられる可能性が絶無とはいえないことからすれば，絶対的な意味での確実な予見ということは不可能に近い。まして，爆発物使用の形態はさまざまであつて，本件の如く，時限装置を用いて数時間後に爆発させるとか，あるいは発射装置を用いて数キロメートル先の目標に向けて飛翔させるなど，実行行為と結果発生との間に時間的・空間的離隔を生ずる場合も少なくなく，これらの場合には，結果発生に対する予見はいきおい未必的なものを含まざるを得ない。そして，爆発物取締罰則の立法目的からすれば，かかる未必的認識にとどまる場合に，これを処罰の対象から除外し，前記各条の適用を殊更に限定すべき合理的理由は，これを見出すことが困難である。〔原文改行〕右のような解釈は，爆発物取締罰則に特有なものではない。すなわち，目的犯における目的は，前記各条のように一定の犯罪的結果の発生を対象とするものに限られず，一定の犯罪的行為に出ることを対象とする場合（各種予備罪における基本的構成要件に当たる『罪を犯す目的』，各種偽造罪における『行使の目的』，猥褻図画所持罪における『販売の目的』など），その他さまざまな場合を含むものであるが，予備罪における目的は基本的構成要件該当行為について

の故意（未必の故意を含む。）と一致すると解するのが一般であるし，これらの目的につき，未必条件付のもので足りるとする裁判例も，古くから見られるところである…。従つて，爆発物取締罰則における目的に関し，前示のような解釈をとることは，何ら刑罰法令における『目的』の概念に異質な要素を持ち込むものではない。〔原文改行〕次ぎに，身体加害結果の実現に向けての意図ないし認容の点につき検討する。〔原文改行〕結果発生についての認識（予見）が未必的であることと，その実現に向けての心情が認容の程度にとどまることとの間には，必ずしも論理必然的な関連はない。たとえば，誣告罪における『人をして刑事又は懲戒の処分を受けしむる目的』や，公職選挙法の罰則における『当選を得若しくは得しめ又は得しめない目的』の如く，行為者の支配の及び得ない第三者の行為を介してのみ実現すべき結果の発生を目的の対象とする場合にあつては，結果発生の蓋然性が極度に乏しいこともあり得る反面，行為者の行為それ自体から結果発生に対する積極的意図の存在を類型的に肯認し得ることが多いものと思われる。〔原文改行〕しかし，右のような事例は特殊なものであつて，結果発生の認識（予見）が未必的である場合には，その実現に向けての心情も認容の程度にとどまるのがむしろ通例である。従つて，この場合において結果実現に対する積極的な意図のあることを要件とするときは，結果発生の認識（予見）が未必的なもので足りるとした意義を大半失わせ，処罰の範囲を不当に限定することとなりかねない。もともと爆発物の使用という行為は，それ自体法益侵害の危険を伴うものであるが，それが，鉱石の採掘や土木工事など，社会的に有用な目的で行われる場合には，保安基準の遵守等，法益侵害の危険を回避するための万全の措置が講ぜられるのに対し，罰則所定の違法な目的で行われる場合には，法益侵害の危険が格段に高められるところから，これが禁遏されているのであつて，たとえ未必的であるにせよ，身体加害結果の発生が予見される状況の下で爆発物を使用することは，当該行為の違法性を基礎付けるに充分であり，行為者の意思が積極的な意図であると，認容の程度にとどまるものであるとによつて，その違法性の強弱に犯罪の成否を左右するに足りる程度の差異を生ずるものではない。〔原文改行〕それ故，結果実現へ向けての意思を積極的な意図のある場合に限定すべき合理的根拠はなく，認容の程度をもつて足りるも

のと解するのが相当である。〔原文改行〕以上のとおりであつて，身体加害目的があるといえるためには，その結果発生の未必的認識及び認容の存することをもって足りると解すべきである」[48]として，確定的認識と未必的認識の相対的区別，確実な予見の不可能性，未必的認識の場合には心情は認容の程度にとどまるのが通例であること，意図と認容において違法性の程度に差異はないことから，未必的認識認容で目的は十分であるとする[49]。ただ，本判決が，目的に「知覚的要素」と「心情的要素」とがあることに言及したことは注目に値するといえる。

そして，最高裁判所が「爆発物取締罰則一条及び三条所定の『人ノ身体ヲ害セントスルノ目的』があるというためには，人の身体を害するという結果の発生を未必的に認識し，認容することをもって足り，右結果の発生に対する確定的な認識又は意図は要しないものと解するのが相当であ〔る〕」[50]として，未必的認識認容で足りるとしたことから，この問題は判例上は一応の決着が着いたものとみることができよう。

5 学説の状況

(1) 冒頭で述べたドイツにおける新たな目的犯の二分はわが国ではいまだ通用しているような状況にはないが，一方では意図を要し，他方では確定的認識で足りるとする判例通説の考え方は，いずれにしても未必的認識を目的から排除するものである。これに対して，わが国の判例では目的の内容は犯罪ごとに多岐にわたり異なるものの，多くの犯罪において目的の内容を未必的認識で足りるものと解していることは今みてきたとおりである。そして，このような状況は学説においても変わりはないといえる。

伝統的な目的犯の二分においても，ドイツにおいては一般論としては，短縮された二行為犯では意図を要求するが，断絶された結果犯では確定的認識で足りるとする見解[51]が主張されたこともあるが，それでは個々の犯罪類型の目的の内容が判例通説と大きく乖離してしまうことになる[52]。また，短縮

---

48) 東京高判昭和 61 年 12 月 15 日高刑集 39 巻 4 号 511 頁。
49) その他には，東京高判昭和 63 年 4 月 19 日高刑集 41 巻 1 号 84 頁，東京高判昭和 59 年 6 月 13 日判時 1151 号 145 頁，東京高判昭和 59 年 12 月 4 日判時 1151 号 153 頁。
50) 最決平成 3 年 2 月 1 日刑集 45 巻 2 号 1 頁。

128

された二行為犯では客観的構成要件は法益侵害行為を不完全にすなわち未遂的に記述しているのに対して，断絶された結果犯では法益侵害行為は完全に行われており，法益侵害それ自体が発生していないだけである[53]ことからすれば，法益侵害性すなわち違法論の本質の問題から目的の内容を導くことには直接の関係性を見出すことは困難であるともいえる[54]。こうしてドイツにおいては目的の内容は個々の犯罪類型の構成要件解釈によらざるをえないのである。

　わが国においては，一般論としては，まずは目的の内容が，断絶された結果犯では行為者に確定的なものとして認識されていることを要するのに対して，短縮された二行為犯では一般に未必的にでも認識されていれば足りるとの見解[55]や，目的犯の目的は故意を生み出す動機であり，あるいは結果を強く求める意欲，意図であると解され，いずれも故意以外の特殊な責任要素である[56]としつつ，短縮された二行為犯と断絶された結果犯の区別に疑問を呈する見解[57]も主張されている。前者の見解によれば，上であげた虚偽告訴罪や相場操縦罪等の目的は確定的認識を要することになるが，それは前者につき未必的認識で足り，後者につき意図を要求する判例の考え方とは異なることになる。

　わが国では目的犯の目的の内容をドイツとは大きく異なり，目的犯の代表的な犯罪の多くで目的は未必的認識で足りるとされている。その理由としては，未必の故意と確定的故意の区別は困難であることが大きいであろう[58]

51）Friedrich Sprang, Zur Auslegung der Absichtsmerkmale im deutschen Strafrecht, 1960, S. 78ff.

52）本書 93-94 頁。

53）Helmut Frister, Strafrecht Allgemeiner Teil, 7.Aufl., 2015, S. 105.

54）本書 93 頁。

55）大塚仁『刑法概説（総論）［第 4 版］』（平成 20 年）135 頁。平野龍一『刑法総論 I』（昭和 47 年）125 頁は，結果を目的とする犯罪の類型では，目的は確定的故意に限定したものとする。これに対して，林幹人『刑法総論［第 2 版］』（平成 20 年）103 頁は，目的の対象が行為者の行為の結果としての客観的状況である場合（断絶された結果犯）には，少なくともその客観的危険が発生しなければならないとすれば，そのような客観的危険こそが不法内容であって，目的はその認識，すなわち故意にすぎないとするが，それは未必的認識まで含めたものと理解しうる。

56）内田文昭『改訂刑法 I（総論）［補正版］』（平成 9 年）113，180，247 頁。

57）内田文昭『刑法概要上巻』（平成 7 年）264 頁。

58）林幹人『刑法各論［第 2 版］』（平成 19 年）458 頁。

が，これを積極的に理論づけようとする次の見解が注目される。すなわち，断絶された結果犯では，現実になされた行為の持つ法益侵害の危険性が行為者の主観によって左右されることはなく，法益侵害の危険性は当該行為その他の客観的状況によって決まることから，目的実現の未必的認識認容と意図とは責任の度合いが異なるにすぎず，一般的に同一の行為について責任の軽重によって犯罪の成否を区別するのは相当でない，また短縮された二行為犯では，通常目的事実の未必的認識・認容をもって当該行為をすることによって，当該行為が違法性を帯びるといえるとともに，目的事実実現の意図ないし意欲，さらには目的事実の実現が動機となることによって，法益侵害に至る危険性が増大し，行為の違法性が強くなるとすることから，いずれの場合においても目的を未必的認識認容で足り，意図を要すると解するには特段の理由が必要であるとする見解[59]がそれである。

　(2)　判例は目的犯を二つに分類して目的一般の内容を論じるのではなく[60]，犯罪ごとに目的の内容を把握しているので，ここで取り上げた各犯罪に対する学説の状況について概観する。まずは虚偽告訴罪の「人に刑事又は懲戒の処分を受けさせる目的」についてである。この目的については各論の問題として学説上の対立が顕著に現れている。判例と同じく未必的認識で足りるとする見解の論拠は次のようなものである。すなわち，本罪の法益である刑事事件または懲戒事件に対する国家の捜査権，または懲戒のための調査権の適正な行使が侵害される可能性を認識して虚偽の申告を行う場合には，本罪を認めるべきである[61]，本罪は国の審判作用の適正な運用に対する侵害の可能性を中核とするものであるから，不当な捜査権ないし懲戒権の発動を促す可能性を認識して虚偽の申告をなす限り，本罪を構成する[62]，本罪の保護法益は個人の自由や利益も包含されるべきであり，そうだとすれば，有罪判決まで意図せず捜査の開始のみを意図したような場合でも同罪の成立を認

---

59)　金谷・前掲注 (39) 11-12 頁。
60)　東京地判昭和 63 年 3 月 17 日判時 1284 号 149 頁は，「一般に将来の行為又は結果を内容とする目的犯の目的について，その行為又は結果が発生することの認識 (予見) をもって足りると解されている」と判示しており，また，前掲注 (48) 東京高判昭和 61 年12 月 15 日においても，2 つの目的犯の区別があることを指摘する。
61)　大塚仁『刑法概説 (各論) [第 3 版増補版]』(平成 17 年) 617-618 頁。
62)　大谷實『刑法講義各論 [新版第 4 版補訂版]』(平成 27 年) 623 頁。

めるべきであるが，結果の意欲を必要とする立場では，このような場合が捕捉されないことになってしまい，妥当ではない[63]，処分を受けさせる意欲や確定的な認識まで要求した場合は，実際の立証が困難なため本条はほとんど機能しえなくなるであろう[64]，法益侵害は虚偽の告訴等に基づいて誤った刑事司法作用・懲戒作用が発動されることにより生じるが，こうした法益侵害の有無・程度には目的要件は関係せず，刑事処分・懲戒処分自体は意図しなくとも，そのために捜査・調査の負担を受ける個人の利益は害されるから処罰の対象とすべきであろう[65]，というものである[66]。

これに対して，未必的認識では足りず意図的要素を要求するものとしては，告訴・告発はもともと犯人である疑いのあるときになされるものであるから，ひょっとしたら犯人でないかもしれないという未必の故意の場合には本罪は成立しない[67]，目的がない場合には，特定の人の自由を侵害する危険は少なく，そして，未必的認識認容とすると，「目的」の通常の理解と異なるだけでなく，処罰範囲を拡大しすぎるきらいがあり，意欲を必要とすべきである[68]，と処罰範囲の限定を目指す方向性が模索されている[69]。さらに，意図・意欲であるか単なる認識・予見であるかという主観的要素の差異は，言葉では区別できても，実際にはほとんど区別しにくいものであり，むしろ客観的な可能性を要件とすることによって処罰の範囲を限定するのが妥当であろう[70]，と客観的側面による限定を試みる見解も主張されている。

---

63) 西田典之『刑法各論［第6版］』（平成24年）478頁。
64) 前田雅英『刑法各論講義［第6版］』（平成27年）475-476頁。
65) 山口厚『刑法各論［第2版］』（平成22年）603頁
66) 他にこの立場を採用するものとしては，伊東研祐『刑法講義各論』（平成23年）401頁，内田文昭『刑法各論［第3版］』（平成11年）669頁，川端博『刑法各論講義［第2版］』（平成22年）720頁，高橋則夫『刑法各論［第2版］』（平成26年）666頁，中森喜彦『刑法各論［第4版］』（平成27年）300頁，林・前掲注（58）458頁，藤木英雄『刑法講義各論』（昭和51年）48頁，松原芳博『刑法各論』（平成28年）581頁，山中敬一『刑法各論［第3版］』（平成27年）824頁。
67) 松宮孝明『刑法各論講義［第4版］』（平成28年）481頁。
68) 平川宗信『刑法各論』（平成7年）190頁。
69) 他にこの立場を採用するものとしては，曽根威彦『刑法各論［第5版］』（平成24年）312頁。
70) 平野龍一『刑法概説』（昭和52年）291-292頁。中山研一『刑法各論』（昭和59年）542頁も同旨であり，目的を客観化して，現に刑事または懲戒の処分をうける危険（客観的可能性）が存在することを要するという形で，本罪の成立範囲を限定すべきとする。

第2章 目的の内容に関する総論的考察　　131

　なお目的を意欲的要素として把握するものとして，処分を受けさせる目的は，その結果の発生を意欲したことを要し，単なる認容では足りないが，結果を確定的なものとして認識することを必ずしも要求するわけではなく，結果の発生を未必的なものとして認識しながら，その発生を意欲することによって目的の要件は充足される[71]との主張がある。これは意図説に属するものではあるが，目的の知的側面と意的側面を峻別し，両者を要求するものとして注目に値すると考えられる。

　(3)　各種偽造罪の行使の目的の内容について多数説は判例の立場に異を唱えることはないようである。すなわち判例と同じく，行使の目的は，確定したものであることを要せず，誰かが行使するかもしれない未必的なもので足りる[72]，何人かによって真正・真実な文書として誤信される危険があることを意識している以上，行使の目的がある[73]と，未必的認識で十分とする見解[74]が主張される。しかしその一方で，目的犯の目的を故意と混同をするべきではなく，刑法が特に目的を要求している場合には，未必的なものでは足りない[75]との見解[76]も主張されている。

　(4)　営利目的等拐取罪の営利目的[77]については，多くの見解は判例に賛成するか，少なくとも異を唱えてはいない。本罪が未成年者拐取罪より重く処罰されるのは，その性質上，他の動機による場合よりも自由に対する侵害の程度が大きいからであり，営利の目的とは，財産上の利益を得，または第三者に得させる意図をいう[78]と，判例における目的の内容に賛意を示しつつ

---

71)　団藤重光『刑法綱要各論［第3版］』（平成4年）111頁。福田平『全訂刑法各論［第3版増補版］』（平成14年）40頁も同旨であるが，これを目的が主観的違法要素であることから結論づけている。

72)　大塚・前掲注 (61) 414, 416頁。

73)　大谷・前掲注 (62) 451頁。福田平「通貨偽造の罪」団藤重光編『注釈刑法 (4)』（昭和40年）9頁。

74)　他にこの立場を採用するものとしては，伊藤渉他『アクチュアル刑法各論』（平成19年）347頁〔成瀬幸典執筆〕，大塚・前掲注 (61) 414頁，大谷・前掲注 (62) 427頁，平川・前掲注 (68) 456頁，山中・前掲注 (66) 581, 621頁。なお，大塚・前掲注 (61) 461頁は，文書偽造罪に関して，目的は，文書に対する公共的信用を害する意図がうかがわれる限り，未必的なものでもよいとするが，前掲注 (37) 大判大正2年12月6日をあげているので，ここでの「意図」という用語に特に大きな意味はないと考えてよいだろう。

75)　安平政吉『文書偽造罪の研究』（昭和25年）216頁。

76)　他にこの立場を採用するものとしては，川端・前掲注 (66) 519, 547頁。

も，動機と意図を同一レベルで論じる見解がみられる[79,80]。

(5) 薬物犯罪の営利目的については，財産上の利益を目当てに，その手段として犯罪を行うこと自体，そのような動機のない場合に比して，道義的により厳しい非難に値することに加えて，利得を動機に犯罪に出る場合は，一般にその行為が反復，累行され，またその規模も大掛かりになる傾向を包蔵し，それだけ高い覚せい剤の濫用を助長，増進させ，国民の保健衛生上の危害をより増大させる危険性が高く，従ってその行為の違法性もそれだけ大である[81]として，財産的利益への意欲すなわち動機・目的を指す営利目的が責任要素とともに違法要素でもあることを指摘されているとともに，営利目的を加減的身分とすることから，営利目的は行為者自身に具わっていなければならず，普通の主観的構成要件要素と異なり，単なる認識では足りず，犯罪の積極的動因となっている場合でなければならない[82]，また，覚せい剤取締法違反等の犯罪は，ある種の動機によって行われる動機犯の一種であるうえ，その動機が財産上の利益を得るという動機であることが際立って多い犯罪で

---

77) 金谷・前掲注 (39) 18 頁は，短縮された二行為犯における特段の理由のある例としてここでの「営利目的」をあげる。その理由として，法は営利目的を有する場合について通常の刑より重い刑を規定しているが，通常の刑との差がかなり大きく，責任の軽重だけでその法定刑の差異を説明することが困難であるところから，利得を動機に犯罪に出る場合は，一般にその行為が反復，累行され，またその規模も大掛かりになる傾向を包蔵し，それだけで薬物の乱用を助長，増進させ，国民の保険衛生上の危害をより増大させる危険性が高く，したがって行為の違法性もそれだけで大であることに加重の理由があるとする。
78) 川端・前掲注 (66) 173 頁。
79) 伊東・前掲注 (66) 69 頁は，目的に法益侵害性を要求して，被拐取者の自由を侵害することによって利得する場合に限る，西田・前掲注 (63) 79 頁は，目的は，拐取行為を超えて被拐取者のその他の重要な法益を侵害することを内容とするのであり，主観的違法要素と解すべきである，山口・前掲注 (65) 95 頁は，目的は，略取・誘拐行為それ自体に認められる比較的軽度の法益侵害性を可罰的な程度にまで引き上げるために要求されているものであり，その意味において，有責性を高める責任要素としてではなく，法益侵害性を高める違法要素（主観的違法要素）として理解される必要があるといずれも目的を主観的違法要素とするが，平野・前掲注 (55) 129 頁は，拐取罪では，誘拐自体は犯罪ではなく，営利の目的があることによってはじめて犯罪になるのであるから，営利目的は違法要素であり，これに対して，薬物犯罪では，利益をえること自体は違法とはいえないので，心情要素とすべきである，とする。
80) なお，わいせつ，結婚の目的についても動機と解するものと考えられる。香川達夫「判批」警察研究 35 巻 4 号（昭和 39 年）98 頁を参照。
81) 高木俊夫「判解」『最高裁判所判例解説刑事編昭和 57 年度』（昭和 61 年）216-217 頁。
82) 高木・前掲注 (81) 57 年解説 217, 219 頁。

第2章　目的の内容に関する総論的考察　133

ある。そのことは，とりもなおさず，財産上の利益を得るという動機が，この種犯罪行為を積極化し，これを反復継続させ，さらには，その規模を拡大させるなどの種々の形で，この種犯罪の動因となり，覚せい剤等の乱用の危険を増大させる要因となることを意味する。そうであるとすれば，このような動機を行為の違法性を強める違法要素として捉え，営利の目的という要件のもとで刑の加重要素として規定することはもとより可能であり，また，その趣旨でこれらの法律中に規定されたと解することは，これらの法律の犯罪の特殊性によく照応する解釈でもある[83]，と判例への賛意が詳細に示されている。

　(6)　内乱罪の壊乱目的については，その内容を論じるものはみられないが，判例に現れた目的の直接性が内乱罪成立の限界を画し，危険の極端な抽象化を避ける機能を果たすことが認められている[84]。これは，目的という主観的要素が存在するだけでは犯罪の成立が認められるべきではなく，目的が実現する可能性がそれとともに存在することを要求するものといえる。これに対しては，直接性は，目的内容の限定という以上に，目的実現の現実的可能性という形で客観化される契機である[85]との見解も主張されている。

　(7)　凶器準備集合罪の共同加害目的については，他人の生命・身体または財産を対象として，共同して侵害する意思[86]，加害行為を共同して実行しようとする意思[87]とする見解があるが，ここでの「意思」という文言が判例で用いられている未必的認識とどのような関係に立つかは不明である。なお，判例とは異なり，目的は他人の殺傷ないしはこれに付随した財産損壊を共同して実行しようという動機であり，かつ，殺傷・損壊を強く求める意欲である[88]とする見解も主張されている。

---

83)　香城敏麿「覚せい剤取締法」平野龍一他編『注解特別刑法5-Ⅱ［第2版］』（平成4年）45頁。
84)　大塚他・前掲注（15）29頁〔亀井〕，団藤・前掲注（71）16頁。
85)　中山・前掲注（70）489頁。
86)　伊東・前掲注（66）48頁。
87)　曽根・前掲注（69）29頁。
88)　内田・前掲注（66）46頁。松原・前掲注（66）67頁は，本罪の予備罪的性格からすれば，自ら加害の実行行為に出る意図または現場で重要な役割を果たす意図で集合した者のみが本罪の正犯になると解すべきであるとする。

134

(8) 危険運転致死傷罪の妨害目的については，立法趣旨からも，目的を積極的意図ととらえる理由としては，高速度での割り込みが，何らかの事情でやむなく車線変更し，他の車両を妨害せざるをえないことを認識している場合に妨害目的が否定されるためには，目的を未必的認識で足りるとすることはできないことがあげられる[89]。学説もこれにしたがって，妨害目的は，相手方に衝突を避けるための急な回避措置をとらせるなど，相手方の自由かつ安全な通行の妨害を積極的に意図することをいい，未必的な認識があるだけでは足りない[90]とされている。

(9) 殺人予備罪の殺人「の罪を犯す目的」については，判例と同じように，目的は条件付・未必的でよい[91]とする見解がある一方で，知的側面については条件付・未必的認識でよいが，殺人遂行の意図が必要である[92]とする見解も主張されている。また，準備行為により殺人の実行の着手に至る客観的危険の存在が必要である[93]と，実行に至る危険を要求する見解も主張されている。

(10) 爆発物取締罰則の「人ノ身体財産ヲ害セントスルノ目的」と3条「第一条ノ目的」は，目的の有無が違法な爆発物使用行為を適法なそれと区別し，その限界を画する要件である[94]が，これについて学説は対立がみられる。すなわち判例同様に，結果発生の意図を要するとするもの，確定的認識を要するとするもの，未必的認識認容で足りるとするものと3つの見解の対立である。

---

89) 井上宏他「刑法の一部を改正する法律の解説」法曹時報54巻4号（平成14年）71-72頁。

90) 山口・前掲注（65）56頁。同旨なのは，伊東・前掲注（66）45頁，伊藤他・前掲注（74）58頁〔島田聡一郎執筆〕，今井猛嘉他『刑法各論［第2版］』（平成23年）44頁〔小林憲太郎執筆〕，川端・前掲注（66）76頁，高橋・前掲注（66）77頁，中森・前掲注（66）30頁，前田・前掲注（64）49頁，松原・前掲注（66）73頁，山中・前掲注（66）70頁。なお同旨ではあるが，西田・前掲注（63）53頁は，目的は，動機であり，相手方に衝突を避けるための急な回避措置をとらせるなど，相手方の自由かつ安全な通行の妨害を積極的に意図することをいうと，動機と意図を同一のレベルで論じる。

91) 大塚・前掲注（61）16頁，団藤・前掲注（71）397頁，山中・前掲注（66）23頁。

92) 大谷・前掲注（62）15-16頁，平川・前掲注（68）46頁。川端・前掲注（66）26頁はこれと同旨とおもわれる。

93) 曽根・前掲注（69）10頁，中山・前掲注（70）32頁。

94) 金谷・前掲注（39）7頁。

第2章　目的の内容に関する総論的考察　135

　ここでの未必的認識認容で足りるとする見解は以下の点をその理由としてあげることができる。すなわち，①爆発物の持つ危険の重大性を考えれば，未必的にもせよ結果発生を認識しながら爆発物を使用する行為に対し，違法な行為としてこれを規制することは十分な合理性があること，②本罪の適用を不自然に限定するような解釈は妥当でないこと，③加害結果の故意は一般の罰則と同様未必的認識で足りること，すなわち，本罪が爆発物の使用により加害結果を発生させるという結果犯とその未遂犯を併せて規定した罪であることから，加害目的は加害結果が要件とされた場合の未遂犯の成立に必要な程度の認識で足りる，つまり爆発物の使用により加害結果が発生することについての未必的予見で足りること，④未必的故意に対応するような意識内容を要する，と主張するとともに，確定的認識を要しないとする理由としては，⑤加害結果発生の認識の程度は，加害結果発生の客観的な危険性の程度とは異なる行為者の主観的な認識の問題であり，確定的な認識のある場合には行為の危険性または違法性が常に大きいと考えることはできないこと，⑥行為者が爆発物の使用時に爆発により人の身体財産を害するなどの加害結果を発生させることを確定的に認識することのできない場合が少なくないこと，⑦行為者に確定的認識が生じるのは，多くの場合，客観面において加害結果の発生する確実な状況が存在するためであり，確定的認識を要求すると，実質上，加害結果が確実に発生するという客観的要件を要求するに等しいことを，また，意図を要しないとする理由としては，⑧目的という用語は一般的には意図ないし意欲と表現すべきものといえるが，それから直ちに法律用語としての目的も同じ意味と解すべきではなく，実際にも必ずしも意図に限定して用いられてはいないことである[95,96]。

　これに対して，確定的認識や意図を要求する見解は，本罪で重い法定刑が

---

95) 金谷・前掲注（39）8-11 頁，香城敏麿「判批」判例評論 320 号（昭和 60 年）70-71 頁。なお，内田文昭「故意と意図・目的」阿部純二他編『刑法基本講座第 2 巻』（平成 6 年）163 頁は，問題は行為者の主観面にしぼりをかけるだけで解決するものでなく，さして刑罰が重くはない他の目的犯の目的との調和も考える必要があろうことから，爆発物使用罪等の目的だけを限定的に解釈することは，かなり疑問といわざるをえない，この意味では，未必的認識・認容で足りるとする最高裁判例に正しさがあるといわざるをえないとして，判例の立場に賛意を表すも，認容と意図との単純な対置に，依然問題が残されていることを看過してはならない，と付言する。

科されているために，主観面において強度の意思内容を要求することでこれを正当化する点にある。確定的認識説の論者からは，⑤未必的認識か確定的認識かという行為の無価値性はその危険性および違法性に影響を与えること，⑥将来の事実に対する予見を内容とするものであっても確定的認識の認められる場合はあり，しかもそれが否定された場合には激発物破裂罪（刑法117条）によってなお処分が可能である，また少なくとも人の財産に対する加害目的については確定的認識の欠ける場合は希有の事例に即すると考えられることなどから，目的は結果の現実化という結果無価値に代わって行為の違法性を基礎づけうる実体を有していなければならず，行為の結果発生のための客観的危険性とこれに対する確定的認識が必要とされると主張するとともに，客観的危険性の観点のみでは適法な爆発物の使用と違法なそれとを区別

96）他にこの立場を採用するものとしては，伊藤榮樹他編『注釈特別刑法第七巻』（昭和62年）286-288頁〔坪内利彦執筆〕。なお，古田佑紀「爆発物取締罰則」平野龍一他編『注釈特別刑法6』（昭和61年）30-31頁は，以下のように論じて，詳細に未必的認識説を採用する。本罪における目的は爆発物の使用に違法性を帯びさせる心理的要素に該当し，構成要件的事実に関する故意を越えた違法要素の一種であると考えられる。このような場合の目的の機能は，通常の故意犯における故意と比較してみると，通常の故意犯における故意は一定の人の動静に社会的意味を持たせる機能，換言すればどのような行為の類型かを識別する機能があり，そのような意味を持つ行為をしようとし，かつ，行為の持つ意味に従った結果の発生を認識，認容するという心理状態があれば，それ自体で違法性が認められるのに対し，本罪の場合は爆発物の使用自体は爆発物を爆発させようとすること及び爆発物の爆発という結果が発生することの双方の点で直ちに違法性を帯びるものではなく，それが治安を妨げ，又は人の身体若しくは財産を害する行為という社会的意味を持ち，かつ，その使用によって治安妨害又は人の身体，財産に対する加害が起こることから違法性を帯びるに至るのであって，本罪の目的はこの点に関する主観的違法要素となる。したがって，本罪の目的は右のような本罪の構造に応じて，構成要件事実に関する故意のみでは不足する部分，つまり，ある行為が違法な行為となる理由としての社会的意味を付与し，その付与されたところに従った結果の発生を認識，認容するという点を補充するものといえる。このように考えると，本罪における目的についても，通常の故意犯におけるこれらの点に関する考え方がそのまま妥当することになろう。…本罪の場合は治安妨害又は人の身体・財産に対する加害の可能性がある行為であることを認識して，かつ，そのような結果発生を認容している心理状態にあれば，爆発物の使用に違法性を帯びさせ，本罪の成立を認める上での主観的な面における違法を認めるのに十分であって，それ以上に積極的な意図までひつようとするものではないと考えるべきであろう。事実認識の程度等について確定的なものを要するとする趣旨の裁判例や学説は，結局のところ，本罪の法定刑が重いことを理由とするものであるが，主観的悪性を余りに重視することは適当でなく，本罪において重い法定刑が設けられているのは，爆発物の爆発が一般的に有する危険性の類型的な重大さにあると考えるべきであり，法定刑の重さから主観において確定的なものを要するとする結論は直ちに導き得ないであろう。以上のとおりである。

第2章　目的の内容に関する総論的考察　137

できないために，主観的目的が認められたのであり，結果発生の意図の存否
は客観的危険性を左右するともされている[97]。

　また，意図説の論者は，目的の意的側面を単なる認容で足りるとしたなら
ば，通常の故意犯に必要とされる意識内容と同じで，目的も故意もその内容
とするところは何等変わらず，わざわざ目的犯とする必要がないこと，結果
を意欲している場合には単に結果を認容している場合より行為の危険性，違
法性が大きいことを論拠とする[98]。

　(11)　相場操縦罪の誘引目的[99]については，協同飼料事件や藤田観光株事件
において問題となったように，学説は，ややもすればあまりに無限定に犯罪
が成立しかねない本罪について，誘引目的と変動取引のどちらを限定してそ
の処罰範囲に絞りをかけるべきかの議論が主たるものであり，誘引目的の内
容についての議論が深まっているとまでは言い難い[100]。ここでは，従来か
ら誘引目的の立証は非常に難しいとされ，変動取引はそれ自体違法なもので
はない，すなわち客観的構成要件要素がそれ自体違法性を帯びるものではな
い目的犯であることから，解釈の難しさがあるとされる[101]。

　誘引目的に限定を加える立場からは，単に当該取引によって相場が変動す
ることの認識では足りず，さらにそれによって他人を売買取引に誘引する目
的があることが必要である[102]とする。ここでの目的の意味は明確ではない

97)　吉田宣之「判批」警察研究63巻2号（平成4年）62-65頁。
98)　只木誠「判批」法学新報99巻1＝2号（平成4年）220-222頁。なお，城下裕二「判
　批」ジュリスト1002号（平成4年）164頁は，目的を未必的認識認容とする解釈は，本
　罰則が単なる故意犯ではなく目的犯として規定され，それによって犯罪の成立範囲を
　限定しようとしたこととどのように調和するのかという問題があるとして，最決平成3
　年2月1日は目的を動機と解する余地を残しているとする。
99)　金谷・前掲注（39）18頁は，断絶された結果犯における特段の理由のある例としてこ
　こでの「誘引目的」をあげる。その理由として，安定株主工作や経営権取得のため多数
　の株式を取得する場合にも，株価の上昇をもたらし，株式売買取引の誘因となることか
　ら，未必的認識・認容でよいとすると，本来適法であるべきかかる行為も処罰対象に取
　り込まれてしまう，目的事実の未必的認識・認容があることは，未だ当該行為に違法性
　を付与するものとはいえず，目的事実を意図ないし意欲する場合に始めて行為が違法
　性を帯びる，とする。
100)　相場操縦罪の問題の詳細については，芝原邦爾「相場操縦罪における『誘引目的』」
　『刑事法学の現代的状況　内藤謙先生古稀祝賀』（平成6年）333-352頁参照。
101)　小倉正三「判解」『最高裁判所判例解説刑事篇平成6年度』（平成8年）101，105頁。
102)　福田平「判批」判例評論369号（平成元年）241頁は，目的が客観的構成要件要素を
　超過するいわゆる超過的内心傾向の犯罪であることから，このような結論を導く。

が，論者は変動取引それ自体には限定機能を認めず[103]，「市場価格を変動させる可能性のある取引を広く指称する」と適法行為と違法行為との識別機能を有することのないものと捉えていることを考慮すれば，意図ないしは確定的認識を意味するものと考えてよいであろう[104]。

これに対して，変動取引に限定を加える立場からは，控訴審判決は「第三者を誘い込む意図」と判示するものの，主観的要件を重視しすぎることは妥当でないことから，誘引目的は自己の行為（変動取引の行為）によって一定の結果（かかる変動取引の対象となった有価証券の売買取引に第三者である一般投資家が誘い込まれる結果）が発生することの可能性の認識[105]，自分が売買を行えば，結果として他人がそれにつられて売買取引に誘い込まれるかもしれないとの認識[106]でもよいことになる。これは，変動取引自体が高度の違法性を備えたものであることを前提とし，目的は変動取引の故意が認定されればそれに伴って当然に認定されうる特に必要な要件とはならない[107]と解することからの帰結といえる。

三　検討

1　判例学説の評価

(1)　わが国の判例学説が目的犯の目的の内容についてどのような判断をしているかを概観してきた。そこでは目的は各犯罪の解釈の問題であり，目的犯としての一様の理解がなされているものではないが，多くの犯罪において目的は目的で表される事実の発生，すなわち目的を実現することの未必的認識で足りると解されている。そして，判例に現れた犯罪の多くが特別刑法の領域に属するためか，判例が多くの類型について主導的に問題解決に取組み，学説は判例に特に異を唱えることはなくこれに追随する形をとっているとの

---

103)　福田・前掲注（102）241頁は，協同飼料事件控訴審判決が，変動取引に「相場を支配する意図をもってする」と主観的要件を要求することは妥当ではないとする。

104)　これに対して，齋藤正和「判批」佐々木史朗編『特別刑法判例研究第一巻』（平成10年）268頁は，他の目的犯との関係から，第三者が判断を誤り誘い込まれることの可能性の認識として，未必的認識で足りるとする。

105)　芝原・前掲注（100）349，351頁。

106)　土持敏裕「証券取引法における罪と罰」罪と罰30巻4号（平成5年）39頁。

107)　芝原・前掲注（100）349，351-352頁。

第 2 章　目的の内容に関する総論的考察　139

印象を受ける。

　しかしながら，目的の内容に関する判例の態度は，その多くで説得的な論理が展開されたうえで結論が出されたというよりも，むしろ結論のみが示されているとの印象が拭えない。理論的な論理展開が試みられたものとしては，爆発物取締罰則における諸裁判例を特にあげることができるが，そうはいっても，そこでの目的を確定的認識や意図と解すると処罰範囲が狭くなりすぎて結論が不当なものとなってしまうことを批判して，目的は未必的認識で足りることの必要性を述べることに力点が置かれている感は否めない。

　爆発物取締罰則の目的について未必的認識で足りる根拠としていくつかの事項があげられている[108]が，ここであげられた理由に対しては，結論としてはこれにしたがうとしても，以下のような反論が考えられるであろう。すなわち，①危険の重大性から広く処罰しようとする思考は理解できないものではないが，そこから目的の内容として未必的認識が導かれることの関連性はない。②目的の内容として意図や確定的認識といった強度の主観的内容を要求することが不自然に処罰範囲を限定することになるとは一概にいうことはできない。逆に未必的認識による過度の処罰に至る可能性があるとの批判も考えられうる。③目的は故意と別個の主観的要素として要求されており，両者を同列に論じる必要はなく，したがって，目的が故意に従属して未必的認識で足りると解する必要はない。④目的は超過的内心傾向として要求されており，故意とは別個の存在であるから，目的と故意の意識内容を対応させる必要はない。⑤爆発物取締罰則は断絶された結果犯であり，論者によると目的は責任要素に属する。ここでは結果発生の認識は違法に影響を及ぼさない責任要素であるから，確実な認識のある場合が行為の危険性が大きいとはいえないとする論者の立論は一貫したものといえる。しかしながら，問題は目的を責任要素とする論者の立論の前提であり，また責任要素だとしても，主観的要素を強めるとして，目的に強度の内容を付与する解釈も可能である。⑥目的について将来の事象に対する確定的認識はもちえないとする理解が成り立つとしても，これが目的について確定的認識を要求すると事案や行為の

108）　本書 134-135 頁を参照。

類型により十分な捕捉が困難となってしまう場合があることを示しているという趣旨であれば了解することはできるが，一方で故意については確定的故意の存在は認められており，その際には将来の事象に対する確定的認識を有しているからこそ，確定的故意は肯定される。そうであれば，将来発生すべき事象の確定的認識について，故意では認めながら目的については除外することは認められない。そもそもある事象が発生することの認識については，それが確定的であろうと未必的であろうと考えられる。また，結果発生について確定的認識のある場合が少ないからといって処罰範囲を拡大することは正当であろうか，さらに，目的を確定的認識に限定することは必要であろうか。⑦加害結果の確実な発生という客観的要件までは要求すべきではないが，目的犯が危険犯であることからすると結果発生の危険は要求されるべきである。⑧目的という用語は必ずしも意図に限定して用いる必要はないが，文言を大幅に超えて解釈することは許される解釈といえるか，というものである。

　(2)　断絶された結果犯と短縮された二行為犯とに目的犯を伝統的に二分し，一部の例外を除いて目的は原則として未必的認識認容で足りるとする見解[109]は，判例の傾向を鋭く指摘するものとして評価できる。しかし，この見解に対しては，次のような疑問を提起することができるであろう。まず断絶された結果犯では「現実になされた行為の持つ法益侵害の危険性が行為者の主観によって左右されることはなく，法益侵害の危険性は当該行為その他の客観的状況によって決まる」ことは，行為の違法性は客観的事実のみによって決定されるのであり，目的が違法性に対して何ら意味を有しないことを意味するにすぎない。ここで論者は目的を責任要素と解しているが，責任要素だから目的は未必的認識認容で足りると直接的に導き出すことは無理があるだろう。ある事実を認識して行為することとそれを意図して行為することとで行為から導き出される結果発生の危険性の程度に変わりはないとの主張にしたがうとしても，非難可能性を基礎づけ高める点に着目すると，目的を未必的認識認容まで広く認めるのではなく，限定的に強度の内容を要求することは成り立ちうるところである。

---

109)　前掲注（59），（77），（99）参照。

第2章　目的の内容に関する総論的考察　　141

　論者はここで，目的実現の未必的認識と意図とは責任の度合いが異なるに
すぎず，同一の行為について責任の軽重によって犯罪の成否を区別すること
に疑問を呈する。しかし，何ら違法の存しないところに責任を認めてこれを
犯罪化することは当然受け入れられないとしても，違法によって処罰範囲が
限界づけられた後に行為者の責任を検討する際には，行為者のいかなる主観
的側面を処罰の対象とするかは，違法とは別個の問題として構成することは
むしろ必要であり，例えばそれを行為者の意図に限定して犯罪の成立を認め
るとの理論構成も可能であるといえる。
　また，短縮された二行為犯では規定の目的をもって「当該行為をすること
によって，当該行為が違法性を帯びる」ことから，論者は目的を違法要素と
位置づける。ここでも断絶された結果犯と同じく，違法要素だからといって
「目的事実の未必的認識・認容」と目的を解釈することは直結しないとおもわ
れる。主観的要素がその知的側面と意的側面において，法益侵害とどのよう
に関係するのかどうかがここでも問題となるはずである。論者は主観的要素
は法益侵害と関係することを前提とし，「目的事実実現の意図…によって，法
益侵害に至る危険性が増大し，行為の違法性が強くなる」とする。論者の立
場に立脚しても，知的側面が違法を基礎づけ，意的側面が違法を増大させる
とはなりえないことから，知的側面のみならず，危険を基礎づけるものとし
て意図を目的に要求することも可能といえよう。
　さらに論者は，目的犯を2つに分類して，特別の類型については目的の内
容として意図を要求するが，これは未必的認識認容では足りないとすること
から直ちに導くことができるものとはいえないであろう。目的としては意図
を含めて確定的認識で足りると解することも考えられるからである。目的犯
の伝統的な二分説は，客観的構成要件が法益侵害行為を不完全に記述するか，
法益侵害行為が完全に行われているかの違いを表すにすぎず，そこでは目的
は違法要素か責任要素かが問題となりうるとしても，そこから目的犯の目的
の内容を直接的に導き出すことを主眼とするものではないと理解することが
できる[110]。いずれの目的犯の類型においても，目的犯では故意とは別個独

110）前掲注（53）参照。

立した存在である目的が存在する場合を犯罪成立や刑の加重の要件としているものであるから，即座に目的を故意と同じように理解する必要はない。目的の内容を未必的認識認容に限定することにも，また目的の内容を意図に拡大することにも，これが認められるための理由が必要であろう。

(3) 目的の内容に様々なものを盛り込むことには，概念は明確でなければならず，同じ言葉が，漫然と種々の意味に用いられることは，いたずらに議論を混乱させることになる[111]との主張がある。解釈の統一性の観点からすると同一の用語が同一の意味を有することは望ましいものとも考えられるが，そのように解さなければならない必然性はなく，用語の意味内容は基本的には犯罪構成要件の解釈によって決定されるべきである。同一の用語が犯罪の種類によって異なって解釈される例がいくつもあることを想起すれば，目的という用語だけが一義的に解釈されなければならないことはない。こうしてわが国においてもドイツにおけると同様に，目的の内容は各論の問題として取り扱われているというべきであり，その点で判例の志向は，また学説が特に虚偽告訴罪に代表されるように[112]当該犯罪に関連づけて目的の内容を解釈することも，各犯罪の構成要件解釈の問題に収斂される以上は目的の内容を異なって解釈するとしても矛盾はなく，正当なものと評価することができる。問題はそこでなされる個々の解釈が妥当なものかどうかということである。

(4) この前提に立つと，ドイツで主張される新たな目的犯の二分説は目的の内容を考えるうえでは有益な素材を提供してくれるものと考えられそうである。しかし，これについてはドイツにおける事情を考慮する必要があるだろう。ドイツでは故意における意図を意味する Absicht と目的犯の目的を意味する Absicht とで同一の用語が用いられている。これによって，目的が意図に限定されるものではないとしても，目的の意味が意図を出発点とすることは当然であり，そこからどの程度まで目的の意味を拡大しうるかが問題とされることとなる。そこでは意図は有していないが当罰的な行為をした者を処罰するために，確定的認識で足りるとする考え方が主流となっている。こ

---

111) 内田・前掲注（95）160頁。
112) 前掲注（61）-（71）参照。

第2章　目的の内容に関する総論的考察　143

れに対して，わが国ではこの両者を表す意図と目的とで用語の統一はなく，目的という用語がドイツと同じように本来的には意図を意味するといっても，それに限定されることなく目的の意味を解釈しうることからは，ドイツの議論に即座に追随する必要はないといえよう。

2　目的と目的実現の危険性

(1)　目的犯の多くは目的が実現することは犯罪成立要件としては必要ではない危険犯に属する。目的で実現される事実と故意で実現される事実との間には直接的な関係が存在するものではない。目的は客観的側面に対応するものが存在しないために，単に内心的に存在すればそれだけで目的は認められるともいえる。しかし，故意は単に存在するとしてもその客観的構成要件の実現が犯罪成立のために要求されていることを考慮すると，目的が，客観的な部分で何の裏づけもなく，単に存在するだけで処罰の存否や軽重に影響を与えることは心情刑法との批判を回避することができず賛成しがたい。

侵害犯における結果発生と危険犯における危険（結果）発生は，犯罪成立にとって必須の要件である。例えば通貨偽造罪の保護法益は通貨の真正に対する公共の信用とされている[113]。偽造通貨の行使という目的の実現によって，法益は単なる偽造通貨作成行為よりも一層危殆化されることになるが，行為の中に目的実現の危険性が存在しなければ，そもそも法益が危殆化されることはない。ここでは目的実現の危険性は法益と密接な関係を有しており，目的犯成立の前提として，目的実現の危険性が存在しなければならないと考えられる。つまり，目的は単に存在するだけでは足りず，行為の中に目的実現の危険性が客観的に存在して初めて目的犯としての可罰性を具備するものといえ，目的実現の危険性という客観的側面での限定がまずは図られるべきである[114]。目的犯が危険犯に位置づけられるのは，このような意味で理解することができよう。

(2)　判例もいくつかの目的犯について単なる目的の存在だけでは足りず，目的が実現することの危険を要求している。例えば，内乱罪における「目的

---

113)　山口・前掲注（65）420頁。
114)　本書310-313頁。

144

の直接性」[115]や，凶器準備集合罪における「加害行為を実現する具体的な可能性」[116]をあげることができる。また学説においても，目的は単なる内心的・超過的主観的要素であってはならず，少なくとも，客観的な実現可能性を示すほどに客観化されなければならない[117]との主張は，まさしく主観的な目的の存在とは別に，客観的な危険性を要求するものと理解することができ，具体的には虚偽告訴罪において目的実現の客観的な可能性による処罰範囲の限定が主張されている[118]。

このような限定は他の判例にもみられる。例えば，強制執行妨害目的財産損壊罪（刑法96条の2）の「強制執行を妨害する目的」について，「単に他人の主観的認識若しくは意図だけでは足らず，客観的に，その目的実現の可能性の存することが必要であつて，同条の罪の成立するがためには現実に強制執行を受けるおそれのある客観的な状態の下において，強制執行を免れる目的をもつて同条所定の行為を為すことを要するものと解すべきである」[119]として，強制執行を受ける客観的危険性が要求されている。

また，売春防止法5条3号前段は，「売春をする目的で」「公衆の目にふれるような方法で客待ちを」することを禁止するが，これについて，「被告人は，当時売春の目的で客待ちしていたとはいえ，その服装及び右行為の場所，時刻等を併せて考慮しても，…被告人の行為の程度では，外形上，未だ売春の目的があることを一般公衆に明らかにするような挙動を伴う客待ち行為とは認めがたい」として，目的を有しているとしても売春のための客待ちとしての客観的態様が認められないとして犯罪の成立が否定された[120]。

さらに，内乱，外患の罪の教唆等罪（破壊活動防止法38条2項）では，「これらの罪を実行させる目的をもつてその罪のせん動を」することを処罰対象とするが，「『内乱の罪を実行させる目的』とは行為者において内乱罪の実行の正当性又は必要性を主張した文書であることを認識するのみでは勿論，内乱

115）前掲注（14）・大判昭和10年10月24日。前掲注（15）参照。
116）前掲注（43）・東京高判昭和49年2月15日。
117）内田・前掲注（95）169頁。
118）前掲注（70）参照。
119）最判昭和35年6月24日刑集14巻8号1103頁。山口・前掲注（65）554-555頁も同様の主張をする。
120）東京高判昭和52年6月21日判時885号173頁。本書298頁を参照。

第2章　目的の内容に関する総論的考察　　145

の罪を実行させる意図を有していたのみでも足らず，その結果発生の現実的
な可能性或は蓋然性がなければならぬものと解するが故に行為者が内乱の罪
を実行させる意図の外に結果発生の現実的な可能性或は蓋然性が存在し，こ
れを認識してその行為に出でた場合にのみ『内乱の罪を実行させる目的』が
あるものと謂はなければならない」[121]，その上告審決定では「被告人らの意
図は，もっぱら同工具をして自発的に内乱に立ち上がらせることにあった…
右文書の頒布により内乱罪の実行されるべき可能性ないし蓋然性が客観的に
存在していたことは認められない」[122]として，ここでも犯罪結果発生の可能
性・蓋然性すなわち危険性が要求されている。

　判例では目的は直接的目的，意図，動機などと性格づけられるが希望では
ない，問題は行為者の主観面に絞りをかけるだけで解決するものではなく，
意思そのものは，決して刑を加重する根拠たりうるものではないと考えるべ
きであるとの見解[123]が示すとおり，目的犯の成立のためには目的が存在す
るだけでは足りず，目的が実現する危険性を要求し，客観的な側面からまず
はその成立に絞りをかけるべきであるが，判例がそのような方向性を志向し
ているのは正当と評価できるであろう。

　(3)　行為に目的実現の危険性を要求して客観的側面での限界づけがなされ
るとしても，そこから主観的要素の内容を無限定に広げる方向性を模索して
もよいとなると，それは妥当なものとはいえない。単なる希望であり夢であ
るにすぎない主観的側面について，たまたま夢が実現しても未必的故意すら
認められないのが普通であろう[124]ことから，両者の間には直結する関連性
はみられない。目的犯の成立にとってはまずは目的実現の可能性についての
未必的な認識認容が目的の内容として要求されるべきであろう。つまり，目
的犯の目的との内容としては，故意と同程度の意思内容がまずは要求される
べきであることが確認できる[125]。問題はその後である。目的は故意と同一
の内容で足りるのか，それとも故意以上の強度の主観的内容が要求されるべ

---

121)　津地判昭和30年2月28日判時48号3頁。
122)　最決昭和42年7月20日判時496号68頁。
123)　内田・前掲注（95）161-163頁。ただし，同時に，判例では目的の内容を意図や動機
　　などととらえるべき根拠は何ら示されていないともする。
124)　内田・前掲注（95）166頁。

きかどうかである。

これは逆の面からすると，目的の内容は，目的という語の日常用語上の意味は意図と考えられることから，目的は第一級の直接的故意としての意図を意味すると解することが文理解釈の自然な帰結といえるが，この意味をどこまで拡大することが許容されるかの問題が生じる。これに関しては，ドイツで議論されているように，第一級の直接的故意（意図）と第二級の直接的故意（確定的認識）の違法段階での同価値性から，目的の内容を意図のみならず，確定的認識にまで拡大することは許容されてしかるべきとも考えられるが，その一方で判例学説の多数が認める未必的認識にまで拡大することは目的の文言の意味を超えることになりはしないかという文言上の解釈の問題点を指摘することができる[126]。

しかしながら，刑法的な意味での目的と意図の間に統一的な解釈を要請する論理的必然性が見いだせない以上は，目的と故意との実質的な異同を考慮することが必要というべきであり，両者を同一のレベルで取扱うことができるかどうかが判断の基準とされるべきであろう。そして，故意は客観的構成要件を超過せず目的はこれを超過するものと特徴づけることができるが，この両者の絶対的相違である主観的要素が客観的要素を超過するかどうかで相違がみられない場合は，目的を故意と同一レベルで取扱うことができる場合といえる。このような場合には，結果発生の認識認容と定義される故意と同様に，超過的要素である目的についても，その内容は目的を実現することの認識認容と構成することが可能となる。

目的犯においては目的の実現は犯罪成立要件ではないが，目的犯は同時に危険犯でもあることから，目的が実現する危険性は必要である。そこでの危険の程度は様々なものが考えられる。行為を遂行することでその他には何か

---

125) 只木・前掲注（98）215, 219頁は正当にも，目的犯成立の主観的要件としては知的要素と意思的要素があり，爆発物取締罰則について，爆発によって加害結果が客観的に発生する危険性の認識あるいは爆発によって加害結果が発生する危険性を帯びた態様で爆発させることの認識が必要であると指摘するとともに，前掲注（50）最決平成3年2月1日は，加害結果発生に対する認識については未必的で足りることを確認したものであるとも指摘する。

126) ドイツではこの点が目的について未必的認識では足りないとする大きな理由となっている。

特別なことなくして目的が実現されるような場合，言い替えれば，行為から目的が実現する危険が大きい場合が考えられる。このような場合は行為と目的実現の関連が強い場合ということができる。ここでは行為の高度の危険性が法益侵害にとっては決定的であるがゆえに，目的が違法を根拠づけたり加重するとしてもそれは付加的なものにすぎず，目的が違法の性格を変えるだけの役割を果たすことにはならないであろう。これに対しては，行為には目的実現の危険性は潜在的に存在するものの，行為から直接的に目的が実現されることのない場合，言い替えれば，行為から目的が実現する危険が大きいとはいえない場合が考えられる。しかし，これを含めて広く目的が違法の性格を変える場合を想定することができる。こうして目的犯の目的の内容を検討するにあたっては，目的犯はその性質にしたがって2つに分類することができ，そこから目的の内容に関する一定の傾向を読み取ることが可能である。

3　目的の内容に関する目的犯の分類⑴──行為自体と目的実現の関連が強い場合

⑴　第一の分類としては行為自体と目的実現の関連が強い場合をあげることができる。この分類においては，行為から直接的にしろ（断絶された結果犯），第二の行為を通じて間接的にしろ（短縮された二行為犯），行為の遂行それ自体に目的を実現するだけの危険性が存在している，すなわち行為自体に目的を実現する高度の危険性が存在する。ここでは行為それ自体が法益侵害の危険を発させるため，目的は法益侵害を積極的に基礎づけたり刑を加重する点からは特別な意味を有しておらず，むしろ広範な犯罪成立範囲を認めることは当罰的でない行為までも処罰することになりかねず，目的のある行為に処罰を限定する法益の限定的保護という消極的役割を果たすものと考えることができる。故意が内容とする客観的構成要件要素である結果発生は，行為に存する目的実現の高度の危険性は対応的に考えることができ，ここでの目的は故意と同様に取扱うことができ，したがってその内容は目的実現の未必的認識認容と解することができる。これはさらに2つの類型に区分して考えることができる。

⑵　第一の類型は，目的という用語の使用の妥当性はおき，客観的構成要

件に対応しない一定の主観面を具備して行為することが予定されていると考えられるほど行為と目的の間には密接な関係が存在し，当該主観的側面以外の主観的側面で遂行した場合を犯罪成立から除外する意味で目的が記述されていると認めることのできる場合である。ある意味では規定の目的がないことが例外的に違法性阻却の役割を果たす面を有していると考えられる[127]。すなわち，故意とは別の一定の主観的側面を伴った行為の遂行が類型的に予定されている場合である。目的は行為に当然に付随しているものと考えられることからすると，ここでは客観的構成要件としては記述されていない一定の事態が発生することを予見して行為することが予定されているものであり，目的の存在に大きな意味はなく，目的と故意とは客観面を超過するか否かだけを異にする機能を有するにすぎない。目的は故意と同様に目的実現の未必的認識認容で足りると解することができる。

　しかしこの場合に故意と目的が客観的側面を超過するかどうかで異なるにすぎないとしても，両者を全ての面において同一のものと扱うことはできない。故意は結果発生の認識認容さえあればそれで十分であり，その他の認識があってもその存在が否定されるものではない[128]が，目的では様々な目的が併存的に存在しうることに注目する必要がある。規定の目的以外に特に何かを意図することなしに行為を遂行する場合には目的実現の危険性を認識認容する限りで目的の存在が認められることに問題はない。これに対してそれ以外の何らかの意図で行為を遂行する場合には目的が否定される場合がある。その意味では目的実現の危険性の認識認容は目的の存在にとっては必要

---

127) 平野・前掲注（55）125-126頁は，目的犯としては規定されていないわいせつ物展示罪（刑法175条）について，芸術品として見る人に見てもらおうとして展示したときは，犯罪は成立しないと解するとすれば，目的が主観的違法阻却事由としてはたらくことを認めることになるとする。この理論は消極的に機能する目的を提唱するものとして一考に値するが，わいせつ物の展示はそれ自体が違法と評価することができ，その限りではいかなる目的でなされるかは問題とはならない。芸術目的での展示は，それだけで違法性が阻却されるものではなく，あるとしてもそれはごく例外的といえるので，目的犯構成がとられていないものと考えられる。

128) 故意については例えば，保険金獲得のために爆弾を爆発させて船舶を沈没させる計画において，同時に乗船員の溺死をも高度の蓋然性でもって認識している行為者は，乗船員の死を意図してはいないが，意図した結果の必然的な付随結果として予見しているため故意を有するものとされる（トーマス事例）。本書15-16頁を参照。

第 2 章　目的の内容に関する総論的考察　149

要件ではあっても十分条件ではない。他の事態の発生を認識し意図している
ような場合には，これと規定の目的との両者を比較衡量し，規定の目的が主
たる目的であると判断されれば目的の存在を肯定することができる[129]。人
間の行動には通常は何らかの意図をもって行われるものであるが，特に何の
意図を有してはいないが目的実現を認識認容していれば目的に含めて考える
点に，目的の内容を拡大して解釈する第一の分類の意義を見出すことができ
るであろう。それは，行為から法益侵害を惹起する大きな危険を有し，なお
かつ前者から後者が直接的に導出されるという密接な関係を有することを考
慮すれば，そのような心理状態で目的を肯定するのに十分と判断しうるから
である。

　(3)　この類型に属するものとしては，偽造罪をあげることができる。例え
ば通貨偽造罪では，偽貨作成行為は通常は偽貨を市場に流通させることを目
的として行われるものであり，行為者がこの目的実現の可能性を認識して行
為することが一般的といえる。しかしながら，例外的に行使の目的以外の目
的でもって行為が遂行される場合もありうる。

　目的の内容をなす流通に置かれる危険のある偽造かどうかが客観的に認定
できない場合に，あえて内心的な行使の目的の存否を追求してゆく必要があ
るだろうか，そして，行使目的による偽貨作成であることが客観的に認定さ
れない場合は，通貨偽造罪は成立しないというべきであり，それぞれの構成
要件が求める特別な目的が客観的に認められてはじめて構成要件該当性を考
えるべきであるとの主張[130]は，客観的な行使の危険性を要求するという限
りでは正当といえる。しかしながら，偽造という用語は，それ自体が一般人
に真正な通貨と誤信させる程度のものであることを要し，かつそれで足り
る[131]とされている。一見して偽造と判別される物の作成では偽造要件を充

---

129)　ただし，規定の目的事実の実現を未必的に認識認容しているにすぎないが，別の事態
　の発生を意図している場合には，両方の目的が主たる目的と判断することも可能では
　あるが，後者の方が主たる目的であると判断されることが多いようにおもわれる。目的
　が併存している場合に目的の主従を比較衡量することは，特に背任罪で議論されてい
　る（例えば，最決昭和 63 年 11 月 21 日刑集 42 巻 9 号 1251 頁）が，このような目的の比
　較は第一の類型にとどまるものではなく，目的犯一般で認められるであろう。
130)　内田・前掲注（95）165 頁。
131)　大判昭和 2 年 1 月 28 日新聞 2664 号 10 頁。

足しないため，一見しただけでは偽貨と識別できない物を作出しただけでは，行使の目的が客観的に認定されることはない。また，客観的構成要件要素として要求される偽造行為があるからといって，それが常に行使の目的をもったものといえるわけではなく，例外的にそのような目的を具備していない場合もありうることは当然認められる。こうして偽造行為それ自体から目的の有無を客観的に認定することは困難ないしは不可能である。この段階で考えられるのは，通貨偽造行為は行使の目的でもって遂行されたものと推定しうる程度である。

　行使の危険が存在する前提としては，偽貨が真貨と一見しただけでは識別できないほどに作成されていることが必要である。そこまでに至らない程度ではおよそ行使されて流通に置かれることは考えられないからである。逆に考えると，真貨との識別が困難なほどに精巧に作成された偽貨であれば，行為者の行使の目的の存在不存在に関わらず，また行為者以外の者の行使の可能性もあるから，通貨に対する公共の信用を害する高度の危険が肯定される，すなわち偽貨の作成と目的の実現とは密接な関係が認められる。そして，ここでの目的が実現される危険は，偽貨が流通に置かれる危険すなわち一見しただけでは真貨とは識別できないほどに精巧に偽貨を作出するもので十分に認められる。偽造概念にはこのような精巧性が内在的に要求されているため，偽造行為それ自体の存在によって行使の危険が認められるものと考えられる。

　なお，行為者が行使の危険を認識認容していなければ目的は認められない。もっとも行使の危険を認識認容している場合には行使の意図も同時に存在することが多いと考えられるが，行使の意図が目的の内容として必要とされているものではなく，またそこでは何か特段の意図が必要なわけではない。偽造行為自体の法益に対する危険を考慮に入れれば，それで処罰には十分と考えられる。さらに，行使の危険を認識しているが行使の意図はなく，映画撮影等それ以外の意図でもって偽造した場合には，目的が併存することとなり，いずれの目的が主たる目的かが衡量されて初めて目的の存在が肯定されることとなる。

　この類型に属するものとして他には虚偽告訴罪をあげることができる。こ

こでは告訴それ自体は刑事処分に至る危険性には強弱様々なものがあるが，刑事処分の可能性による処罰範囲の限定を図る趣旨からは，その危険性のない告訴は，ここでの行為からは除外されるべきである。このように刑事処分に至る危険性の高い虚偽の告訴をすることは，本罪の保護法益とされる適正な刑事司法作用・懲戒作用や被告訴者の個人的利益[132]を危殆化するのに十分である。こうして，虚偽告訴行為の遂行により，刑事処分という目的の実現は直接的に導かれ，両者の間には密接な関係を認めることができる。そして，虚偽の告訴をする場合には，被告訴者に規定の刑事処分等を受けさせる目的で行われるのが一般的と考えられる。つまり，ここでの行為者は通常は，自己の行為によって被告訴者が刑事処分に至る可能性を認識して虚偽の告訴を行うものといえる。被告訴者に刑事処分を受けさせることを認識していない場合はこの行為態様においては例外的といえるが，そのような場合には違法性が阻却されると解することができる。また告訴を戯れで行うなど刑事処分を意図していない場合には，目的を比較衡量して目的の存否は判断されることとなる。

　強制執行妨害目的財産損壊罪もこの類型に属するといえる。客観的行為としては強制執行を受ける財産の隠蔽・損壊・仮装譲渡・仮装債務負担等の妨害行為が規定されている。自己の財産について規定の行為をしても自己物の処分として何の問題も発生することはないが，それが強制執行を受ける財産であれば，規定の行為は強制執行の効果を失わせる一定の違法性を具備するものであり，この点で行為と目的実現との間に密接な関係を認めることができる。こうした行為は強制執行を妨害するために行われるのが一般的と考えられるところ，財産隠蔽等について強制執行を妨害することを意図していない場合はここでは例外的であり，目的の比較により違法性が阻却される場合もあるといえる[133]。

　(4)　第二の類型は，規定の目的での遂行は当該行為にとっては一般的とは

---

132) 団藤・前掲注（71）109頁，平野・前掲注（70）290頁。
133) ドイツ刑法288条の強制執行免脱罪は，「債権者への弁済を免れる目的で，自己の財産の構成部分を処分し又は除去」することを要求する。この目的については，意図とともに確定的認識で十分であるとされている。Günter Heine/Bernd Hecker, Schönke/Schröder Strafgesetzbuch Kommentar, 29.Aufl., 2014, §288Rn. 17.

いえない場合である。ここでは行為に際しては，行為者は目的として規定される事実を認識することなく行為を遂行する場合もありうる，すなわち規定の目的以外の行為も十分に予想しうる。そのため，客観的な行為自体が処罰の対象となっているかどうかにかかわらず，行為自体に存在する高い法益侵害の危険性を根拠にして目的実現の未必的認識認容で目的として十分とすると，処罰範囲が広範になってしまう懸念が生じることから，目的は未必的認識認容では足りない強度の内容を要求すべきであるとも考える。

　しかしこの類型では，行為者の目的実現の認識が一般的か否かの点では第一の類型と異なり，それは行為が規定の目的によるものと予定されていないために，目的が積極的に違法性を根拠づける機能を果たすものである。そして，目的の不存在が犯罪不成立のために消極的に機能する類型といっても，裏を返せば，目的の存在が犯罪成立に積極的に機能する場合と異なるところはなく，その意味では第一の類型と第二の類型とは目的の存在が行為にとって原則か例外かだけの相違にすぎず，いずれにしても目的の存在を要求すること，そしてこの類型においても行為と目的実現の間には強い関係性が存在することに変わりはない。したがって，行為者は行為自体が本来的に具備している目的実現の危険性を認識認容して行為すればそれで十分であり，目的の内容は未必的認識認容で足りるものと解することができる。

　(5)　この類型に属するものとしては，爆発物取締罰則をあげることができる。爆発物使用罪に規定する爆発物の使用とは，爆発物を爆発すべき状態におくことという[134]。爆発物も激発物であるが，激発物破裂罪に対しては爆発物取締法が優先適用される関係に立つ[135]とされるが，爆発物の使用が常に激発物破裂罪で規定される建造物等の損壊を予定するものではないことから，使用について常に何らかの犯罪が成立するとまで認めることはできない。そうはいっても，爆発物を使用すれば，公共の危険すなわち社会人心に著しい不安を生じるなど公共の安寧平穏を害し，爆発物を使用すること自体がこうした性質の行為であるととともに，爆発物の破壊作用の特徴からして不特定または多数の者の身体，財産を害する危険が一般的に認められる性質の行

---

[134]　古田佑紀「爆発物取締罰則」平野龍一他編『注解特別刑法6』（昭和61年）33頁。
[135]　大阪高判昭和52年1月16日刑月9巻5＝6号334頁，山口・前掲注（65）398頁。

第2章　目的の内容に関する総論的考察　　153

為である[136)]ことから，使用それ自体に一定程度の違法性を認めることがで
きる。同様に，爆発物製造等罪の爆発物の製造等についても，行為後に爆発
物が使用される可能性の大きさから公共の危険の発生を認めることは十分に
できよう。

使用罪は爆発の結果の発生を必要とはしないものの，抽象的危険犯である
ことから，爆発物の使用行為自体が公衆の身体財産に対し抽象的に危険を及
ぼすものとして処罰される[137)]。しかし，危険は擬制されるべきではなく，現
実に公共危険の発生が全くもって認められないような場合には犯罪の成立を
認めるべきではないられない。爆発物を爆発すべき状態におくことから，爆
発の危険が要求されるとともに，治安妨害と加害という目的の存在と目的実
現の危険性を要求することからも，危険の発生が全く存在しない場合には処
罰対象としないことが前提とされると考えられる[138)]。

本件行為に至る経緯はこれらの目的実現のためだけとは限られるわけでは
ない。ここでの目的にとっては，何か別の事態の発生を意図していない場合
にも，その目的実現の危険性の大きさに鑑みて，これを処罰範囲に組み込む
ことに目的を未必的認識認容で足りるとする見解の重点があるものといえ
る。爆発物とは理化学上のいわゆる爆発現象を惹起しうるように調合装置さ
れた物件をいう[139)]が，爆発物の使用が正当とされる場合は当然のことに認
められる。例えば工事現場でダイナマイト等の火薬類を使用することは社会
通念上予定されていることを考慮すれば，爆発物の使用は規定の目的でもっ
て行われることは一般的とまではいえない。通常は爆発物の使用や製造に
よって目的として規定される治安妨害と身体財産加害の結果が発生する高い
可能性が認められるために，これらの行為に際して行為者が目的実現の危険
性を未必的に認識認容していれば，目的としては十分であると考えられるが，
特に何らかの事態の発生を意図していなかったり，規定の目的以外の事態の

---

136) 古田・前掲注（134）21頁。
137) 古田・前掲注（134）22-23頁。
138) 平澤修「判批」前掲注（104）特別刑法判例研究第一巻424-425頁は，故意をはみ出し
　　たものであるという点で目的が認められるならば足り，その際結果発生の確定的認識
　　が必ずしも必要というわけはなく，心情面において未必的であっても，客観的に結果発
　　生の蓋然性が高ければ本罪の要件は充たされる，とする。
139) 最判昭和36年5月16日集刑138号69頁。

発生を意図している場合は当然ありうる。そのような場合は目的の比較衡量がなされて，目的の存否が判断されることになる[140]。

　この類型に属するものとしては他には凶器準備集合罪をあげることができる。客観的行為は複数の者が凶器を準備して集合することである。集合それ自体は犯罪として構成されているものではなく，何ら違法性を具備することのない正当な行為と評価することも可能といえそうだが，一定程度の違法な態様で行われることを必要とする。すなわち，複数の者が凶器をもって集合することについては，それ自体である程度の公共平穏の危険が認められることと，凶器準備集合の状況が社会生活の平穏を害しうる態様のものであることが必要とされると解すべきである[141]。ここにいう凶器は幅広い概念で用いられており，特に用法上の凶器は本来的な用途を超えた使用が予定されているため，集合の際に行為者自身が共同加害目的を有していることが一般的とまでいうことはできないであろう。それでも公共の危険を発生させるような集合であれば，そこから惹起されうる共同加害の事実の認識を行為者がもてば，目的としては十分である。

　内乱罪もこの類型に属するといえる。内乱罪の客観的行為である暴動とは，多数人による集団的な暴行脅迫を意味するが，騒乱罪（刑法106条）における多衆が集合した暴行脅迫と同程度に一地方の平穏を害する程度のもの，または，それよりも限定的に国家の基本組織に動揺を与える程度のものと考えられている[142]。前者の見解をとれば内乱罪は騒乱罪に目的が加わったものであり，内乱罪の暴動は騒乱罪の暴行脅迫を意味するが，これに対して後者の見解をとれば両者は質的に異なる犯罪類型と位置づけることができる。内乱罪の保護法益は国家の存立に対する危険であり[143]，暴動自体にこの危険の実現可能性が内在していると解すべきであることからは後者の見解をもって妥当と考えられ，客観的に国家の存立に危険を与えるような強度の暴動が要

---

140) 吉田・前掲注（97）60-61頁は，爆発物使用罪が断絶された結果であることから，目的は確定的認識を要するとするが，ここでは目的犯の伝統的な二分は意味を有するものではない。
141) 最判昭和58年6月23日刑集37巻5号555頁。
142) 山口・前掲注（65）530-531頁。
143) 山口・前掲注（65）531頁。

求されるべきであるが，いずれの見解を採用するとしても，騒乱罪の究極的な犯罪が内乱罪ということに問題はない。しかしそうだからといって，暴動行為は壊乱目的で行われることが一般的とまでいうことはできず，壊乱以外の目的で行われることもありうるという程度の関係性が認められるにすぎない。行為者は暴動が引き起こしうる壊乱の事実を認識認容していれば，目的としては十分であると考えられる。

　暴動行為自体は政治的に正当な目的で遂行される場合もあり，何か特別なことを意図してはいない事態まで内乱罪の高い法定的で処罰する必要があるかは疑問を感じざるをえない。判例が意図を要求することはそのようなことを考慮してのことであると考えられる[144]。その限りではここでは目的の内容を限定して，強度の内容を要求すべきであるともいえるが，この問題は目的の比較衡量によって解決を図ることができるであろう。

　(6)　さらに妨害運転致死傷罪もこの類型に属する。妨害運転致死傷罪は死傷結果という非故意行為の結果実現が要求されているため一般的な目的犯とは異なる性格があることは否めないが，基本行為である危険運転行為それ自体は刑法典上は処罰対象とはされていなくとも道路交通法上は処罰の対象として構成されている[145]。そして妨害結果や妨害運転致死傷罪の結果である人の死傷結果の発生は危険運転から直接実現される（断絶された結果犯）ことから，危険運転行為には妨害目的の実現とともに人の生命身体を侵害する危険性の高い類型性が存在すると考えられる。

　客観的には人の死傷結果を惹起しかねない危険運転をする際には，妨害目的が常に付随するとまでは認められないが，妨害結果発生の認識認容をもちうるといえるので，その点ではこの認識認容で目的としては十分なものといえる。しかしながら，判例学説はこの目的について未必的認識認容で足りず意図を要求する。その理由は，何らかの事情でやむなく走行車線を変更し，他の車両の直前に進入したために衝突した場合や，交差点で直進車両の前を

---

[144]　ドイツ刑法は 308 条，81 条でそれぞれ爆薬による爆発の惹起（爆発を引き起こし，他の者の身体若しくは生命又は大きな価値のある他人の物を危険にさらすこと）と，連邦に対する内乱（ドイツ連邦共和国の存立の侵害を企行等）を処罰するが，これらは目的犯としては規定されてはいない。

[145]　岡野光雄「『危険運転致死傷罪』に関する一考察」研修 648 号（平成 14 年）4-5 頁。

横切って右折する際に，場合によっては当該車両に急ブレーキを踏ませることになるかもしれない場合もあることを考慮するためである[146]とされる。通行の妨害に関する認識認容を有するだけで特別の意図なくして行為を遂行した場合には，行為の重大な危険性からすれば違法と認めるのに十分であるともいえる。しかし，そうすると，ここであげられる何らかの事情がある場合は適法行為の期待可能性をはじめとする責任の領域で解決を図ることができるとしても，目的を未必的認識で足りるとすれば，危険運転によって死傷結果が発生したほとんど全てを広範に犯罪として認めることになりかねず，過失運転致死傷罪（刑法旧211条2項，現行の自動車運転死傷行為処罰法5条）等の他の犯罪と区別するためにも，処罰対象を何らかの形で限定することが要請される。

　そこで1つ目の方策としては，妨害運転致死傷罪は結果犯であり，通常の目的犯とは異なる特別な類型であることが考えられる。危険運転行為自体は，道路交通法や暴行罪の成立が考えられるが，それ以上の法益侵害である死傷結果が成立要件とされている。危険運転行為には目的である妨害結果の実現の高度の危険が内在されているのみならず，それ以上に死傷の危険まで危険運転行為に内在しているとみることができる。本来結果の実現を成立要件とはしていない目的犯において，これを成立要件とすることからは何らかの修正，ここでは目的による犯罪成立範囲の限定を考慮に入れているのではないかと考えられることから目的を限定するものである。しかし，この見解は採用できないであろう。妨害運転致死傷罪を結果的加重犯として構成するとしても，行為と目的の間に関係が認められればよい点は他の目的犯と変わるところはない。行為から死傷結果が発生することが刑事学的に類型性が高いものと認められれば，これを特別な犯罪類型と構成する必要はないからである。

　そこで，2つ目の方策として考えられるのは，危険運転致死傷罪の他の類型との整合性の観点である。ここでもまずは客観的行為による限定が図られるべきといえるが，危険運転という客観的行為はすでに限定づけられており，それ以上の限定が期待できないことから，目的がその役割を果たす必要があ

---

[146] 前掲注（23）-（25），（90）を参照。井上宏他「刑法の一部を改正する法律の解説」法曹時報54巻4号（平成14年）71-72頁は，このような場合に妨害目的を否定する。

る。危険運転致死傷罪は高い法定刑を定めており，規定の行為やその前提条件を比較すると，妨害運転致死傷罪においては，妨害の認識では足りず，より強度の妨害の意思を要求することで，処罰範囲の限定が図られているものと考えられる。

(7)　第一と第二の類型においては，行為に目的が附随することが一般的かそうでないかは恣意的に判断されているのではないかとの批判が想定される。本稿においては一般的か否かを決定するにあたり論理的な説明がなされていないとの批判は十分にあたりうるところである。しかしながら，ここでは一般的かどうかが重要なのではない。両類型は行為に目的が附随することが一般的かどうかの点で異なるにすぎず，その違いは目的の内容を決定するにあたり大きな意味を有するものではない。重要なのは行為に存する目的を実現する危険性の大きさであり，その点について両類型で違いがないことに鑑みれば，両者の違いは相対的なものにすぎず，分類に大きな意味はないものといえる。

4　目的の内容に関する目的犯の分類(2)──目的が違法の性格を変える場合

(1)　第二の分類としては目的が違法の性格を変える場合をあげることができる。この分類においては，行為それ自体に目的を実現することの一定程度の危険性が存在することを前提として，その危険は第一の分類と同様に行為の遂行それ自体から目的が実現される高度の危険性が内在されている場合もあれば，危険は潜在的な危険にすぎず，行為の遂行は目的の実現とは基本的に無関係な場合もある。ここでの行為は正当なものと違法なものの両者が考えられるが，目的のある行為は目的のない行為とは同じように処罰することができないとすれば（いずれの場合においても，規定の目的が付与されることによって，行為は可罰性を基礎づけられたり刑が加重されることになるから，法はそのように規定している），目的は行為自体の違法の内容を変える役割を果たしているといえる。つまり，ここでの目的は処罰範囲を変更するという独特の大きい役割を果たすものといえる。故意が内容とする客観的構成要件要素である結果発生は，行為に存する目的実現の一定程度の危険性は対応的に考えることが困難であり，行為に存する違法性の大きさでは目的と故意を同様に

取扱うことができず，したがってその内容は目的実現の未必的認識認容で足りると即座に解することはできない。ここでもさらに2つの類型に区分してさらなる検討をすることができる。

(2) 第三の類型は，客観的に規定されている行為それ自体が正当ないしは価値中立であり，客観的行為では違法であると判断することができず，規定の目的が加わることによって違法性が付与される場合である。

ここで正当ないし中立とは，他者の利益侵害を惹起するとしても，行為自体は日常的な行為，刑法的評価の対象外の行為として許されていることを意味する。行為自体は正当なものとして可罰性を有しておらず，目的が適法行為を違法行為へと変える役割を果たすこととなり，目的の意味は大きいものである。危険犯として構成される目的犯では，行為自体に目的実現の危険を要求すべきであることからすると，正当な行為はこの前提に矛盾することになりはしないか，また，このような客観的危険の存在が認められるとしてもこれを担保として主観的目的を加味して違法を判断する手法には，客観的要素だけでは違法を認められず処罰を根拠づけられないから主観的目的が処罰を根拠づけることになるのではないか，客観的には適法な行為を主観的な目的によって違法行為へと変えることは妥当なのかとの疑問を提起しうるであろう。しかし，正当な行為といってもそこには幅があり，ここでも他者の利益侵害の危険性を認めることは十分に考えられるであろうし，行為自体に目的を実現する危険性を内蔵することを要求すれば，正当な行為という概念は無限定ということはできず必然的に限定されざるをえないものといえる。

限定的に解されるとはいえ，行為が正当なものであることからは，行為の遂行は規定の目的でなされることが通常の場合とはいえず，様々な目的で，したがって違法な目的に限られず正当な目的によってもなされることは当然予想されるところである。そのため，行為の遂行は目的の実現とは一般的に関係ないものといえる。もちろんこのような行為の際には規定の目的が実現されるとの未必的認識認容は十分にもちうるものではあるが，それでは日常的な行為までが広範に処罰の対象となってしまいかねない。目的が可罰性を基礎づけ処罰範囲を画定することによって，目的は行為の性格を変更する役割を有しており，未必的認識認容を排除する強度の内容が要求されるものと

解すべきである[147]。

(3) この類型に属するものとしては相場操縦罪をあげることができる。客観的に要求されている相場を変動させるべき一連の売買取引等すなわち変動取引が「相場を変動させる可能性のある売買取引」であるとすると，それ自体が金融商品取引に関与する者全てが行うことのできるものであり[148]，違法な要素を認めることができない正当な行為である。それが誘引目的の存在によって違法性が付与されることになることに問題はない[149]。この点，協同飼料事件控訴審判決（東京高判昭和63年7月26日）は，変動取引概念を「相場を支配する意図をもってする」取引と制限的に解しており，これによって変動取引概念はあらゆる取引を意味することなく，一定の違法性が付与された取引となる[150]。この解釈は主観的要素を組み込んで客観的要素を判断するものであり，実際にも相場を支配する意図を要求していることから，この概念を否定して変動取引概念の限定機能を認めない同事件上告審決定（最決平成6年7月20日）と比較して，全体的な内容としては異なることを言って

147) ドイツ刑法257条の犯人庇護罪で，その犯罪類型から目的を本来十分とされる確定的認識では足りずに，意図までが要求されていることについて，客観的な行為態様での判断の不可能性から主観的側面での制限をかける趣旨であれば，それは了解できるものである。これについては，本書75-79頁を参照。また，第三の類型に属する正当な行為ないしは価値中立行為の目的犯の正当性については，本書304-306頁を参照。

148) 前掲注（20）・最決平成6年7月20日は，「禁止行為の主体を『何人も』と規定しており，証券取引所の会員以外の者は右会員に委託することによって有価証券市場において売買取引を行うことができる」とする。

149) 芝原・前掲注（100）349-350頁は，相場操縦罪の成否について，その客観的行為の如何によってはおよそその違法性は認定できず，誘引目的の存在によって初めて行為に違法性が帯びることになるのは望ましいこととはいえないとする。十河太朗「判批」同志社法学48巻6号（平成9年）208-209頁も同様に，変動取引はそれ自体誘引目的を実現しうる性質の行為であるとともに，自然で正常な需給関係という法益を侵害する危険性を有する行為であり，適法行為と違法行為との区別基準を誘引目的にのみ求めることは妥当ではないとする。

150) 芝原・前掲注（100）349頁は，前掲注（19）・東京高判昭和63年7月26日について，それ自体高度の違法性を備えた限定された意味での変動取引，人為的な操作を加えて相場を変動させる行為であると表現する。これに対して，小倉・前掲注（101）89，105頁は，この判決は相場を変動させるべき取引という客観的要件自体が違法性を帯びるものであるととらえ，違法な取引と適法な取引との区別の基準を客観的なものにしようとしたのであろうが，客観的要件の解釈において相場を支配する意図という主観的要素を持ち込む結果となっているとし，さらに相場を変動させる可能性がある売買取引等をするということだけでは違法とはならず，誘引目的をもって相場を変動させる可能性がある売買取引等をすることが違法である，とする。

いるものではない。すなわち,「相場を支配する意図」という行為者主観に支配される「相場が変動する可能性のある取引」という客観的行為は,極言すれば,相場支配意思を主観的な誘引目的の要件とするか客観的な変動取引の要件とするかの違いでだけでその内容に変わりはないとの評価も可能であり[151],全くの正当な行為に違法性の要素を付与することによってこれを限定的に解することで,正当な行為が違法な目的の存在によって違法な行為と判断されてしまうという点を回避できることは高く評価することができよう。しかし,そうであるとしても,客観的行為の限定は違法行為を抽出することが重要なのではなく,適正な方法によって限定づけることが必要といえる。客観的行為の判断に当たって,行為者主観を加味することは果たして可能なのかは問題となり,このように変動取引を限定的にとらえる解釈には即座に賛同することはできない。

　相場操縦罪における変動取引概念を広く認めると,同一の行為が,行為者の心理状態により,ある場合は処罰されある場合は処罰されないとなると,心情刑法との批判を免れないため,このような立法形式は好ましいものとはいえない。このような場合には行為者の自由への不当な制限を回避する必要があることから,まず客観的行為の態様でもって規制することが要請されるべきであろう。売春防止法の売春目的での客待ちは,客待ち行為という正当な行為を売春目的が付加されることで処罰化するので,相場操縦罪と同一の類型に属するものである。客待ちとは,売春をしようとする者が自らの挙動によって売春をする意思のあることを表示しながら,公共の場所をうろついたり公衆の目にふれる場所に佇立したりして,相手方の申込みを待つ行為をいうが,これは外見上は一般人の待ち合わせとまぎらわしい。そこで,客待ち行為か否かの判定は,主として,行為者が自らの挙動によって売春をする意思のあることを表示しているか否かにかかることとなり[152],外形上売春の目的があることを一般公衆に明らかにするような挙動を伴う客待ちという客観的要件がない場合には目的が存在するとしても犯罪の成立を否定した判決[153]はその意味で大いに評価に値すると考えられる。

---

151) 古川元晴「判批」研修485号（昭和63年）68頁。
152) 佐藤文哉「売春防止法」平野龍一他編『注解特別刑法7 [第2版]』（昭和63年）35頁。

第 2 章　目的の内容に関する総論的考察　　161

　これに対して，相場操縦罪においては，変動取引概念に違法に相場を変動させるような形態の取引を読み取ることは不可能ではないかとも考えられる。しかしながら，客観的には正当な行為であっても，それが他者の一定の利益を侵害する危険性を内蔵し，行為の遂行によって侵害結果が発生する場合があることは否定できない。金融商品取引市場では相場の騰貴や下落はつきものであるから，金融商品取引者は，相場が自然の需給関係にしたがって変動していることを信頼してこれに関与し，たとえ取引から財産上の損害を被るとしてもこれを甘受するものである。特定の者が何らかの不正の手段を用いて取引を行うのであれば，それは自由かつ公正な金融商品取引市場の維持やこれに対する投資者の期待を裏切ることとなる。金融商品取引行為は，相場を変動させる可能性のある売買取引それ自体には違法性は認められなくとも，そのような事態を発生させる可能性が存在するものといえる。侵害利益と被侵害利益との比較衡量から，いかに行為として正当性を有しているとしても，社会的な利益侵害の程度が大きく，これを阻止することが正義に資する場合があることは十分に考えられるところである。

　ここでは，取引それ自体は自己の財産を増加・保護することに資する行為であるが，それとともに他者の財産の減少に直結する性格を有する，つまり適法行為であるといっても，他者の利益を侵害する危険を内蔵する性質を有することに着目することができる。正当な行為といっても，それが他者加害の性格を有する場合には，行為を遂行するに際しては，いかなる結果を発生させようと無関心に自己の利益追求にのみに励んでもよいものではなく，不当に他者の利益を侵害することを回避するように義務づけられていると考えてよいだろう。相場操縦罪の保護法益は，「自由で公正な有価証券市場の確保，有価証券市場での公正な価格形成の確保という一般的，抽象的利益」[154]であるとされていることからも，変動取引を意味する「相場を変動させる可能性のある売買取引」は単なる売買取引であるとしても，他者の利益を侵害しかねない性格のものであるからこそ，法益侵害の危険を有する行為として取引

---

153)　前掲注（120）・東京高判昭和 52 年 6 月 21 日。
154)　前掲注（21）・東京地判平成 5 年 5 月 19 日。山口厚編『経済刑法』（平成 24 年）218 頁〔橋爪隆執筆〕は，有価証券市場に対する投資家の信頼とする。

行為は把握することができる。そうすると，変動取引を「一般投資家がその変動取引に誘いこまれる可能性のある状況の下で行う」[155]取引と，誘引目的をこの中に読み込んで両者を関連づけることまでは必要ではないだろう。したがって，本罪は主観的目的が完全な適法行為を違法へと変える性質のものではなく，法益侵害の可能性のある行為が前提とされているものといえ，売春防止法と同様に，客観的要件による限定づけは可能である。不当な他者への侵害が許されるものではなく，正当な行為といえども，一定の制限に服することは正当化しうると解される。

目的の内容については，行為自体と目的実現の直接的関連性からすれば，目的実現の未必的認識認容で足りると考えられるところではあるが，それでは行為を限定するとしても正当な行為までが処罰の対象となりかねず，これを採用することはできない。すなわち，金融商品取引者は誰もが自己の行う取引が相場に何らかの変動を与える可能性を認識しつつこれを行うことは当然ともいえるから，ここでの誘引目的を他者を金融商品取引へと誘引することの未必的認識認容と解すると，全ての者に当該犯罪の成立を認めざるをえないことになってしまう。犯罪の性格から適法行為とはいえ一定の利益侵害の危険性を備えた行為について，目的がこれを違法化し，その性格を変えるものといえる。ここでは正当な行為により生じうる結果の発生を未必的に認識認容するだけでは可罰的とはいえず，また，広範な処罰範囲を限界づける必要があることから，目的は故意とは異なる独自の意味を有するものであると考えられ，誘引目的は目的が実現することの未必的認識認容では足りず，強度の内容が要求されるものと解すべきである[156]。

(4) 第四の類型は，目的がなくても行為に犯罪（基本犯）の成立が認められたり，または目的のない行為は犯罪でないが一定程度の違法性が具備されているが，行為自体に内在する目的実現の危険の大きさは第一および第二の類型ほどの高度の危険とまではいえず，そして規定の目的が付与されることによって違法の性格が変わり，基本犯の刑が加重されたり，可罰性が基礎づけ

---

155) 芝原・前掲注（100）349頁。
156) 芝原・前掲注（100）351-352頁は，変動取引概念を「人為的な操作を加えて相場を変動させる行為」と解すると，誘引目的は変動取引の故意であり，未必的認識で足りると解している。

第2章　目的の内容に関する総論的考察　　163

られる犯罪類型である。

　ここでは，行為自体に存在する目的実現の危険性が，行為がこの目的でもって遂行されることによって，この危険実現の程度は高まり，目的は違法性を基礎づけたり加重することで処罰範囲を拡大する役割を果たすこととなる。目的によって従来の法益とは質的に異なった法益の侵害ないしは危険が肯定されるものであり，目的は法益侵害性に影響を及ぼす性格を有する。他者の利益を侵害する行為の全てが犯罪として規制の対象となるものではなく，そのうち刑罰という強制力をもってしてでも規制しなければならないだけの強度の利益侵害行為だけが犯罪として規定されることに問題はないであろう。このような類型について，一定の主観的目的が加わると違法性が備わり犯罪化されるような方策については，客観的行為に元来どの程度の違法が具備されているかの相違だけの問題であり，目的が違法の性格を変えることを考えると，第三と第四の両類型では目的のある場合と目的のない場合で違法の内容が異なることでは変わるところはなく，正当な行為と一定程度の違法というように本来的な違法の差は量的な問題にすぎないことから，両類型の間に相違はないともいえる。第四の類型においても同様に，目的が正当な行為を違法と変える心情刑法ではないかとの批判も予想されるが，行為自体に一定程度の法益侵害性が認められることから，一定の規制は許されるであろう。

　この類型では，行為自体に規定の目的実現の危険性が内在するものの，行為の遂行それ自体が直接的に目的を実現するものではない。すなわち，行為と目的の関係は密接ではないため，目的としては様々なものが考えられる。行為に際しては目的実現の未必的認識認容をもって行為することも考えられるから，目的実現の未必的認識認容で足りるとすると，基本犯あるいは無罪として評価されるべきものが目的犯として処罰されることになりかねず，基本犯や無罪と構成する意味が失われかねない。そこで，これと目的犯との区別を画定する必要から，目的の内容としては未必的認識認容では足りず，強度の内容が要求されるものと解すべきである。

　(5)　この類型に属するものとしては，拐取罪が考えられる。拐取罪は未成年者に対する行為と成年者に対する行為とでは刑法上は別個に評価されている。未成年者に対しては単純拐取も処罰対象とされており（刑法224条），目

的は新たな犯罪を成立させて刑を加重する（刑法225条以下）が，成年者に対しては単純拐取は処罰されず，目的は犯罪を基礎づけることになる。拐取とは，人をその生活環境から不法に離脱させ，自己又は第三者の実力支配下に移すことをいう[157]が，被拐取者の行動の自由に対する侵害の程度は，同じく自由に対する犯罪と位置づけられる逮捕監禁罪（刑法220条）と比べて低いことから，拐取行為は全面的には処罰対象とはされていないと考えられる。すなわち，未成年者の単純拐取が処罰されるのは，未成年者は思慮が浅いので成人に比べて厚く保護しようとすることを理由としてあげることができる[158]。これに対して，成年者に対する単純拐取は，被拐取者に対する自由の侵害は同様に存在するとはいえ，低度の自由侵害では可罰的と評価できないと判断されたために，それ自体が犯罪として処罰の対象とされているものではない。

拐取行為自体は被拐取者の自由を侵害するとともに，営利等の目的が実現する危険性をも内蔵する。しかしながら，刑法上営利目的を初めとして多くの目的が規定されているように，拐取の目的には様々なものが考えられることから，拐取行為と各種目的の間には行為の遂行それ自体によって目的が実現される可能性は低く，これらには偽造行為と行使の目的における直接関連性ほどの強度の結びつきを認めることはできない。これに対して，未成年者拐取罪の保護法益について判例通説が考える被拐取者の自由と監護権者の監護権の両者への侵害[159]は，これが営利等の目的で遂行されると，被拐取者の拐取後の生命・身体に対するより高度の危険が顕在化すると考えられる[160]。すなわち，営利目的等の規定の目的が付加されることによって，未成年者成年者を問わず，目的拐取では自由侵害の性格が変わり，目的は行為の

---

157) 山口・前掲注（65）89頁。
158) 大塚仁他編『大コンメンタール刑法第11巻［第3版］』（平成26年）539頁〔山室恵執筆〕。
159) 団藤・前掲注（71）476頁，福岡高判昭和31年4月14日高刑特3巻8号409頁。
160) 前掲注（9）・東京高判昭和31年9月27日は，「営利の目的に出た誘拐行為を，他の動機に基くそれよりも，とくに重く処罰しようとする理由」として，「営利の目的に出た誘拐行為は，その性質上他の動機に基く場合よりも，ややもすれば被誘拐者の自由に対する侵害が一層増大する虞があるものであって，とくに被誘拐者その他の財産上の利益に対する侵害を顧慮したためではない」とする。

第2章　目的の内容に関する総論的考察　165

違法性を積極的に基礎づけたり加重するものといえる。

　ここでの目的の内容については，目的によって目指される結果発生の認識で足りると解することはできないであろう。例えば被拐取者を拐取することによって営利の対象とすることは可能であるから，行為者は基本的構成要件行為の際には規定の目的が実現することを予見してこれを実行することは十分に考えられるところである。このような場合を全て目的犯として処罰することになると，基本犯の多くが目的犯として処罰されることとなってしまい，基本犯と目的犯を別に規定した理由が希薄化してしまう。そのためここでは目的が犯罪を類別するうえで大きな役割を果たすことになり，営利等の目的の実現について認識認容以上の強い主観的側面を有する場合に成立範囲を限定していると解することができる[161]。

　なお，各種薬物犯罪の営利目的についても拐取罪と構成を同じくしており，同様に考えることができる。

　(6)　予備罪は第三ないしは第四の類型に属するといえる。予備行為は準備行為として，その概念は非常に幅広く，そこには違法行為も適法行為も幅広く認めることができるが，目的実現の直接的な関連性を認めることはできない。目的の存在によってそれ自体は適法ともいえる行為が処罰の対象となり，目的は違法の意味を変える役割を果たす。

　予備罪と連続してその先に予定されている通常の既遂犯罪の故意は未必的認識認容で足りることを考慮すると，予備段階で特別に強度の主観的内容を要求することには躊躇をおぼえる。殺人予備罪を例とすると，ここで強度の目的を必要とすると，殺人罪が未必的認識認容で遂行された場合には，殺人予備罪が成立していない場合もありうることとなってしまう。もちろん予備罪は意図的に遂行するが既遂犯罪は未必的に遂行するという場合もありえないわけではないが，そのような事態はほとんど考えられないであろう。殺人予備罪が最終的な目標とする殺人結果発生のための準備行為を処罰する趣旨だとすれば，殺人と殺人予備とで主観的内容に変わりはなく，目的は未必的

161)　ドイツ刑法239条aは，恐喝利用のための人身強取として「自己の安否をめぐる被害者の憂慮若しくは被害者の安否をめぐる第三者の憂慮を恐喝に利用するために」という目的が必要である。ここでは行為者は不法に利得することを意図しなければならないとする。Albin Eser/Jörg Eisele, a.a.O.（Anm. 133），Schönke/Schröder,§239aRn. 11.

認識認容で足りるとするべきであるともいえ，判例もこの点を重視している
ものと考えられる。

　しかし，既遂犯罪が成立した場合に予備罪がそれに吸収されるとしても，
既遂犯罪成立の前提として予備罪が成立していなければならない必要はな
い。予備は未遂や既遂の延長線上にあるとしても，法益侵害の危険性の性質
が異なるとして，両者とは別個の性格を有する特殊な犯罪類型と考えること
ができる。予備において予定される行為は広範囲に及びかつ正当であること
も考えられ，これらの行為が全て処罰対象とされるべきではないことを考慮
すれば，ここでの分類の原則と変わるものではなく，目的はその内容とされ
る既遂結果を実現することの未必的認識認容では足りず，強度の内容を要求
するべきであると解すべきである。

　(7)　第三と第四の類型においては，行為自体に備わる違法ないしは利益侵
害の程度が問題となる。両者は正当な行為と違法な行為とにその違いを見出
すとしても，第三の類型では正当な行為といえども，他者の利益を侵害しう
る性格を有する行為の中に認めることができる。また第四の類型では可罰的
でない違法性のある行為についても取扱うが，これは可罰的ではない以上は
正当な行為であると評価することも十分に考えられる。こうして両類型にお
ける違法性の程度は相対的なものであるとみることができる。その意味で両
者は全く別個の行為，異なる性格の行為を分類したものとまでいうことはで
きない。両類型では違法の質的変化の観点から目的を考察することに主眼を
置くことからすれば，違法の量的な側面から分類する必要性は乏しく，両者
の分類に大きな意味はないものといえる。

　(8)　目的に未必的認識認容以上の強度の内容を要求する類型では，目的の
内容はどのように解すればよいだろうか。まず判例学説で示される拐取罪や
薬物犯罪における営利目的のように，目的に動機を要求するものがある。動
機の内容について判例が述べるところはないが，目的は行為者関係的に責任
要素として機能する側面を有する一方で，行為関係的に違法要素として機能
する側面をも有する。つまり，目的は，行為の危険性を増大させるものとし
て違法要素ともなりうるし，また非難可能性を増大させるものとして責任要
素ともなりえ，両者の性格を併有する広い概念を有している。ここでは動機

は行為者の心情を表すものとして責任要素や量刑事情としての役割を果たすものと考えられる。例えば目的は意図でありまた動機でもあるという表現は，目的が違法要素に尽きることなく，責任要素でもあることを示すものと評価しうる。目的を責任要素と解するのであれば，目的は動機を意味すると解することは可能だが，そうすると営利目的で表されているように動機を違法要素と解することには疑問を投じざるをえない[162]。

　強度の目的については，第一級の直接的故意と第二級の直接的故意とが同価値であるとされていることからすると，いずれの場合も行為の法益に対する危殆化の程度に変わりはなく，本来的には意図を意味する目的を確定的認識にまで拡大して解釈することは許されてしかるべきである[163]。目的を違法要素と構成することからは，両者に相違を見出すことは困難といえるが，それぞれの犯罪において，この両者をわける理由があるかが考察されることとなろう。そうすると，本来的には広範囲に及ぶ正当な行為か元来違法な行為かの違いはあるが，目的が違法の性質を変化させて可罰化ないしは刑を加重化する場合において，一定の限度に処罰範囲を限定するために目的にその本来的な意味である意図を要求することも考えられるところである。

　しかしながら，行為自体に客観的には一定の利益侵害性を要求すべきであることを前提として，例えば，相場操縦罪において自己の行為が他者をして作為的に作出された相場において金融商品取引に引き込むことや，拐取罪において自己の行為が被拐取者の自由侵害の程度をより大きなものに変えることを確定的に認識していることは，これを未必的に認識しているにすぎない場合とは異なった評価が与えられるべきであると考えられる。これらについては，目的実現を意図するか確定的に認識するかで異なるところはない。いずれの類型においても，目的の内容としては目的を実現することを意図するか確定的に認識するかのいずれかの心理状態が要求されるべきであろう。

　目的として知的側面と意的側面の両者の存在が考えられるとしても，いずれか一方のみが強調される場合も考えられる。偽造罪では行為と目的の密接

---

162) このような理解に立つと，営利目的を動機とのみ表現するのは，目的を違法要素に位置づける立場からは狭すぎるものといえる。本書86-90頁。

163) この点がドイツにおいて目的が意図とともに確定的認識にまで拡大される大きな理由の1つである。本書95-102頁。

関連性から行使の危険を認識することで目的が実現する危険が認められるといえるが、拐取罪の場合にはこのような関係は弱く、当該拐取行為が営利の結果をもたらすことを認識するというよりも、意図することの方が事案としては通常といえる。営利目的は意的側面が主たるものといえ、理論的には営利の実現の確定的認識しかない場合は考えられるところではあるが、実際にはほとんどありえないであろう。判例が営利目的を動機とするのもこのような点を考慮してのことと考えられよう[164]。

四 結びにかえて

目的犯の目的の内容としてはまずは未必的認識認容で足りるが、目的という語の基本的な意味からすると、それにとどまらず、さらなる内容が要求されるのではないかとも考えられる。しかし、判例学説では目的の内容は様々な意味に解されている。本稿では、目的の内容は各犯罪構成要件の解釈に委ねられることを前提としつつも、目的犯をその性質に応じて2つに分類し、さらにそれぞれを2つの類型にわけることを手掛かりとして、目的の内容に関する解釈に理論的根拠を与えることを不十分ながらも試みた。

本稿で論じた内容を要約すると次のとおりである。目的犯は危険犯の一種として目的が実現される危険が存在することを前提として、目的の内容についてはその性格にしたがって2つに分類して検討することができる。第一は行為自体と目的実現の関連が強い場合であり、行為の遂行それ自体に目的を

---

[164] 拐取罪においては、様々な目的が処罰対象としてあげられているが、拐取行為の性格を考慮すればこれらはいずれも同一の類型に属するものといえる。その多くは意的側面が主たるものであるが、身体加害目的は両者の側面を有するといえよう。なお近年では、63歳の被害者を略取した事案について、「営利略取の罪における営利の目的とは、財産上の利益を得、または第三者に得させる目的を言うが、右目的は必ずしも確定的なものである必要はなく、未必的なものでも足りると解するのが相当である」とする判決がある（宮崎地判平成8年2月29日判時1569号150頁）。しかしこれは、「共犯者らにおいて…営利の目的を有しているかも知れないが、そのような目的があっても、あえて、略取することに加担しようと決意し、本件犯行に加わった…Aに財産的利益を得させることにつながる具体的な事柄を確定的に認識してなかった」ものであり、共犯者の目的を認識している場合に目的を認めていることから、目的犯と共犯の問題として取扱うべき問題である。したがって、「営利の目的を未必的に有していた」との叙述を営利目的拐取罪について営利の実現についての未必的認識認容で営利目的が認められると位置づけるのは早計であろう。

実現するだけの高度の危険性が存在することから，目的のある行為に処罰を限定する法益の限定的保護という消極的役割を目的は果たすものである。ここでの目的は故意と同様に取扱うことができ，その内容は目的実現の未必的認識認容と解することができる。第二は目的が違法の性格を変える場合であり，目的のある行為は目的のない行為とは同じように処罰することができないことから，目的は処罰範囲を変更する役割を果たすものである。ここでの目的は故意を同様に取扱うことができず，その内容は目的実現の未必的認識認容では足りず，意図や確定的認識と解すべきである。

第3章　目的の内容に関する各論的考察

第1節　ドイツにおける不法領得目的

一　はじめに

　ドイツ刑法 242 条の窃盗罪は,「違法に自ら領得し又は第三者に領得させる目的」で他人の動産を奪取すること, 246 条の横領罪は, 他人の動産を「違法に自ら領得し又は第三者に領得させる」ことを処罰対象とする。両犯罪の客観的構成要件の内容はわが国のそれとかなりの重なりがみられるが,「違法に自ら領得し又は第三者に領得させる目的」すなわち（不法）領得目的（Zueignungsabsicht）を明文で規定している点は大きな違いがある。わが国でも通説である不法領得の意思必要説に立脚すれば, これは明文における規定の有無の相違にすぎないともいえそうである。

　わが国における不法領得の意思は, 窃盗罪では「他人の権利を排除して他人の物を自己の所有物としてその経済的用法に従い, 利用, 処分する意思」[1],横領罪では「他人の物の占有者が委託の任務に背いて, その物につき権限がないのに所有者でなければできないような処分をする意志」[2]と定義され,窃盗罪では前者を権利者排除意思, 後者を利用処分意思とにわけるのが通常である[3]。そして, 権利者排除意思は可罰的な法益侵害惹起意思すなわち違法要素であるが, 利用処分意思は法益侵害行為の強い動機すなわち責任要素であるとする見解[4]が有力に主張されている。

---

1) 大判大正 4 年 5 月 21 日刑録 21 輯 663 頁, 最判昭和 26 年 7 月 13 日刑集 5 巻 8 号 1437 頁。
2) 最判昭和 24 年 3 月 8 日刑集 3 巻 3 号 276 頁。
3) 山口厚『刑法各論 [第 2 版]』(平成 22 年) 198 頁。
4) 山口・前掲注 (3) 199, 203 頁。

172

　一方でドイツにおいては，古くから領得（Zueignung）は排除（Enteignung）と収得（Aneignung）から構成され[5]，排除目的については未必的認識で十分であるが，収得目的は第一級の直接的故意すなわち意図を要する[6]とするのが一般的に認められている[7]。目的犯の目的，特に詐欺罪（ドイツ刑法263条）の利得目的（Bereicherungsabsicht）が意図を要する[8]こととの対比からすると，領得目的という目的犯の目的の内容の本質を構成するのは収得目的ということになり，領得目的としては収得目的だけを考えればよいことになる。あえて排除目的を加味するとすれば，それはどのような意味をもちうるのであろうか，そして，目的の内容として未必的認識を一貫して否定し続けるドイツ刑法の論理からすると，排除目的は目的足りうるといえるだろうか。本稿はこのような観点から，ドイツにおける領得目的の内容についての現状を概観することを試みるものである[9]。

5）Karl Binding, Lehrbuch des Gemainen Deutschen Strafrechts Besonderer Teil 1, 2. Aufl., 1902, S. 264ff；Albin Eser/Nikolaus Bosch, Schönke/Schröder Strafgesetzbuch Kommentar, 29.Aufl., 2014, §242Rn. 47. なお，これらの用語の邦訳については，山中敬一『刑法各論［第3版］』（平成27年）277頁にしたがった。そこでは，領得を構成する排除とは，所有者をその経済的地位から排除することであり，収得とは，行為者の財産ないし物の価値の利用へと財産を組み入れることであるとする。

6）Wolfgang Mitsch, Strafrecht Besonderer Teil 2, 3.Aufl., 2015, S. 44, 54；Rudolf Rengier, Strafrecht Besonderer Teil Ⅰ, 17.Aufl., 2015, S. 28；Klaus Gehrig, Der Absichtsbegriff in Straftatbeständen des Besonderen Teils des StGB, 1986, S. 51ff；Stefanie Mahl, Der strafrechtliche Absicthsbegriff, 2004, S. 120；Eser/Bosch, a.a.O.（Anm. 5），§242Rn. 64. なお，Gunther Arzt/Ulrich Weber/Bernd Heinrich/Eric Hilgendorf, Strafrecht Besonderer Teil, 2.Aufl., 2009, S. 396. は，領得目的の概念は不明確であるとする。

7）排除目的を未必的認識で足りるとするためか，排除目的ではなく排除故意との用語を使用するものが多い。例えば，Joachim Vogel, Leipziger Kommentar, 12.Aufl., 2010, §242Rn. 143ff. は，Enteignung（svorsatz）と Aneignung（sabsicht）として，「排除（故意）」「収得（目的）」と記載する。なお，故意が意図（第一級の直接的故意），確定的認識（第二級の直接的故意），未必的認識と3分されるのに対応して，目的の内容についても3つの類型が考えられる。未必的認識で「十分である（genügen）」とは，意図を排除する趣旨ではなく，未必的認識以上の心理的内容を要するというである。つまり，意図や確定的認識でもよいということである。ただし，故意に知的側面と意的側面が認められるのと同じく，目的もこの両者が必要であり，意図を必要とする（erforderlich sein）場合でも，知的側面としては未必的認識が最低限要求されるべきであることに注意されたい。

8）この点について，本書26-57頁を参照。

二　領得概念

1　領得の構造——窃盗罪を素材として

　領得目的を考察する前提として，ドイツ刑法が窃盗罪についてどのような立場をとっているかを概観する。窃盗罪は領得罪すなわち所有権侵害を構成要素とする犯罪として構成されている。窃盗の客観的行為は物（他人の動産）の奪取である。奪取とは，他人の占有を侵害して新たな占有を設定することを意味する[10]。これに対して，窃盗罪の主観的構成要件で必要とされる領得とは物に対する所有権類似の支配力の行使であり[11]，領得意思による物の占有取得である[12]。つまり，奪取は占有と関係するのに対して，領得は行為者が所有者類似の支配を要求することから，領得と奪取は厳格に区別される[13]。

　そして，領得は所有者の永続的なその地位からの排斥にある消極的側面である排除と，少なくとも一時的な物の行為者の財産への組み込みという積極的側面である収得から構成される[14]。そこから領得目的は，行為者が奪取の時点で，自己の財産状態を変更し権利者を永続的にその地位から排除して，自ら所有者のような支配権を行使する意思ということができる[15]。排除では，事実上永続的な権利者（所有者）の排斥が権利者の物に対する支配的地位から把握され，収得では，行為者（自己収得）または第三者（第三者収得）の財産への物の意図された編入を意味する[16]ことから，排除では一時使用との

---

　9)　近年のわが国おける文献として，穴沢大輔「不法領得の意思における利用処分意思についての一考察 (1)-(4・完)」明治学院大学法学研究 93 号（平成 24 年）95-149 頁，94 号（平成 25 年）39-70 頁，96 号（平成 26 年）91-117 頁，98 号（平成 27 年）253-283 頁，樋口亮介「ドイツ財産法講義ノート」東京大学法科大学院ローレビュー Vol. 8（平成 25 年）144 頁以下を参照。

10)　Rengier, a.a.O.（Anm. 6）, S. 11.

11)　Gehrig, a.a.O.（Anm. 6）, S. 51.

12)　Urs Kindhäuser, Nomos Kommentar Strafgesetzbuch, 4.Aufl., 2013, §242Rn. 69.

13)　Wolfgang Ruß, Leipziger Kmmentar, 11.Aufl., 1994, §242Rn. 46.

14)　Gehrig, a.a.O.（Anm. 6）, S. 51；Mahl, a.a.O.（Anm. 6）, S. 120. は，領得は，物それ自体または物の中に化体された物的価値を権利者から少なくとも一時的に排除して自己もしくは第三者の財産に組み入れることを意味する，と表現する。

15)　Mahl, a.a.O.（Anm. 6）, S. 121.

16)　Rengier, a.a.O.（Anm. 6）, S. 28.

限界が，収得では器物損壊罪との限界が問題となる[17]。わが国でいう権利者排除意思が排除目的に，利用処分意思が収得目的に相当すると考えられよう。

ドイツ刑法は単なる奪取罪として窃盗罪よりも軽く処罰する 248 条 b（乗り物の無権限使用）と 290 条（質物の無権限使用）を規定する。いずれの規定も単なる一時使用を例外的に処罰対象とするものであるが，例えば，248 条 b は自動車の一時使用の場合を特別に処罰することによって，窃盗における処罰の間隙を埋め合わせるものとされる[18]。これからすると，例えば自己領得では行為者は物に対して所有者のような地位を行使し所有者のように振舞うものではあるが，それでは，ほとんど全ての故意による奪取行為を所有者のような態度と解釈してしまう危険を孕むものである[19]。そのため，奪取罪と窃盗罪を区別する基準となるのが，故意とは区別されかつ主観的違法要素として奪取という客観的構成要件を超過する領得目的である。

2 排除と排除目的

(1) 排除とは物自体または物の中に化体された価値を所有者から奪い，所有者をその経済的地位から排斥することである[20]。一時的にしても所有者がその地位から排斥されれば，排除は肯定される。したがって，所有者の法的地位は排斥と関係し，排除にとっては行為者が物をどうするつもりかは重要ではない[21]。その意味で，後述するように，排除目的は未必的認識で足りると主張されるのである。

(2) 窃盗罪における領得の客体は物（動産）である。物に関しては，排除と収得のいずれにおいても，物それ自体（物質説）と，物の中に化体されたり物に内在する物の価値（物的価値説）の両者がその対象とされる（統合説）[22]。そこで，客体である物に対する排除や収得の可否を検討する。

客体の基本は物それ自体である。物質説からは，行為者が奪取の時点で所

---

17) Mahl, a.a.O.（Anm. 6），121.
18) Rengier, a.a.O.（Anm. 6），S. 127f.
19) Rengier, a.a.O.（Anm. 6），S. 27f.
20) Eser/Bosch, a.a.O.（Anm. 5），§ 242Rn. 47.
21) Gehrig, a.a.O.（Anm. 6），S. 51.
22) Rengier, a.a.O.（Anm. 6），S. 28；Eser/Bosch, a.a.O.（Anm. 5），§ 242Rn. 48.

有者から物を永続的に奪い取る故意を有していれば，物自身の排除のための意思は肯定される。そこでは，窃盗罪は所有権を保護することから，行為者が所有者に財産上の損害を与えようとしているかどうかは問題とはならない。したがって，価値のない物の奪取や盗品の補填を予定しても窃盗罪の構成要件は充足される[23]。

しかしながら，窃盗罪の客体を物それ自体の奪取に限定することでは足りず，物的価値をも客体に含める必要がある[24]。物的価値説からは，行為者が物に内在する特別な機能価値すなわち物それ自体に化体された経済的価値を物から奪取して，物を価値のないものにしようとすれば，それで十分である[25]。例えば，他人のテレフォンカードを秘密裏に持ち出して，これで電話をかけた後で元の場所に戻した場合（テレフォンカード事例）[26]や，他人の預金通帳を秘密裏に持ち出して，銀行で自分のために金銭を引き出した後で通帳を元の場所に戻した場合（預金通帳事例）[27]を考えると，物的価値説をも客体に含める必要性を理解することができる。

預金通帳事例についてみると，預金の引き出しという出来事が通帳の性質を変えるとしてもそれはほんのわずかでしかなく，物質説からは，通帳という物それ自体の奪取は，一時使用として処罰の対象とすることはできず，この場合に窃盗罪の構成要件該当性が否定されないとすると，この事例での処罰は，物的価値説を考慮に入れて初めて通帳の性質が変化したと判断することによって可能となる。すなわち，預金は通帳にその価値が化体されているところ，預金の引き出しによって，この金額が通帳との本質的な結びつきから不可逆的に引き離されることになる。通帳の占有と金銭の占有とは実質的に同じ意味をもつ（ドイツ民法808条）ことから，預金（の一部）の取り出しによって物自身の本質的構成部分が所有者から奪取され，通帳は金銭の引き出しの後ではもはや以前と同じ物とはいうことはできない。通帳に化体された

---

23) Rengier, a.a.O.（Anm. 6），S. 30.
24) RGSt24, 22. は，客からえる料金を店に渡さないために事前にビール券を奪取し，このビール券を戻して清算を完了したという事案で，行為者は所有者を侵害していないとして排除目的が否定された（ビール券事例）。
25) Rengier, a.a.O.（Anm. 6），S. 31.
26) Rengier, a.a.O.（Anm. 6），S. 31.
27) RGSt22, 2.

財産は引き出し後には減少しており通帳に内在する物的価値が永続的に奪取されたものであり，行為者の排除目的を肯定することができる[28]。

　(3)　預金通帳事例からも示されるとおり，行為者が奪取の時点で権利者(所有者)に対して，物を変わることなくまたは本質的な価値を減少させることなく返還して適法な状態を回復する意思を有している場合には排除目的は否定されることになる[29]。例えば，兵士が軍を除隊する際に紛失した軍帽の損害賠償請求を免れるために，仲間の軍帽を奪取して，これを自己の帽子として返却した場合 (軍帽事例) には排除目的は認められない。帽子は経済的な物の価値を奪われることなくその物質性と価値性を減少されることなくして所有者である国家に返還されており，損害賠償請求権を阻止するための帽子の利用は物の使用からの利益にすぎず，物的価値としては把握されない[30]。また，自己が拾得者として物の返還と引き換えに遺失物の所有者から謝礼を受け取るために，実際に拾得した者から物を奪取する場合 (謝礼事例) も同様であり，排除目的は認められない。ここで行為者は，軍帽や遺失物の権利者の所有者の権利を承認し，所有者としての法的地位を永続的に侵害する意思を有してはおらず，所有者は物を価値の侵害なくして返還を受けることになる。物から謝礼をえる可能性は，物それ自体を化体する価値ではない[31]。

　これに対して，行為者が所有者から物を奪取したが，それは後にその物を所有者に対して行為者自身の物として売却を申し入れるためであったという場合 (再売買事例)[32]や，行為者が商店から統一規格による複数回使用可能な容器を奪取したが，それはこの商店からデポジットを自分のものとして払い戻させるためであったという場合 (容器事例)[33]には，排除目的が肯定される[34]。前者では，真の所有者は自己の物を再入手するに際して，自分に所有

---

28) Mitsch, a.a.O. (Anm. 6), S. 64；Rengier, a.a.O. (Anm. 6), S. 31；Eser/Bosch, a.a.O. (Anm. 5), §242Rn. 50.

29) Rengier, a.a.O. (Anm. 6), S. 34；Mitsch, a.a.O. (Anm. 6), S. 53f.

30) BGHSt19, 387；Rengier, a.a.O. (Anm. 6), S. 34；Eser/Bosch, a.a.aO. (Anm. 5), §242Rn. 50.

31) Rengier, a.a.O. (Anm. 6), S. 33；Mitsch, a.a.O. (Anm. 6), S. 53f.

32) RGSt57, 199.

33) OLG Hamm NStZ2008, 154.

34) Rengier, a.a.O. (Anm. 6), S. 38f；Eser/Bosch, a.a.O. (Anm. 5), §242Rn. 50.

権があることを認識してはおらず，自己の所有権の存在を否定しており[35]，後者では，規格化された容器は多くの製造業者が使用しうるものであるため，その所有権は移転しうる[36]からである[37]。いずれの場合も，所有者にとって物の機能は商品としての売却価値の中に存し，所有者が入手を強制されていることから[38]，行為者が所有者の所有権を否定しているものと評価しうることになろう。

　以上の諸事例について学説は概ね見解の一致をみているが，領得の肯否が争われている[39]ものとして，売主が商品を買主に配達し，買主は配達時に代金を支払う契約になっていたところ，行為者がこの商品を奪取し，自ら郵便配達人と称してこれを買主のもとに配達し，自分のために代金を受け取ったという事例（偽配達人事例）[40]がある。これについて窃盗を否定する見解は，所有権秩序からは所有者である売主は商品を買主に配達することに異議を唱えることはできない[41]ことがあげられる。つまり，行為者は商品それ自体ではなく，商品から派生する金銭を望んでいるから，物それ自体や物的価値を所有権者から排除する意思を有していないということである。これに対して，窃盗罪の成立を肯定する見解は，買主へ配達する権利は売主だけにあり，行為者による奪取は永続的に売主の所有権を侵害している[42]，既存の法律関係を尊重するからといって他人の財産を許可なく侵害することは許されるものではない[43]ことがその理由としてあげられている。

　⑷　領得は目的をもって遂行されることから，排除には排除目的が必要とされる。通説は，排除目的について未必的認識で十分であると解する。これに対して，排除目的について意図を要求する見解は，「目的」という法律上の

---

35) Rengier, a.a.O.（Anm. 6），S. 38.
36) Rengier, a.a.O.（Anm. 6），S. 38f.
37) Rengier, a.a.O.（Anm. 6），S. 39. は，これに対して，規格化されていない容器の場合については，行為者が所有権関係を正当に評価していれば，永続的な排除に向けられた目的に欠けるとする。
38) Eser/Bosch, a.a.O.（Anm. 5），§242Rn. 50.
39) Rengier, a.a.O.（Anm. 6），S. 35f.
40) BayObLG JR1965, 1157.
41) Eser/Bosch, a.a.O.（Anm. 5），§242Rn. 50.
42) Rengier, a.a.O.（Anm. 6），S. 35.
43) Mitsch, a.a.O.（Anm. 6），S. 57.

用法の解釈から未必的認識では十分とはできないこと，行為者にとって排除
が重要であることが必要でないとすると処罰範囲が拡大してしまうことをあ
げる[44]。しかしながら通説は処罰の間隙への配慮を考慮して，通説のように
解さないと窃盗罪の規定が空文化してしまうことから，行為者が物が所有者
から永続的に失われる可能性を考慮に入れてこれを受け入れれば，排除目的
を肯定することができ，所有者から物を一定の時間奪取することが重要であ
ることは必要でないとする[45]。また，排除が行為者の目標であることは稀で
あり，ほとんどの場合排除は目的である収得の結果であること，行為者が収
得を求めれば，それと同時に通常与えられる排除の完成を目指すことになる
ことも，未必的認識で十分とする理由としてあげられている[46]。

　さらに，排除目的が単なる一時使用と窃盗との適切な限界づけをするため
の中核的役割を果たすことからも，未必的認識は基礎づけられる。すなわち，
単なる一時使用の場合には排除目的が認められず窃盗罪が否定され，その場
合には刑法248条b，290条の成否が問題となる[47]。この場合所有者が物を
すぐに取戻し侵害は使用可能性という一時的な奪取を超えるものではないと
行為者が考慮に入れた場合は，刑法248条b，290条による処罰を除いて，基
本的に処罰できないが，行為者が永続的な物の奪取を受け入れた場合は当罰
的であろう。その理由としては，窃盗罪において排除に直接的故意を要求す
ると，些細とはいえない可罰性の間隙が発生し，所有権の保護は十分でなく
なってしまうこと，所有者から物を永続的に奪取することが窃盗や強盗では
通常は重要ではなく，所有者に損害を与えたいというような希望は領得犯罪
の典型的な特徴ではないこと[48]をあげることができる。

　(5)　排除では，行為者が奪取の時点で物を所有者のもとに返還する意思が

---

44) Karl Heinz Gössel, Strafrecht Besonderer Teil 2, 1996, S. 124f ; Arzt/Weber/Heinrich/
　　Hilgendorf, a.a.O.（Anm. 6), S. 397. なお，Vogel, a.a.O.（Anm. 7), §242Rn. 145. は，排除
　　に第二級の直接的故意（確定的認識）を要求する。
45) Gehrig, a.a.O.（Anm. 6), S. 58 ; Eser/Bosch, a.a.O.（Anm. 5), §242Rn. 64.
46) Andreas Hoyer, Systematischer Kommentar zum Strafgesetzbuch, 6. Aufl., §242Rn.
　　107.
47) Rengier, a.a.O.（Anm. 6), S. 29f.
48) Tobias Witzigmann, Mögliche Funktionen und Bedeutungen des Absichtsbegriffs im
　　Strafrecht, JA 2009, S. 493.

あるかどうかが重要な役割を果たす。真摯な返還意思は，物に内在する価値を奪う場合を除いて，排除目的を原則として阻却する。例えば，返還する意思で音楽コンクールの間だけコンクール出場者のヴァイオリンを隠した場合である[49]。また，行為者が物の返還が確実であるとした場合にも排除目的は否定される。これに対して，返還を疑わしいものとしたり，返還されないことを受け入れたりすれば，単なる一時使用ではなく，排除目的を肯定しうる[50]。使用後に物を戻さないことが行為者にとって重要な場合は，行為者は所有者の保持の永続的な喪失を目的としており，排除目的を肯定することができる[51]。さらに，物を第三者が入手できるようなどこかに置いてきた場合は，返還意思を認めることはできない[52]。行為者はこの物のさらなる運命はどうでもよく，物の永続的な喪失を受け入れているといえるからである[53]。

　例えば，自分のもとを去ってイビーザに行ってしまったかつての恋人と相手の男（別の事件で犯罪を行っている）の身分証明書などを奪取したが，これによって2人の関係が壊れ，恋人はドイツに戻るが，男は犯罪者ゆえに戻れないことを期待するとともに，恋人が戻ってきたときには身分証明書を返還することも考慮に入れていたという事例（イビーザ事例）[54]では，行為者は少なくとも表面的には奪取された物の所有者としての地位とは全く別の目標を追求している[55]が，奪取した物をさしあたっては保持し続けて，その後に判断を下そうとしたことから，「占有の獲得と物の取り去りの中に他人の所有権への最終的な侵害すなわち領得がある」として，領得目的が肯定された[56]。

---

49) Rengier, a.a.O.（Anm. 6），S. 30 ; Eser/Bosch, a.a.O.（Anm. 5），§242Rn. 64.
50) Eser/Bosch, a.a.O.（Anm. 5），§242Rn. 64.
51) Gehrig, a.a.O.（Anm. 6），S. 54.
52) Gehrig, a.a.O.（Anm. 6），S. 53.
53) Gehrig, a.a.O.（Anm. 6），S. 59.
54) BGH NJW1985, 812.
55) Mahl, a.a.O.（Anm. 6），S. 124.
56) Arzt/Weber/Heinrich/Hilgendorf, a.a.O.（Anm. 6），S. 379. は，行為者が権利者から物を短くはない時間奪おうとした点を指摘するのに対して，Mahl, a.a.O.（Anm. 6），S. 124f. は，自己の行為が女性を困難に陥れることに有益であることは領得目的を排除するもおではなない，領得目的の決定に重要なのは，行為者が物に対して所有者としての地位を手に入れようとしたかどうかであり，行為者の将来の行動が考慮に入れられ，行為者が物について所有者にのみ与えられる態度をとることを予定していれば収得目的は肯定されるとして，この問題を排除目的ではなく収得目的で扱う。

180

(6) 排除目的の存否にとっては行為者が返還に条件をつけている場合も問題となる。領得目的は行為者が排除と収得を決断したことを前提とするが，この決断は，行為者が排除・収得を自己の影響下にない客観的な条件に依存させた場合にも存在する。このような内心において行為者は不確かな事実からであってもすでに排除・収得を決断しているからである。そしてこれは，排除目的が否定されるまだ決断していないことや，決定を保留していることと区別する必要がある[57]。

例えば，知人の家で密かに物を奪取したが，とりあえず自宅でこの物を保持して，返還するかどうかを考えてから決定を出す意思であった場合は，排除目的が認められない。この場合は窃盗罪は成立せず，決断後に物を保持することは横領罪を構成する。これに対して，行為者が奪取の時に返還を，獲得した物の中に金銭があるかどうかといった，行為者の影響力とは無関係の客観的条件に依存させて決定する場合には窃盗罪が肯定される[58]。

3 収得と収得目的

(1) 収得は，物を行為者または第三者の財産へ組み込んだり，奪われた物の価値を利用することであり，行為者が物をどのように扱おうと考えたかに依存する[59]。領得は自己領得と第三者領得とに区別される。後者は 1998 年第 6 次刑法改正で 242 条に明文でもって取り入れられたものである。そして，立法者は自己領得と第三者領得を同視したことから，両目的の間での結論は同じものでなければならない[60]。両者の相違はもっぱら収得における意思の側面の違いであり，その他の構成要件要素に相違はない[61]。したがって，自己収得と第三者収得における議論は同じであり，例えば，第三者に遺棄や損壊をさせるためだけに物を奪取しても第三者収得目的は認められない（第三者が犬を殺せるように犬を奪取した場合）が，第三者が物を自己の目的のために利用できるように物を委ねられれば，収得目的は肯定される（テレフォン

---

57) Rengier, a.a.O. (Anm. 6), S. 49.
58) Rengier, a.a.O. (Anm. 6), S. 49 ; Eser/Bosch, a.a.O. (Anm. 5), §242Rn. 62.
59) Eser/Bosch, a.a.O. (Anm. 5), §242Rn. 47 ; Mahl, a.a.O. (Anm. 6), S. 121.
60) Rengier, a.a.O. (Anm. 6), S. 46f.
61) Rengier, a.a.O. (Anm. 6), S. 28, 42.

カード事例で，第三者に電話をさせるためにカードを一時的に奪取した場合)[62]。

物質説を基礎とすると，収得目的は，行為者が奪取された物を自ら少なくとも一時的に自己または第三者のために保持・利用する，すなわち自己の財産の中に編入する意思を有している場合に肯定することができる[63]。奪取による占有の設定だけでは収得とはいえない，つまり，物の排除が肯定されても収得とはならない場合がある。ここでは特に，窃盗と器物損壊の区別が重要となる。こうして，物の損壊や他者を怒らせるためだけの物の奪取は収得目的が欠如する[64]。

これに対して，単なる占有設定以上のものが認められるときは収得が肯定される。そこでは，例えば，利用後には乗り捨てたままにする予定で自動車を奪取して，その後これを乗り捨ててきた場合，性的目的や雑巾として使用した後に廃棄することを目的として女性の洗濯物を奪取した場合[65]があげられる[66]。

物的価値説からは，物自身の中に化体された物の価値を自己の財産の中に少なくとも一時的に編入すれば収得にあたる[67]。

(2) 領得目的は，排除目的とともに収得目的としても現出する。単なる奪取と領得の両者が他人の占有を侵害する点に問題はない。占有侵害についてはいずれの場合も客観的構成要件を異にするところはないが，領得はそれに加えて所有権犯罪として構成され，両者を分ける基準すなわち占有侵害という所有権者の排除以上の所有権侵害要素としての領得目的が要求される。また，窃盗罪が所有権侵害犯罪として構成されるとしても，同じく所有権侵害犯罪である器物損壊罪とも区別されなければならず，そこでは領得目的の有無が決定的である。こうして収得要素としては物をどのように取扱うかということが重要となり，その意思を収得目的と位置づけることができる。

収得目的は，排除目的とは異なり，第一級の直接的故意すなわち意図を要

---

62) Rengier, a.a.O.（Anm. 6), S. 46.
63) Rengier, a.a.O.（Anm. 6), S. 39f.
64) Rengier, a.a.O.（Anm. 6), S. 40.
65) OLG Hamm MDR1954, 697.
66) Rengier, a.a.O.（Anm. 6), S. 40.
67) Rengier, a.a.O.（Anm. 6), S. 41.

すると一般的には解されており，この点に争いはみられない。窃盗罪においては法益の侵害は奪取で尽きており，目的の存在が犯罪類型を形成し，そして，領得目的は構造上は詐欺罪における利得目的に対応していることから，領得目的としては第一級の直接的故意が要求されるべきことになる[68]，との表現は，収得目的の意味で解されることとなる。目的に第一級の直接的故意を必要とする理由としては，収得目的は責任要素ではなく，排除目的とともに法益関係的ゆえに違法要素であるから，行為者にとっては，収得が重要でなければならず，行為者は収得を求め，目標として向けることを望まなければならないこと[69]，収得は単なる財産侵害と窃盗との限界を画定する要素として求められることになる。つまり，収得の要素が窃盗の犯罪類型を形成し，各規範の適用領域から単なる物の奪取と器物損壊の場合を除外するので，収得目的としては第一級の直接的故意が必要であるとされる[70]。ここでは詐欺罪における利得目的が同様に第一級の直接的故意を必要とするのと並行して考えることができる。

　行為者は物の奪取時にこのような目的を有していなければならず，例えば物を奪取後に廃棄する意思の場合と物を自己目的のために保持して使用する意思の場合では同じく所有権は侵害されているが，収得目的は行為者の目標に向けられている必要がある[71]ことから，前者では目的は否定されることになる。例えば，恋人から本屋から高価な書籍を盗んでくるように依頼された行為者（本屋事例）や，主人から他人のガチョウを自分の小屋に導き入れるように依頼された行為者（ガチョウ小屋事例）が，所有者に仕返しをすることが好ましいと考えて行為に至った場合には，収得目的に欠けることになる[72]。

　(3)　行為に必然的に付随する事情で，行為者がこれを受け入れてはいるが，望んではいない場合には，目的は存在しないものとされている[73]。この点は

---

[68]　Mahl, a.a.O.（Anm. 6），S. 120.

[69]　Vogel, a.a.O.（Anm. 7），§ 242Rn. 151.

[70]　Witzigmann, a.a.O.（Anm. 48），S. 490ff. は，目的が犯罪類型を形成する場合には第一級の直接的故意を必要とする。Vgl. Claus Roxin, Strafrecht Allgemeiner Teil Bd. Ⅰ, 4.Aufl., 2006, S. 441f.

[71]　Gehrig, a.a.O.（Anm. 6），S. 51.

[72]　Rengier, a.a.O.（Anm. 6），S. 48. なお，通説は行為者を目的なき故意ある道具として，依頼者に窃盗の間接正犯を認める，とする。

収得目的が利得目的と並行的に考えられることからの帰結といえる。例えば，刑務所からの脱走する受刑者の事例をあげることができる。これは，受刑者が逃走に際して身体に身に着けていた受刑服を着て逃走した場合（受刑服事例）と，刑務所の檻を破るために鍵を奪取して使用した場合（鍵事例）の両者について，受刑者は受刑服や鍵を領得したといえるかどうかが問題とされている。そして一般的には，鍵の領得は肯定されるが，受刑服については否定される。これは，鍵を収得することは脱走するのに必要な中間目標であり，受刑者には鍵の利用可能性が重要であるから，受刑者は鍵を領得したといえるのに対して，受刑服の着用は行為者にとっては諸事情から強制されているものであり，この奪取は避けられない付随結果にすぎず，行為者によって望まれてはいない[74]からである。

　ここでは，受刑者は即座に受刑服を捨てるつもりであったからこれを望んではいないと理論構成するものである。しかし，これに対しては，受刑者は裸で逃走することを望んではおらず，それよりも服を着て逃走する方がよりよいものとして受け入れていること，もし行為者が逃走中に他人の洗濯物を奪取した場合に，その服が気に入らなかったのでできるだけ早く着替えたいと考えたとしても，洗濯物の領得を否定することはできないであろうことを理由として，即座に収得目的を否定することを問題視する見解もある[75]。

　(4)　行為者が奪取の時点で自分が物でもって何をするのか，物を捨てるのか保持しようとするのか，をまだ正確には決めていない場合は収得目的を有しない[76]とされる。これは物の利用処分について無関心である場合に目的を否定するものである。ここから，目的は消極的な目的では足りず，積極的に何かをなすための奪取であることが必要とされる[77]。

　また，一定の条件の成就に目的が依存する場合にも，目的の存否が問題と

---

73) Thomas Fischer, Strafgesetzbuch, 63.Aufl., 2016, §242Rn. 41a.
74) Mahl, a.a.O.（Anm. 6），S. 122f.
75) Arzt/Weber/Heinrich/Hilgendorf, a.a.O.（Anm. 6），S. 396.
76) Rengier, a.a.O.（Anm. 6），S. 41.
77) 排除目的についてではあるが，Arzt/Weber/Heinrich/Hilgendorf, a.a.O.（Anm. 6），S. 397. は，排除に関して第一級の直接的な故意を要求する限りでは，短時間の使用を越えて所有者に損害を発生させるかどうかは行為者には無関心であるという事例はなお一時使用にすぎないと主張する。

184

なる。例えば，自己の債権実現の強制手段として使用するために他人の物を奪取した事案（担保取得事例）では，行為者は物や物の中に化体された物の価値を自己の財産の中に編入しようとは考えていないために，収得目的が否定される[78]。そして，債務者が支払いをしない場合に必要があれば物を売却すると考えた場合，行為者が物の将来の利用についての最終的な決断をいまだ留保しているときは目的が欠けるが，これに対して，外部的な条件，特に債務者の態度によって利用を決定するのであれば，不確実な事態とはいえ行為者は利用をすでに決断しているといえ，収得目的は肯定される[79]。

(5) なお，領得目的は排他的な目的である必要はない[80]。したがって，確実ではないものの物を自ら利用しうるであろうことを行為者が奪取の際に予測や期待をした場合にも，収得目的は存在しうる[81]。目的は併存しうるのであって，領得の意思と毀損の意思との並立は考えられるところである。その際の領得の有無は，排除目的は未必的認識で足りるとされることから，この認識があれば排除目的は肯定され，目的の併存は収得目的の場面で問題となるであろう。

4 横領罪における領得目的

横領罪は，1998年第6次刑法改正において領得犯罪として規定され直された。こうして横領罪は，窃盗罪と同様に所有権侵害を本質とする犯罪類型である。横領罪は他の犯罪に対して補充的性格を有しており，より重い刑罰が科される他の犯罪構成要件が実現されない他人の動産の違法な領得の全てを包含する犯罪類型である[82]。

窃盗罪が主観的な領得目的を規定するのに対して，横領罪は領得が客観的構成要件要素であるところに両犯罪の規定上の相違がみられる。横領罪における領得概念は窃盗罪におけるそれと広く一致する。すなわち，窃盗罪における排除と収得に関する問題は全て横領においても生じる[83]。

---

78) BGH NStZ-RR1998, 235.
79) Rengier, a.a.O.（Anm. 6），S. 50；Kindhäuser, a.a.O.（Anm. 12），§242Rn. 82.
80) Kindhäuser, a.a.O.（Anm. 12），§242Rn. 123.
81) Vogel, a.a.O.（Anm. 7），§242Rn. 151.
82) Rengier, a.a.O.（Anm. 6），S. 114,

しかしながら，横領罪における領得は条文の構成上客観的構成要件要素であるので，領得意思は領得の故意としてのみ理解しうることになる。つまり，排除に関しては窃盗でも未必的認識で十分であるので両者に相違はみられないが，収得についても横領は未必的認識で十分であり，その点で窃盗と相違することになる。例えば，本の入った箱を友人に贈ったが，その本が貸し出されたものなのか自分のものなのかを知らず，どちらでもありうるとして，それ以上詮索することをしなかった者は，これが第三者の本を善意の友人に獲得させたとすれば，収得に関して，第三者領得と同じく自己領得の観点からしても，未必的認識で行為しており，収得目的としてはこれで十分とされる[84]。

三　結びにかえて

以上のとおり，ドイツにおける不法領得目的の現状を，窃盗罪と横領罪を例として概観してきた。本来であれば引き続いて領得目的の内容について検討し，わが国の不法領得の意思と比較すべきところではあるが，これについては稿を改めて検討させていただきたい。

---

83) Rengier, a.a.O.（Anm. 6), S. 114.
84) Rengier, a.a.O.（Anm. 6), S. 114.

第2節　奪取罪における不法領得の意思

一　はじめに

　ドイツにおける不法領得目的（Zueignungsabsicht）は窃盗罪等の領得犯罪において条文上規定されている要件である。その内容を簡潔に述べると，ドイツにおける「領得」（Zueignung）は，物自体または物の中に化体された価値を所有者から奪い，所有者をその経済的地位から排斥するという「排除」（Enteignung）と，物を行為者または第三者の財産へ組み込んだり，奪われた物の価値を利用するという「収得」（Aneignung）から構成され，排除目的は排除についての未必的認識で足りるのに対して，収得目的は収得についての意図を要すると解するのが判例通説である[1]。

　わが国では不法領得の意思は条文上規定されてはいないが，これを解釈上要求するのが一般的であり，判例は奪取罪（占有移転犯罪）については一般的にこれを「権利者を排除し他人の物を自己の所有物と同様にその経済的用法に従いこれを利用し又は処分する意思」と定義する[2]。前者の「権利者を排除し他人の物を所有者と同様に…する意思」を権利者排除意思といい，一時使用での奪取は権利者排除意思が欠けて無罪となる。これはドイツにおける排除に相当する。これに対して，後者の「他人の物を…その経済的用法に従いこれを利用し又は処分する意思」を利用処分意思といい，毀棄隠匿意思による行為は利用処分意思に欠けて毀棄隠匿罪が成立するにすぎない。これはドイツにおける収得に相当する[3]。

　不法領得の意思をめぐる問題はわが国の学説[4]上の主要テーマの1つであ

1）本書 171-185 頁を参照。
2）大判大正 4 年 5 月 21 日刑集刑録 21 輯 663 頁（後掲⑰判決），大判昭和 9 年 12 月 22 日刑集 13 巻 1789 頁（後掲⑱判決），最判昭和 26 年 7 月 13 日刑集 5 巻 8 号 1437 頁（後掲⑩判決）。
3）なお，占有非移転犯罪である横領罪においても不法領得の意思は必要とされており，判例はこれを「他人の物の占有者が委託の任務に背いて，その物につき権限がないのに所有者でなければできないような処分をする意志」と定義する（最判昭和 24 年 3 月 8 日刑集 3 巻 3 号 276 頁）。

り，不法領得の意思を，判例と同じく権利者排除意思と利用処分意思の２つから構成する見解（通説）[5]，権利者排除意思のみで構成する見解[6]，利用処分意思のみで構成する見解[7]，不法領得の意思を不要とする見解[8]の４つに大別することができ，活発な議論が展開されていることは周知のとおりである。しかし，学説において展開されている議論は，窃盗罪と一時使用の区別（特に返還意思のある場合）や窃盗罪と毀棄隠匿罪の区別（特に犯行隠滅意思や被検挙意思による場合）の基準やその評価が中心といえる。

　これらが避けて通れない重要な問題であることは当然であるが，判例学説ともに，これらの意思が未必的な認識認容で足りるのか，それとも，意図等のより強度の意思内容まで要求すべきかに関する検討まではなされていないと言っても過言ではない。権利者排除意思と利用処分意思はどのような内容を有するべきかは，議論の素材に上がってきてもよいはずであるにもかかわらず，わが国ではドイツにおけるような議論がなされていないのが現状である。

4）不法領得の意思に関する近年の論稿として，木村烈「窃盗罪における『不法領得の意思』をめぐる理論と実務─いわゆる『利用・処分意思』に関する判例の分析を中心に」『小林充先生・佐藤文哉先生古稀祝賀刑事裁判論集上巻』（平成18年）385-427頁，穴沢大輔「不法領得の意思における利用処分意思についての一考察（1)-(4・完)」法学研究93号（平成24年）95-149頁，94号（平成25年）39-70頁，96号（平成26年）91-117頁，98号（平成27年）253-283頁，杉山博亮「不法領得の意思について」専修大学法学研究所紀要40（平成27年）83-131頁。

5）井田良『刑法各論［第2版］』（平成25）88-89頁，大谷實『刑法講義各論［新版第4版補訂版］』（平成27年）199，201頁，中森喜彦『刑法各論［第4版］』（平成27年）114-115頁，西田典之『刑法各論［第6版］』（平成24年）158-161頁，林幹人『刑法各論［第2版］』（平成19年）193，195頁，平野龍一『刑法概説』（昭和52年）206-207頁，藤木英雄『刑法講義各論』（昭和51年）280頁，松原芳博『刑法各論』（平成28年）208，212頁，松宮孝明『刑法各論講義［第4版］』（平成28年）215，217頁，山口厚『刑法各論［第2版］』（平成22年）200，203頁，山中敬一『刑法各論［第3版］』（平成27年）280-283頁。

6）団藤重光『刑法綱要各論［第3版］』（平成2年）563頁，福田平『全訂刑法各論［第3版増補版］』（平成14年）230頁。

7）伊東研祐『刑法講義各論』（平成23年）145-146頁，木村光江『刑法［第3版］』（平成22年）320-321頁，髙橋則夫『刑法各論［第2版］』（平成26年）223-224頁，前田雅英『刑法各論講義［第6版］』（平成27年）157，159頁。

8）内田文昭『刑法各論［第3版］』（平成11年）255頁，大塚仁『刑法概説（各論）［第3版増補版］』（平成17年）197頁，川端博『刑法各論講義［第2版］』（平成22年）286頁，曽根威彦『刑法各論［第5版］』（平成24年）122頁。

本節はこうした問題意識を基礎として，従来から展開されてきた議論との関係を保ちつつ，わが国の奪取罪における不法領得の意思について，どのような意思内容を要求すればよいかについて，若干の検討を試みるものである。

二　わが国の奪取罪における不法領得の意思に関する判例学説の状況とその評価

わが国の判例において不法領得の意思が直接的に問題となった事案は少なくなく，判例は大審院以来一貫して不法領得の意思として権利者排除意思と利用処分意思を必要とする立場をとっている[9]。判例は不法領得の意思に関して，本稿で掲げる裁判例の多くが示すとおり，「意思」「意図」「目的」という用語を使用するものが多い。ここでの「意思」は一般的には第一級の直接的故意を意味する「意図」と同義と考えられ，判例もそのような意味で「意思」を使用していると考えてよいものが多いであろう。しかし，だからといって，不法領得の意思が目的犯における目的の一種として，あるいは，少なくともそれに類似するといえる超過的内心傾向の犯罪類型であることを前提とすれば，「意思」というだけで強度の意図的要素が必然的に導き出されるというものではない。判例は目的犯における目的を意図の意味だけで解してはいないからである[10]。もちろん解釈によっては不法領得の意思について強度の意図的要素が必要とされるという結論に至ることは考えられる。しかし，それはあくまでも個々の犯罪構成要件の解釈からえられる帰結であって，「意思」という用語から直接的に導かれるものではない。また，「目的」は多義的に使用することができるが，ここでは「意図」と並列的に使用されることからすると，これと同義と解してよいであろう。しかし，そこでの問題は「意

9）ただし，後述するように，判例学説ともに当初の不法領得の意思の定義では適正な処罰範囲を確定することができないために，これを拡大的に適用する傾向がある。これについて，日高義博「判批」『刑法判例百選Ⅱ各論［第7版］』（平成26年）67頁は，後掲㉚判決と㉛判決から，「経済的用法に従うという点は，もはや不法領得の意思の判断ファクターからは脱落している」，後掲⑩判決と②判決から，「権利者排除意思の点も当初のような可罰性限定機能をなくしている」と指摘したうえで，「判例のいう不法領得の意思の内容としては，現在では『他人の物を自己の所有物として利用・処分する意思』という部分が機能しているだけだといえよう」とする。

10）この点については，本書109-169頁を参照。

図」と「目的」で変わりはない。そして，後述するとおり，裁判例の多くは
これらの用語を不法領得の意思の必要要件として使用しているというより
も，当該事案における事実として意図や目的が存在したと認定しているにす
ぎないことがわかる。そうすると，不法領得の意思の内容はいまだ不明確な
ままである。

　そこでまずは，権利者排除意思と利用処分意思について，判例および学説
がどのような内容を考えているのかについて順次検討を加えていくものとす
る。

1　権利者排除意思をめぐる判例の状況とその評価

　(1)　判例は，権利者排除意思の内容について事実認定の中で取り上げるこ
とはあっても，それを定義するものまではないといえる。まず，「被告人は，
A 方から自転車を無断で持ち出す際には，右自転車を使用した後にその場所
に返還しようと考えていたものであって，これを乗り捨てる意思はなく…被
告人が右自転車の所有者を排除するまでの意思を有していたとみることはで
きず」(①判決)[11]と，「意思」という用語をそのまま用いるものがある一方で，
「意図」や「目的」に言及するものも存在する。すなわち，「被告人らは，所
論各自動車を，窃盗品の運搬に使用したり，あるいは，その目的をもって，
相当長時間にわたって乗り回している」(②判決)[12]，「他人所有の普通乗用自
動車…を，数時間にわたつて完全に自己の支配下に置く意図のもとに，所有
者に無断で乗り出し，その後四時間余りの間，同市内を乗り廻していた」(③
判決)[13]，「本件ファイルを複写し，これに化体された情報を自らのものとし，
前示のような効果を狙う意図と目的のために持ち出した」(④判決)[14]などで
ある。しかし，これらの表現は事実として意図や目的が存在することを認定
しているだけであるから，権利者排除意思として意図や目的が必要的に要求

---

11)　京都地判昭和 51 年 12 月 17 日判時 847 号 112 頁。なお，本節では，「一時使用」「一時
　　的な使用」という用語を使用するが，「一時使用」は，理由づけは多々あるが，不可罰で
　　あることを前提とし，「一時的な使用」はこれとは異なり，奪取罪の成否とは無関係に
　　短時間の使用の意味で用いる。
12)　最決昭和 43 年 9 月 17 日判時 534 号 85 頁。
13)　最決昭和 55 年 10 月 30 日刑集 34 巻 5 号 357 頁。
14)　東京地判昭和 59 年 6 月 28 日判時 1126 号 6 頁。

される趣旨と考えることはできないであろう。

　また，「同社を退職し，同社と営業が競争関係に立つ他会社に就職しようとし，その際本件購読会員名簿のコピーを作成し，これを転職先会社に譲り渡すことを企て…右企てを実行すべく決意し…本件購読会員名簿四冊を取り出し，これを携帯して同社を出…約二時間後にコピーができたので，右購読会員名簿四冊を受取って同社内に持ち帰り，右名簿を元の保管場所に戻した」（⑤判決）[15]との判決は，「企て」や「決意」が事実上存在することから権利者排除意思を肯定する点では②判決〜④判決と同一である。ここでの企てや決意の意味については，意図や目的と同じ意味でありこれを言い換えたか，あるいは，それほどの強い意思の程度までが存在しないことからあえて意図や目的という用語を使用しなかったかは不明確であるが，後者であるとすれば，判例は意図や目的よりも弱い意思内容で権利者排除意思を肯定することを示すことになる。

　(2)　権利者排除の意味については，「たとえその目的がパチンコ玉を景品交換の手段とするものであつたとしても，経営者の意思にもとづかないで，パチンコ玉の所持を自己に移すものであり，しかもこれを再び使用し，あるいは景品と交換すると否とは自由であるからパチンコ玉につきみずから所有者としてふるまう意思を表現した」（⑥決定）[16]，市議会議員選挙に際し，特定の候補者を当選させるため，後日その候補者の氏名を記入して投票中に混入し投票数を増加する目的で投票用紙を持ち出した被告人は，「権利者を排除して徳島市選挙管理委員会所有の投票用紙を恰も自己の所有物のごとくこれを同用紙として利用する意思であつた」（⑦判決）[17]，スーパーにおいて商品を持ち出した直後にトイレ等に持ち込み，値札や商品表示カードを外した後，すぐ売り場に戻り，レジ係に返還した行為者は，「本件各商品を，単純に，もとに返還するというのではなく，あたかもこれら商品の正当な買主（即ち所有者）であるように装って返品し，代金相当額の交付を受ける意思の下に，売り場から持ち出したものであって，被告人のこのような意思は，権利者を

15）東京地判昭和55年2月14日刑月12巻1＝2号47頁。
16）最決昭和31年8月22日刑集10巻8号1260頁。
17）最判昭和33年4月17日刑集12巻6号1079頁。

排除して物の所有者として振舞い，かつ，物の所有者にして初めてなしうるような，その物の用法にかなった方法に従い利用・処分する意思に外ならないというべきである」（⑧判決)[18]との裁判例が示す通り，財物に対する最終的，永続的な所有権獲得の意思までは必要でなく，財物の所有権があくまでも所有者にあることを認めた上で当該財物の一時的な利用についても権利者排除意思を肯定しうる。すなわち，権利者排除は所有権獲得が予定されるのが通常と考えられるが，それに限られることなく一時的な利用であっても広く，自己の所有物と同様にふるまうことのできる地位の獲得でもって肯定されるものと理解できる。

(3) 権利者排除意思では窃盗と一時使用との限界が特に問題となる。ここで特に問題となるのは，財物を一時的に利用するだけでその後は返還意思（元の場所に返却する意思）がある場合に，権利者排除意思が否定されるであろうか，ということである。返還意思のある自転車の占有侵害について①判決は，権利者排除意思を否定したが，それは，返還意思の存在だけではなく，被害の軽微性等の客観的諸条件に大きく依存していることに着目すべきである[19,20]。

これに対して，当初から乗り捨ての意思がある場合には権利者排除意思は肯定されることとなる。すなわち，自転車の使用について，「窃盗罪ノ成立ニハ他人ノ財物ニ付キ不正領得ノ意思ヲ以テ其所持ヲ侵シテ之ヲ自己ノ所持ニ移スコトヲ必要トスルカ故ニ單ニ一時使用ノ爲メニ之ヲ自己ノ所持ニ移スカ如キハ窃盗罪ヲ構成セサルモノトス…原判決ハ被告カ當初ヨリ無斷使用ノ

---

18) 大阪地判昭和 63 年 12 月 22 日判タ 707 号 267 頁。
19) ①判決は，「自転車を使用した後に元の場所に返還しようと考えていた…，被告人が予め決めていた目的地までは…さほどの距離はなく，…自転車を無断で持ち出してから元のガレージに戻すまでの時間は従前の例からみて最大限二，三時間を越えるものではなく，その間の自転車の消耗も考慮に値いしないほど軽微であるなどからみて…被告人が右自転車の所有権を排除するまでの意思を有していたとみることはできず，むしろ，単に一時的に使用するために右自転車を自己の占有に移したとみるのが相当である」とする。日高・前掲注（9）67 頁は，これに基づいて，被害の軽微性が可罰的違法性の欠如による違法性阻却を指摘する。
20) なお，木谷明「判解」『最高裁判所判例解説刑事篇昭和 55 年度』（昭和 60 年）213 頁は，一時使用の目的が適法なものであったか違法なものであったかは，不法領得の意思の成否について本質的に重要性をもつものではないとする。

末之ヲ破壊シ且乗捨ル意思アリタルモノト認メタル趣旨ナリトセハ被告ハ他人ノ自轉車ヲ一時使用スルニ止マラスシテ終局的ニ被害者ノ所持ヲ奪ヒ事實上自己ノ完全ナル支配ニ移シ之ヲ使用處分シテ自ラ所有者ノ實ヲ擧クル意思アルモノト解スヘキヲ以テ即チ不正領得ノ意思アルモノト謂フヘク其行爲ハ正ニ竊盗罪ヲ構成スルモノトス」(⑨判決)[21]，また肥料船の使用について，「たとえ短時間であつても，被告人等が右肥料船に対するＡの所持を侵し該船を自己の所持に移したものであることは明白であるばかりでなく，更に挙示の証拠によれば被告人等は右肥料船が対岸に着けば当然その場にこれを乗り捨てる意思であつたことが認められるのである。そもそも，刑法上窃盗罪の成立に必要な不正領得の意思とは，権利者を排除し他人の物を自己の所有物と同様にその経済的用法に従いこれを利用し又は処分する意思をいうのであつて，永久的にその物の経済的利益を保持する意思であることを必要としないのであるから，被告人等が対岸に該船を乗り捨てる意思で前記肥料船に対するＡの所持を奪つた以上，一時的にも該船の権利者を排除し終局的に自ら該船に対する完全な支配を取得して所有者と同様の実を挙げる意思即ち右にいわゆる不正領得の意思がなかつたという訳にはゆかない。」(⑩判決)[22]とされている。ここから，財物を自己の物にする意思でなくても，乗り捨ては無権利者には許されないまさしく権利者でなければできないような処分であるから自己の所有物と同様にふるまう意思が認められ[23]，権利者排除意思を肯定することに問題はないといえよう。

　自転車の使用について判例の態度はわかれる様相をみてとれる (①⑨判決) 一方で，判例は自動車や情報記載・記録物の奪取については，②判決〜⑤判決はいずれも自動車ないしは情報記録物の使用につき権利者排除意思を肯定することから，返還意思があっても不法領得の意思を否定することはなく，被害の軽微さや価値の消耗度，さらには排他的な利用価値を着目することで，自転車の使用とは異なる結論に至る。これについては，近時の学説の大勢は，その理由づけのちがいはともかくとして，結論としては，乗り物の一時的な

---

21) 大判大正9年2月4日刑録26輯26頁。
22) 最判昭和26年7月13日刑集5巻8号1437頁。
23) これは，「所有者ノ實ヲ擧クル意思」(⑨判決)，「終局的に自ら該船に対する完全な支配を取得して所有者と同様の実を挙げる意思」(⑩判決) に現れているものである。

第 3 章　目的の内容に関する各論的考察　　193

使用につき，使用後返還する意思がある場合でも，一定の限度で窃盗罪の成立を肯定すべきであるとする方向において一致しつつある[24]，自転車と自動車を別異に取扱う理由はなく，自転車の一時使用に関する判例の傾向は近々是正されるものとおもわれるとの評価[25]も存在することを考慮すると，判例は将来的には自転車の一時使用をさらに狭める結果に至ることも予想される。

　一時使用「が不可罰たるためには，少なくとも財物の所持が被害者から完全に失われていない場合であり，そしてその限度においてのみ認められるべきものである。すなわち，返還の意思をもってするきわめて短時間の使用であって，その物が被害者の許に容易にかつ安全確実に返還され得るような場合に限られ，しかも，使用それ自体が著しくその物の価値の消費を伴うことなく，通常その物の権利者としてこれを認容できる程度の使用にして，かつ，そのことが公序良俗に反しないと認められる場合でなくてはならない」(⑪判決)[26]は，一時使用の不可罰性を返還意思という主観的要件よりもむしろ，「所持が被害者から完全に失われていない場合」，すなわち，短時間の使用，返還の確実性，価値の非消費，認容しうる程度の使用，公序良俗に反しないことといった占有侵害の態様という客観的諸条件を判断の基準としていることが理解できる。また，情報が記載・記録された物の奪取について，「本件各資料は秘密性のほか有用性ないし経済的価値を十分有していたと認められる。そして，本件各資料の経済的価値がその具現化された情報の有用性，価値性に依存するものである以上，資料の内容をコピーしその情報を獲得しようとする意思は，権利者を排除し右資料を自己の物と同様にその経済的用法に従つて利用する意思にほかならないと言うべきであるから，判示犯行の動機及び態様に照らし，被告人には不法領得の意思が存在したと認めるのが相当である。」(⑫判決)[27]は，返還意思の存在だけで不法領得の意思が否定されるものではない点では同様であるが，秘密性と経済的価値にのみ言及し，不

---

24)　木谷・前掲注（20）211 頁。
25)　大塚仁他編『大コンメンタール刑法第 12 巻［第 2 版］』（平成 15 年）238 頁〔佐藤道夫＝麻生光洋執筆〕。
26)　神戸簡判昭和 34 年 12 月 8 日下刑集 1 巻 12 号 2596 頁。
27)　東京地判昭和 59 年 6 月 15 日判時 1126 号 3 頁。

194

法領得の意思を肯定する。⑪判決が一時使用として不処罰となる客観的条件を列挙するのに対して，⑫判決は秘密性と経済的利用の存在から窃盗罪の成立を認める。両判決は全く異なった判断基準が用いられたというよりも，自動車と情報化体物の性格の相違から異なる基準が明示されたものと考えるべきであろう。

これらからは，いずれにしても返還意思の存在だけでは権利者排除意思を否定する根拠とはなりえないことがわかる。そして，権利者排除意思における権利者排除が客観的な行為の事情から判断されるとしても，それは権利者排除意思の存否が客観的要素に依存することを意味するものではない。行為者が客観的な法益侵害の大きさをどのように認識しているかの判断要素として客観的要素は機能するものである。したがって，行為の時点において自己の行為から惹起される法益侵害に対する影響の大小の認識が権利者排除意思にとっては重要であり，その程度が大きいことを認識していれば権利者排除意思は肯定しうるといえる[28]。

(4) それでは，権利者排除意思と返還意思はどのような関係に立つであろうか。「被告人は金融機関に対する強盗という重大な犯罪を遂行するのに利用するという目的で，敢えて無断でこれを乗り出したのであるから，その使用時間が三〇分，走行距離が一五キロメートル余に止まるといっても，被告人において少なくともその間，被害者の権利を全く無視し，本件自動車を自己の支配下におくという強い意思を認めることができる…被告人が本件自動車を元の駐車場に戻すことは，更に逃走に使用する自己の車を同駐車場に置いている結果に過ぎず，その返還意思というのも，返還を目的ないし強く意識して権利者のために誠実にこれをなすというものではなく，返還自体を最重要視しているものでないから，本件犯行途中に不測の事態が起れば，本件自動車を放置し逃走することが十分予想され，被告人の意図通り確実に元の

---

28) 山口・前掲注 (5) 200 頁は，権利者排除意思を「可罰的な法益侵害（利用妨害）を惹起しようとする意思であり，その危険を基礎付ける」とするが，法益侵害ないしは利用妨害は客観的に判断されるところ，自己の行為の法益侵害への影響の大きさに対する認識が権利者排除意思にとって重要な意味を有することになる。また，山口・前掲注 (5) 200 頁は，「排除意思が否定される程度の一時使用の意思であれば，結果として返還できなかったような場合でも，窃盗罪の成立は否定される」とするが，権利者排除意思は奪取行為の時点において判断されるものであるからは当然の帰結といえる。

場所に返還されるとは限らなかったと考えられる」(⑬判決)[29]との判決がある。これは，権利者排除の「強い意思」や「目的」の事実的存在に言及する点ではこれまで述べてきた判例の傾向に沿ったものであるが，「最重要視」という表現は，権利者排除意思と返還意思が併存している場合には両者が事実上存在することを前提として両者を比較衡量することで権利者排除意思の法的存在を判断することの可能性への言及とみてとることができる。

「判例は，一時使用をめぐる不法領得の意思の有無の判断基準として，返還の意思の有無を重要な要素の一つとしている」[30]と主張されてはいるが，判例に現れた諸事案が返還意思の存在だけで即座に権利者排除意思が否定されるものではなく[31]，このことは学説においても概ね一致をみていると言ってよいであろう。例えば，「もしそれが微小とはいえない程度の価値の消費を伴うような形態のものであれば，それはもはや単なる使用ではなく，したがって，そのような価値消費の意思があれば領得の意思があるものというべき」であるとの主張[32]は，窃盗罪と一時使用の区別（窃盗罪と毀棄隠匿罪の区別においても同様である）は，行為の客観的態様とは無関係に決定することのできるものではなく，行為の客観的態様と併せた検討が要求されること，そして，一般的には権利者排除意思は返還意思とは独立して判断されるべきことを示しているものといえる。こうして，「窃盗という外形上も単純と思われる犯罪の成立要件に行為者の意図ないし目的をことさらに重視することは実務的でないし，理論上もいかがかと思われる」[33]，「第一次的な基準として重要視されることは，いうまでもなく，行為の客観的態様がどうであったかという点であり，『返すつもりがあった』等々行為者の意思，目的に余りにもとらわれると，ややもすれば結論の妥当性を失いかねない」[34]こととなろう。

つまり，権利者排除意思の存在は返還意思とは無関係にそれ自体の存否を

29）高松高判昭和 61 年 7 月 9 日判時 1209 号 143 頁。
30）大塚他・前掲注（25）237 頁〔佐藤＝麻生〕。
31）杉山・前掲注（4）95 頁は，①判決とその前に出された⑨⑩判決を引き合いに出して，この当時の判例は返還意思の存在が権利者排除意思を否定することになったと分析する。
32）団藤・前掲注（6）563 頁。
33）大塚他・前掲注（25）237 頁〔佐藤＝麻生〕。
34）大塚他・前掲注（25）241-242 頁〔佐藤＝麻生〕。

検証すれば足りるところ，両者はある財物についてこれを自己の物とするのかしないのか相対立する意思内容と考えることもできるので，両者は全く無関係の存在ということにはならないであろう。返還意思は権利者排除意思を否定する方向性を示す機能を有するが，権利者排除については，返還の有無を含めた客観的な行為態様によって判断されるべきであり，それと並行的に考えれば，権利者排除意思の存否は，返還意思を含めた客観的な行為態様に対する意思と相まって判断される必要がある。つまり，ここでは返還意思が大きな意味をもつというよりもむしろ，客観的行為の態様に対応する意思から権利者排除意思の存否は判断されるものといえる。

(5) その他には，被検挙意思による財物の占有侵害が権利者排除意思によるものといえるかどうかが問題となる。行為者は警察への出頭の際に自分が窃盗犯人としての地位をえたり，あるいは，窃盗犯人であることを示す証拠に財物を利用する意思で財物の占有を奪取したものであって，当該財物を返還する意思を有してはいても，当該財物に対する所有権を取得する意思を有してはいない場合がこれにあたる。なお，被検挙意思による財物奪取は利用処分意思の存否についても問題となるが，この点は後に検討する。

⑥決定の「パチンコ玉の所持を自己に移すものであり，しかも，これを再び使用し，あるいは景品と交換すると否とは自由である」等の論理がここでも妥当するであろう。すなわち，行為者自身は被検挙意思を有するとはいえ，財物自体は自己の占有に移している。財物に対する支配によって，行為者はその後いかなるふるまいも可能となる地位や所有者としての外観を獲得することとなる。権利者排除意思が永続的な所有権獲得の意思とは無関係であるというのはまさしく，当該財物を自由にしうる状況を取得する意思と考えることができる。この論理は，最終的に自己の物としようとはしていない⑦⑧判決からも導くことができ，そうすると，被検挙意思での財物奪取においては，当該意思の存在それだけで一概に権利者排除意思を否定するものではないと解される。ここでも返還意思と同様に両意思の併存を認めたうえで権利者排除意思の存否は判断されると考えることができるであろう。

すなわち，一時使用が不可罰とされるのは，返還意思の存在だけではなく，占有侵害の態様・被害・時間の軽微性だけでなく，即座に放棄するという目

第3章 目的の内容に関する各論的考察　197

的の明確性が求められるとすれば，被検挙意思においても，奪取した後の自
首までの時間的場所的距離や，店の状況，奪取の態様などを勘案し，出頭ま
でに一定の時間を要するのであれば，不法領得の意思は認められる[35]ことと
なろう。そして，このような財物の利用形態に対応する意思を有しているこ
とが不法領得の意思としては問題となるのであり，このような行為それ自体
が権利者排除意思を決定するわけではない。これに対して，占有侵害の態様
の他，金員や財物の価値を消耗することのない短時間の奪取といった客観的
な行為態様に対応する意思があれば，権利者排除意思が否定されることは十
分にありえよう。

2　利用処分意思をめぐる判例の状況とその評価

（1）　利用処分意思の内容に関する判例としてはまずは，権利者排除意思で
みたのと同様に，事実としての「意図」や「目的」の存在に言及するものが
ある。これについて利用処分意思を肯定したものとしては，例えば，「領得の
意思とは…他人の物を事実上自己の完全な支配に移し之を使用処分して自ら
所有者の実を挙ぐる意思であつて，永久的にその物の経済的利益を保持する
ための意思たることを要しない…被告人は，自己のこれまでの犯行を隠蔽す
るため大金庫内から本件手提金庫を取り出し現場から二百数十米はなれた河
中に投棄した」（⑭判決）[36]，「金員そのものを強取したり盗んだりするのを主
目的としてはいなかったとはいえ，単に物を廃棄したり隠匿したりする意思
からではなく，第一の犯行では事前から物取りを装う意図を有していて，A
が生命を守るのと引替えに自分のバッグを提供したのに乗じてそのバッグを
奪っており，第三の犯行ではその場で物取りを装おうと考え，その意図を実
現するのに相応しい前記金品を持ち出して所有者の占有を奪っている」（⑮
判決）[37]がそれである。

　⑭判決における「犯行を隠蔽するため」の「ため」は，意図や目的の意味
で理解することができる。そして，⑭⑮判決がいう意図や目的は，事実認定

35）前田雅英『最新重要判例 250 刑法［第 10 版］』（平成 27 年）154 頁。
36）大阪高判昭和 24 年 12 月 5 日高刑判特 4 号 3 頁。
37）東京高判平成 12 年 5 月 15 日判時 1741 号 157 頁。

として言及されているにすぎず，利用処分意思として意図や目的を要するとまで断言することができないのは，権利者排除意思における②判決〜④判決等と同様である。

「被告人が自転車を持ち帰えれば，給料の支払いに応ずるものと思い，右支払いを催す意図をもって，或は右支払を確保するために」（⑯判決）[38]も同じく，事実としての意図や目的の存在に言及するものである。そして，ここにいう自転車の利用処分とは，自転車の経済的本来的な利用処分だけではなく，支払いを催したり確保するために自転車を利用するというそれよりも広い利用処分でもよいことが示されている。つまり，自転車の経済的本来的な利用としては場所的移動手段，スポーツ，売却等による金銭取得等をあげることができるが，自転車を利用した支払いの催促まではそこに含めることは困難といえる[39]。経済的利用に適った利用処分の場合に利用処分意思を限定すると，この事案では利用処分意思が否定され，窃盗罪の成立が認められないことになるところ，これを肯定するためには，経済的本来的な利用処分意思に限ることなくそれ以外の意思をも利用処分意思に含めることが必要であり，そしてこのような結論は正当なものと考えられる。

　(2)　これに対して，事実としての意図の存在に言及しつつも利用処分意思を否定するものとしては，以下の裁判例をあげることができる。すなわち，「校長Ａニ銜ム所アリ其管掌セル重要物件ヲ紛失セシメ因リテ之ヲシテ其過失ノ責ニ任セシメンコトヲ圖リ…三點ヲ…取出シ之ヲ自己ノ受持教室ノ天井裏ニ隱匿シタル者ニシテ右被告ノ行爲ハ故意ニ校長Ａノ支配ヲ侵シテ學校所藏ノ物ヲ自己ノ支配内ニ移シタル事實ナリトスルモ固ヨリ其物ヲ自己ニ領得スルノ意思ニ出テタルモノニ非サレハ」（⑰判決）[40]，「行爲當時被告人ハ恩顧ヲ蒙リタルＡカ判示競賣事件ノ延期方法ニ付苦慮シ居レルヲ知リタルヨリ單ニ該事件ノ進行ヲ一時妨害スル意圖ノ下ニ競賣場ヨリ競賣記録ヲ持出シ之ヲ隱匿セムコトヲ決意シ之ヲ實行シタルニ過キスシテ毫モ該記録ヲ持出シ經濟上ノ用法ニ從ヒ利益ヲ獲得セムトシタルモノニ非サルカ故ニ斯カル意思

38）東京高判昭和36年6月8日東高刑時報12巻6号92頁。
39）木村・前掲注（4）412頁は，物を担保として利用する意思での奪取といえるから，経済的用法の一形態であるとする。
40）大判大正4年5月21日刑録21輯663頁。

ノ下ニ行ハレタル行爲カ偶々結果ヨリ觀察スルトキハ或ル經濟上ノ利得ヲ推
想セシムルコトアリトスルモ之ヲ目シテ不正領得意思ノ下ニ行ナハレタル行
爲ト云フヲ得ス」(⑱判決)[41],「被告人等は，もつぱら政府所有米の在庫俵数
のつじつまを合わせるために，前記のように米を抜き取つて新俵を作らせ，
俵数を増しただけであつて，被告人等の意図は，終始何等それ以上には出ず，
もとより，抜き取つた米を自家の食用にあてるとか，他に売つたり与えたり
するとかの意図があつたわけではない。すなわち被告人等は，抜き取つた米
を終始政府所有米として扱い，これであらたに米俵を作つて，政府所有米と
して同じ場所に積んでおくということ以上には，何の意図もなかつたわけで
あるから，被告人等には，抜取つた米を，実質的に自分のもののようにして，
利用処分する意図はすこしもなかつた」(⑲判決)[42],「被告人は右の自動車の
所有名義を変更することを一時妨害して A 及び買主等を困惑させるにはそ
の登録原簿を持ち去り一時これを利用することのできないようにする外ない
と考えて，その登録原簿を持ち去つた」(⑳判決)[43],「『経済的用法に従つて
利用しまたは処分する意思』とは…単純な毀滅または隠匿する意思にとどま
る場合を排除する趣旨と解するのが相当である。…仕返しのため海中に投棄
する目的で，本件ロンバート・チエーンソーを持ち出したに過ぎない」(㉑判
決)[44],「右インコにさわつたりしているうちに，それを逃がせば，附近に人
がおり，騒ぎにでもなれば右もやもやしたような気持がすつきりするかも知
れないと思い…酔余いたずら半分でそれを逃がす目的で，同所から右インコ
を鳥籠と共に持ち出し直ちに追跡されるや約九〇メートル離れた原判示南丁
張公園内に投げすてた」(㉒判決)[45],「金品は当初そのすべてを投棄する意図
のもとに持ち去つたが，その後投棄の段階で気が変わり，現金等在中の布製
バッグを持ち帰つた」(㉓判決)[46],「被告人は，前記のとおり，郵便配達員か
ら正規の受送達者を装つて債務者あての支払督促正本等を受領することによ

---

41) 大判昭和 9 年 12 月 22 日刑集 13 巻 1789 頁。
42) 最判昭和 28 年 4 月 7 日刑集 7 巻 4 号 762 頁。
43) 東京高判昭和 30 年 4 月 19 日高刑集 8 巻 3 号 337 頁。
44) 仙台高判昭和 46 年 6 月 21 日高刑集 24 巻 2 号 418 頁。
45) 東京高判昭和 50 年 11 月 28 日東高刑時報 26 巻 11 号 198 頁。
46) 大阪高判昭和 61 年 7 月 17 日判時 1208 号 138 頁。

り，送達が適式にされたものとして支払督促の効力を生じさせ，債務者から督促異議申立ての機会を奪ったまま支払督促の効力を確定させて，債務名義を取得して債務者の財産を差し押さえようとしたものであって，受領した支払督促正本等はそのまま廃棄する意図であった。このように，郵便配達員を欺いて交付を受けた支払督促正本等について，廃棄するだけで外に何らかの用途に利用，処分する意思がなかった場合には，支払督促正本等に対する不法領得の意思を認めることはできないというべきであり，このことは，郵便配達員からの受領行為を財産的利得を得るための手段の一つとして行ったときであっても異ならないと解するのが相当である。」(㉔決定)[47]などがそれである。

㉓判決は初めから廃棄する意思であり，また，㉔決定が「廃棄するだけで外に何らかの用途に利用，処分する意思がなかった」と認定していることから，㉓判決と㉔決定からは，廃棄する意図しか存在しなければ利用処分意思は認められず，不法領得の意思が否定されるものと位置づけることができよう。⑰⑱⑳㉑㉒判決も同じく毀棄隠匿ないしはその可能性に言及することから，毀棄隠匿意思の存在から利用処分意思を否定したものと考えることができる。⑲判決の「つじつまを合わせるため」については，広い意味では隠匿意思による行為と考えられなくはないが，いずれにしても利用処分意思が存在しなかったものとされる。こうしてこれらの裁判例は，毀棄隠匿意思の存在を直接的に利用処分意思の不存在に結びついたり，直接的に利用処分意思の不存在に言及する点に特徴を見出すことができるであろう。

(3)　これまでにあげた裁判例が意図や目的の事実上の存在ないしは不存在を認定するのに対して，それとは異なった利用処分意思の内容の可能性に言及するとみられる裁判例も存在する。まずは利用処分意思として意図を要すると解することができるものがある。すなわち，「不法領得の意思が判例上必要とされるに至った理由が…一つには毀棄・隠匿の目的による占有奪取の場合を窃盗罪と区別するためであることや，刑法が窃盗罪と毀棄罪の法定刑に差を設けている主たる理由は，犯人の意図が物の効用の享受に向けられる行

---

47)　最決平成 16 年 11 月 30 日刑集 58 巻 6 号 1005 頁。

第 3 章　目的の内容に関する各論的考察　　201

為は誘惑が多く，より強い抑止的制裁を必要とする点に求めるのが最も適当
であることを考えると，不法領得の意思とは，正当な権限を有する者として
振る舞う意思だけでは足りず，そのほかに，最少限度，財物から生ずる何ら
かの効用を享受する意思を必要とすると解すべきである…被告人らは犯行の
発覚を防ぐため腕時計等を投棄しようとしてこれらを死体から剥がし，予定
どおり投棄に赴いており，その間被告人らが腕時計等の占有を約一一時間に
わたり継続したのも専ら死体と一緒に運ぶためであって，場合によってはこ
れらを利用することがありうると認識していたわけでもないから，被告人ら
には，未必的にせよ腕時計等から生ずる何らかの効用を享受する意思があっ
たということはできない。」(㉕判決)⁴⁸⁾がそれである。

　ここでは利用処分意思としての意図が必要であるなどと直接的に表明して
いるわけではないが，窃盗罪と毀棄隠匿罪の区別としての「毀棄・隠匿の目
的」や「犯人の意図」に言及することで利用処分意思を意図と関連づけるこ
とからすると，利用処分意思には意図を要すると考えるひとつの根拠として
あげることができるであろう。そして，ここでは同時に「利用することがあ
りうると認識していたわけでもない」として認識的側面にも言及し，本件事
案では利用処分可能性の認識的側面の不存在から「享受する意思」すなわち
意思的側面の不存在が導かれている。これは，利用処分意思としての意図の
前提として利用処分の可能性の認識が要求されるべきであり，認識さえあれ
ばこれで利用処分意思としては足りると言っているのではない。本件事案に
おいては，その認識すら存在しなかったのであるから，意図はなおさら認め
ることはできないとする趣旨といえる。このような表現も利用処分意思とし
ての意図の存在を要請するひとつの根拠足りうるものと解することができよ
う。さらに，「財物から生ずる何らかの効用を享受する意思」として，「経済
的な」意思ではなく「何らかの」意思とすることによって，⑯判決にも現れ
ているとおり，利用処分意思を広範に認める判例の傾向を示している。

　次に，これに対して，「他人のカメラを自己の鞄の中に入れて持ち出す際こ
れを売ろうとか自分の家で使ってみようとか判然とした考えがなくても，人

---

48) 東京地判昭和 62 年 10 月 6 日判時 1259 号 137 頁。

に見つからなければ，家まで持って帰ろうと思って」（㉖判決）[49]で利用処分意思としては十分であるとするものもある。これは，「判然とした考えがな」い，すなわち積極的，明確な利用処分の意思が存在するわけではないが，ある条件を充足すれば「家まで持って帰ろうと思って」で利用処分意思を肯定することからは，利用処分意思を意図よりも緩やかに解するもの，あるいは，利用処分意思は消極的に条件づけをする意思で十分であると解するものと評価することができる。

　(4)　そして，毀棄隠匿意思の不存在から利用処分意思の存在を肯定するものもある。すなわち，「被告人がこれらの物を持去つたのは，被害者を驚かせるつもり，あるいはただのいたずらのつもりであつて，これというはつきりとした目的はなかつたものと考えられるのであるが，たとえそうであつたとしても，被告人は所有者の意思に反してその所持を自己に移したものであり，いずれもこれを被害者に返す意思は全くなく，またこれをこわしたりかくしたりする意思であつたとも認められないのであるから，結局被告人は，権利者の物に対する支配を排除し，事実上所有者として完全な支配権を取得しようとする意思をもつていたものといわなければならない。…〔判例のような不法領得の意思の概念では〕積極的に経済的用法に従つて利用または処分する意思も認められないし，といつて他人の物をこわしたりかくしたりする意思も認めらないような場合の処置に窮すのである。ところで，もともと窃盗罪は，他人の物を領得という方法によつて侵害する罪であり，毀棄罪は，他人の物を領得という方法によらないで，その利用価値ないし効用を侵害する罪なのであるから，右のような中間的な場合は，これを窃盗罪の分類に入れなければならないのである。はたしてそうであるとすれば，判例の意図するところは，他人の物をこわしたりかくしたりする意思がある場合以外の場合はすべて不法領得の意思があるものとするのであるが，不法領得の意思の概念を積極的に表現するにあたつて，こわしたりかくしたりするような非経済的な処分意思を除く意味で，経済的用法に従つてする利用または処分の意思としたものと理解するのが適切である。」（㉗判決）[50]，「『経済的用法に従いこ

49） 最判昭和 31 年 11 月 1 日集刑 115 号 285 頁。
50） 東京地判昭和 38 年 12 月 21 日下刑集 5 巻 11＝12 号 1184 頁。

第3章　目的の内容に関する各論的考察　　203

れを利用し又は処分する意思』とは，単純な毀棄又は隠匿の意思をもってす
る場合を排除するという消極的な意義を有するに過ぎないと解されるのであ
り，奪った現金を自首の際にそのまま提出するつもりであったというのは，
要するに他人の財物を奪って所有者として振る舞う意思であったことに何ら
変わりはなく，単純な毀棄又は隠匿の意思をもってする場合には当たらない
から，不法領得の意思を否定することにはならない」（㉘判決）[51]とするのが
それである。

　㉗㉘判決はいずれも，積極的な利用処分意思でも毀棄隠匿の意思でもない
中間的な意思形態の場合を処罰することの必要性から，毀棄隠匿意思の不存
在を利用処分意思の存在に転換するものである。そして，これによると，⑰
判決〜㉒判決の各事案についてはいずれも単なる毀棄隠匿の意思によるもの
ではなく，何らかの動機が存在することから，これを消極的な利用処分意思
と構成することで利用処分意思が肯定される可能性がある。しかしながら，
毀棄隠匿意思の不存在で利用処分意思を肯定することは許されるであろう
か。

　毀棄隠匿罪と異なる犯罪類型である領得犯罪を特徴づける役割を不法領得
の意思が担うのであれば，不法領得の意思が犯罪成立のための積極的要件で
なければならず，利用処分意思もまたそのような要件として存在する必要が
ある。また，一方の存在が他方の不存在を事実上推定させる機能を有すると
はいえ，両意思は併存的に存在しうることから，利用処分意思は毀棄隠匿の
意思とは無関係にその存否を決定されるべきである。そうすると，単なる占
有侵害を一律に奪取罪として処罰することにもなりかねないことを防止する
ために，利用処分意思が積極的に存在しなければ不法領得の意思を認めるべ
きではない。そして，利用処分意思の範囲をどこまで認めるかは議論の余地
があろうが，厳格な経済的用法を何らかの用法にまで拡大して認める判例の
傾向からは，このように不法領得の意思を消極的に認めなくても，実際的に
処罰の間隙もかなりの程度埋めることになるとおもわれる。

　㉗判決においては，「はつきりとした目的はなかつた」とするが，「後で〔被

51）広島高松江支判平成 21 年 4 月 17 日高刑速報（平 21）号 205 頁。

害者〕が目覚めたとき他人が立入つたことを知らせて驚かしてやるつもりで，なにげなく…鍵一個を持ち去〔った〕」「軒下に干してあつた…女物ストッキング一足をいたずら心からなにげなく取〔った〕」との判示から判断すると，驚かせる目的やいたずら目的から利用処分意思を肯定する余地は十分にありうるとおもわれる。

　また，㉘判決は「奪った現金を自首の際にそのまま提出するつもりであった」という被検挙意思での財物奪取の事案について利用処分意思を肯定したものであるが，同様の事案において，「被告人は一時的にせよ前記ステレオパック等の物品に対する被害者の占有を侵害し自己の占有下においたことは，これを肯認せざるを得ないと考えられる。しかしそうだからといつて，検察官主張のようにこれにより直ちに被告人に不法領得の意思があつたとする見解にはにわかに左担し難い。すなわち被告人は刑務所で服役することを企図し，当初から窃盗犯人として自首するつもりで右所為に及んだのであり，そのために直ちに一〇〇メートル以内に近接した派出所に被害品を携えて出頭しこれを証拠品として任意提出したのであるから，経済的用法に従つた利用又は処分の意思は全く認めることができないし，自己を窃盗犯人とするためまさしく他人の所有物としてふるまつたのであつて，自己の所有物と同様にふるまう意思があつたといえないことは明白である。のみならず当該物品に対する占有侵害があつたとはいえ，それはまさに一時的なことであつて，被告人の主観的意図は，即時被害者に返還し首服するというものではないが，即時近接の派出所に出頭自首し任意提出するというものと認められ，一時的にせよ権利者を排除する意思はなかつたと解すべきであり」（㉙判決）[52]として，権利者排除意思と利用処分意思のいずれも否定された事案も存在する。

　㉘㉙判決の両事案は，権利者排除意思については客観的な行為態様の程度の相違とその主観的な意思から結論がわかれたものとおもわれる。そして，利用処分意思に関してはまず，財物に対する毀棄隠匿意思が存在しなかった場合であることが認められる。しかし，そうだからといって，㉘判決が毀棄隠匿意思の不存在から利用処分意思を認めたからこそ不法領得の意思が肯定

52）広島地判昭和50年6月24日刑月7巻6号692頁。

第3章 目的の内容に関する各論的考察 205

されたものと断定するのは早計であろう。㉘判決では，行為者は「少しでも
手持ち金を増やしたいとの動機を有していた」，「刑務所に入ることも頭の一
部にあったとは認められるが，それは，失敗したときは刑務所に入ることを
想定していたことが窺われる程度であって，専ら刑務所に入ることのみを目
的として本件犯行に及んだとは認められない」との認定からは，純粋な被検
挙意思による財物奪取ではなく，被検挙意思とは無関係に利用処分意思を認
めることができるからである。そうすると，被検挙意思の場合には㉙判決か
ら利用処分意思を否定するのが判例の立場ということができるであろう。た
だし，検挙されるための財物奪取においては，積極的な利用処分意思とは認
められないものの，財物を毀棄隠匿するのではなく，自首の際に提出する，
すなわち自己が窃盗犯人であることの証拠として利用するという意味で利用
処分意思の存在を肯定する余地はあるとも考えられる。

　(5)　以上の裁判例を前提として，利用処分意思についてさらに2点検討を
加える。第1の問題は，⑯判決等でみたとおり，判例は経済的な利用処分に
固執しないことから広範に利用処分意思を肯定することである。判例は当初
は「経済的用法に従」う意思を明言しており，具体的事案においても，流木
の流失を避けるために電線でこれを繋留することは経済的用法に当たると判
断した[53]。しかし，流木の繋留が電線の経済的用法と考えるのは難しいこと
から，経済的用法を厳格に解釈すると，この事案では利用処分意思を否定せ
ざるをえないという不合理な結論に到達してしまう。そこでこの用語は「何
らかの用途に利用，処分する意思」（㉔決定）や「何らかの効用を享受する意

---

[53]　高松高判昭和32年3月27日刑集14巻11号1464頁。その上告審である最決昭和35
　年9月9日刑集14巻11号1457頁（㉚判決）について，竜岡資久「判解」『最高裁判所
　判例解説刑事篇昭和35年度』（昭和36年）347頁は，「電線といえども針金であること
　を思えば…電線を木材の繋留用に使用することも，その経済的用法に従った使用でな
　いともいえまい」とするが，重要なのは針金の素材，材料ではなく，電線として想定さ
　れる用途が経済的用法とされるべきであろう。また，栗田正「判解」『最高裁判所判例解
　説刑事篇昭和33年度』（昭和39年）241-242頁は，⑦判決について，利用処分意思は，
　物の所有者であれば一般にするような又は物の所有者として初めてなしうるような，
　その物の本来の用途にかなった方法に従い利用処分する意思と解するのが相当であり，
　「経済的用法」というのもこのことを意味する。投票用紙の持ち出しは，その物の本来
　の用法に従っている。ここから，判例は早い段階から「経済的用法」という用語をかな
　り広く解していることが理解できる。

思」（㉕判決）など，「何らかの意思」へと変遷を遂げることとなった[54]。

「何らかの意思」の意味については，「日常よく行われる類型的行為」ゆえに経済的な利得動機に限定すべきとする見解も主張されてはいる[55]が，これに対しては，より強く禁圧する必要があるのは，利用処分意思による窃取行為それ自体であり，どのような目的であれ行為者が財物を利用する意思がある限り，不法領得の意思を肯定すべきであるから，「何らかの方法でその物から何らかの効用（利益）を得ようとする意思」で足りる[56]，財物をどのように利用しようとも領得はありうるのであり，その目的によって行為の危険性に質的に大きな相違はない[57]，と説得的な反論がなされている。そうすると，流木の繋留（㉚判決）の他，投票数を増加させるための投票用紙の奪取（⑦判決）や性的フェティシズムを充足させるための下着の奪取（㉛判決）等の，物の経済的本来的用法からははずれるが，奪取から何らかの利益を取得するための財物奪取について，利用処分意思が肯定されたことは十分に納得できるところである[58]。

その一方で，「何らかの意思」は，利用処分意思が無制約のままに拡大される可能性を孕むものとなってしまいかねないことが第2の問題である。特に，毀棄隠匿意思以外に，あるいはそれとともに，何らかの意思や動機があればそれだけで利用処分意思が肯定される，逆に言えば，利用処分意思が否定されるのは行為者が単なる毀棄隠匿意思しか有していない場合に限定されることに通じることになりかねない。現に，㉗㉘判決は毀棄隠匿意思以外の中間

---

54) 例えば，被検挙目的での金員の奪取（㉘判決），性的フェティシズムの充足を目的とした下着の奪取（最決昭和37年6月26日集刑143号201頁（㉛判決））等では，経済的利用のために財物を奪取したわけではないので，これらの肯定判決は経済的用法ではない「何らかの」利用処分をする意思と解することで初めて利用処分意思を肯定することができる。そして，町野朔「判批」『刑法判例百選II各論［第6版］』（平成20年）61頁は，⑦⑮㉖㉗㉚㉛判決の事案をあげ，「判例は，毀棄・隠匿の意思以外のものを窃盗罪における不法領得の意思から除こうとはしない」とする。

55) 前田・前掲注（7）159頁。

56) 佐伯仁志「窃盗罪をめぐる3つの問題—財物の費消，占有の相続，不法領得の意思—」研修645号（平成14年）8頁，冨高彩「判例における不法領得の意思の再点検」『町野朔先生古稀記念上巻』（平成26年）510-512頁

57) 町野・前掲注（54）61頁。

58) 冨高・前掲注（54）506頁は，「物の毀棄・隠匿目的がない場合ならば，行為者が（経済的な利益か否かを問わず）何らかの利益の取得を意図してさえいれば，不法領得の意思を認めることは容易」であるとするが，同旨と理解することができる。

的な意思を広く利用処分意思に取り込もうとする点に特色があるが，このような構成からすると，毀棄隠匿の背後にある財物の利用処分の動機までも利用処分意思を肯定することにもなりかねない。そしてこのような論理展開が肯定されると，㉔決定においても，支払督促正本を廃棄したのは督促異議申立ての機会を奪い，最終的には財産を差し押さえる目的が存在していることから，利用処分意思が肯定されることにもなりうる。

その他にも例えば利用処分意思を否定した⑰判決〜㉒判決については先述したとおり，「過失ノ責ニ任セシメンコトヲ圖リ」（⑰判決），「事件ノ進行ヲ一時妨害スル意圖」（⑱判決），「一時妨害して…困惑させる〔ため〕」（⑳判決），「仕返しのため」（㉑判決），「いたずら半分で…逃がす目的」（㉒判決）から，毀棄隠匿意思とともに何らかの意思や動機が認められることから，この何らかの意思でもって利用処分意思としては十分と根拠づけられることができるのではないだろうか。また，「つじつまを合わせるため」（⑲判決）では毀棄隠匿意思は認定されていないすなわち存在しないことから，ここでも利用処分意思が認められることにもなりかねない。

何らかの意思という無限定の要件では，このような単なる毀棄隠匿意思とは異なる財物を利用する意思を広く利用処分意思に取り入れることの可能性を一概に排除することはできない。そうすると，利用処分意思は際限なく肯定されて単なる動機を処罰することになりかねない，との批判がまさに妥当することになる59)。ここで重要なのは毀棄隠匿意思の存否ではなく，利用処分意思の存否である。毀棄隠匿意思は利用処分意思を否定する方向性を示唆することはあっても，その存在が利用処分意思の不存在を決定づけるものではない。上であげた裁判例はいずれも毀棄隠匿意思を問題としているのではなく利用処分意思を問題として，これが存在しなかったことを直接的に論じているのである。ただし，⑲判決においては，単につじつまを合わせるだけ

---

59) 山口厚『新判例から見た刑法［第3版］』（平成27年）196頁は，報復目的で物を投棄する場合にも利用処分意思が肯定される可能性もあるとの懸念を示す。また，前田・前掲注（35）152頁は，財物の廃棄が同時に明確な経済的利得を伴う場合には，領得意思を認めうる，支払督促正本を廃棄しても，すぐに債務名義がえられて財産的利得がえられるわけではない，被害者の財産を差し押さえることが可能な状態を作るという意思だけでは領得意思とはいえない，とする。

ではなく，在庫米の紛失を糊塗する意思が存在することから，新しく作出した米俵を利用処分する意思を肯定する余地はあったものといえる。

(6)　これまでの検討が示すとおり，毀棄隠匿意思があれば直ちに利用処分意思が否定されるわけではなく，毀棄隠匿意思があっても利用処分意思が肯定される場合があることは認められなければならない。問題はその限界線をどこに設定するかである。こうしたことから，「先例中，毀棄隠匿にとどまるとされた事例をみると，いずれも，その動機や目的が，相手を困らせるため，恩義に報いるため等であって，直接的に経済的利益を求めるものではない。〔㉔決定〕では，被告人らが多額の財産的利益を得るために犯行に及んだという犯行目的をも考慮して，実質的に物の効用を享受する意思があったとみることも考えられる。しかし，犯行内容自体ではなく，その背景や動機，犯行の究極目標が経済的利得であることを考慮することになれば…犯行の対象とする財物に関する限りは実質的に不法領得の意思を認めることとなり，不法領得の意思不要説と同様の帰結とな〔る〕…犯行の対象とされた財物それ自体についての利用・処分の意思の有無，内容を検討すべきものであり，経済的利益についても，その物の利用・処分から直接に得られる利益を考えるべきものと思われる」[60]，利用処分意思について，「単に物を毀棄・隠匿するにとどまらず，そこに何らかの利益追求があれば，不法領得の意思を肯定することが許されるのかが問題となろう。このような考えの行き着く先は，物を毀棄・隠匿することに，人を困らせること等を含めて，何らかの目的・意味を認めうる限り，不法領得の意思を肯定することになりかねず，実際上利用意思不要説に帰着することとなってしまう…何らかの限界設定がどうしても必要である。すなわち，利用意思を肯定するためには，その物自体を利用（処分もその一形態である）する意思が必要であり…最低限度，物自体について将来における利用の可能性を留保する意思は必要とされるべきではないかと思われる」[61]との主張は，利用処分意思を財物それ自体から利益を享受する意

---

60)　井上弘通「判解」『最高裁判所判例解説刑事篇平成 16 年度』（平成 19 年）581 頁は，引き続いて，「本決定においても，犯行の背景事情や動機いかんが不法領得の意思の存否の判断と直結するものではないことを示す」とする。

61)　山口・前掲注（59）196-197 頁。同様の指摘として，林幹人『判例刑法』（平成 23 年）316-317 頁，冨高・前掲注（56）512-513 頁。

思に限定し，財物奪取と利益獲得との直接的関連性を要求することで不明確なままに無制約に拡張しかねない利用処分意思概念について，その限界基準設定の一提言として傾聴に値するものといえる[62]。

この主張は多くの賛同をえている。例えば，㉔決定では，廃棄の後に財産を差し押さえることで利益をえる目的は利用処分意思として考慮に入れられず，単なる毀棄隠匿意思のみが認定されている。ここでの「支払督促正本等について，廃棄するだけで」あったとの判示は，当該財物から直接的に利益をえる意思が存在しなかったという直接的関連性要件に言及するものと評価することができ，犯罪に至った財産上の利益をえる動機はこれとは無関係なものとして利用処分意思の成否に影響しないことを示すものといえよう。この点に関して学説も，「財物騙取が間接的な利得の手段として用いられた場合にも，財物そのものを何らかの用途に利用，処分する意思がなく，廃棄する意図しかない場合に不法領得の意思を認めることはできない」[63]，「利用意思を要件とすべきなのは，まさにその財物の取得により，そこから効用を得る行為に内在する利欲性こそが，領得罪としての重い責任非難に値することによるのであるから，目的物を利用させないことにより利益を得るとか，支払督促正本の送達という裁判所の行為から得られる利益があるといった事情は，いわゆる利得罪において問題とすべきものであって，当該財物の取得につき利用意思を認める根拠とはならない」[64]，「領得罪は利得罪ではなく，あくまで対象物を自分のものにすることによって成立する犯罪である。…不法領得意思には，財物自体から生じる何らかの効用を享受する意思が必要であって，財物自体を破棄することによる効果の享受では足りない」[65]などと同様の主張がなされている[66]。

(7) 財物奪取と利益獲得の直接的関連性は，何らかの意思が利用処分意思としての資格を有するかを決定する基準を提示するものである。窃盗罪を初

---

62) 町野・前掲注（54）61 頁は，㉙判決等から，「何らの利用の意思も認められない場合に窃盗罪を認めるのはやはり妥当ではない」とする。犯行隠蔽目的や被検挙目的が「何らの利用意思も認められない場合」に当たるかが問題となり，その区別基準をどこに設けるかが重要である。

63) 島岡まな「判批」法学教室 306 号別冊判例セレクト 2005（平成 18 年）36 頁。

64) 伊藤渉「判批」ジュリスト 1360 号（平成 20 年）160 頁。

65) 林美月子「判批」『刑法判例百選 II 各論［第 7 版］』（平成 26 年）65 頁。

めとする奪取罪は個別財産に対する犯罪であるから，当該財物の奪取それ自体が犯罪性を決定する中心的要素であるが，このことは客観的要素，主観的要素を問わず，また，主観的要素においても非超過的要素，超過的要素を問わず同様に妥当するものといえる。したがって，利用処分意思は，財物奪取それ自体から（あるいは，直接的に）利益をえる意思であることが要請されるべきである[67]。例えば，㉔決定の第一審判決は，「ある種の財物（例えば，約束手形や借用証書）は，その不存在ないしは利用を妨げることが，そのまま特定の者（上記の例では，約束手形の振出人や消費貸借の借主）の経済的利益等になることがあるから，その不存在ないしは利用を妨げることがそのまま特定の者の利益になる財物については，その特定の者が廃棄するつもりでその財物を騙取したとしても，その特定の者については，その財物を廃棄することが，『その経済的ないし本来的用法に従いこれを利用もしくは処分する』ことになると解するべきであり，やはり不法領得の意思を認めるのが相当である」[68]とする。これは物の「不存在ないしは利用を妨げることがそのまま…利益になる」場合に利用処分意思を肯定するものであるから，財物それ自体からえられる利益よりも広範に領得を認めるものと評価することができる。

　この第一審判決を前提とすると，⑰判決における財物の紛失により校長を失脚させる目的での財物奪取や，⑱判決における競売延期目的での財物奪取についても，校長の失脚や競売延期も財産上の利益と考えられるから，両判決では窃盗罪が成立されるべきであったことにもなる。しかしながら，領得の対象は奪取罪の個別財産性から物それ自体からえられる利益に限定される

---

[66] このようなことから，山口・前掲注（5）202頁は，利用処分意思を「財物から生ずる何らかの効用を教授する意思」であると修正を試みる。同様の指摘をするものとして伊東・前掲注（7）147頁，髙橋・前掲注（7）226頁，中森・前掲注（5）115頁，西田・前掲注（5）159頁。なお，㉔決定については，廃棄された支払督促正本の不存在によって金銭利益の獲得が直接的に生じるものではない。行為者自身による将来の何らかの行動があって初めて金銭利益を獲得することができるので，両者の間に間接的な関係があるにすぎない。その意味では支払督促正本の受け取りそれ自体は金銭利益とは無関係なものとして，支払督促正本の詐取行為は金銭獲得までを捕捉するものではなく，金銭獲得の動機はこれによる保護の対象とはならない。

[67] このような記述は1項の財物犯罪に関するものであるが，2項の利益犯罪においても，個別財産に対する罪である以上は，等しく妥当するものである。

[68] 神戸地判平成15年8月19日刑集58巻8号1029頁。

第3章　目的の内容に関する各論的考察　　211

べきであり，これでは，毀棄隠匿意思の他に何らかの財産に関係する動機が存在すればその動機により利用処分意思が肯定されることとなりかねず，領得犯罪（詐欺罪）を利得罪的に把握するものとなろう。わが国における領得犯罪が個別財産犯的にとらえられるべきである[69]ことからは，妥当な方向性を示すものとはいえない。

　(8)　そこで問題となるのは，利用処分意思とそれ以外の目的が併存する場合，特に犯行隠滅意思，被検挙意思でもって行動した場合と，特別な意思が存在しない場合である。裁判例においても類似の事案について利用処分意思の肯否がわかれていることから，これらの意思の評価について裁判所の対応には一致がみられていないといえる。ここでは犯行隠滅意思や被検挙意思が存在するだけで問題が全て解決されるわけではなく，利用処分意思の存否が具体的事案に即して積極的に認定されなければならない。しかしながら，犯行隠滅意思があってもそれと同時に財物それ自体から直接的に何らかの利益をえる意思が存在し，犯罪隠滅意思がこのような利益をえる意思を排斥しないのであれば，法的存在としての利用処分意思を認めることができる。犯行隠滅意思とはいえ，人間の複雑な心理状態に照らすと，それだけにとどまらない場合もあると考えられ，犯行隠滅意思とともに利用処分意思が同時に認められる場合も事案によっては考えられるであろう。こうして，毀棄隠匿の意思や犯行隠滅意思が利用処分意思を排除するものではない。すなわち，毀棄隠匿の意思は領得意思の存否を左右するものではなく，毀棄隠匿罪の故意として機能するにすぎず，犯行隠滅という動機は利用処分意思の決定に与るところはないことから，利用処分意思の存否はこれらとは無関係に独自に判断される必要がある。

　犯行隠滅意思の事案において，利用処分意思を肯定した⑭判決[70]と否定した㉓判決では利用処分意思と犯行隠滅意思との関係については述べられておらず，また，⑮判決では，被害者「に対する報復の意図が主なものであって，金員そのものを強奪したり盗んだりするのを主目的としてはいなかった」も

---

69)　佐伯・前掲注（56）8頁。
70)　町野・前掲注（54）60頁は，⑭判決が犯行隠滅の場合に利用処分意思を肯定した「おそらく唯一の例外」であるとする。

のの，「単に物を廃棄したり隠匿したりする意思からではなく…物取りを装う意図」であったとする。物取りを装う意図は犯行発覚防止意思と同じものでといえ，その点では⑮判決は犯行隠滅意思について利用処分意思を肯定した判決であるといえる[71]。しかしこれについては，金員等の保管に関する「長期間にわたって所有者の意思を排除して隠匿保管していたものと認められることからすれば」，物取りを装う意思よりもむしろ金品を保管し続けた点から純粋な犯罪隠滅意思の事案にはあたらず，利用処分意思が肯定されたのではないかとも評価できる[72]。

　これに対して，㉕判決は，「被告人らは犯行の発覚を防ぐため腕時計等を投棄しようとしてこれらを死体から剝がし，予定どおり投棄に赴いており，…場合によってはこれらを利用することがありうると認識していたわけでもないから，被告人らには，未必的にせよ腕時計等から生ずる何らかの効用を享受する意思があったということはできない」として，不法領得の意思を否定する。そうすると，㉕判決は，「犯行の発覚を防ぐため」という犯行隠滅意思から，利用処分の認識，さらには利用処分の意思を否定すると構成するものといえる。当該事案に限定されるものではあるが，犯行隠滅意思の存在が利用処分意思の前提あるいはその一部をなす利用処分の認識を否定するものであるから，犯行隠滅意思は利用処分意思を基礎づけるものではないと判例は理解していると解することができる[73]。

　もっとも，犯行隠蔽意思に関しては，財物の占有奪取により当該財物が犯

71）穴沢大輔「判批」法学研究30号（平成15年）34-35頁は，「単に物を廃棄したり隠匿したりする意思からではなく」を「毀棄，隠匿意思ではない意思」と，㉗㉘判決と同様に構成し，これを利用処分意思とすることに反対するとともに，「物取りを装う意図」についても，物取りにみせかけたからといって，その財物をどのように処理するかはなお不明であるとして，これで利用処分意思を肯定することに反対する。

72）前田・前掲注（35）153頁は，⑮判決について，金員や貴金属類の保管は毀棄隠匿の意思からではなく不法領得の意思が認められた，毀棄隠匿の意思が明確な場合にのみ不法領得の意思が否定されると判示したわけではない，物取りに見せかける目的で奪い，犯行が発覚しないよう処分した場合であれば，領得行為とはいえないとする。

73）この点，冨高・前掲注（56）512-513頁は，窃盗罪が個別財産に対する犯罪であることから，その物の利用により利益（効用）の取得を目指すものではない場合には，利用処分意思を否定すべきであり，あくまでもその物の占有を取得し直接利用することで利益を得ようとする場合に限定すべきであるとして，⑭⑮判決がこれを肯定したことに疑問を呈する。

行現場に存在しないことから自己が真犯人であることの証明が困難もしくは不可能になったり，最終的に当該財物が廃棄された場所で発見されるとしても，少なくとも捜査の攪乱を招くことができる。この意味では，行為者は財物の占有奪取から何らかの利益を獲得している，あるいは将来獲得することになると考えることも可能であろう。「自己のこれまでの犯行を隠蔽する目的，すなわち，自己の罪責を免れるという利益を得る目的での投棄行為であり，投棄がそのまま罪責免脱という利益享受行為（一種の利用行為）と評価し得るので…『単なる毀棄・隠匿目的』にとどまる場合ではない」[74]，「第一に，犯跡隠蔽の目的すなわち罪責免脱の目的がある場合（投棄がそのまま利益の享受になる場合）なのにこれを単なる毀棄・隠匿目的にとどまるといい得るのか，第二に，当初は投棄目的であっても，奪取の対象物が現金や貴金属の場合には，これを所持したのちに気が変わることは経験則上十分あり得るから…奪取後現場又は現場に準ずる場所で投棄するのでない限り，客観的な利用可能性が認められ，かつ，主観的にもその認識を肯定できる」[75]，とする見解はこのことを表しているものといえる。

しかし，財物奪取による利益の獲得は財物それ自体から，すなわち財物から直接的にえられる利益と解すべきであり，このような財物を利用しないことによる利益は財物奪取それ自体からえられる利益とは考えるべきではない[76]。犯行隠滅意思の場合には利用処分意思は否定されるべきであろう。例えば，財物を毀棄隠滅することによって行為者が利益をえる意思を有している場合には利用処分意思が否定されることに争いはないと考えられるところ，利用しない利益という点で両者に変わりはなく，利用しない利益をもこの利益に含めると，毀棄隠匿の場合だけをそこから排除すべき理由がないとともに，その範囲が無制限に拡大する可能性があることになるからである。ただし，純粋な犯行隠滅意思は利用処分意思と認めることはできないが，財

---

74) ⑭判決について，木村・前掲注（4）413頁。⑮判決に関する木村・前掲注（4）417-418頁は，自己の犯跡を隠蔽する目的は，自己の刑事責任を免れるという利益をえる目的にほかならず，毀棄隠滅がそのまま罪責免脱という利益の享受となるので，利用処分意思を肯定する。

75) 木村・前掲注（4）414頁は，こうして利用処分意思を否定した㉓判決を批判する。

76) 伊藤・前掲注（64）160頁。

214

物を即座に廃棄しなかったという事実は利用処分意思の存在を推認させるであろうし，あるいは，廃棄意思が存在しなかったり，財物を保管するなどの意思では利用可能性の意思が認められる場合が多いであろう。

(9) これと同様のことは被検挙意思においても問題となる。同様の事案において，利用処分意思を肯定した㉘判決と否定した㉙判決は結論がわかれた[77]が，被検挙意思の場合に判例は原則として利用処分意思を否定すると考えられることは前述のとおりである。利用処分意思を否定した㉙判決は，財物奪取それ自体は「被害者の占有を侵害し自己の占有下においた」ものではあるが被害は一時的であり，「自己を窃盗犯人とするためまさしく他人の所有物としてふるまつたのであつて，自己の所有物と同様にふるまう意思があつたといえない」として権利者排除意思を否定するとともに，「直ちに一〇〇メートル以内に近接した派出所に被害品を携えて出頭しこれを証拠品として任意提出した」ことから利用処分意思を否定したものである。

権利者排除意思で要請される，自己の所有物と同様にふるまう意思とは，権利者でなければできないような処分をする意思であって，自己に当該財物の所有権があることを示す意思を意味するものではない。したがって，他人に所有権があることを留保する意思を排除するものではない。本件事案においては「自己の所有物と同様にふるまう意思」がないことから結論としては権利排除意思を否定することに問題はないとおもわれるが，それは「他人の所有物としてふるまつた」ことから導き出されるものではない。

利用処分意思は窃盗の証拠品として任意提出する意思から否定されているが，自己が窃盗犯人であることを証明することは本来不利益であり，利益といえるか疑問とされるところではあるが，利益か不利益かは行為者自身の価値判断によるべきである。検挙されて刑務所に入るという行為者の最終目標を達成するための中間目標として自己が犯人であることを示す必要があることからは，これを利益に含めることは可能である。そして，当該財物を提示して自己が犯人であることを示すという利益を獲得するために利用する意思，すなわち，財物を積極的に利用する意思を認めることができるから，被

---

77) 冨高・前掲注（56）513頁は，窃盗の事実を利用したにすぎないとして㉘の肯定判例を批判する。

検挙意思の場合は犯行隠滅意思とは事情を異にするといえ，直接的関連性を肯定することができる。被検挙意思の場合は短時間の利用であるからむしろ，㉙判決も指摘するとおり，「一時的」「即時被害者に返還」などの諸条件をもとにした権利者排除意思の存否の判断の方が問題となろう。

　⑽　財物それ自体から生じる利益をえることの必要性の議論は，特別に積極的には利用処分の意思を有していない場合にも妥当する。純粋に積極的な利用処分意思を有していない場合であっても，財物に対する占有侵害は存在することから，財物の積極的な利用処分意思がなくても処罰を正当化しうるだけの根拠はあるとも考えられる。しかし，利用処分で要求される何らかの利益は，財物を積極的に利用することが求められ，利用しないことからえられる利益は除外されるべきことからすると，この論理は財物を積極的に利用する意思がない場合にも妥当し，積極的に利用しないことからえられる利益は利益の享受には含めるべきではない。このような積極的な意思なくして処罰するのは，単なる占有侵害を処罰することと等しくなってしまう。財物奪取それ自体を重要とする場合も想定しうるところ，このような場合は毀棄隠匿意思や犯行隠滅意思による財物奪取の場合も広く含むこととなり，財物の積極的利用からは除外されるべきである。

　ただし，財物奪取時に「何らかの」利益の内容が確定的に決定されている必要性はない。将来において何らかの用途に使用する意思であれば足りる。この点で財物の積極的な利用処分意思を肯定できるからである。そして，財物奪取について条件づけをしている限りでは，条件成就の際には財物の積極的利用を想定しているのであるから，これを利用処分意思から除外することはできない。㉖判決は，奪取物をどのように利用処分するかを行為時に決めていなかった事案である。これについては，「犯行当時は利用・処分方法が明確でなくとも，将来利用・処分する可能性が高いとして，利用処分意思を認めることも可能かもしれない」[78]，将来の利用処分方法が未決定の場合というのは，将来利用する可能性があり，かつ，行為者自身がそのことを認識している場合であるから，利用処分意思を認めるのが相当である[79]との主張も

---

[78]　冨高・前掲注（56）509頁。

あるが，奪取物の利用を特に考えていないだけでは利用処分意思としては足りず，利用のための条件づけをしている点から利用処分意思が肯定されたものといえよう。

3　不法領得の意思の法的性格

(1)　不法領得の意思の法的性格について，近年わが国では，権利者排除意思は可罰的な法益侵害を惹起しようとする意思であり，その危険を基礎づけるものとして，主観的違法要素であるが，利用処分意思は単なる物の利用可能性を取得する意思を越えた，より実質的な意思であり，このような意思により占有奪取行為が行われる場合には，法益侵害行為が強力な動機に基づき行われるために，責任が重いと解されるとする見解が有力に主張されている[80]。財物罪の本質が究極において所有権その他の本権での侵害に解されることから，その主観的要件としては単なる占有侵害の意思では足りず，それに伴って所有権者（本権者）として振舞う意思が必要とされ，この意思は，所有権その他の本権に対する侵害または危険性を基礎づけるのに対して，窃盗罪と器物損壊罪とは，財物に対する占有ないし所有権の侵害という点では同一（ないし後者の方が大）であるにかかわらず，窃盗罪の方が重く罰されるのは，毀棄・隠匿の意思で占有を侵害する場合よりも，財物を利用処分する意思で侵害する場合の方が利欲犯的性質のために類型的に責任が重いという根拠に基づいているとする見解[81]も同様の方向性を示しているものであり，違法要素としての権利者排除意思，責任要素としての利用処分意思という性格は結果無価値論のみならず行為無価値論の論者によっても十分に主張可能な基礎を有していると考えることができる[82]。

その一方で，権利者排除意思を責任要素とする見解，利用処分意思を違法要素とする見解[83]も十分に主張可能である[84]。

---

79)　木村・前掲注（4）399頁。さらに，木村・前掲注（4）410頁は，㉗判決について，財物持ち去りの意図が不明な㉖判決の流れに沿うものであるとする。

80)　西田・前掲注（5）158, 160頁，林・前掲注（5）193, 195頁，山口・前掲注（5）200, 203頁。

81)　大谷・前掲注（5）197頁。

82)　権利者排除意思のみを認めるのは，団藤・前掲注（6）564頁，利用処分意思のみを認めるのは，前田・前掲注（7）157, 159頁。

第3章 目的の内容に関する各論的考察　217

(2)　利用処分意思の法的性格は，犯行隠滅意思や被検挙意思等の判断にいかなる影響を及ぼすであろうか。犯行隠滅意思や被検挙意思が行為の動機の一種として機能することに異論はないものとおもわれる。利用処分意思を責任要素と解する場合には，利用処分意思と犯行隠滅意思等は同じ動機として両立しうる関係に立つ。すなわち，犯行隠滅意思で財物の占有を奪取した後に毀棄隠匿したという場合において，利用処分意思の存否の判断は，これら2つの意思が併存する関係にあることを前提として，両者を比較して犯行隠滅意思が利用処分意思の事実的存在を排除しうる程度に強度と認められれば，利用処分意思は否定されることとなろう。利用処分意思は事実上存在するだけでは足りず，法的存在として考えられなければならないからである。逆に，犯行隠滅意思がそのような強度の意思でなければ，利用処分意思の存在を否定することはできないと考えられる。

これに対して，利用処分意思を違法要素と解する場合には，動機としての犯行隠滅意思は利用処分意思の存否の判断にとって問題とはならない。利用処分意思は犯行隠滅意思からは独立して決定されなければならない。ただし，行為者主観が違法性と責任のいずれに属するかに関係なくその心理状態は様々な要素が複雑にからみあっているという事実からは，犯行隠滅意思が間接的には利用処分意思の存否を推測させる役割を果たすことはありうる。

利用処分意思を違法要素とするか責任要素とするかの体系上の問題にかかわらず，利用処分意思の判断としては，財物それ自体から利益を享受する意思が必要とされるべきである。財物それ自体から利益を享受する意思の内容としては，財物の利用可能性の認識（未必的認識）が最低限要求されることになろう。それ以上の意図的要素等を必要とすべきかどうかは，また別個の問題として検討されうべきである。そして，犯行隠滅意思の存在は，利用処分意思の存否に直接的な影響を及ぼすか間接的な影響を及ぼすかの体系的な違いであり，実質的な判断手法においては大きな相違をもたらすとまではいえないであろう。

---

83)　伊東・前掲注（7）146頁，高橋・前掲注（7）224頁，中森・前掲注（5）115頁。
84)　山中・前掲注（5）254頁は，利用処分意思は，違法性や責任とは関係なく領得罪と毀棄隠匿罪を区別するための犯罪類型個別化機能をもつにすぎない，とする。

218

不法領得の意思の法的性格がその内容の決定に与るかは，残念ながら拒否されなければならない。目的犯における目的が違法要素か責任要素かで目的の内容が決定されるものではないことはすでに検討されているところであり[85]，その議論は不法領得の意思においても同じく妥当すると考えられるからである。また，故意と目的の体系的位置づけからしても，故意と目的が同一の体系的地位にあることを理由として目的の内容を故意と同程度に要求しなければならないことの理論的根拠もなく，結局は目的それ自体の内容の決定が求められるものである。

三　奪取罪における不法領得の意思の内容

1　不法領得の意思の内容に関する判例・学説

(1)　これまで検討してきたところから，権利者排除意思に関する判例の特色としては，権利者排除では本権（所有権）獲得のための意思と永続的な侵害のための意思までは必要としていない点をあげることができる。これを前提とすると，権利者排除は所有権の獲得を意味するものではない。所有者が当該財物を利用することを侵害し，排除者が自ら所有権者のように振舞うことのできる地位・立場の獲得を意味し，権利者排除意思とはそのような意思を意味する。「権利者を排除し，他人の物を所有者と同様にする意思」とする判例の立場はこのような条件のもとで賛成することができる。

これに対して，利用処分意思の「他人の物をその経済的用法に従いこれを利用し又は処分する意思」との定義については，経済的用法はより広く捉えられるべきであり，何らかの用法で足りる点，財物それ自体から利益を積極的にえるという直接的関連性が要求される点を考慮すると，「財物それ自体から何らかの効用を積極的に享受する意思」と修正が施されるべきであり，その点を指摘する学説は正当なものと評価することができる。

そして，奪取罪の違法性は単に財物の占有を取得しただけでは足りず，それを領得するという主観的意思が備わって初めて肯定される。不法領得の意思を構成する権利者排除意思と利用処分意思はいずれも奪取罪の違法性を基

85）　本書93頁を参照。

第 3 章　目的の内容に関する各論的考察　219

礎づける要素として機能するものと評価することができる。

　(2)　不法領得の意思の内容について論じる学説は少ないが，その中におい
て，損壊や隠匿の目的で財物の占有を奪取した場合でも，行為者はその財物
を現実に利用処分することが可能な立場に立ち，同時に被害者はその財物を
利用処分することが妨げられるという経済的効果を生じ，以上のことを行為
者は知っていることから利用処分意思を肯定する見解[86]がある。この見解は
さらに，窃盗罪においては，財物の占有を奪取することが中核であり，これ
によって原則として窃盗罪の成立を認めたうえで，利用処分意思との関係で
は窃盗の動機にすぎない事情は，量刑事情として考慮することで処罰の軽重
を適切に定めれば足りる，権利者排除意思との関係では例外的に不可罰にす
るためには可罰的違法性の理論や期待可能性の理論を用いて妥当な解決を図
れば足りると主張する[87]。

　この見解は，利用処分意思を利用処分に関する未必的な認識で足りると解
する[88]とともに，場所的移動を伴う隠匿を若干の場所的移動に限定する[89]
ことから，領得犯罪の中核である占有侵害の点を強調し，毀棄隠匿の意思以
外の全ての意思を利用処分意思と認めることに類似するものでもある[90]。そ
うは言っても，毀棄隠匿意思による占有奪取であっても，占有奪取の事実が

---

86)　神山千之「専ら検挙されるためにした財物奪取行為と窃盗罪における不法領得の意
　　思」判タ 1336 号（平成 23 年）31 頁。木村・前掲注 (4) 399，411，419 頁も同様に，利
　　用可能性の存在と認識で利用処分意思を肯定し（㉖判決），利用可能性の認識を欠く場
　　合にはこれを否定する（㉑判決）。
87)　神山・前掲注 (86) 31 頁。
88)　この点，㉕判決は事実としての意図の存否を認定し，さらに「場合によっては〔奪取
　　した財物〕を利用することがありうると認識したわけでもない」と利用処分の未必的認
　　識の有無についても言及する。それ以外の裁判例では利用処分の未必的認識の有無に
　　ついては言及していないためにその存否と要否は判文上から断言することはできない
　　が，意図といえども事態を全く認識することなく単にある結果の発生を求めるだけで
　　足りるものではない。事実の認識はここでも前提として必要な要件である。その認識に
　　加えて結果を発生させようとする意思であって初めて違法性を帯びるものといえる。
89)　神山・前掲注 (86) 31 頁。
90)　毀棄隠匿意思の不存在を利用処分意思と考える裁判例としては㉗㉘判決がある。利
　　用処分意思が奪取罪の違法性を基礎づけると解すると，毀棄隠匿意思が存在しないこ
　　とが違法性を基礎づけることにはなりえないから，利用処分意思は積極的にその存在
　　が与えられる必要があろう。そして，この考え方は利用処分意思を動機として責任要素
　　と考える場合にも妥当する。一定の動機を重く処罰するという奪取罪の趣旨からする
　　と，一定の動機に導かれた行為のみがより重い責任を付与されるべきだからである。

重視されることとなる結果，先にあげた毀棄隠匿意思の不存在で利用処分意思を認める見解よりも広く奪取罪の成立範囲が認められることにもなろう。つまりこの見解は実質的には，論者自身が主張する不法領得の意思不要説にかなりの近接的な構成を有するものであり，犯行隠滅意思や被検挙意思の事案は問題なく窃盗罪の成立を認めることとなろう。

しかし，論者の立場においても，利用処分の動機をあえて責任要素として領得犯罪の体系の中に組み込んだ点に領得犯罪の特色と領得犯罪の重い処罰の根拠が認められるのであるから，検挙されるとの動機は，積極的には被検挙の動機それ自体の判断にすぎないが，それと同時に消極的には財物の利用処分の動機の不存在の方向性を示すものとして犯罪の責任の存否に影響を及ぼすべき機能する性格が認められるべきである。占有侵害が領得犯罪の中核であるとしても，それに加えて，不法領得の意思の存在が領得犯罪の性格を特色づけると考えられることから，そのような意味でも，財物利用の直接的関連性は利用処分意思の存否の判断基準として有用であると考えられる。窃盗罪と毀棄隠匿罪の区別のための判断基準は，不法領得意思不要説を採用したからといって明確になるわけではなく，ましてや量刑で処理すればよいというものでもないであろう。

これらの成果をもとにして，以下では不法領得の意思についてどのような内容を要求すべきかを検討する。

2 権利者排除意思の内容

(1) わが国の裁判例では権利者排除意思の内容を定義したものはなく，多くは事実上の意図の存在を認定しているにすぎないことはすでにみたところである。これに対して，権利者排除意思に相当するドイツにおける排除目的では，排除についての未必的認識（認容）で足りるとするのが一般的である。その根拠としてあげられるのは，排除目的に直接的故意を要求すると，一時使用における些細ではない処罰の間隙が生じてしまうこと，排除が行為者の目標であることは稀であり，収得を求めれば，それと同時に通常は排除も目指されているので，所有者から物を永続的に奪取することは窃盗では通常は重要ではなく，所有者に損害を与えたいとの希望は領得犯罪の典型的な特徴

第 3 章　目的の内容に関する各論的考察　　221

ではないことである[91]。

　このような事情はわが国の権利者排除意思を検討する際にも有益な示唆を
与えてくれるものと考えられる。ただし，本稿で検討した権利者排除意思を
肯定した裁判例（②判決〜④判決）は権利者排除意思として意図の存在を認定
しており，排除についての未必的認識認容にとどまるという事案はみられな
いことから，ドイツにおける一時使用の処罰の間隙に対する懸念がわが国に
おいても生じるようなことは考えにくいのかもしれない。しかし例えば，③
判決における「他人所有の普通乗用自動車…を，数時間にわたつて完全に自
己の支配下に置く意図のもとに，所有者に無断で乗り出し〔た〕」との判示は，
果たして所有権者の権利を排除することを第一級の直接的故意の意味で意図
していることを意味するものと理解できるであろうか。意図しているのは自
動車を無断で乗り出すこと，すなわち自動車の無許可での利用であって，所
有権侵害や支配設定はそれに付随して発生すると（確定的に）認識しそれを
甘受（認容）している程度にすぎないのではないであろうか。行為者にとって
重要なのは，自動車を数時間乗りまわすことであり，そのような意思はまさ
しく利用処分意思に対応するのに対して，自動車の支配取得は利用のための
前提条件にすぎず，このような事態の発生は認識認容すれば足り，あえてこ
れを意図することは想定しにくいともいえるからである。そうすると，わが
国の判例で用いられている「意図」という用語は認識認容を含めて広く捉え
られるべきかもしれない。

　このような事情からすると，③判決の事案において権利者排除としての意
図が存在していたか確言することは難しく，また仮に現実に存在していたと
しても，この他の事案においては，利用処分の意図はあるものの，権利者排
除の意図はなく未必的な認識認容しかない場合も十分に想定しうるところで
ある。そして，このような心理状態にある行為者を当罰性から除外すべきで
はないであろう。他人の財産を客観的に侵害するとともにその侵害事実の認
識認容があれば，当罰的かどうかは別として，財産犯罪としての何らかの違
法性が付与されてしかるべきであり，さらに当該財産を自己のために利用処

91）本書 177-178 頁を参照。

分する意思がこれに加われば，奪取罪としての可罰性を付与するのに十分であると考えられるからである。そうだとすると，ドイツにおける議論で指摘されるように，権利者排除は占有奪取に対応する故意と同様に権利者の財産侵害を認識認容すればよいこととなり，これは目標とされることまでは必要ではなく，利用処分こそが目標とされる場合が多いことは正当な根拠があるといえる。

　このような意味で考えると，本稿で検討した裁判例の中には権利者排除意思として意図の存在を認めているにもかかわらず，実際にはそれは意図ではなく，（確定的か未必的かはさておき）認識認容にすぎない心理状態を述べているにすぎないものが多く存在するのではないだろうか。②判決〜④判決は事実としての意図の存在を認定するだけで未必的認識認容についての言及は存在しないが，ここでの心理状態が意図であるかは疑問としうることはすでに触れたところであるが，そうだとすると，権利者排除意思として意図等の強度の意思を要求すると，多くの事案において不法領得の意思が著しく狭まり，当罰的な行為の多くが不可罰ということになりかねない場合が生じることは否定できないものである。

　以上のことから，ドイツで排除目的を未必的認識で足りるとする根拠とその要請は，わが国においても等しく妥当するものと考えられる。

　(2)　占有侵害は外観で容易に判断しうる事実的侵害といえるが，本権侵害は，無権限者からの財物奪取に本権侵害が認められないことを想起すれば，外観だけでは判断のできないより観念的侵害である。両者の相違がこのように認められるからといって，奪取罪の占有侵害行為は同時に本権侵害行為にも当たり，両者の行為態様に差異があるわけではない。そして，これに対応する主観的側面が故意であり同時に権利者排除意思ということになる。故意と権利者排除意思という2つの意思が1個の行為態様の中に現れるのであって，故意と権利者排除意思は占有侵害と本権侵害の相違以外の点で相違を認めることはできない。奪取行為という1個の行為を遂行するときに，占有侵害については未必的な認識認容でよいが，本権侵害について意図や確定的認識までを要するというように，両者で異なるレベルの主観的要素を要請することは不可思議なことである。

第 3 章　目的の内容に関する各論的考察　　223

　不可罰の一時使用においては占有侵害の故意は存在するとしても権利者を排除する意思は存在しない。このような現象が窃盗罪を考えるうえで原則的な形態なのか例外的な形態なのかはさておき，本権侵害の意思は占有侵害に伴って現れるものである。窃盗行為それ自体は占有侵害の点にその中核があり，そして，占有侵害それ自体は他人の財産を侵害することから，窃盗罪としての可罰性まではないとしても，一定程度の違法の存在を考えることができる。この点で権利者排除意思は本権侵害すなわち行為の可罰性を基礎づける違法要素として機能するが，権利者排除意思は占有侵害に伴って生じるもので，財物奪取という違法の性格を質的に変えるわけではない。つまり，奪取行為の遂行により何か特別なことをすることなくして権利者排除の目的を実現しうる点で，行為と目的実現の間には密接な関連が存在するものといえる。ここにおいては，行為それ自体に内在する違法性を認識認容して行為を遂行すれば当罰性を具備するといえるから，権利者排除意思としては当該奪取行為が本権を侵害することを未必的に認識認容すればよいこととなる[92]。

　(3)　以上のとおり，権利者排除意思の内容としては権利者排除の未必的認識認容で足り，より強度の内容を要求すべきではないが，権利者排除意思として権利者を排除することの未必的認識認容で足りるとすると，本権侵害を奪取罪（領得犯罪）の保護法益として把握するのであれば，占有侵害の認識認容から構成される奪取罪の故意と権利者排除意思とは一応の区別は可能である。しかし，両者はその対象とする客観的な行為態様は重なっており，また，本権侵害結果と占有侵害結果とは財物に対する侵害という結果の観点からは重なり合っていることから，権利者排除意思の独自性は乏しく，権利者排除意思を認めることの有意味性に疑問を提起しうることとなろう。すなわち，本権の侵害といっても占有侵害と一体どの程度の相違があるのか，違いがなければ，あるいは，占有侵害が所有権侵害を包含しうるというのであれば，権利者排除意思は故意の中に含むことができ，あえて権利者排除意思なるものを別個に認める必要性はないのではないか，また，権利者排除意思が存在しない場合の財物の占有侵害はそれだけで可罰的であり財産犯罪を構成する

---

92)　この論述の前提については，本書 147 頁を参照。

のに十分な理由があると考えることができるとすれば（ただし，私見はこれには同意できない），あとはどの犯罪に当たるかの配分を考慮すればよいだけで，一部の非可罰的と考えられる例外的な事態を処罰範囲から除外すればよいだけではないか，ということである。

　この点，権利者排除意思不要説は故意に対応する占有侵害の内容を広く権利者排除をも含めて解するものであり，そうだとすると権利者排除を故意と不法領得の意思のいずれに配分するかの問題にすぎないとも考えられることから，権利者排除意思不要説がこのような視点を有することにはかなりの説得力があるものとも考えられる[93]。しかしながら，窃盗罪の行為態様は占有侵害と解されるところ，財産犯罪の本質は本権侵害にあるとする本権説を採用すると，権利者排除意思は本権（所有権）侵害に向けられる意思であるので，形式的には奪取罪の故意は権利者排除意思を補うものではない。その意味で本権説や本権説を基礎とする平穏占有説からは，権利者排除意思は奪取罪の本権侵害性を示す要件として作用するものといえる。ただし，本権侵害の意思が要求されることには変わりはないとしても，それは権利者排除意思の形式を採用することの不可欠性を意味するものではなく，権利者排除意思の肯否は最終的には権利者排除意思を故意に含めるか否かの価値判断ともいえる。故意を客観的な行為の側面に対応させるとして故意の対象を厳格に考えれば，権利者排除意思は故意とは別個の要素として存在が認められるものであり，また，奪取罪の本権侵害性すなわち違法性を特徴づける要素と位置づけることができる。そして，このような構成に特に不都合はないものと考えられる。

93）伊東・前掲注（7）144-145頁は，権利者排除意思「の実態は，一定の長さ以上の時間の所有権排除・占有取得という非主観的基準によって可罰性の存否を決している」，また，費消については，「所有権者にとっての当罰的な効用阻害が占有の奪取によって生じたか否かという非主観的基準によって判断しようとするものであ〔る〕」，「社会通念上使用貸借又は賃貸借によらなければ使用できないような形態において財物を利用する〔点についても〕行為者の主観以外の基準によって判断する」ことから，権利者排除意思は「使用窃盗の不可罰性を導くためには機能させられてはおらず」として，故意の欠如によりこれを説明しようとする。

3　利用処分意思の内容

　(1)　権利者排除意思と同様に，判例学説ともに利用処分意思を本来的な意味内容よりもかなり緩和して認める傾向があるが，それは正当といえる。利用処分意思の内容について，ドイツにおいては収得目的は意図を要すると解されているが，その理由としてはまず，排除目的との相違であげられる，排除が求められることは稀であり，一般的には収得が求められるという点がある。これについては，奪取罪では一般的に占有奪取後の財物の利用処分を求めて占有侵害行為を実行するものと考えられる。この点については，わが国に現れた判例においても，利用処分意思が肯定された裁判例（⑭判決～⑯判決，㉕㉖判決）において意図の存在が認定されているところ，この意図との用法は，単に行為者の利用処分の認識にとどまるものではなく，行為者が行為の目標として求める事態や行為に至った動機など，意図，目的，動機といった広く意思的側面が存在したと認定したとみてとることができる。㉕判決において認識への言及があることもその１つの証拠となりうることから，権利者排除意思において述べたのとは異なり，未必的な認識のように修正を意味する必要ないだろう。

　利用処分意思について利用処分の未必的な認識認容で足りるとすると，一定程度の違法性が認められるとはいえ，不可罰である単なる占有奪取行為が広く可罰的に取り込まれるおそれがあるから，より強度の意思内容を要求すべきことにもなる。この点においてはドイツにおいて収得意思として意図を要請することには理由があるといえる。

　しかしその一方で，一般的には収得が求められるということは，収得を認識しているにすぎない場合が窃盗罪の可罰性から排除されることを直接意味するものではない。特に，客観的な占有奪取がそれだけで何らかの違法性を具備することから，占有奪取に伴う利用処分を認識認容すればそれで処罰にとっては十分であるとの議論も可能だからである。利用処分する可能性を認識認容しつつ財物奪取を実行することも想定しうるところであり，このような場合も同様に奪取罪として処罰する方策をとることも考えられる。したがって，利用処分意思が目的犯における目的として機能することを肯定すると，このような奪取罪の実態の面においても利用処分意思は利用処分の未必

226

的認識で足りるのか，それともより強度の意思内容を要求すべきかが考察されるべきであり，この問題はそれ自体では解決を図ることができないとおもわれる。

(2) ドイツにおける収得目的が意図を要するとされるその他の理由としては，窃盗罪においては法益の侵害は奪取で尽きており，収得目的の存在が犯罪類型を形成すること，違法要素としての収得目的では，行為者にとって収得が重要でなければならない（収得を求め，目標として向けられなければならない）ことがあげられている[94]。

収得目的に関するドイツの見解は，窃盗罪の法益侵害性は奪取で尽きているとしたうえで，動機等を含めて主観的要素を広く違法要素と認めることから，収得目的の存在が犯罪類型を形成すると構成することを可能とするものである[95]。しかしながら，わが国の目的犯理論においては，動機を量刑要素あるいは責任要素として構成しうるとしても，これを違法要素とする理論は採用し難いといえ，ドイツにおける考え方は利用処分意思を責任要素と解する見解に親和的であると考えることができる。

これに対して，わが国においては，利用処分意思が奪取罪における違法性を基礎づけたり加重するといえるためには，財物奪取に加えて利用処分要素を加味して違法性を判断することの必要性があげられなければならず，例えば，「窃盗罪等の領得罪の重罰化は，この利用行為又は毀棄行為を占有奪取時から目的としていることを不法実体として包摂処罰している」[96]，「不法領得の意思によって，占有侵害行為が窃盗行為と意味づけられ，それが窃盗の行為態様という行為無価値を決定する」[97]，「行為者に対する個別的な非難可能

---

94) 本書 181-182 頁を参照。
95) 例えば，本書 83-90 頁を参照。なお，ドイツの詐欺罪は利得犯罪であり領得犯罪とは位置づけられてはいないが，そこで必要とされる利得目的は収得目的に相応すると考えられることができることから，そこでの議論は，理論構成は異なる（ただし，ドイツにおいても違法要素としての動機を考えているので，その体系には疑問はある）ものの，わが国の利用処分意思の議論の参考となろう。この点，松宮孝明「詐欺罪における不法領得の意思について」立命館法学 292 号（平成 15 年）310, 314 頁は，詐欺罪における不法領得の意思をドイツ刑法と同じく利得目的と解する一方で，㉔決定の事案について，利得目的と支払督促正本の交付との間には損害と利得との間の対応関係は認められないとして，詐欺罪の成立を否定する。
96) 伊東・前掲注 (7) 146 頁。

性の大きさ以前に，〔利用処分〕意思がある場合に行為が広く行われることを理由とする一般予防の必要の大きさを表している」[98)]，などと主張されている。

　権利者排除意思は本権侵害犯罪としての奪取罪の性格を基礎づけるものであるが，奪取罪の犯罪性はこれだけで説明することはできない。確かに本権侵害面に着目すれば，奪取罪と毀棄隠匿罪の違法性は等しく本権侵害に尽きることとなる。しかし，責任要素あるいは量刑要素にすぎない動機の差でもってこれだけの法定刑の差を説明することは難しいと考えられるところ，奪取罪の違法は奪取物を後に利用処分する意思をもって奪取することに特色があるものと解することができる。また，奪取罪と毀棄隠匿罪の行為態様が占有侵害・本権侵害で等しいとしても，毀棄隠匿罪の行為態様に不法領得の意思が加わることで奪取罪へと犯罪が変更されるわけではない。奪取罪においては奪取罪としての行為態様が求められるべきであり，奪取罪の否定が毀棄隠匿罪の成立に直結するわけではない。例えば，⑰判決において毀棄隠匿罪が成立するのは，奪取罪が否定されたからではなく，別途毀棄隠匿罪に相当する行為態様が存在するからである。両犯罪は占有侵害・本権侵害の側面において表面上等しく現れるにすぎないのであり，奪取罪と毀棄隠匿罪の違法は必然的に異なることになる。

　この点からすると，不法領得の意思の重点は，その財物につき権利者を排除し自ら所有者として振舞うまたは所有者としての実をあげるという点にあり，利用処分意思は消極的な意義を有するにすぎない[99)]と解するというよりもむしろ，奪取罪の本質は財物の利用処分に特色があることとなる。そして，不法領得の意思を違法要素とみると，占有侵害行為それ自体に一定程度の違法性が認められるが，奪取罪の客観的行為の態様だけではその違法性を判断するのに不十分であるがゆえに不法領得の意思の存在によって初めて奪取罪としての可罰性の実質が具備される，すなわち客観的行為の不備が主観的意思によって完備されることになる。

97）高橋・前掲注（7）224頁。
98）中森・前掲注（5）115頁。
99）栗田・前掲注（53）241頁。

以上のとおり，利用処分意思は奪取罪の違法性を決定する役割を果たす。すなわち，奪取罪は，単なる占有侵害ではなく，利用処分を目的とした占有侵害を重く処罰する類型である。客観的行為それ自体は純然たる正当行為ないしは非違法行為ではなく，ある程度（以上）の違法な状態を招来する性格を有していることを否定することはできない[100]が，可罰的な違法性を付与するのは利用処分意思である。

(3)　奪取罪と毀棄隠匿罪の保護法益を等しく本権侵害と捉えるのであれば，利用処分意思の内容をどのように解するとしても，それは財産を奪取後に何らかの方法によって使用しようとする動機の悪性の範疇を出ることはなく，利用処分意思を伴った行為がそれのない行為よりも本権および占有を量的により大きく侵害することにはなりえない。つまり，現実の財産侵害が利用処分意思により違法性の基礎づけや加重されることはないので，利用処分意思によるより大きな占有侵害や本権侵害の根拠づけは想定することはできない。

しかしながら，利用処分意思を違法要素と解すると，利用処分意思によって当該財物は占有侵害後に何らかの利益を求めて利用処分される予定が違法性判断に組み込まれ，財物の利用処分は占有侵害とは異なった性格の利益が侵害される危険を有すると構成されることとなる。つまり，単なる本権侵害ではなく，利用処分される危険のある本権侵害へと，本権侵害それ自体に変わりはないが，本権侵害の態様が変わることで，侵害の性格が変わるものと考えることができる。これは本権とは異なったり，あるいはそれ以上の財産権の侵害を意味するものではなく，あくまでも本権侵害に立脚したうえでの財物が行為者のおもうがままに利用処分される可能性であり，行為の違法性を加重するものである。つまり，奪取罪は占有侵害に加えて奪取後に財物が利用処分される危険性が認められる点に特色があり，それが毀棄隠匿罪よりも大きな違法性を有すると考えられる[101]。

すなわち，奪取罪の違法性は，奪取した物を後に利用処分する意思をもっ

---

100) この論理は不法領得の意思を責任要素と位置づける見解においても妥当し，これによると，当該客観的行為態様だけで違法は判断され，これを所有権侵害と捉えるのであれば，窃盗と器物損壊の間の違法性に差異はなく，犯行に至る動機の悪性が法定刑の相違をもたらすものである。

て奪取することに特色があるところ，この利用処分の目的は，行為の遂行により何か特別なことをすることなくして実現しうるものではない。その点では行為と目的実現の間には密接な関連性を認めることはできない。利用処分意思は，占有侵害とは異なる財物の利用処分という性格の利益が侵害される危険性を付与するものであり，これが加わることによって行為の違法性を質的に変えるものである[102]。そしてここでは例えば，毀棄意思以外で奪取した（毀棄意思であってもその意思は後日放棄しうるので，その意味ではこの意思も含めることはできる）財物には利用可能性が常に存在しうるので，単に占有侵害をすることだけを予定している者においても，占有侵害の際に当該財物が後日利用されることを未必的に認識することは十分にありうるので，これを処罰するとなると，不可罰である単なる占有侵害行為が広く処罰対象となりかねないとの懸念をあげることができるであろう。

　以上のことからすると，利用処分意思は，これが加わることによって行為の違法性を質的に変える違法要素であると解することができる。そのような利用処分意思の内容としては，奪取行為による利用処分の可能性を未必的に認識認容するだけで不十分である。利用可能性の認識認容は奪取行為に随伴するのが通常であり，全ての占有侵害行為に利用処分意思が肯定されかねないこととなるからである。したがって，利用処分意思としてはより強度の意思が求められることとなろう。

　(4)　利用処分意思に未必的認識よりも強度の意思内容を要求するとしても，利用処分の意図がある場合と利用処分の可能性を確定的に認識している場合とでその評価をわける必要はないことから，利用処分意思としては意図と確定的認識の両者を含むものと解することができる[103]。ただし，意図と言っても希望まで要する必要性はなく，これを目標として求める程度で足りる。

101）　これを同じ奪取罪に属する窃盗罪と強盗罪についてみると，強盗罪には人身犯罪的側面があるものの，暴行脅迫を手段とした奪取行為の悪性が両者の法定刑の差となって表れており，これは強盗罪における違法性の大きさを表しているものと考えることができる。そうすると，単なる財産権侵害という抽象的な法益侵害ではなく，より具体的な法益侵害性を財産犯罪においては把握することも可能である。
102）　この論述の前提については，本書157-166頁を参照。
103）　本書166-168頁を参照。

四　結びにかえて

　以上，奪取罪における不法領得の意思の内容について検討を加えたが，私見は奪取罪における不法領得の意思を，利用処分意思については若干の修正を加えるが，ドイツにおけるのと基本的に同様に解する。しかしながら，わが国とドイツの不法領得の意思はその性格が若干異なる面もある。それでは，ドイツにおいて現れた諸事案は，私見においても同じように解決することができるであろうか[104]。

　まず，排除の問題については以下のように考えられる。テレフォンカード事例と預金通帳事例は財物を物質説と物的価値説を合わせた統合説によるべきことを示しており，一時使用に当たらなければ権利者排除意思の存在は認められる。排除目的が否定される軍帽事例と謝礼事例では，所有者の権利を承認し，所有者としての法的地位を永続的に侵害する意思を有していないのに対して，逆に排除目的が肯定される再売買事例と容器事例ではそのような事情が存在しなかった。しかしながら，わが国における権利者排除意思では，最終的な所有権獲得，永続的な所有権獲得の意思までは必要とはされていないから，権利者の所有権を承認している場合であっても，権利者排除意思を肯定することは可能であろう。その意味では偽配達人事例においても権利者排除意思は肯定しうると考えられる。そして，イビーザ事例における，奪取した物をさしあたっては保持し続けて，その後に判断を下そうとしたという事情も，権利者排除意思を肯定するのに十分といえる。

　次に，収得の問題については以下のように考えられる。本屋事例とガチョウ小屋事例では所有者への仕返しが意図されていたが，このような場合はわが国の利用処分意思も否定されることが可能であろう。領得が肯定される鍵事例と否定される受刑服事例については，前者では結果が望まれているのに対して，後者では結果が望まれてはおらず受け入れられているにすぎないことが理由とされる。前者では鍵を使用して刑務所から脱出することを計画しているから財物それ自体から何らかの利益を享受する意思を有する点では問

---

104)　以下にあげる事例については，本書 174-184 頁を参照。

第 3 章　目的の内容に関する各論的考察　　231

題はないから，わが国においても前者の結論は妥当といえる。これに対して，後者はまさに本稿が問題とする場合であり，わが国の学説においても取り上げられることのなかった問題である。すなわち，行為者が受刑服を持ち出すという奪取の故意が存在することを前提として，行為者にとって受刑服の着用は諸事情から強制されており，この奪取は行為の避けられない付随的な事情で結果は受け入れられているにすぎないから，収得目的は否定されることとなる。しかし一方では，受刑服を着て脱出することから，行為者は財物それ自体から何らかの利益を積極的に享受する意思を認めることもできる。わが国の裁判例はこのような直接的関連性がある以上は「意思」の点を重視することなく，利用処分意思を肯定するのかもしれない。しかし，客観的な直接的関連性そのものから利用処分意思が肯定されるべきかは疑問であり，利用する「意図」が存在しないことから利用処分意思を否定するドイツの議論は今後このような問題に対する警鐘となりうるであろう。これに対して，利用処分の事実の意図または確定的認識を必要とする本稿の結論からは，受刑服の利用について意図は認められないとしても，確定的認識が存在するのであれば，利用処分意思を肯定することができよう。さらに，一定の条件の成就に目的が依存する担保取得事例においては，不確実な事態とはいえ条件充足の点では㉖判決と同様であり，利用処分意思を肯定することは可能である。

第3節 横領罪における不法領得の意思

一 はじめに

ドイツにおける不法領得目的（Zueignungsabsicht）は占有移転犯罪である窃盗罪等の領得犯罪において条文上規定されている要件であり，排除目的（Enteignungsabsicht）と収得目的（Aneignungsabsicht）から構成されるところ，前者は排除についての未必的認識で足りるが，後者については収得の意図を必要とするのが判例通説である[1]。わが国においても，窃盗罪（奪取罪・占有移転犯罪）の不法領得の意思について，判例は「権利者を排除し他人の物を自己の所有物と同様にその経済的用法に従いこれを利用し又は処分する意思」と定義し[2]，学説上争いがあるものの，通説はこの定義に概ね賛意を表している。そして排除目的は権利者排除意思に，収得目的は利用処分意思にそれぞれ相当する[3]。

これに対して，占有非移転犯罪である横領罪については，ドイツにおいては領得犯罪として構成されるものの，不法領得目的が条文上要求されておらず，書かれざる構成要件要素としても要求されていない。横領は不法領得目的という主観的要素で決定されるのではなく，領得という客観的要素で決定されるところに特色があり，領得は条文の構成上客観的構成要件要素であるので，不法領得目的は領得の故意として把握され，排除要素，収得要素ともに未必的認識で十分であるとされる[4]。これに対して，わが国では横領罪においても不法領得の意思は必要とされており，奪取罪と横領罪の性格の相違から，その表現には若干の相違がみられる。判例は，「他人の物の占有者が委託の任務に背いて，その物につき権限がないのに所有者でなければできないような処分をする意志」（①判決）であると定義する[5]。そして，ここでの不法

---

1) 本書 171-185 頁を参照。
2) 大判大正 4 年 5 月 21 日刑録 21 輯 663 頁，大判昭和 9 年 12 月 22 日刑集 13 巻 1789 頁，最判昭和 26 年 7 月 13 日刑集 5 巻 8 号 1437 頁。
3) 本書 186-231 頁を参照。
4) 本書 184-185 頁を参照。

領得の意思について「意志（意思）」「意図」「目的」などの用語を使用する裁判例がみられるのは，奪取罪における状況と大きく変わるところはない[6]。このような事情からすれば，わが国とドイツでは横領罪の構成や事情が異なることから，ドイツにおける議論が直接的にわが国にも妥当することにはならない。

そして，奪取罪と横領罪の不法領得の定義それ自体が判例学説では異なることからすると，奪取罪における不法領得の意思の内容に関する検討からえられた成果が横領罪における不法領得の意思の内容を決定するにあたりそのまま妥当するものではない。さらに，奪取罪におけるのと同様に横領罪においてもわが国の判例学説が不法領得の意思の内容について議論が活発に展開されているともおもわれない。

そこで，わが国の横領罪における不法領得の意思についてその意思内容を中心として検討を試みる。

二　横領罪における不法領得の意思に関する判例学説の状況

(1)　横領罪の不法領得の意思に関する①判決の定義は，奪取罪のそれにおける権利者排除意思や利用処分意思が直接的には言及されていない。それは，横領罪が奪取罪と異なり占有非移転犯罪であることから，その表現に相違がみられるのかもしれない[7]。権利者排除意思については，「その物につき権限がないのに所有者でなければできないような…意志」をもって権利者排除意思とみることはできようが，奪取罪が占有侵害を行為態様とするのに対して，

---

5)　最判昭和 24 年 3 月 8 日刑集 3 巻 3 号 276 頁。

6)　例えば①判決は，「必ずしも占有者が自己の利益取得を意図することを必要とするものではなく，又占有者において不法に処分したものを後日に補填する意志が行為当時にあつたからとて横領罪の成立を妨げるものでもない」と，「意図」や「意志」を使用する。なお，奪取罪の不法領得の意思に関する判例の動向としては，本書 188-216 頁を参照。

7)　平野龍一「横領と背任，再論 (2)」判例時報 1683 号（平成 11 年）8-9 頁は，横領罪の不法領得の意思の定義について，横領の場合は，すでに占有をもっており，かつある限度では利用が許されている場合が多いから，その許容の限度をこえていることをあきらかにするために，「所有者でなければできない」という観点を捉えており，窃盗における不法領得の意思と同じ内容のものを，横領という事態に即して言いなおしたものだとする。

横領罪においてはすでに占有が行為者にあり，所有権侵害をその行為態様とすることからすれば，他人の所有権を侵害する意思はまさしく横領罪の故意であり，不法領得の意思として要求する必要がないことにもなる。また，利用処分意思については，「処分をする意志」という文言からその要請を読み取ることは可能かもしれないが，それが認められるとしても，後述するように，横領罪における利用処分概念を判例はかなり広範囲に認めており，奪取罪におけるそれとは異なる様相を呈しているとみてとることもできる。

　学説においても，横領罪における不法領得の意思必要説と不要説が主張されており，必要説[8]からは，①判決の定義に特段の異論を述べることのない見解もあるが，奪取罪における不法領得の意思との関係に言及したり，それとの関連から何らかの修正を施す見解[9]もある。これに対して，不要説からは，横領とは不法領得そのものであることから不法領得の意思は故意に解消されることとなる[10]。

　このように議論は錯綜しているが，横領罪における不法領得の意思が問題

---

8) 伊東研祐『刑法講義各論』（平成 23 年）143, 219-220 頁，大谷實『刑法講義各論 [新版第 4 版補訂版]』（平成 27 年）312 頁，木村光江『刑法 [第 3 版]』（平成 22 年）376-377 頁，高橋則夫『刑法各論 [第 2 版]』（平成 26 年）228, 375-376 頁。団藤重光『刑法綱要各論 [第 3 版]』（平成 2 年）629 頁，中森喜彦『刑法各論 [第 4 版]』（平成 27 年）153 頁，西田典之『刑法各論 [第 6 版]』（平成 24 年）244 頁，林幹人『刑法各論 [第 2 版]』（平成 19 年）197, 293 頁，平野龍一『刑法概説』（昭和 52 年）225 頁，藤木英雄『刑法講義各論』（昭和 51 年）332 頁，前田雅英『刑法各論講義 [第 6 版]』（平成 27 年）268 頁，松原芳博『刑法各論』（平成 28 年）320-321 頁，山口厚『刑法各論 [第 2 版]』（平成 22 年）305, 307 頁，山中敬一『刑法各論 [第 3 版]』（平成 27 年）430 頁。
9) 伊東・前掲注 (8) 219-220 頁は，横領罪と窃盗罪の不法領得の意思は基本的に異なるものではないとする。同様に，高橋・前掲注 (8) 375-376 頁は，不法領得の意思を自己の占有する他人の物を，委託の趣旨に反して，その物の経済的用法に従い利用・処分する意思（効用を享受する意思）と解するとともに，横領の「故意」の内容を構成するものとする。ここから，横領罪の不法領得意思についても利用処分意思の必要性を意識するのか，例えば，西田・前掲注 (8) 244 頁は，不法領得に意思について経済的用法に従った利用・処分という要件をも不要とするのであれば疑問であり，基本的には窃盗罪におけるそれと同様であり，「自己の占有する他人の物を，委託の趣旨に反して，その物の経済的用法に従い利用・処分する意思」である，松原・前掲注 (8) 320 頁は，所有者による権利行使を実質的に阻害する意思としての権利者排除意思は必要とされている，判例は緩和された形態で利用処分意思を要件としているが，物の効用を享受する意思としての利用・処分意思を要求すべきである，山口・前掲注 (8) 305, 307 頁は，権利者の占有排除に関わる排除意思が要件とされておらず，また，利用意思に言及がないことが注目される，不法領得の意思は，委託の趣旨に反した，物の利用意思と解されるべきである，とする。

となる事案は奪取罪におけるそれよりも広範である。そこで，まずは不法領得の意思の存否や横領罪の成否が問題となった裁判例とこれに対する学説の評価について概観する。

（2）奪取罪における権利者排除意思と利用処分意思が問題となる一時使用や毀棄隠匿罪との区別に対応して，横領罪においてもこれらの場合に不法領得の意思の存否が問題とされている。

まずは一時使用についてである。横領罪は所有権者から委託されて占有する財物について委託の趣旨に反する処分行為をすることで成立する犯罪類型であるが，その種の処分行為が短時間である等所有者の権利を侵害する程度が微細であり，行為者においても所有者の権利侵害がその程度にすぎないとの意思を有していれば横領罪の成立を認める必要はない。その意味では横領罪においても一時使用（一時横領）は不可罰である[11]。

判例は，一時使用と横領罪の区別においては，貸与された自動車を返却せずに乗り回したという事案について，「被告人は…五月九日…滋賀県…Ａ方において，同人より同人所有の普通乗用自動車一台…を…乗用することの許諾をえて貸与を受けて保管中…Ａ方に戻らず，そのまま反対方向…に向い，それから同月一七日警察官に逮捕されるまでの間，ほしいままに滋賀県内および福井県内等において自己のドライブ遊びに右自動車を乗り廻し，これを横領した」（②判決）[12]，また，会社（Ａ）の秘密資料をコピーのために社外に持ち出したという事案について，「新会社を設立して新規の開発をするには長時間を要し，その間無収入で開発を続ける資金的余裕がなかつたため，し

10）内田文昭『刑法各論［第3版］』（平成11年）364頁，大塚仁『刑法概説（各論）［第3版増補版］』（平成17年）302，305-306頁，川端博『刑法各論講義［第2版］』（平成22年）407頁，曽根威彦『刑法各論［第5版］』（平成24年）168頁。なお，松宮孝明『刑法各論講義［第4版］』（平成28年）288頁は，横領罪でも不法領得の意思の内容は窃盗罪と変わらないが，横領罪では不法領得（＝横領）は客観的構成要件要素であるから，不法領得の意思は横領の故意そのものであるとする）は，不法領得の意思の内容に言及しつつも最終的に不法領得の意思を故意に解消することから，実質的には不要説に属するものと考えられる。

11）なお，本節では，「一時使用」「一時的な使用」という用語を使用するが，「一時使用」は，理由づけは多々あるが，不可罰であることを前提として使用し，「一時的な使用」はこれとは異なり，横領罪の成否とは無関係に短時間の使用の意味で用いる。

12）大阪高判昭和46年11月26日高刑集24巻4号741頁。

ばらくはＡのCADシステムをそのまま，あるいは手直しして販売する必要があると考え，本件資料を持ち出すこととした。」「他人の物を一時的に持ち出した際，使用後返還する意思があつたとしても，その間，所有権者を排除し，自己の所有物と同様にその経済的用法に従つてこれを利用し又は処分をする意図がある限り，不法領得の意思を認めることができると解されるところ，前記認定のとおり，被告人らが持ち出した本件資料は，Ａが多大な費用と長い期間をかけて開発したコンピューターシステムの機密資料であつて，その内容自体に経済的価値があり，かつ，所有者であるＡ以外の者が同社の許可なしにコピーすることは許されないものであるから，判示のとおり被告人等が同社の許可を受けずほしいままに本件資料をコピーする目的をもつてこれを同社外に持ち出すにあたつては，その間，所有者であるＡを排除し，本件資料を自己の所有物と同様にその経済的用法に従つて利用する意図があつたと認められる。」「本件業務上横領の動機についてみると，被告人Ｘ等は，自分らの開発したコンピューターシステムが社内であまり利用されず，外販も禁止されたところから，独立しようと考えるに至り，その際，同被告人等の経験及び能力からすれば，本件資料の内容をコピーして持ち出さなくても，自分らの頭脳だけでいつそう高性能のシステムを開発することが可能であり，現に，被告人らは，そのような高性能の新システムの開発を計画していたのであるが，新会社の発足にあたり，右開発に要する数か月間全く市場開発，販売等の営業活動をすることができないというのでは，新会社の経営が苦しいところから，いわばその間のつなぎとして，Ａで開発したシステムをそのまま又は少し手直しして用いるという安易な手段を選び，本件犯行に及んだものと認められる」（③判決）[13]として，いずれも横領罪の成立が肯定されている。

一時使用か否かはその目的の存否によって決定されるというよりもむしろ，一時的な使用が可罰的な使用かどうかの判断が重要といえるが，処罰と不処罰を限界づける基準が問題となる。これについて学説は，単に一時使用の目的で権限を超えて目的物を使用しても領得とはいえない[14]，所有者が許

---

13) 東京地判昭和60年2月13日刑月17巻1＝2号22頁。

容しないような使用の意思があるだけでは委託関係侵害の意思が肯定される
にすぎず，さらに，所有者が許容しない利益・価値の侵害を伴うような場合
に，委託物横領罪の保護法益である所有権の侵害があるから，そのような行
為を行う意思を不法領得の意思と解する[15]，可罰性は，流用期間と流用に
よって生じる経済的なマイナスを中心として，所有権者しかできない処分な
のか（委託の趣旨から絶対に許されない処分なのか）により判断される[16]，意思
の問題というよりは客観的な行為の問題であり，使用行為の客観的な態様，
時間，社会・経済的意味に照らして，所有者の委託の趣旨に反する一時使用
であれば，単に一時使用の目的であっても横領罪は成立する[17]などと主張さ
れる。

　不法領得の意思不要説からも，権限を超えた物の使用について広く横領罪
の成立を認める見解[18]と，保管義務に反しない限りでは故意を否定する[19]，
権利者排除の可能性，所有権侵害の危険によって判断する[20]などと，処罰と
不処罰の限界づけを設定する見解が主張されている。

　(3)　自己が占有する他人の財物を毀棄隠匿するのは，所有権者の委託の趣
旨に反する場合が多いであろうし，そうであれば横領罪を構成することが考
えられる。その一方で，毀棄隠匿罪の刑の軽さは不法領得の意思の不存在が
理由とされるので，横領罪と毀棄隠匿罪を区別する基準として不法領得の意
思が重要な役割を果たすとも考えられる。

　判例は隠匿について横領罪の成立を肯定するものがある。すなわち，市の
助役が市の公文書を持ち出し隠匿したという事案について，「横領罪ハ自己
ノ占有内ニ在ル他人ノ物ニ對シテ自己領得ノ意思實行アルニ由リテ成立スル
ヲ以テ苟モ同罪ノ目的タル物ノ所有者ヲシテ其經濟的利益ヲ喪失セシメ因リ

---

14) 団藤・前掲注（8）630頁。しかし，これは領得性というよりも不法領得の意思が否定
　　されるべきであろう。
15) 山口・前掲注（8）308頁。同様の趣旨として，高橋・前掲注（8）377頁，西田・前掲
　　注（8）245頁，松原・前掲注（8）320頁。
16) 前田・前掲注（8）270頁。
17) 山中・前掲注（8）435-436頁。
18) 川端・前掲注（10）407頁。
19) 大塚・前掲注（10）305頁。
20) 曽根・前掲注（10）168頁。

テ自己ニ其經濟的利益ヲ收得スル如キ行爲アレハ自己領得ノ意思實行アリタルモノト謂フヘク横領罪ヲ以テ該行爲ヲ論スルハ相當ナリ原判決ノ認定セル事實ニ據レハ被告Ａ等ハ共謀シテＡノ市助役トシテ保管セル公文書ヲ相被告Ｂヲシテ市役所以外ニ帶出シテ之ヲ隠匿セシメタル者ニシテ右隠匿ノ行爲ハ所有者タル市ヲシテ其公文書ヲ保存使用スルノ利益ヲ喪失セシメ被告等ニ於テ自由ニ之ヲ處分シ得ヘキ状態ニ措キタルモノ即チ自己領得ノ意思ヲ外形ニ表示シタルモノニ外ナラサレハ其行爲ノ終局ノ目的如何ヲ問ハス被告等ノ行爲ヲ以テ横領罪ニ問擬シタル原判決ハ相當ニシテ」（④判決）[21]，自己が保管する文書を隠匿または抑留して権利者に利用できなくさせたという事案について，「苟モ犯人カ自己ノ占有スル他人ノ物件ニ付キ所有者ヲ排除シテ自己ノ爲メ其占有ヲ持續スル以上ハ其物ノ經濟的價値ヲ自己ノ爲メ利用スルノ意思ニ出テタルト將又他ノ事由ニヨリ不法ニ之ヲ抑留センカ爲メナルトヲ問ハス横領罪ハ成立スルモノト謂ハサルヲ得ス何トナレハ他人ノ委託ヲ受ケテ爲セル物ノ占有ヲ不法ニ自己ノ爲メニスル占有ニ變改スル意思ヲ有シ之ヲ現實ニスルニ於テハ所有者ノ信用ニ辜負スル點ニ於テ其物ノ經濟的價値ヲ利用セントスル場合ト毫モ擇フ所ナク法律カ横領ノ刑ヲ以テ此種ノ法益侵害ノ所爲ヲ禁遏セントスル本旨ニ適合スルモノト謂ハサルヘカラサレハナリ…他人ノ委託ヲ受ケテ爲セル物ノ占有ヲ不法ニ自己ノ爲メニスル占有ニ變改スル意思ヲ有シ之ヲ現實ニスルニ於テハ所有者ノ信用ニ辜負スル點ニ於テ其物ノ經濟的價値ヲ利用セントスル場合ト毫モ擇フ所ナク」（⑤判決）[22]，「横領罪の成立に必要な不法領得の意思とは，他人の物を保管する者が他人の権利を排除してその物を自己の所有物のごとくに支配しまたは処分する意思をいい，必ずしもその物の経済的用法に従いこれを利用しまたは処分する意思は必要としないものと解すべく，従つてまた横領行為の一態様であるいわゆる拐帯行為とは，他人の物の保管者が前記のような不法領得の意思のもとに，その保管する他人の物をほしいままに持ち去り，もつて他人の権利を排除し，その物を自己の所有物のごとくに支配しまたは処分し得る状態におく行為をいうものであると解するを相当とするところ，原判決は前記のようにその事実

21）大判大正2年12月16日刑録19輯1440頁。
22）大判大正4年2月10日刑録21輯94頁。

第3章　目的の内容に関する各論的考察　　239

摘示として被告人において本件小切手五枚を前記現金と共に拐帯して逃走した旨を判示し，その事実は原判決の挙示する証拠によりこれを認めることができるから，原判決が右現金の外小切手五枚についても被告人においてこれを横領したものと認定したのは正当であ〔る〕」（⑥判決）[23]，「業務上横領罪の成立に必要な不法領得の意思とは，業務上他人の物を占有する者が委託の任務に背いて，その物につき権限がないのに，所有者でなければできないような処分をする意思をいい…，占有者が委託の任務に背いて無権限で物を処分した場合には，右の意思があつたと解されるのが通常である。しかしながら，占有者が右のような処分をした場合であつても，それが専ら所有者自身のためにしたものと認められるときは，所有者でなければできないような処分をしたという前記の要件を欠き，不法領得の意思がないこととなるので，業務上横領罪は，成立しない…。ことに，被告人の場合には，〔所有会社A〕の代表取締役として，資金面を担当し，自ら現金，預金を操作してこれを外形上個人所有の物のように保管しながら，実質はAのために保管するという例も皆無ではなかつたと認められるのであるから，本件の…隠匿という特異な保管形態から直ちに被告人の不法領得の意思を推認することなく，いかなる意図のもとでこれを隠匿するに至つたかの動機にまで立ちいつて審究することが必要であり，その意味において右の意図のいかんは本件業務上横領罪の成否を決する最大の争点といつてさしつかえない。…被告人が本件〔金員〕を隠匿所持することの意思を最終的に固めこれを外部に表明したとみられる…現金の払戻しを受けた時点においては，被告人は…一部については，これを滞欧中の生活費等自己又は第三者のために費消する決意を固めていたものの，その余については，新会社の設立等の自己の用途に充てるか，あるいは，Aに返還する等Aのために使用するかをいまだ決定しておらず，事態の推移に応じて自らの判断によつて使途を決定しようという浮動的な意思状態にあつたと認められる。また，被告人は，右金員をそれぞれの費消目的ごとに客観的に区別して保管することなく，しかも，個人所有の金員と全く同様に専ら占有者たる被告人の意思によつて自由に処分することのできるよう

---

[23]　東京高判昭和34年3月16日高刑集12巻2号201頁。

な形態で隠匿し，自己の支配下に置いたと認められる，そうしてみると，被告人が，自己又は第三者のために費消する決意を確定的に固めておらず，Aのために使用する余地のあつた部分の金員についても，すくなくとも未必的にはこれを自己のために費消する意思があつたことに帰するから，これを専らA自身のために保管する意思で所持したということはできず，また，このような意思のもとでAの金員を手許に隠匿し，専ら被告人の意思によつて自由に処分することのできるような形において個人的な支配下に置いたことは，Aの代表取締役たる被告人の任務に反し，権限を逸脱した行為であるというほかはないから…全額について被告人に不法領得の意思があつた」(⑦判決)[24]，などである。

これについて学説は，判例と同様に隠匿の場合に不法領得の意思を肯定する見解[25]や，利益を領得する目的を必要としないことを理由に毀棄の意思も含めて不法領得の意思を肯定する見解[26]もある。この見解は毀棄と隠匿とで行為態様を区別しない点に特徴があるが，これに対して，奪取罪における不法領得の意思と同じく横領罪におけるそれにおいても利用処分意思を要求し，そのような意思でない毀棄隠匿意思の場合に不法領得の意思を否定する見解も有力に主張されている。そこでは，例えば，横領とは経済的見地から見た権限逸脱行為であるから，およそ経済的に評価できない毀棄行為まで含めることはできない[27]，経済的用法に従うという効用享受の意思がない場合に横領罪を認めることは妥当ではない[28]，物の利用により効用を享受する意思があることによって，責任が加重される点に不法領得の意思の本質を見出す場合には，効用の享受意思を欠き，毀棄・隠匿の意思を含めることには疑問がある[29]，横領罪の本質は，委託信任関係を破って他人の物を領得する点

---

24) 東京高判昭和56年12月24日高刑集34巻4号461頁。
25) 前田・前掲注 (8) 270頁は，隠匿により支配性・利得の可能性が著しく高まることはあり，その意味で，隠匿行為も横領行為となりうる，とする。
26) 団藤・前掲注 (8) 630頁。
27) 木村・前掲注 (8) 376-377頁。
28) 高橋・前掲注 (8) 376頁。伊東・前掲注 (8) 219頁は，確定的な毀棄・隠匿の意思であってはならないが，領得後の利用・不正な効用ないし利益の享受の機会を確保する意思があれば足りるとするが，同旨といえよう。
29) 山口・前掲注 (8) 307頁。ただし，せいぜい，効用を享受する機会を確保するための行為として隠匿を捉え，そうした隠匿意思は不法領得の意思に含まれる，ともする。

第3章　目的の内容に関する各論的考察　　241

にあるとすれば，経済的用法に従って利用・処分する意思に担われない行為
は，横領罪にはあたらない[30]，などと主張されている[31]）。

　不法領得の意思不要説からも，毀棄隠匿意思の場合には横領罪の故意を認
めることができるとする見解[32]と，客観的に領得行為性を判断し，領得行為
とはいえないとする見解[33]とが存在する。

　(4)　占有者が保管する金銭その他の財物を一時流用はするが後日に弁償・
補填する意思（と能力）がある場合，金銭その他の財物の保管態様は様々な場
合が考えられるが，金銭その他の財物の所有権が依然として委託者にあると
考えられる場合には，まさに「自己が占有する他人の物」をその委託の趣旨
に反して処分したと考えられるので，横領罪の成立を肯定することは可能と
もいえる。

　この点について判例は，「委託金費消財ハ金銭ノ委託ヲ受ケタル者其委託
ノ本旨ニ違ヒ擅ニ之ヲ費消スルニ因リ成立スルモノニシテ他日之ヲ辯償スル
ノ意思ノ有無ニ因リ犯罪ノ成否ヲ異ニスルモノニ非ス」（⑧判決）[34]，「委託ヲ
受ケタル他人ノ金銭ヲ其委託ノ本旨ニ違ヒ擅ニ之ヲ費消スルトキハ刑法ニ所
謂横領ノ罪ヲ構成スヘク費消者ニ於テ之ヲ辯償スル資力又ハ之を辯償スル意
思ヲ有スルト否トハ同罪ノ成立ニ何等ノ影響ナキモノトス」（⑨判決）[35]，「商
業使用人カ主人ノ爲ニ賣掛金ノ取立ヲ爲シタルトキハ其ノ金銭ノ所有権ハ主
人ニ歸屬スルヲ以テ使用人カ其ノ保管中主人ノ許諾ヲ得スシテ擅ニ之ヲ自己
ノ用途ニ費消スルニ於テハ是レ自己ノ占有スル他人ノ物ヲ不正ニ領得シタル
ニ外ナラスシテ横領罪ヲ構成スヘク之ヲ費消スル當時犯人ニ後日辯償スルノ
意思アリタリヤ否ハ同罪ノ成立ニ省長ヲ來タスコトナシ」（⑩判決）[36]などと，
委託の趣旨に反する金銭の費消については後日弁償する意思と能力があった
としても横領罪の成立を肯定してきた。

---

30) 山中・前掲注 (8) 435 頁。
31) その他には，大谷・前掲注 (8) 313 頁，中森・前掲注 (8) 153 頁，西田・前掲注 (8)
　244 頁，林・前掲注 (8) 293 頁，平野・前掲注 (8) 225-226 頁。
32) 大塚・前掲注 (10) 305 頁。その他には，川端・前掲注 (10) 407 頁。
33) 曽根・前掲注 (10) 167-168 頁。
34) 大判明治 37 年 8 月 22 日刑録 10 輯 1618 頁。
35) 大判明治 42 年 6 月 10 日刑録 15 輯 759 頁。
36) 大判大正 11 年 1 月 17 日刑集 1 巻 1 頁。

また戦後においても,「横領罪の成立に必要な不法領得の意志とは,他人の物の占有者が委託の任務に背いて,その物につき権限がないのに所有者でなければできないような処分をする意志をいうのであつて,必ずしも占有者が自己の利益取得を意図することを必要とするものではなく,又占有者において不法に処分したものを後日に補填する意志が行為当時にあつたからとて横領罪の成立を妨げるものでもない。…被告人は居村の農業会長として,村内の各農家が…政府に売渡すべき米穀すなわち供出米を農業会に寄託し政府への売渡を委託したので,右供出米を保管中,米穀と魚粕とを交換するため,右保管米を…二者に宛て送付して横領したというのである。農業会は各農家から寄託を受けた供出米については,政府への売渡手続を終つた後,政府の指図によつて出庫するまでの間は,これを保管する任務を有するのであるから,農業会長がほしいままに他にこれを処分するが如きことは,固より法の許さないところである。」（①判決）[37],「自己の個人的用途に充てる目的で全自連の金銭を流用した場合には,仮に一時借用の意図,すなわち後日返済する意思があったとしても,不法領得の意思を否定することはできず,業務上横領罪は成立する」（⑪判決）[38]との裁判例も従来の立場を踏襲しているといえよう。

ただし,「金銭は…代替物であるから,委任の趣旨にかんがみその取立てた金銭の一時使用をも許さないような特別の事情の認められない限り,受任者がその金銭の占有中一時これを自己のために費消するも,遅滞なくこれを補填する意思があり,且つ何時にてもこれを補填し得べき十分な資力のあるときは場合により違法性を欠くことにより,横領罪を構成しないこともあり得る」（⑫判決）[39]ことからは,補填意思とその能力があれば横領罪の違法性阻却の余地が認められることになる。

この点学説は,不法領得の意思必要説から不法領得の意思を肯定する見解[40]もあるが,多くは弁償・補填の態様により場合わけをする。例えば,使途を特定された場合で相当期間流用し経済的損失を与えるときは不法領得の

37) 前掲注（5）・最判昭和24年3月8日。
38) 大阪地判平成4年2月25日判時1427号3頁。
39) 東京高判昭和31年8月9日高刑裁特3巻17号826頁。
40) 団藤・前掲注（8）630頁,藤木・前掲注（8）333頁。

意思を認めるが，金銭等の代替物については補塡する意思で一時流用する場合には不法領得の意思が否定されることもありうる[41]，確実な補塡の意思と能力がある場合には不法領得の意思が否定される[42]，委託された金銭と同額の金銭を保有しているのと同視しうる状況にあれば客観的に領得行為がないが，これをこえて手形その他の確実な債権を有するにすぎないような場合は，流用の額や予想された補塡の確実性等から可罰的違法性や不法領得の意思を否定する[43]，委託者に実質的な財産損害が生じたと見るべき場合は補塡の意思があるだけで不法領得の意思を欠くことにはならないが，委託者に実質的な財産損害が生じないであろうような場合は補塡の意思が横領罪の成立を否定する場合がありうる[44]，不特定物を保管する場合には，一時流用しても，他に同等物を所持しており，不特定物を保管していることと同視できる状況があるときには，不特定物についてその所有権侵害が否定されるが，単に後日（委託の趣旨を実現するときまでに）補塡する意思があるにとどまる場合には，想定された補塡が確実であると認識しているときにはじめて，不法領得の意思が否定される余地を認める[45]，などの主張がそれである。

不法領得の意思否定説からは，後日確実に補塡しうる状況のもとに補塡の意思を有していれば横領罪の故意を否定するとの見解[46]が主張される。

(5) 領得犯罪では通常は行為者は自己の財産的利益を求めて遂行されるが，自己以外の第三者に利益をもたらす意思で財物の占有移転が行われることも考えられる。このように自己以外の第三者のために領得する場合も不法領得の意思と認められるであろうか。

判例では，「横領罪ハ自己ノ占有スル他人ノ物ヲ不法ニ處分スルニ因テ成立スルモノニシテ其處分ヲ爲スノ目的カ自己ノ爲ニスルニ在ルト他人ノ爲ニスルニ在ルトハ横領罪ノ構成ニ付何等ノ影響ヲ及ホスモノニアラサレハ」(⑬判決)[47]，「横領罪ハ自己ノ占有スル他人ノ物ヲ不法ニ自己ノ物トシテ自己ニ

---

41) 大谷・前掲注 (8) 314 頁。
42) 高橋・前掲注 (8) 377 頁。
43) 西田・前掲注 (8) 246 頁。
44) 林・前掲注 (8) 294 頁
45) 山口・前掲注 (8) 308-309 頁
46) 大塚・前掲注 (10) 305 頁
47) 大判明治 44 年 4 月 17 日刑録 17 輯 605 頁。

領得スル場合最モ多數ニシテ本院ノ判例亦斯ル場合ニ關スルヲ以テ最モ多シト爲ス然レトモ斯ル目的物ヲ第三者ノ物トシテ其ノ者ニ不正ノ領得ヲ爲サシムル場合ニ於テモ亦同罪ノ成立ヲ認メ得ル」（⑭判決）[48]として第三者のための領得意思を不法領得の意思に含める。

　これに対して学説は，判例同様にこれを肯定する見解[49]，否定する見解[50]のいずれも主張されているが，現在の多数説は，行為者自身と全く無関係な第三者に領得させる場合は背任罪や毀棄罪にはなりえても横領罪にはなりえず，実質的に行為者自身の領得といえる場合，行為者自身が間接的に利得する場合に不法領得の意思を限定する[51]。なお，不法領得の意思不要説からは，目的物の処分が自己のためであると他人のためであるとでは，保管義務の違反に何ら本質的相違があるべきではないとして，この場合に横領罪の成立を肯定する見解[52]が主張される。

　(6)　委託者本人のために行う意思がある場合には，判例は不法領得の意思を否定する傾向がある。「町村ノ收入役カ其ノ權限ヲ超越シテ而モ町村ノ爲ニ其ノ保管セル公金ヲ費消シ町村ニ損害ヲ生セシメタルトキハ背任罪ヲ構成スヘキモ…被告人カ收入役ト共謀シ町村ノ公金ヲ町村制上町村行政ノ公共事務ニ屬セサル町會議員慰勞ノ饗應其ノ他ノ費用ニ費消シタル場合ハ自己ノ用途ニ費消シタルモノニ外ナラサルヲ以テ横領罪ヲ構成スル」（⑮判決）[53]との裁判例によれば，財物を委託の趣旨に反して処分したとしてもこれを委託者本人のために行った場合には背任罪の成否はともかく，横領罪の成立は認められない。不法領得の意思に欠けることをその理由としてあげることができ

---

48)　大判大正 12 年 12 月 1 日刑集 2 巻 895 頁。

49)　団藤・前掲注 (8) 630 頁。

50)　平野・前掲注 (8) 226 頁。なお，林・前掲注 (8) 295 頁は，もっぱら第三者のためにする意思のときは，実質的には毀棄・隠匿の場合と同じである，として否定説に与する。

51)　伊東・前掲注 (8) 220 頁，大谷・前掲注 (8) 313 頁，高橋・前掲注 (8) 378 頁（横領罪が利欲犯であることを理由とする），中森・前掲注 (8) 154 頁，西田・前掲注 (8) 245 頁（横領罪が利欲犯であることを理由とする），松宮・前掲注 (10) 288 頁（被害者に損害を与えるだけの非利欲的動機の場合を広く包含する恐れがあることを理由とする），山口・前掲注 (8) 309 頁（不法領得の意思（効用享受の意思）に責任加重の根拠を求めることを理由とし，また，贈与などにより第三者にとくに領得させる意思のある場合にも肯定する）。

52)　大塚・前掲注 (10) 305 頁。

53)　大判昭和 9 年 12 月 12 日刑集 13 巻 1717 頁。

第3章　目的の内容に関する各論的考察　　245

るであろう。⑮判決は自己のための費消として不法領得の意思が認められた
ものである。

　これに対して，「村長カ村ノ請負ニ係ル工事施工ノ事務ヲ擔任シ其工事ニ
關スル一定ノ費用ヲ支辨センカ爲メ收入役ヨリ村ノ公金ヲ受領シテ保管スル
場合ニ不正ニ自己ノ物トシテ領得スルノ意思ヲ以テ之ヲ村ノ經費外ノ用途ニ
費消シタルトキハ横領罪ヲ構成スルモ村ノ爲メニスルノ意思ヲ以テ之ヲ指定
外ノ村ノ經費ニ流用シタルトキハ支出其當ヲ得サルニ止マリ不正ニ領得スル
ノ意思ヲ實行シタルモノト謂フヲ得サレハ横領罪ヲ構成セサルモノトス」（⑯
判決）54)，「自己ノ責任ヲ以テ同寺院ニ於テ從來重要セラレサリシ本件木像三
體ヲ賣却シテ之ニ充テント決意シ後日調金シタル上之ヲ買ヒ戻シテ再ヒ寺院
ノ所有ニ歸セシムヘキ意思ヲ以テ特ニ買戻ノ約款ヲ附シテ賣却シ其ノ代金ノ
全部ヲ右庫裡建設費ニ充テタルコトヲ認定シ得ルヲ以テ被告人ハ住職トシテ
自己ノ代表スル大岳院ノ什物ヲ同寺院ノ爲ニ處分シタルモノニシテ縦令檀徒
總代ノ同意竝主務官廳ノ認可ヲ得サリシトスルモ右處分ハ被告人カ不法ニ本
件木像三體ヲ自己ニ領得スル意思ニ出テタルモノト謂フヲ得サル」（⑰判
決）55)，「被告人ノ行爲ハ町村制竝財務規程ニ照シ相當ナラサルトコロナシト
謂フヲ得サルモ結局村ニ於テ負擔スヘキ經費ヲ支出セシメタルニ歸スルカ故
ニ横領罪ノ教唆ヲ以テ論スルハ當ラス」（⑱判決）56)，「たとえ判示組合の内部
関係において，その事業に属しないとしても，被告人が該営業のため組合資
金をほしいままに支出した一事を以つて直ちに業務上横領罪を構成するもの
と即断することはできない。即ち，右支出が専ら本人たる組合自身のために
なされたものと認められる場合には，被告人は不法領得の意思を欠くもので
あつて，業務上横領罪を構成しないと解するのが相当である。」（⑲判決）57)な
どの裁判例において，不法領得の意思が否定されている。

　その他に一定の限度において不法領得の意思を肯定するものも存在する。
ここでは主として「所有者でなければできないような処分をする意思」があ
ればたとえ本人のためにする意思があっても不法領得の意思を認める。例え

54)　大判大正3年6月27日刑録20輯1350頁。
55)　大判大正15年4月20日刑集5巻136頁。
56)　大判昭和10年10月24日刑集14巻1061頁。
57)　最判昭和28年12月25日刑集7巻13号2721頁。

ば，争議手段のために集金した金員を会社に納入せずに，一時的に組合員個人の名義で銀行に預金した事案では，「他人の金員を保管する者が，所有者の意思を排除して，これをほしいままに自己の名義をもつて他に預金するが如き行為は，また，所有者でなければできないような処分をするに帰するのであつて，場合により，横領罪を構成することがある…しかしながら，右の如き保管者の処分であつても，それが専ら所有者自身のためになされたものと認められるときは，不法領得の意思を欠くものとして，横領罪を構成しない」(⑳判決)[58]，「A 町に対する貸付は…諸経費の支払資金に窮していた同町からの要請に基き専ら同町の利益を図るためになされたものであつて，組合の利益のためにする資金保管の一方法とは到底認め難く，又…カラ松球果採取事業は被告人らの経営する個人事業であつて同事業のための借入金元利返済に充てられた本件〔金員〕は専ら被告人ら個人の利益を図るために使用されたものと認めるの外なく，しかも…各支出は組合役員会の決議の趣旨にも反し，組合本来の目的を逸脱し，たとえ監事Bの承認を経ているとはいえ，この承認は監事の権限外行為に属し，これあるがため被告人らの右各支出行為が組合の業務執行機関としての正当権限に基く行為であると解すべきものでない…されば，たとえ被告人らが組合の業務執行機関であり…A 町に対する貸付が組合名義をもつて処理されているとしても…金員流用の目的，方法等その処分行為の態様，特に本件貸付のための支出は，かの国若しくは公共団体における財政法規違反の支出行為，金融機関における貸付内規違反の貸付の如き手続違反的な形式的違法行為に止まるものではなくて，保管方法と使途の限定された他人所有の金員につき，その他人の所有権そのものを侵奪する行為に外ならないことにかんがみれば，横領罪の成立に必要な不法領得の意思ありと認めて妨げなく」(㉑判決)[59]，というのがそれである。

しかしながら近年では，「当時，A 社としては，乗っ取り問題が長期化すると，同社のイメージや信用が低下し，官公庁からの受注が減少したり，社員が流出するなどの損害が懸念されており，被告人らがこうした不利益を回避する意図をも有していた…しかし…本件交付は，それ自体高額なものであつ

---

58) 最判昭和 33 年 9 月 19 日刑集 12 巻 13 号 3047 頁。
59) 最判昭和 34 年 2 月 13 日刑集 13 巻 2 号 101 頁。

た上，もしそれによって株式買取りが実現すれば，Ｂらに支払うべき経費及び報酬の総額…買取価格の総額は…高額に上り…Ａにとって重大な経済的負担を伴うものであった。しかも，それは違法行為を目的とするものとされるおそれもあった…本件交付における被告人の意図は専らＡのためにするところにはなかった…なお…当該行為ないしその目的とするところが違法であるなどの理由から委託者たる会社として行い得ないものであることは，行為者の不法領得の意思を推認させる１つの事情とはなり得る。しかし，行為の客観的性質の問題と行為者の主観の問題は，本来，別異のものであって，たとえ商法その他の法令に違反する行為であっても，行為者の主観において，それを専ら会社のためにするとの意識の下に行うことは，あり得ないことではない。したがって，その行為が商法その他の法令に違反するという一事から，直ちに行為者の不法領得の意思を認めることはできない」(㉒決定)[60]，と違法行為の遂行と不法領得の意思とを分離する裁判例も出されている。

これについて学説は，本人の利益のために委託の権限を超えた処分をしても不法領得の意思を否定する見解[61]が主張される一方で，判例と同様に，その処分が違法な目的を有する場合や禁令の趣旨に明らかに違反して行われた場合など本人がすべきでない行為やなし得ない行為を行う意思である場合に

---

[60] 最決平成 13 年 11 月 5 日刑集 55 巻 6 号 546 頁。なお，その原審判決である東京高判平成 8 年 2 月 26 日判時 1575 号 131 頁は，「Ｂ側から株を買い取ることなどが会社のためにする行為であるとしても，そのことから直ちに被告人らがした本件支出行為が会社のためにする行為であったということはできず」「被告人らの意図を専らＡのためであったとして本件支出行為を正当化した原判決の認定は妥当とはいえず，被告人Ｘの前記の弱味を隠し又は薄める意図と度重なる本件支出行為の問題化を避ける意図が加わっていたと認定するのが相当である。」「被告人らによる本件金員の支出行為が不法領得の意思によるものであったか，それとも専ら会社のためにしたものであったかは，さらに，その支出行為が委託者である会社自体であれば行い得る性質のものであったか否かという観点からも検討する必要がある。すなわち，その支出行為が違法であるなどの理由から金員の委託者である会社自体でも行い得ない性質のものである場合においては，金員の占有者である被告人らがこれを行うことは，専ら委託者である会社のためにする行為ということはできず，支出行為の相手方などのためにした行為というほかないからである。」とする。㉒決定は当該行為の違法性から不法領得の意思を肯定した原審判決の判断を否定するものである。この点については，後藤眞理子「判解」『最高裁判所判例解説刑事篇平成 13 年度』（平成 16 年）179 頁を参照。

[61] 団藤・前掲注 (8) 630 頁。その他には，伊東・前掲注 (8) 220 頁，大谷・前掲注 (8) 313 頁，中森・前掲注 (8) 153 頁，林・前掲注 (8) 294 頁，平野・前掲注 (8) 226 頁，藤木・前掲注 (8) 333 頁。

は不法領得の意思を肯定する見解[62]も存在する。しかし，これに対しては，もっぱら本人のためにする意思である場合，本人が行うことが許されないからといって，行為者が自己のために領得する意思で行為したものであるとすることはできない[63]，法令違反の行為を行った場合でも，それによって直ちに本人のためにする意思の否定にはつながらない[64]，との主張もみられる。

不法領得の意思不要説からは，委託者本人のために目的物を処分する行為は，実質上委託物の保管義務に反しないものであるから横領罪の故意に含まれるところ，違法な目的を有する場合や禁令の趣旨に明らかに違反して行われた場合には横領罪の成立を認める見解[65]が主張される。

三　権利者排除意思と利用処分意思の要請

1　伝統的な不法領得の意思とその評価

(1)　わが国の横領罪における不法領得の意思が問題となった裁判例とそれに対する学説を概観した。判例は一部を除いて不法領得の意思としては，一部例外はあるものの，基本的には①判決で提示される定義にしたがっている。しかしこの定義を用いるからといって，裁判例に現れた諸事案について解決の一致点を見出せるものではないことは，これらの問題について争いがあることを指摘すれば十分であろう[66]。またさらには，「所有権者を排除し，自己の所有物と同様にその経済的用法に従つてこれを利用し又は処分をする意図」（③判決）と，①判決とは異なり，奪取罪におけるのと同じような定義づけを与えると考えられるものもあり，注目に値する。

横領の意義について領得行為説を採用し，横領とは不法領得の意思を実現する一切の行為である[67]と解すると，ここであげた事案の多くは，不法領得の意思の存否の問題というよりもむしろ，不法領得性の存否の方が問題としては大きいといえる。つまり，①判決の定義を借用すれば，「他人の物の占有

---

62) 高橋・前掲注（8）379-381頁。
63) 山口・前掲注（8）310頁。
64) 山中・前掲注（8）437-438頁。
65) 大塚・前掲注（10）305-306頁。
66) 平野・前掲注（7）判時8頁は，理論的に不法領得の意思の内容を空洞化することによって，横領を認める事例は拡大されたと評価する。
67) 山口・前掲注（8）305頁。

者が委託の任務に背いて，その物につき権限がないのに所有者でなければできないような処分」こそが横領罪における不法領得としての特性を表しているのであり，主観的要件は別にして，一時的な横領等がその客観的行為それ自体として横領罪における「不法領得」といえるか否か等の判断がここでは求められているのである。その意味では奪取罪における不法領得と横領罪における不法領得とではその概念を異にする可能性は否定できない。

　しかし，①判決のこのような定義はあまりに広範であり，何らかの委託の趣旨に反する行為があればそれだけで全て不法領得性が肯定されることにもなりかねない。すなわち，本節でとりあげた裁判例（一時横領，毀棄隠匿，後日弁償・補填する意思での一時流用，第三者への利益供与，委託者本人のための意思）はいずれも，委託者から一定の権限を付与されて財物を占有する権限を有する者が，与えられた権限の範囲を超えて財物を使用・処分した事案であるが，本人のためにする意思で権限外の処分をすることについては横領罪の成立が否定されることが一般的であることを除けば，①判決にしたがうと，個々の問題点を詳細に検討することなくして権限外の行為は全て不法領得性が肯定されて横領罪を構成することになるともいえるのである。つまり，不法領得性を，委託によって財物を占有する正当な権限を有する者による委託の趣旨を超えた財物の処分と換言することが許されるのであれば，横領罪における不法領得概念は奪取罪における不法領得概念よりもかなり広い意味を含むものとなり，それは単なる無権限での使用・処分と異ならないこととなってしまいかねない。

　このようなことからすると，何らかの委託の趣旨に反する行為があり，そのための意思が不法領得の意思として存在すれば，いかなる行為であっても横領罪として処罰されることになるであろうが，それは認めるべきではない。これを回避するにはまずは，客観的な横領行為それ自体が何らかの違法な行為としての性質を有するべきである，すなわち，客観的な行為それ自体に一定程度の危険性が認められることを要請する[68]ことになるが，これによって，横領行為それ自体に犯罪成立の限定機能が期待され，不法領得概念を無

---

[68]　橋爪隆「横領概念について」研修712号（平成19年）6頁。

250

制約に拡大的に認めるべきではないものといえる。具体的には，自己が保管を委ねられている他人の財物を特別の意思なしに毀棄隠匿することは通常は委託の趣旨に反するであろうから，この点に着目すれば，単なる毀棄隠匿行為であっても横領罪の成立を認めざるをえないのではないかが危惧される。そうであれば，自己が占有する財物を委託権限を超えて処分する場合には，少なくとも一定の場合に，横領罪ではなく毀棄隠匿罪の成立を認めるべきである。この点からしても①判決の定義は修正される必要があろう。

(2) この点については，2つの方向からの修正の可能性を考えることができる。すなわち，権利者排除意思と利用処分意思の要否である。特に，③判決では，「所有権者を排除し，自己の所有物と同様にその経済的用法に従つてこれを利用し又は処分をする意図がある限り，不法領得の意思を認めることができる」と，奪取罪の不法領得の意思と同様の表現が用いられていることからすると，これは①判決における定義とは異なった定義が与えられているのではないか，横領罪の不法領得の意思もまた奪取罪のそれにしたがうべきではないかとの議論が出てくるのは必然である[69]。しかし，この表現は本事案においてはこのような意思が存在していたことを認定し，横領罪の不法領得の意思としてはこのような意思内容で十分とするものにとどまっており，その必要条件について述べているとまでは言えないであろう。ただし，権利者排除意思と利用処分意思の存在によって，横領罪における不法領得の意思として十分といえるか，さらには，このような意思を横領罪の不法領得の意思に必要な要件として要求すべきかは，議論を要するものといえる。

奪取罪においては権利者排除意思は本権（所有権）侵害犯罪としての奪取罪の性格を基礎づける[70]とされるところ，横領罪の本質が所有権侵害犯罪であることに疑問はなく，この点で両犯罪は一致する[71]。これに対して，奪取罪が財物の占有侵害をその行為態様とするのに対して，横領罪が所有権それ

---

[69] 松宮孝明「『横領』概念について」産大法学 34 巻 3 号（平成 12 年）299, 313 頁は，③判決について，窃盗罪と横領罪との間で不法領得の意思の定義をめぐる矛盾は，窃盗罪における定義に統一される方向にあるとするとともに，情報横領では，いつのまにか「経済的利用に従ってこれを利用し又は処分する」という要件が加えられており，これまで横領罪では顧慮されてこなかった「経済的用法」という動機・目的が強調されていることが注目されよう，とする。

[70] 本書 227 頁。

第3章　目的の内容に関する各論的考察　　251

自体を侵害する点では，両罪における不法領得の意味を別異に解することは可能かもしれないが，①判決の定義を修正するにあたっては，両犯罪類型における不法領得概念に差異を設けるべきか否かは新たな問題として提起することができ，権利者排除意思と利用処分意思の要否を検討することは意味を有するものといえよう。

　奪取罪における不法領得の意思においては一時使用と奪取罪の限界，毀棄隠匿罪と奪取罪の限界が特に問題となるのと同様に，横領罪においてもこれらは問題として裁判例にも現れており，その結論は奪取罪におけるのとは異なる様相を呈しているところもある。その結論の是非はおき，領得罪においては，非領得犯罪である毀棄隠匿罪との区別基準は必然であり，また，権利侵害があるとしても領得といえないようなものにまで犯罪の成立を認める必要はない。横領罪が領得犯罪に属し，上にあげた問題の解決が求められることを考慮すれば，両意思の要否に関する検討の必要性は，横領罪の不法領得の意思においても妥当するものであり[72]，まずはこの2点の問題について検討を加える。

2　権利者排除意思

　(1)　まず，一時使用の意思が問題となった裁判例の事案はいずれも，被告人は当該財物をあくまでも一時的に使用する意思しかなく自己の物にしようとする意思はなかったにもかかわらず横領罪の成立が肯定されたものである。これは判例が必要とする不法領得の意思が肯定されたことを意味するが，奪取罪におけるのと同様に，一時的な使用の場合の全てに不法領得の意思が肯定ないしは否定されるわけではなく，その存否は事案に応じて判断されるべきである。①判決の定義からは，奪取罪と同様に横領罪においても，所有

---

[71]　橋爪・前掲注（68）5-6頁は，横領罪において保護されているのは所有権それ自体ではなく・所有権の機能，すなわち所有権に基づく財物の正当な利用可能性であり，事後的にみれば所有権の機能がおよそ侵害されていない場合であっても，それが侵害される危険性が一旦発生したのであれば，その危険性を根拠として横領罪の成立を認め，横領罪を危険犯として構成するとともに，権利者排除意思は主観的違法要素として所有権侵害の危険性を基礎づける。

[72]　ただし，私見は奪取罪における不法領得の意思としての両意思について修正を施すものである。この点については，本書218頁を参照。

権侵害とは財物を自己物とすることまでを要求する必要はなく、自己物とする意思以外の所有権侵害も領得と認められる。そして、一時的な使用で問題となるのは委託の趣旨を超える使用であるから、所有者としては当該財物についてそのような利用を許容していることはない。

しかし、そのような無断での使用であっても、法が許容しうる範囲内での使用と評価されるのであれば（このような無断使用は、微小な法益侵害に限られるであろう）、所有者の許可がなくても横領罪の成立を認める必要はないであろうし、不法領得の意思はそのような権利侵害が微細にすぎないことに対応する意思として横領罪における法益侵害を否定する方向に機能する意思と位置づけることができるであろう。つまり、「行為の客観的な態様、時間、社会・経済的意味」という行為の客観的な側面を基礎として、自己に委託された権限を逸脱する利用であるとしても、その法益侵害性が客観的に微小であり、その客観的側面としての法益侵害性の微小さに対応する意思を有していれば、不法領得の意思や横領罪の成立が否定されることになろう。こうしたことからすると、奪取罪と横領罪における一時使用が不可罰とされるのは、非占有者による占有侵害と占有者による権限濫用という点に相違があるだけで、権限外の行為の法益侵害の微細性という点では共通し、一時使用の不可罰性がこのことに大きく依存していることを考慮すれば、両罪における一時使用の不可罰性は同様の説明が可能であり、横領罪におけるそれに独自性があるわけではない。つまり、自己の委託権限を超えた財物の利用であれば、形式的には不法領得性を肯定できるとしても、その権限逸脱が微細なものにまで全て実質的な不法領得とするべきではない。これを不法領得性の問題として扱うのか、それとも、不法領得の意思の問題として扱うのかは、議論が分かれるところといえるが、意思の問題として扱うことに特に問題があるわけではないのは、奪取罪と横領罪とで変わるところはない。

(2) 裁判例に現れた事案をみると、②判決では、保管権限を有する自動車を権限を超えて長時間「ほしいままに…乗り廻し」たこと、また、③判決では、秘密資料をコピー目的で持ち出したことは、いずれも「所有権者でなければできないような処分」であるから、返還意思があるとしても不法領得性と不法領得の意思が認められたものである。両事案においては当該財物を最

終的に自己の物にする意思はなく，短時間の使用の後には返還する意思を有していたが，その使用形態は所有者から委託された権限を大きく超えた許されないものであったことを考慮すれば，一時使用として不可罰とされるべき事案ではなかったことに問題はないであろう。これは奪取罪における一時的な使用が無罪とは認められない事案が多数存在することと並列的に考えることができ，いずれの事案においても行為者が占有を有していなかったと仮定した場合に窃盗罪の成立が認められるであろうことは想像に難くない。

　問題はこのような一時的な使用について，有罪と無罪をわける基準をどこに設定するかである。権利者排除は所有権の獲得を意味するわけではないから，返還意思の存在が所有者の権利を最終的に侵害するものではないとして，権利者排除意思を否定することにはならないのは奪取罪と横領罪とで変わりはなく，そのことは正当といえる。そうだとすると，占有者が一定の権利を授権されているとはいえ，権限を超えた行為が横領罪の保護法益である所有権を侵害したと認められるほど所有権侵害の程度に大きいものであるかがまずは判断の基準とすべきであろう。このような客観的側面に対応する，所有権を可罰的に侵害することの意思が権利者排除意思といえる。学説が用いる「所有者が許容しない利益・価値の侵害を伴うような場合」や「所有者しかできない処分」という表現は，その実質がこのようなことを意味しているのであれば，正当な限界づけを設定するものといえるだろう。

　(3)　ただし，ここまでの議論で確定されたのは，委託の趣旨に反して財物を一時的に使用する場合に横領罪の成立を否定するのは，所有権侵害の程度が微細な場合であり，権利者排除意思はそれに対応する意思として機能するところ，その侵害が返還意思を伴うとしてもそれは権利者排除意思の成否には影響しない，ということであり，権利者排除意思を超過的要素として不法領得の意思と位置づけてよいかは検討を要する。横領罪の行為態様は所有権侵害であることから，所有権侵害の意思は客観的側面に対応する横領罪の故意と位置づけられるのではないかと考えられるからである。

　横領罪の故意は横領罪の客観的行為である所有権侵害の認識（および認容）と構成しうるところ，その場合の所有権侵害は自己物にすることまで意味する必要はない。所有権侵害の内容は委託の趣旨に反する財物の使用・処分を

意味するから，一時的な使用であっても所有者がそのような使用・処分を認めないような形態での使用・処分であれば所有権侵害としての性格を有するのに十分といえるからである。そうだとすれば，権利者排除意思は横領罪の故意そのものということとなり，あえて権利者排除意思という故意とは別種の主観的要素を犯罪構成要素として要求する必要はないこととなる[73]。そうすると，①判決における「その物につき権限がないのに所有者でなければできないような…意志」が権利者排除意思を表しているとすれば，それは故意であって，不法領得の意思と認める必要はないし，それはできないことになる。

　このようなことからすると，権利者排除意思は横領の故意に他ならないこととなり，これをあえて不法領得の意思と名づける必要はないものと考えられる。権利者排除意思を故意と構成することに対しては，一時的な利用の場合に利用の開始時に横領罪の成立を認めるのであれば，一定の期間権利者を排除して利用する意思が主観的超過要素としての主観的違法要素となるとの批判[74]がある。利用の開始時に横領罪の成否が決せられるべきことには問題はないが，横領罪における所有権侵害とは所有権の永続的な侵害を意味する必要はなく一定期間の侵害でもよいから，ごく短時間でも権利者を当該財物の権限から引き離せば，可罰的かどうかはさておき，所有権侵害を認めることはできる。そしてその行為が一定期間権利者を当該財物の使用から排除しようとする意思でもってなされた以上は，横領罪の行為態様である所有権侵害そのものと評価することはできると考えられる。そのようなことからすると，所有権侵害に対する意思を故意と構成するか，それとも，故意とは別個の要素として構成するかは，主観的要素の体系上の問題を除けば，大きな問題になるとはおもわれない。

　(4)　権利者排除意思の検討にあたっては，財物を一時的に流用するが後日

[73) ただし，これを認めるとしても，故意の内容として所有権侵害についての未必的認識で足りるか，それとも，意図までを要するかは別個に検討されるべき問題である。

74) 佐伯仁志「横領罪（2）」法学教室 376 号（平成 24 年）110 頁。また，松原・前掲注（8）322 頁は，受託者が費消の意図で寄託物を拐帯して行方をくらませた場合には，「窃取」に相当する「拐帯」の時点で横領罪の既遂が認められるべきであるが，この時点ではいまだ現実の所有権能の侵害（および効用の享受）は認められない，とする。

補塡する意思（と能力）のある場合の議論もその一場面といえよう。この場合に判例は，「自己の個人的用途に充てる目的で…金銭を流用した場合には，仮に一時借用の意図，すなわち後日返済する意思があったとしても，不法領得の意思を否定することはでき〔ない〕」（⑪判決）とすることから，ここでは不法領得の意思が常に肯定されるようにおもわれるものの，実際には「金銭の一時使用をも許さないような特別の事情の認められない限り，受任者がその金銭の占有中一時これを自己のために費消するも，遅滞なくこれを補塡する意思があり，且つ何時にてもこれを補塡し得べき十分な資力のあるときは場合により違法性を欠くことにより，横領罪を構成しないこともあり得る」（⑫判決）とされるように，代替可能な金銭については，委託の趣旨に応じて不法領得の意思や領得性の肯否がわかれるものと考えられる。したがって，両判決の結論の相違は別の基準を用いているというよりも，事案の性質に応じた理論構成が展開されているものとみるべきであろう。

　この問題においては，行為者が占有する財物の所有権は依然として委託者に残っていなければ，横領罪の成否を論じることはできない。特に委託された金銭が特定性を喪失し，受寄者にその所有権が移ると，背任罪の成立が問題となりうるとしても，横領罪はもはや問題とはならないので，一時流用が問題となる場面はかなり限定的である。

　この点学説は，不法領得の意思必要説から不法領得の意思を肯定する見解[75]もあるが，多くは弁償・補塡の態様により場合わけをする。例えば，使途を特定された場合で相当期間流用し経済的損失を与えるときは不法領得の意思を認めるが，金銭等の代替物については補塡する意思で一時流用する場合には不法領得の意思が否定されることもありうる[76]，確実な補塡の意思と能力がある場合には不法領得の意思が否定される[77]，委託された金銭と同額の金銭を保有しているのと同視しうる状況にあれば客観的に領得行為がない，これをこえて手形その他の確実な債権を有するにすぎないような場合は，流用の額や予想された補塡の確実性等から可罰的違法性や不法領得意思を否

75）団藤・前掲注（8）630頁，藤木・前掲注（8）333頁。
76）大谷・前掲注（8）314頁。
77）髙橋・前掲注（8）377頁。

定する[78]，委託者に実質的な財産損害が生じたと見るべき場合は補填の意思があるだけで不法領得の意思を欠くことにはならないが，委託者に実質的な財産損害が生じないであろうような場合は補填の意思が横領罪の成立を否定する場合がありうる[79]，不特定物を保管する場合には，一時流用しても他に同等物を所持しており，不特定物を保管していることと同視できる状況があるときには，不特定物についてその所有権侵害が否定されるが，単に後日（委託の趣旨を実現するときまでに）補填する意思があるにとどまる場合には，想定された補填が確実であると認識しているときにはじめて，不法領得の意思が否定される余地を認める[80]，などの主張がそれである[81]。

　使途を特定して委託された場合には，後日の補填の如何を問わず一時流用を許さない趣旨となるから，その使用には一般的に不法領得の意思が認められることとなる。これに対して，金銭等の代替が可能な財物については不法領得の意思は否定される可能性が認められるであろう。ここでは所有者に客観的に実質的な財産損害が発生したといえるかが重要となるところ，金銭等を一時的に流用する行為者においてこの財産損害について意思を有していれば，この意思が不法領得の意思として構成されることになるのではないだろうか。これについては，金銭は代替性があることから，「一時使用をも許さないような特別の事情」があれば，一時的に流用したとしても，即座の補填意思があれば不法領得の意思を否定することができるであろうが，そのような代替性のある金銭であるとしても，委託の趣旨に反するような使用であれば，たとえ即座の補填意思があるとしても，不法領得性を否定することはできないであろう。⑨判決（委託ヲ受ケタル），⑩判決（売掛金），⑪判決の各事案はそのような趣旨として理解できるであろう。また，①判決の事案は供出米という財物の流用の事案であり，財物が不特定物であれば金銭と同様の解決方法が考えられるが，特定物であれば，財物でもって補填することはありえないから，不法領得性が肯定されるものである。いずれにしてもそこでの財産

78）西田・前掲注（8）246頁。
79）林・前掲注（8）294頁。
80）山口・前掲注（8）308-309頁。
81）大塚・前掲注（10）305頁は，不法領得の意思否定説から，後日確実に補填しうる状況のもとに補填の意思を有していれば横領罪の故意を否定すると主張する。

損害は形式的な存在を意味するのではなく，このように実質的に財産損害が発生したかどうかが問題とされるべきである。

(5) 一時流用後日補填では，代替可能な金銭という若干特殊な側面を有する財物の横領の場面であるが，一時的な金銭の使用が問題となることから，一時使用の一類型ではないかとも考えられる。しかし，この場合には，一時使用ほどの短時間の使用でなくても，また，かなりの金額の流用であっても，流用された金額が後日問題なく補填されれば横領罪の成立が否定されることもありうると考えられるため，法益侵害の期間や大きさの点からも一時使用とは別個の問題として扱うべきであろう。ただし，権利者の有する権利を権利者から排除する意思がない（そして，そのための行動に出てもいない）点では共通性を有するものといえる。

金銭の所有権は委託者にあることが横領罪成立のための前提条件であるから，まずはこうした事情の存在が認められなければならない。封金や使途を限定して委託された金銭にはこの点を肯定することができ，その場合に一時的にせよ金銭を流用することは横領の客観的行為を構成するものといえる。次に，一時流用後に補填する意思の存在によって不法領得の意思が否定される可能性が考えられる。ただし，このような補填意思は単に意思が単独で存在するだけでは足りず，補填が可能であることの認識を前提にするものでなければならないから，その前提としては，補填が可能・確実であるという客観的事情が必要となろう[82,83]。

一時流用後日補填意思では，金銭を一時的に使用することから形式的には所有権侵害の認識は肯定しうる。しかし，その金銭を後日補填する意思は一度侵害した所有権を速やかに回復する意思と位置づけることができるところ，これは，金銭の非特定性ゆえに個々の通貨に対する侵害をみるのではなく，全体的な金額の側面に着目することで，最初から所有権を侵害する使用ではないと評価しうるのである。このような意思の存在と金銭の特殊性によって横領罪の成立が否定されることになる。

---

82) 山口厚『基本判例に学ぶ刑法各論』（平成 23 年）164 頁。
83) なお，不法領得の意思が肯定され，当該行為に横領罪の構成要件該当性が認められるとしても，違法性阻却の余地はなお残されているものといえる。

こうして，権利者排除意思は，所有権侵害の認識でのみ構成することはできず，所有権回復の意思がそれとは別に付加的に求められることになるだろう。しかし，所有権回復の意思は単独で何らかの重要な役割を果たすものではなく，また，仮りに役割を果たすとしても全体的考察を可能ならしめる性質を有するものなので，所有権侵害の意思の一部を構成するものとして問題はないであろう。すなわち，ここでは所有権回復の意思の存在から侵害意思が否定されると構成されるのである。

なお，一時使用においては，自己の占有する財物を権限を超えて一時的に使用するとしても，最終的にはこれを返還することで所有者の権利を回復することになるが，一時使用後日補填では返還意思が意味を有しないことは論を俟たない。ここでは一旦流用した金銭の回復は金銭の代替的性格から想定されるのであって，特定物の返還意思が問題となっているのではない。ここでの議論は金銭の代替的性格ゆえに成立しうる議論であって，特定物についてまで妥当するものではない。

3 利用処分意思

(1) 財物を毀棄隠匿した場合には一般的に委託の趣旨に反した財物の処分となろうが，①判決からはいわゆる利用処分意思は横領罪の不法領得の意思には要求されていないことから，毀棄と隠匿のいずれの場合にも横領罪の成立を肯定できそうである。「物の経済的用法に従いこれを利用または処分する意思は必要としない」，「他人の権利を排除し，その物を自己の所有物のごとくに支配または処分し得る状態におく行為」を理由として財物を拐帯して逃走したことに横領罪の成立を肯定した⑥判決は，その趣旨に沿ったものといえる。毀棄隠匿行為の，特に隠匿行為の委託信任関係違反を強調すれば，この場合に不法領得の意思を肯定することは十分可能ともいえる。

学説上は毀棄隠匿の意思の場合に不法領得の意思を否定する見解が有力である。しかし，このような見解によっても判例に現れた事案の全てについて横領罪の成立を否定するとまではいえないであろう。例えば，④判決において，市が所有する公文書を持ち出して隠匿することで市がこれを使用する利益を喪失させ，行為者がこれを自由に処分することのできる状態を作出した

ことを「自己ニ其経済的利益ヲ収得スル如キ行為」と表現するのは，利用処分意思を自己に経済的利益をえさせる意思という形で実質的に要求しているものと考えられ，それによる「被告等ニ於テ自由ニ之ヲ處分シ得ヘキ状態ニ措キタルモノ」とするのは，本件隠匿行為が単なる隠匿行為ではなく，この意思に導かれた財物の自由処分可能性を問題とすることで領得行為性を肯定したものと評価することができる。また⑦判決は，行為者が保管する金員を自己のために費消する意思のほか委託者のために保管する意思を決定してはいないことと，これらの金員を区別して保管していないという事案であるが，「被告人の意思によつて自由に処分することのできるような形態で隠匿し，自己の支配下に置いた」と，④判決と同様の基準を使用しており，この事案が純粋な毀棄隠匿意思の事案ではないことを示しているものといえる。結局のところ，両判決で問題とされた隠匿行為は，これによって財物が行為者の自由に処分しうる状態に置かれたことを純粋な隠匿行為とは区別し，不法領得の意思を肯定したものであり，このように隠匿行為全般について不法領得の意思を肯定するのではなく，一定の場合に限って単なる隠匿行為ではなく領得行為として構成することで横領罪の成立を肯定するのは奪取罪においても妥当する議論であり，その方向性は正当といえるであろう[84]。

　また，⑤判決は，文書を隠匿または抑留して権利者に利用できなくさせた事案であるが，「自己ノ占有スル他人ノ物件ニ付キ所有者ヲ排除シテ自己ノ為メ其占有ヲ持續スル」という財物の占有を自己に改変することによって，「物ノ経済的價値ヲ自己ノ為メ利用スルノ意思」なのか「他ノ事由ニヨリ不法ニ之ヲ抑留センカ為メナルトヲ問ハス」と動機の如何にかかわらず隠匿であっても横領として認める。ここでは物の経済的価値を自己のために利用する意思は横領罪の成立には不要としていることから，利用処分意思を不要とするものと位置づけることができそうである。しかし，ここで重視されたのは自己のために占有を改変する意思であって，これによって「所有者ノ信用

84）⑦判決が，「一部については…生活費等自己又は第三者のために費消する…その余については…自己の用途に充てるか…Aのために使用するかをいまだ決定しておらず，事態の推移に応じて自らの判断によつて使途を決定しようという浮動的な意思状態にあつた」とされるが，前者については問題なく不法領得の意思を肯定できるが，後者についてはその物自体から利益をえる意思としては問題である。

ニ辜負スル點ニ於テ其物ノ經濟的價値ヲ利用セントスル場合ト毫モ擇フ所ナク」と，財物の経済的価値の利用に着目している。この改変意思は一時的な使用とは異なって永続的に自己物にしようとする意思といえ，この点に何らかの処分をする意思はみてとることができ，不法領得の意思を肯定することは可能であろう。

　ただし，⑤判決についてはなお2点に着目することができる。まず⑤判決は物の経済的価値をかなり厳格に判断しているものとおもわれるが，奪取罪における「経済的用法に従い」はそれほど重視する必要はないから，この点は今日では強調する必要はないと考えられること[85]，また，⑤判決は，「文書毀棄ノ如キハ其文書カ他人ノ爲メ自己ノ占有スル所ニ係ルモノナルト否トヲ問ハス有形的ニ之ヲ毀損スル等文書ノ効用ヲ滅却スル行爲ニ出ルニ非スンハ犯罪成立スルモノニ非サルヲ以テ固ヨリ本件文書ノ抑留ト同視スヘキモノニ非ス」として，毀棄概念について物理的損壊説に立脚しているとおもわれるが，判例通説が立脚する効用侵害説によれば，隠匿も毀棄に含まれることに争いはないこと[86]の2点について，不法領得の意思または横領罪の成立の前提とすることはできないと考えられる。

　これに対して⑥判決は，①判決に定義にしたがったうえで，「物の経済的用法に従いこれを利用または処分する意思は必要としない」とし，財物を拐帯したことそれ自体を横領として認定する。これは利用処分意思を不要とすることを意味するものであるから，④判決や⑦判決とは異なる論理展開を採用しているということなる。しかし，そうすると財物を積極的に利用する意思はもちろん，毀棄隠匿意思の場合においても，広く横領罪の成立が認められかねないこととなる点を問題としてあげることができるであろう。ただし，⑥判決では，「他人の権利を排除し，その物を自己の所有物のごとくに支配し

85）この点についての詳細は，本書205-206頁を参照。なお，④判決の事案について，松宮・前掲注（10）313頁は，不正工事の露見を恐れて小学校の図面を隠匿する行為にまで横領を認めるのは誤りであるとし，山口・前掲注（82）162頁は，処分可能状態の取得というのは支配取得と同義だともいえ，支配取得の意思を超えた意思がそこで要求されているのかは疑問がある，仮に本権が被告人に占有がなく，窃盗となる事例であれば，こうした被告人の意思が占有取得の意思を超えるものであることには疑問があり，不法領得の意思は否定されることになるのはないかと考えられる，とする。

86）山口・前掲注（8）352-353頁。

第3章　目的の内容に関する各論的考察　261

または処分し得る状態におく行為」から，毀棄隠匿意思の存在を認定することなく，拐帯行為に横領を認めている点では，単純な隠匿事例といえるかは疑わしい。また，自由に支配・処分しうる状態においたことが横領罪成立の理由といえるが，このことに対応する，後日財物を自由に処分しうる意思として，利用処分意思を実質的に観念しているものとおもわれる。

　こうして④判決-⑦判決の事案は，事案の特殊性からすると，個々の事案の是非については検討の余地は残されているものの，いずれも単純な隠匿事例ではなく，不法領得の意思は十分に存在が認められる事案であったと考えられる。したがって，これらの事案から横領罪の不法領得の意思は隠匿意思をも含むという，奪取罪とは異なった特殊性を基礎づけ理由づけられるといえるかは疑問の余地が大きいとおもわれる。

　(2)　判例におけるこのような方向性はどのように評価すべきであろうか。ここで問題とすべきは，単純な隠匿意思の場合にも器物損壊罪ではなく横領罪の成立が認められるべきかである[87]。例えば，校長が占有する教育勅語を隠匿した行為につき窃盗罪の成立が否定された事案[88]（この事案においては利用処分意思の存否についての問題を提起しうるが，とりあえずこの点は措く）について，行為者自身が校長から教育勅語の保管を依頼されていたところ，その紛失により校長に責任を負わせようとしてこれを隠匿したという事案に変更してみよう。器物損壊罪の成立のためには，客体である財物は自己の占有の有無は関係ない。刑法261条の「他人の物」との規定が占有の所在について言及していないこと，器物損壊罪の保護法益が所有権であることを考慮すれば，行為者自身が占有する他人の財物について器物損壊罪の成立が認められることは当然といわなければならない。変更事案については窃盗罪と並列的に考えることができ，横領罪ではなく器物損壊罪の成立しか認めえないのではないだろうか。そうだとすると，財物の毀棄隠匿行為に器物損壊罪ではなく横領罪の成立を認めるためには，単に財物を毀棄隠匿するだけでは足りないことになるはずであり，毀棄隠匿意思一般ではなく，何らかの形態の毀棄

---

87)　佐伯・前掲注（74）108頁は，他人の物を単に毀損する行為を横領とすることは，日常用語の範囲を超える疑いが強いと指摘する。
88)　大判大正4年5月21日刑録21輯663頁。

隠匿の場合だけが不法領得の意思として構成されることを認めざるをえない
のであるから，（その範囲は異なるかもしれないが）領得罪と毀棄隠匿罪を区別
するために利用処分意思が役割を果たすことはここでも変わることなく，横
領罪においても利用処分意思が要請されるべきことになる[89]。こうして，横
領罪における不法領得の意思に隠匿意思または毀棄隠匿意思も含まれるとす
る見解は再考が求められることとなる。

(3) 横領とは委託の趣旨に反する財物の不法な処分であり，その中核は当
該財物を自己の物にすることと考えられるが，その中には，物の経済的用法
に従った使用または処分の機会を確保する手段となる隠匿も含まれる（その
意味で隠匿は毀棄とは異なる），領得は物の現実の経済的利用に限られず，その
機会を確保する行為で足りる[90]とされる。毀棄と隠匿の性格の違い，さらに
は，隠匿内部での性格の違いを考慮すれば，論者が純粋な隠匿一般を横領と
解するのではなく，物の経済的利用の機会を確保するための隠匿にのみ領得
性を認めるのは理解できる。しかし，純粋な隠匿とは異なる，後日の利用処
分意思のある隠匿を領得と認めることは，横領に限らず窃盗においてもその
成立を認めることは可能であろう。つまり，ここでは隠匿行為の性格を前面
に出す必要はなく，占有侵害について利用処分意思による行為として窃盗罪
を構成すると考えられるのであり，また，利用処分意思を有した委託の趣旨
に反した使用に横領罪の成立が認められるからである。その意味では，ここ
での不法領得の意思を判断するにあたっては，当該隠匿行為の性質に着目し

---

89) 横領罪の利欲犯的性格から利用処分意思を責任要素と位置づけて毀棄隠匿罪との区
別のために必要とする見解からも同様に主張されることとなろう。佐伯・前掲注（74）
110頁，高橋・前掲注（8）378頁，西田・前掲注（8）245頁，山口・前掲注（8）307頁。
ただし，利用処分意思を横領罪の不法領得の意思に含めるとしても，「経済的用法」に
したがった処分までも必要とするかは別個の問題である。「目的タル物ノ所有者ヲシテ
其経済的利益ヲ喪失セシメ因リテ自己ニ其経済的利益ヲ収得スル如キ行爲アレハ自己
領得ノ意思實行アリタルモノト謂フヘク」とした④判決は，自己に対する経済的利益の
収得を不法領得の行為としつつも，経済的用法にしたがった処分を不法領得の意思の
必要条件とするというものではない。判例学説の多くは奪取罪における利用処分意思
を純粋な「経済的」という枠組みを逸脱しており，そこでは「何らかの」利益を享受す
る意思で足りると正当にも考えられていることからすると，横領罪においても「経済的」
という用語には特別の意味はなく，何らかの利益を享受する意思で足りると解する必
要がある。

90) 松宮・前掲注（69）301-303，312頁。このような隠匿に不法領得性を認めることは可
能だが，それはもはや純粋な意味での隠匿とは言えないであろう。

第 3 章　目的の内容に関する各論的考察　263

て初めて決定されるものと考えられる。

　また，利用処分意思を毀棄すなわち効用の喪失または減少ではないことを示すものと解すると[91]，④判決と⑥判決はいずれも委託者から経済的利益を喪失させるという点で同価値ではあるが，利用処分意思で重要なのは所有者からの利益の剥奪ではなく，自己または第三者の利益の取得である[92]から，実際に行為者自身（または第三者）が利益を取得するような事態の発生が利用処分意思の肯定には認められなければならない。財物の隠匿が将来の行為者の利益に通じ，そのことを行為者が認識して行為に出ているのであれば，不法領得の意思を肯定することは可能かもしれないが，そのような事情がなければ単なる隠匿と異なるところはなく，これらの場合に不法領得の意思を肯定すべきではない。奪取罪における利用処分意思についても判例はこのような構成を採用しているとみてとることができる[93]。こうして，奪取罪における不法領得の意思として積極的な利用処分意思を必要とするのであれば，横領罪における不法領得の意思も同様のものと構成するべきと考えられる。そこから，財物を自己が自由に処分できる状態に置いて横領罪の客観的行為態様を充足したとしても，委託者の利益を喪失させる意思しかなければ不法領得の意思を肯定することは疑問とせざるをえない。またさらには，利用処分について特段の意思を有していない場合についても不法領得の意思を肯定することには問題があるといえよう。

　こうして，領得罪の本質は所有権侵害として構成されるところ，このような所有権侵害犯罪は毀棄隠匿罪においても同様であり，領得罪の成立にはさらなる要件が求められることとなる。その意味で利用処分意思を犯罪成立要件として要求するのであれば，そこには財物に対する積極的な利用処分が求められるべきこととなる。この点について奪取罪と横領罪とで変わるところはなく，毀棄隠匿は領得には含まれないというべきである[94]。そのような意

91）江碕太郎「判批」判タ 118 号（昭和 36 年）41-42 頁。

92）利用処分意思を利欲犯的性格の説明のために要求する見解からもこのことは肯定されるであろう。

93）東京高判平成 12 年 5 月 15 日判時 1741 号 157 頁は，「単に物を廃棄したり隠匿したりする意思からではなく」財物を窃取した事案なので，このような場合に当たると考えられる。これについては，本書 212 頁を参照。

味では，領得行為説に立脚して，横領罪においては所有権侵害の意思すなわ
ち故意の存在だけで横領を肯定するべきではなく，物の利用処分意思があっ
て初めて犯罪の成立が認められるといえよう。

　ただし，毀棄隠匿の意思があれば領得の意思がないということが推定され
ることはあっても，その存在が否定されることにはならない。両意思は事実
上並立しうるものであるから，不法領得の意思が法的存在として認められる
ことが必要となる。「隠匿という特異な保管形態から直ちに被告人の不法領
得の意思を推認することなく」との⑦判決の判旨はその意味では正当であり，
「占有者たる被告人の意思によつて自由に処分することのできるような形態
で隠匿し，自己の支配下に置いた」ものと認められれば，領得性を肯定する
ことはでき，それに対応する意思を不法領得の意思として肯定しうるのであ
る[95]。

　(4)　利用処分意思を必要と解するとしても，不法領得の意思の要否につい
ては，領得行為説から横領とは不法領得の意思を実現する一切の行為である
と定義すると，横領罪の客観的構成要件は領得であるから横領の故意と不法
領得の意思とは重なり合うこととなり，これには権利者排除行為はもちろん
利用処分行為も含まれるはずであるから，利用処分意思もまた故意の一部を
構成し，それとは別の不法領得の意思という概念は必要ないのではない
か[96]，そうすると，結局のところ不法領得の意思という概念は不要というこ
とになるのではないか，または，不法領得の意思を両意思とは別個の何らか
の意思として要求しうるとしても，それは横領罪の客観的構成要件に対応す

---

94)　山口・前掲注 (8) 307 頁は，物の利用により効用を享受する意思があることによっ
　　て，責任が加重される点に不法領得の意思の本質を見出す場合には，効用の享受意思を
　　欠く，毀棄・隠匿の意思を含めることには疑問があり，せいぜい，効用を享受する機会
　　を確保するための行為として隠匿を捉え，そうした隠匿意思は不法領得の意思に含ま
　　れると解することが可能であるにすぎない，とする。また，曽根・前掲注 (10) 167-168
　　頁は，不法領得の意思不要説から客観的に領得行為性を判断し，領得行為とはいえない
　　と主張するが，これは必要説においても妥当しうるものである。なお，毀棄隠匿行為は
　　毀棄隠匿罪として同一の評価を受けるものではあるが，この意思を毀棄意思と隠匿意
　　思にわけて論じることは可能である。毀棄行為が当該財物の最終的な喪失を意味する
　　のに対して，隠匿行為はそこまでの最終的な処分を意味するものではないから，隠匿に
　　利用処分の点を認めることは考えられるところではある。
95)　西田・前掲注 (8) 244-245 頁は，奪取罪と横領罪の不法領得の意思を区別の必要なし
　　として，毀棄隠匿意思は横領罪を否定する。

る故意として理解されることになるので，結局は不法領得の意思不要説に到達するのではないか，といった問題をあげることができる。

これは奪取罪と横領罪の罪質の相違からも導き出すことができる。すなわち，奪取罪については，不法領得の意思をもって占有を移転することにより（かりに領得意思を実現しなくても）これを既遂とするのに対して，横領罪は，不法領得の意思が実現されて初めて既遂となる，その意味では，奪取罪は，領得の未遂を処罰する犯罪類型であり，横領罪は，領得の既遂を処罰する犯罪類型である[97]ことから，横領罪における不法領得の意思は横領の故意に解消されるのではないかということである[98]。

横領罪の故意の対象は，自己が占有する他人の財物を横領することである。横領罪では占有侵害は存在しないから，横領とは所有権侵害を意味すると考えてよい。領得行為説が横領とは不法領得の意思を実現する一切の行為をいうと表現するのは，このように所有権の侵害の意味で理解すべきである。すなわち，領得行為説が提唱する，不法領得の意思を実現する一切の行為とは，横領罪の客観的な行為側面として，自己が占有する他人の所有物について委託の趣旨に反して所有権を侵害して自己の物にしようとする行為を意味するのであり，権利者排除を表すものと解すべきである。利用処分意思は客観的側面を超過する要素として機能することとなる。つまり，横領の行為自体である委託の趣旨に反する処分行為は，所有権侵害を表す権利者排除の限度で認められるにすぎず，これは毀棄隠匿罪にも同様に存在するものであるが，横領罪の毀棄隠匿罪とは異なる領得犯罪としての性格からは，後日の財物の利用処分がこれを特徴づけることとなり，そのための意思が超過的要素である利用処分意思として機能するのである。

ただし，このことは，利用処分意思の客観的側面である当該財物を将来利

96） 松宮・前掲注（10）279 頁は，横領罪では，不法領得は，客観的構成要件要素である。したがって，不法領得の意思は，横領の故意そのものである，とする。これに対して，中森・前掲注（8）153 頁は，故意は客観的犯罪事実の認識・意欲であり，不法領得の意思をこれに解消することはできない，とする。

97） 井田良『入門刑法学各論』（平成 25 年）101 頁。

98） このような横領罪の性質からすると，不法領得の意思不要説に理由がないわけではない。曽根・前掲注（10）168 頁は，不法領得の意思不要説の立場から，不法領得の意思を故意と理解する。

用処分することは，横領行為の時点で認められなければならないから，そのような危険のある任務違背行為が想定され，横領罪を危険犯として構成すること[99]を意味するものではない。確かにそのような危険性を認めるこのできない違反行為にまで横領罪としての犯罪性を肯定する必要はないが，財産犯罪の特色は財産侵害の点にあり，当該財産を後日どのように使用するかまではその保護法益に包含されているとは解されず，そのような動機は量刑の際に考慮すれば足りると考えられるからである。

　以上のことから，権利者排除意思は横領の故意と構成され，横領罪における不法領得の意思は利用処分意思から構成されることとなる。

4　裁判例に現れたその他の問題

　(1)　横領罪における不法領得の意思の問題は，奪取罪における不法領得の意思の問題と共通する問題であり，私見は横領罪の性格から一定程度の修正を施して，権利者排除意思を故意とし，利用処分意思をもって不法領得の意思と解するものである。しかし，横領罪における不法領得の意思が問題となる事案はこれらに限られるものではない。裁判例に現れた問題点としては，行為者が自己以外の第三者に利益をもたらす意思で行為をした場合と，委託の趣旨に反して財物を処分したがこれが委託者本人のためであった場合が残っている。しかし，これらの問題も権利者排除意思や利用処分意思と無関係に解決されるものではないので，以下この点について検討を加える。

　行為者が自己以外の第三者に利益をもたらす意思で財物の占有移転を行った場合[100]，判例は特別な制限を設けることなく不法領得の意思を肯定するが，学説では，被害者に損害を与えるだけの非利欲的動機の場合を広く包含

---

[99]　橋爪・前掲注 (68) 6 頁は，客観的な行為態様に加えて，不法領得の意思という主観的違法要素が具体的に示されることによって，その行為が所有権に対する実質的危険性を有する行為になるとして，横領罪を危険犯として構成して超過的要素としての権利者排除意思を認めるものである。行為態様の悪質性まで含めて権利者排除意思を考慮すると，権利者排除意思の必要性を肯定する余地は出てくるであろうが，そのような悪質性を権利者排除意思の中で論じる必要はなく，また，後の財物の利用処分は奪取罪においても共通の要素であることから領得罪がこのような危険犯としての性格を有するとしても，財産犯罪は財産侵害を中核とする侵害犯というべきである。

[100]　これについては，上嶌一高「横領罪（下）」法学教室 296 号（平成 17 年）93-96 頁を参照。

第3章　目的の内容に関する各論的考察　267

する恐れがあること[101]や，不法領得の意思（効用享受の意思）に責任加重の根拠を求めること[102]から，行為者と第三者の間に特別な関係すなわち実質的に行為者自身が領得したと同視しうることを要求する見解が有力に主張される。

　第三者領得においては実際には行為者と第三者の間に特別な関係がある場合がほとんどであると考えられるところ，委託の趣旨に反する財物の不正な処分はそれ自体では可罰的ではないにしても一定程度の違法性を具備する行為であるとは判断しうる。そしてその判断は行為者が誰に領得させようと考えているかに依存することなく，行為それ自体の属性として認められるものである。⑬判決，⑭判決はいずれもこのような関係に言及することなく，自己領得と第三者領得とを等価値と判断している。自己領得と第三者領得とでは所有者が当該財物の利用を害される点で変わりはないから，両者は権利者排除の点で相違はない。そこで，この場合は特に利用処分意思が認められるのか，特に横領罪を利欲犯的に捉える必要があるかの問題として設定することができよう。

　利用処分意思を責任要素と解して横領罪の利欲犯的側面を強調することは学説上の一定の立場を表している有力な見解である。しかし，だからといって特別な関係にある第三者に限定して初めて第三者領得を自己領得と同視することができると認められるものでもないだろう。無関係の第三者のために財物を領得することが全て利欲犯的側面を排除するものとはいえないからであり，また，自己領得の場合においてもその動機は様々に考えられることから，その全てが利欲犯的側面の現れであるともいえないからである。つまり，利欲犯的側面と自己領得・第三者領得は無関係に決定されるものである。ここから，利欲犯的側面が横領罪の成立に必要な要件かは疑問とせざるをえず，利用処分意思はこれとは無関係に，横領罪としてはそれだけでは可罰的とはならない所有権侵害に付け加わることによって当該行為に可罰性を付与する意思として機能するものであり，そこで重要となるのは，財物を利用または処分することである。すなわち，単なる毀棄隠匿の意思による財物の不正な

101）松宮・前掲注（10）288頁。
102）山口・前掲注（8）309頁。

処分ではなく，財物を後日利用処分しようとする点に領得罪の特色があるのであるから，この点に着目すればそれで十分であり，これを利欲犯的側面に特化する必要はないと考えられる。こうして，領得においては行為者自身の領得だけが捕捉されるわけではなく，第三者領得意思を不法領得の意思から除外する理由はない。

ただし，行為者が何の関係もない第三者に領得させようとする場合は，むしろ本人への加害意思が行為者意思の中核を形成する場合が多いとも考えられる。このような本人加害意思は利用処分意思と認めることはできないから，領得の範疇からは除外されるべきであろう。しかし問題は，本人加害意思と第三者領得意思が事実上併存することを認めたうえで，個々の事案において第三者領得意思の存在が認められるかが重要といえる。

(2) 委託の趣旨に反して財物を処分しても委託者本人のための意思であれば，判例は全般的に不法領得の意思を否定する。判例に現れた事案においては，「町村ノ爲ニ」する意思ではなく「自己ノ用途ニ費消シタルモノニ外ナラサル」(⑮判決) ことから領得意思が肯定されたものがあるのに対して，「村ノ爲メニスルノ意思」(⑯判決)，「寺院ノ爲ニ」(⑰判決)，「村ニ於テ負擔スヘキ經費ヲ支出セシメタル」(⑱判決)，「組合自身のため」(⑲判決) はいずれも本人のためにする意思であるから，不法領得の意思が否定された。その一方で，主として「所有者でなければできないような処分をする意思」があれば，たとえ本人のためにする意思があっても不法領得の意思を認めてもいる (⑳判決)。しかし，㉒決定が述べるとおり，違法行為の遂行と不法領得の意思の存否はわけて論じられるべきであり，所有者でなければできないような処分をする意思の存否が不法領得の意思の存否を決定づけるものではないというべきであろう[103]。

本人ためにする意思の場合に不法領得の意思が否定される理由として，物の処分を所有者本人のためにする認識・意思があることは，委託の任務に背く認識・意思がない，あるいは，所有者でなければできないような処分をする認識・意思がないことを意味するから，不法領得の意思が存在しないこと

---

103) 松原・前掲注 (8) 322頁。

になろうとの見解[104]が主張される。委託の趣旨に反する意思がない場合に不法領得の意思や故意が否定されることに問題はないが，そのような意思があってもなお本人のために行動するという事態は想定しうるところである[105]。

権利者排除意思は委託者である所有権者から権利を奪うことを意味するところ，委託者本人のために行動する場合には，たとえ委託の趣旨に反するとしても本人の利益のために行動するのであれば，行為の効果を本人に帰属させる意思であることから本人から権利を剥奪する意思を有しているとは考えられないので，権利者を排除する意思を認めることはできない[106]。また，領得とは委託の趣旨に反する行為だけでは足りず，それに加えて自己（または第三者）が利益を享受することを求めることにその中核があるから，本人の利益を求める場合にはたとえそれが委託の趣旨に反するとしても，それは領得の側面を有するとは言えず，本人は領得の対象とはならない。したがって，この場合に利用処分意思も認めることはできない[107]。こうして，本人のためにする意思の場合には不法領得の意思は存在せず横領罪の成立を認めることはできないこととなる。なお，不法領得の意思不要説からは違法な目的や禁令の趣旨違反の場合には横領罪の故意が認められるとの主張[108]があるが，委託の趣旨に反する財物の処分の認識があればそれだけで故意の成立を認めるかどうかは「本人のため」という要素を故意に取り入れるかどうかであり，これを不法領得の意思と故意のいずれの問題として取扱うかは見解の

104）上嶌・前掲注（100）94 頁。

105）内田幸隆「判批」『刑法判例百選Ⅱ各論 ［第 6 版］』（平成 20 年）131 頁は，本人のためにする意思を処分の不利益性や委託の趣旨に反することの認識がない場合とするが，本人のためにする意思でも委託の趣旨に反する行動をとることは可能なので，そのように限定する必要はないと考えられる。またそれとは逆に，佐伯・前掲注（74）110 頁は，⑰判決について，寺の利益になれば住職が勝手に決めてよいわけではないとするが，本人の利益と本人のためとは別個の概念であるから，正当といえる。

106）鎮目征樹「判批」『刑法判例百選Ⅱ各論 ［第 7 版］』（平成 26 年）135 頁は，本人のためにする意思では，権利者排除意思が欠如する場合（⑳判決）と行為者の動機が本人図利に尽きることを理由に例外的に不法領得の意思が阻却される場合（⑰判決）とが存在するとする。

107）佐伯・前掲注（74）110 頁は，横領罪の利欲犯的性格からこの場合に成立が否定されるとすることから，利用処分意思の問題と考えているといえる。

108）前掲注（65）を参照。

相違によるであろう。

　ただし，行為者が行為に至るための主観的側面はいずれか1つに決定されるものではない。本人のための意思と自己のための意思とが併存することは当然ありうる。このようにいくつかの意思が事実上併存する場合に，本人のための意思と自己または第三者領得意思とを比較衡量することにより，自己または第三者領得意思の存在が認められればよいことになる[109]。

四　不法領得の意思の内容

　(1)　以上論じてきたことをまとめると，横領罪における不法領得の意思について判例は，一部の例外を除いて，①判決の定義に基本的にしたがっているが，この定義は修正されるべきである。その修正は横領罪の性質に基づいて施されることにはなるが，基本的には奪取罪におけるそれと異なるものではない。すなわち，奪取罪と横領罪はいずれも領得犯罪と位置づけられるところ，その相違は占有移転の有無にある。両者の行為態様の違いから両者における領得概念に相違が導き出されることは考えられるであろうが，領得犯罪という点では本質的な違いを見出すことはできない。ここでの領得とは権利者排除要素と利用処分要素から構成されるが，以下のとおり，奪取罪と横領罪の行為態様の相違が両者の領得概念に相違を生じさせうるだけの効果を認めることはできない。

　まず，権利者排除要素では，所有権の最終的または永続的な獲得まで必要とすることはなく，返還意思をもってしての一時的な使用であっても権利者の利用を侵害する程度が大きい場合には権利者排除性を肯定することができる。そして，権利者排除行為は委託の趣旨に反する処分行為という横領罪の客観的行為と重なるものであるから，この意思は横領罪の故意を構成されることとなる。

　また，利用処分要素では，単に権利者の利用を妨げたるだけでは足りず，

---

109)　この点について，穴沢大輔「不法領得の意思における利用処分意思についての一考察（4・完）」法学研究 98 号（平成 27 年）263 頁は，「専ら」は，通常「主として」本人のためという認定ではなお足りないと主張するが，これに対して，後藤・前掲注（60）176 頁は，これを「いずれが主たる動機，目的であったかにより判断すべき」とし，「専ら」と「主たる」を区別していない。

当該財物それ自体から生じる利益を自己が享受しまたは第三者に享受させよ
うとすることが必要である[110]。横領罪では占有移転がないこととの関係で，
毀棄隠匿の意思，特に隠匿の意思を利用処分意思に包含することの正当性が
特に問題となる。しかし，領得においては自己または第三者の利用可能性が
これを構成する本質的要素であるところ，自己または第三者の利用可能性は
権利者の利用可能性の排除の結果えられるものではあるが，後者が前者を導
くことに論理必然的な関係性は認められない。自己または第三者の利用可能
性のない権利者の利用可能性の排除の状況は当然考えられるからである。財
物の「隠匿」は基本的には権利者の利用可能性の排除に当たるが，それが同
時に自己または第三者の利用を可能としているのであれば，当該隠匿行為に
領得行為性を肯定することはできるが，それがない場合には単なる隠匿にす
ぎず，領得行為性は否定されるべきである。これは占有移転の有無とは無関
係に決定されるべき事項である。

(2) それでは，横領罪における不法領得の意思としてはどのような内容を
備えるべきであろうか。裁判例に現れた事案では，不法領得の「意思」を含
めて広く主観的側面の内容について何らかの形にしても言及するのは，「意
志」「意思」という用語以外では，「自己の利益取得を意図することを必要と
するものではなく」(①判決)，「業務上横領の動機」(③判決)，「終局ノ目的」
(④判決)，「いかなる意図のもとでこれを隠匿するに至つたかの動機にまで立
ちいつて審究することが必要であり，その意味において右の意図のいかんは
本件業務上横領罪に成否を決する最大の争点」(⑦判決)，「個人的用途に充て
る目的」「一時借用の意図，すなわち後日返済する意思」(⑪判決)，「充テント
決意」(⑱判決)，「専ら所有者自身のため」(⑳判決)，「町の利益を図るため」

---

110) 山口・前掲注 (8) 305 頁は，利用意思こそが責任加重を基礎づける本質的要素である
ことから，委託の趣旨に反した，物の利用意思と解すべきと主張する。不法領得の意思
を利用処分意思から，あるいはこれを中核として，構成することを提唱するものといえ
る。この見解については，利用処分意思を不法領得の意思の中核とする点では賛同でき
る。それは，権利者排除意思が故意の一部として構成されるだけでなく，後述するよう
に，横領罪（奪取罪も含めてだが）を領得罪としての地位を与えているのは，まさに利
用処分意思だからであるが，権利者排除意思と利用処分意思の法的性格は違法要素と
構成するべきである。ただし，違法要素とするか責任要素とするかで，次に論じるこれ
らの意思の内容が異なるわけではない。

「個人の利益を図るため」(㉑判決)，「不利益を回避する意図」(㉒決定)と様々な表現が用いられている。

例えば①判決は，「必ずしも占有者が自己の利益取得を意図することを必要とするものではなく，又占有者において不法に処分したものを後日に補填する意志が行為当時にあつたからとて横領罪の成立を妨げるものでもない」とし，また，対外接渉あるいは出張所の事務円滑を期して自己の保管していた人件費を自己または所員の出張旅費あるいは接待費等に費消したという事案において，「横領罪における不法領得の意思は，他人の物の占有者が権限なくして，その物に対し所有者でなければできないような処分行為をする意思をいうのであつて，必らずしも占有者自己の利益取得を意図することを必要としない」[111]と，いずれも利益取得を「意図」することまでを必要としないとする[112]。利益取得とは財物それ自体から何らかの利益をえることであるから，それを財物の利用処分と言い換えることが許されるとすれば，両判決によると，利用処分意思は利用処分についての意図までは要しないと解されることになりそうである。

その一方で，「金銭は諸論の如く代替物であるから，委任の趣旨にかんがみその取立てた金銭の一時使用をも許さないような特別の事情の認められない限り，委任者がその金銭の占有中一時これを自己のために費消するも，遅滞なくこれを補填する意思があり，且つ何時にてもこれを補填し得べき十分な資力のあるときは場合により違法性を欠くことにより，横領罪を構成しないこともあり得る。…被告人は本件千円を費消する当時手許不如意にて，遅滞なくこれを補填することの困難な事情にあることを十分了知しながら，敢えてこれが費消行為に及んだものであることが肯認し得られるのであるから…横領罪が成立する」(⑫判決)ことからは，自己の金銭使用が遅滞なく補填されうることが困難であること，すなわち権利者排除についての認識認容で足りるとされている。

ここで問題となる不法領得の意思の内容に関係しうる用語は先にあげた

---

111) 最判昭和30年12月9日刑集9巻13号2627号。
112) 前田・前掲注 (8) 270頁も，不法領得の意思には，必ずしも占有者が自己の利益取得を意図することは必要ないとする。

「意志」「意思」「動機」「目的」「意図」「決意」「ため」だが，そもそも①判決の「意志」がその内容を決定するものではないうえ，個々の事案をみると，当該事案の行為者にそのような動機等が存在することから不法領得の意思の存在が認められるにすぎず，不法領得の意思として記載の動機等が必要であるとまで述べていると断言することはできない。そうであれば，不法領得の意思としてどの程度の内容を要するかは，ここからは解決策を即座に導き出すことはできない。

　また，不法領得の意思について奪取罪と横領罪で共通の意思を要求するとしても，奪取罪と横領罪の犯罪の性質の相違についても着目すべきである。すなわち，奪取罪の未遂処罰類型と横領罪の既遂処罰類型[113]から，横領罪は，窃盗罪にはない，違法性を高める要素を含んでいるともいえる。まず，横領罪は，「横領した」こと，すなわち，すでに不法領得の意思が実現された場合を処罰するので，領得罪の既遂を処罰する類型であり，領得意思が実現される前の段階ですでに処罰の対象となる窃盗罪と比べて，横領罪の方が法益侵害がより重大だともいえ，また，所有者との信頼関係を裏切る要素が含まれているが，その一方で，占有侵害がないことと誘惑的であることから法定刑が低いものと評価されている[114]。そうすると，違法の点では横領罪の方が窃盗罪よりも重く評価しうる基礎があるにもかかわらず，占有侵害の不存在により違法を，誘惑性から責任を軽減する役割を果たすことを考慮すると，行為の客観的側面がより違法と責任の基礎づけにおいて決定的であると解される。したがって，不法領得の意思としてどのような内容を要請するとしても，それによって違法や責任のあり方を変えるだけの役割を期待することはできないとおもわれることから，このような横領の性質自体から不法領得の意思の内容が決定されることにはならない。

　奪取罪と横領罪の関係については，占有侵害の有無によって法定刑の大小が決定されていることに異論はないところであろう。これに対して，不法領得の意思の実現の有無から横領を領得の既遂類型と位置づけることについては，以下に述べるとおり疑問である。これらの点に留意しつつ，横領罪にお

113）前掲注（97）を参照。
114）井田・前掲注（97）121-122頁。

ける権利者排除意思と利用処分意思の内容は以下のように述べることができるであろう。

(3) 権利者排除意思は横領の故意に解消されるので，故意の一般論（認容説）からすれば，その内容は権利者を排除することの未必的認識認容で足りることとなる。しかし，ある犯罪の故意について特に未必的認識認容以上の内容を要求することは解釈論上可能なので，横領罪の場合にその必要があるかどうかである。

奪取罪における権利者排除意思では，①他人の財産を客観的に侵害するとともにその侵害事実の認識認容があれば，当罰的かどうかは別として，財産犯罪としての何らかの違法性が付与されてしかるべきであり，さらに当該財産を自己のために利用処分する意思がこれに加われば，奪取罪としての可罰性を付与するのに十分であると考えられること，②私見による目的犯の目的としてどのような内容を付与すべきかの観点から導き出すことのできる帰結[115]によると，権利者排除意思は本権侵害すなわち行為の可罰性を基礎づける違法要素として機能するが，権利者排除意思は占有侵害に伴って生じるもので，財物奪取という違法の性格を質的に変えるわけではない。つまり，奪取行為の遂行により何か特別なことをすることなくして権利者排除の目的を実現しうる点で，行為と目的実現の間には密接な関連が存在するものといえることから，権利者排除についての未必的認識認容で足りると解すべきである[116]。

この事情は横領罪においても妥当するであろうか。奪取罪と横領罪は占有侵害の有無でその性質を異にするところ，この違いが権利者排除意思の内容の決定に際して何らかの特別な意味を付与するかどうかに注意を要するところであろう。これを前提として，①行為者はすでに財物の占有という支配をえていることから，ここでは財物の支配を取得する意思は想定できず，支配を維持する意思が考えられるにすぎない。そうだとしても，領得犯罪の本質が財物から何らかの利益を享受することを求める犯罪，すなわち，財物を後に利用処分することを重要として遂行される犯罪であることからすると，占

---

115) この論述の前提については，本書 147 頁を参照。
116) 本書 220-224 頁を参照。

有持続意思は財物を利用するための前提条件にすぎない。したがって，所有者の権利を排除すること，すなわち，委託の趣旨に反する行動をとることが行為者にとって重要であることを要請する必要性は乏しく，行為者は財物の利用処分こそを重要なものとして求めていると考えられる[117]。

　②横領罪における権利者排除意思は故意として位置づけられるところ，横領罪の法益侵害である所有権侵害を特徴づける行為の可罰性を基礎づける要素として機能する。これが超過的要素か非超過的要素かで違法要素とすべきか責任要素とすべきかは議論があろうが，権利者排除の状態は，横領罪の客観的行為である委託の趣旨に反する処分行為に伴ってあるいはそれと同時に生じるものであり，権利者排除意思の存在が財物に対する侵害という違法の性格を質的に変えるものではない。ここでは，処分行為により何か特別なことをする必要なしに権利者排除の本質をなす所有権侵害という目的（不法領得の意思）を実現しうる点で，行為と目的実現の間には密接な関連が存在するといえるのである。つまり，権利者排除行為それ自体に内在する違法性を認識認容して行為を遂行すれば当罰性を具備するといえる。このような論理構成は，私見による目的犯の分類に直接的に相当するとは言い難いものではあるが，殺人と過失致死とで故意の存在が生命侵害という違法性の性格を質的に変えるものではないことを考慮すれば，理解しうるものといえよう。

　以上のことからすれば，権利者排除意思は横領罪の故意として機能するところ，この故意には特別な要素を求める必要性は認められず，故意の一般理論にしたがって権利者排除についての未必的認識認容で足りると解すべきである。

　(4)　利用処分意思は故意に解消されない主観的要素として位置づけられる。奪取罪における利用処分意思では，①利用処分意思について利用処分の未必的な認識認容で足りるとすると，一定程度の違法性が認められるとはいえ，不可罰である単なる占有奪取行為が広く可罰的に取り込まれるおそれがあるから，より強度の意思内容を要求すべきこと，②権利者排除意思と同じく，私見による目的犯における目的の内容に関する観点からの帰結[118]から

117）利欲犯的側面を強調する見解もこの点を肯定されるであろう。
118）この論述の前提については，本書 157-166 頁を参照。

は，奪取罪の違法性は，奪取した物を後に利用処分する意思をもって奪取することに特色があるところ，この利用処分の目的は，行為の遂行により何か特別なことをすることなくして実現しうるものではない。その点では行為と目的実現の間には密接な関連性を認めることはできない。利用処分意思は，占有侵害とは異なる財物の利用処分という性格の利益が侵害される危険性を付与するものであり，これが加わることによって行為の違法性を質的に変えるものであることから，利用処分についての未必的認識認容では足りず，それ以上の強度の意思すなわち意図または確定的認識を必要とすると解すべきである[119]。

　利用処分意思は利用可能性についての未必的認識で足りるとする主張も考えられるところではあるが，権利者排除意思と同様に，この事情は横領罪においても奪取罪と変わりはないと考えられる。すなわち，①横領罪においては占有の奪取は観念できないが，すでに占有を有する財物の委託の趣旨に反する処分（占有維持）をそれと知りつつ行うのを全て可罰的とするのでは，処分という概念が広範囲に肯定しうる状況においては，単なる処分にすぎない行動に広く可罰性が付与されることとなってしまうことから，委託の趣旨に反する処分についての認識認容以上の意思内容が要求されるべきである。これは隠匿の事案において特に問題となると考えられる。④判決-⑦判決は，事実認定の当否はともかく，単なる隠匿ではなく隠匿した財物を自由に処分できる状態においたことに横領行為を認めたものである。これは財物の利用可能性と言い換えることができ，不法領得の意思としては，このような物の利用可能性を認識すれば足りると判断したものと考えられる。しかし，単なる隠匿をする場合には毀棄とは異なり当該財物が後日利用されるかもしれないとの認識を有してそのような行動に出ることは十分に考えられるから，利用処分意思を利用可能性の認識で十分とすると，単なる隠匿が横領と認められるように横領罪の成立範囲が不当に拡大してしまいかねない。利用処分意思を自己または第三者に財物それ自体からの利益を享受させる意思として，自己または第三者が財物を利用することの可能性の認識では足りず，より強度

---

119) 本書 225-229 頁を参照。

の意思内容を要請すべきである。すなわち，自己（または第三者）が財物それ自体から利益をえようとする意図や，利益をえることの確定的認識である。

②横領罪は奪取罪と同じく，その違法性は財物を後に利用処分する意思をもって委託の趣旨に反した処分をすることに特色があるところ，この利用処分の目的は，委託の趣旨に反する行為の遂行により何か特別なことをすることなくして実現しうるものではない。両行為には直接的な因果関係がないからであり，その点では行為と目的実現の間には密接な関連性を認めることはできない。利用処分意思は，委託の趣旨に反する行為とは異なる財物の利用処分という性格の利益が侵害される危険性を付与するものであり，これが加わることによって行為の違法性を質的に変えるものといえる。このようなことから，目的犯の一般的な傾向による分類は横領罪にも妥当するものである。

以上のことからすれば，利用処分意思は利用処分についての未必的認識認容では足りずそれ以上の強度の意思を要求すべきであり，具体的にはその意図または確定的認識を必要と解すべきである。

五　結びにかえて

①判決については前述のとおり両罪の性格の相違から不法領得の意思を横領罪として言い換えたにすぎないとの評価もあり，また，判例に現れた隠匿の事案が純粋な隠匿事例といえるか疑問もあるが，そうだとしても，利用処分意思を要請していない，あるいは，緩和して要請しているところからすれば，奪取罪に比べて隠匿事案での横領罪の成立範囲に相違がみられることは認めざるをえないとおもわれる。

しかしながら，奪取罪と横領罪については，両罪の性格の相違から不法領得の意思の内容の相違が導き出されるかについて検討を加えてきたが，それでもなお①判決のようには特段の相違を見出す理由がないとの結論に至る。これは占有侵害の有無や不法領得の意思の実現の要否という両罪の相違が，決して不法領得の意思の相違に通じるものではないことが示されたものといえる。奪取罪も横領罪もいずれも領得罪の一種として位置づけられるところ，ここでは領得概念が不法領得の意思の決定に際しても重要な役割を果たすものと考えられる。

第4節　背任罪における図利加害目的

一　はじめに

目的犯においては目的は行為者の主観のみに存在し，その内容である客観的事実が現実には存在しないところに特色がある[1]。超過的内心傾向である目的の実現は犯罪の成立要件とはなっていないが，行為者が目的を単に有してさえいればよいというものでもなく，犯罪成立には目的が実現する危険がなければならない。危険の把握の仕方には議論があろうが，目的犯は危険犯と位置づけることができる。危険犯においては行為それ自体に結果を発生させる危険を内包していなければならないと考えられるが，目的があるだけで法益侵害の危険性が認められるものではなく，目的が客観化され，目的が実現される危険のある行為として外部に発現して初めて法益侵害の危険性が認められるとする見解も基本的には同じ方向性を志向するものといえる[2]。

他方，背任罪（刑法 247 条）およびその特別規定である特別背任（商法旧486 条 1 項，会社法 960 条 1 項）の成立には，任務違背行為により本人に財産上の損害を加えるという客観的要件とそれに対応する故意[3]に加えて，「自己若しくは第三者の利益を図り又は本人に損害を加える目的」（図利加害目的）が要件とされている。図利目的はさておき，加害目的は客観的要件である財

---

1) 曽根威彦『刑法総論［第 4 版］』（平成 20 年）67 頁。
2) 曽根・前掲注 (1) 85 頁。事情は侵害犯においても同様であり，例えば本稿で問題とする背任罪では，実行行為である任務違反行為は目的とする図利加害の結果を発生させる危険を有していなければならないものといえる。これに対して，野村稔『経済刑法の論点』（平成 14 年）128 頁は，背任罪における任務違背行為が財産上の損害が発生する危険性を含む必要はないとする。
3) 故意については，大谷實『刑法講義各論［新版第 4 版補訂版］』（平成 27 年）331 頁は，任務違背について確定的認識を要する，川端博『刑法各論講義［第 2 版］』（平成 22 年）432 頁は，財産上の損害について確定的認識および意欲を要する，団藤重光編『注釈刑法(6)』（昭和 41 年）316 頁〔内藤謙執筆〕は財産的損害に関して確定的認識もしくは意欲を必要とする，藤木英雄『刑法講義各論』（昭和 51 年）348 頁，藤木英雄『経済取引と犯罪』（昭和 40 年）66 頁は，任務違背については未必的認識では足りず，かつ実質的な損害発生の認識が必要であるなど，特殊な故意を要求する見解も主張されているが，通常の故意犯と同様に未必的認識で足りるとする見解が一般的である。大判大正 13 年 11 月 11日刑集 3 巻 788 頁。

産上の損害に対応し，目的犯が危険犯ではなく，侵害犯として構成されており，目的は客観的構成要件を超過していない。そのため，目的は故意と同一の性格を有することになりそうである。

　加害目的が一般的な目的犯における目的とは異なる体系的位置づけを有しているからといって，それが加害目的と故意の同一性を意味することに直結するかどうか，加害目的が未必的故意を含む全ての故意形式をとりうるかどうかは議論を必要としよう。他方で，図利目的は財産上の損害とは対応することのない超過的内心傾向であり，通常の目的犯と同一の構造である。そうすると図利目的と加害目的とは異なる性質を有することになるのだろうか。

　本稿は，侵害犯として規定された特殊な目的犯の類型である背任罪の図利加害目的について若干の考察を加えようと試みるものである。

二　判例学説の状況

1　学説の状況

　背任罪の図利加害目的の内容については学説からは様々な見解が主張されている。すなわち，図利加害の認識で足りる（認識説）[4]，図利加害の認識認容を要する（認識認容説）[5]，図利加害の確定的認識を要する（確定的認識説）[6]，図利加害の意欲を要する（意欲説）[7]，図利目的は構成要件の客観的要素を超える主観的違法要素であり，加害の点は単なる認識認容で足りるが，加害目的は故意の要件であり，加害に対する単なる認識認容では足りず，本人に財

---

4) 牧野英一『刑法各論下巻』（昭和 26 年）751 頁。
5) 小野清一郎『新訂刑法講義各論』（昭和 24 年）273 頁。この見解を採用するとおもわれるのは，山中敬一『刑法各論［第 3 版］』（平成 27 年）462 頁。
6) 大塚仁『刑法概説（各論）［第 3 版増補版］』（平成 17 年）327 頁，大谷・前掲注（3）332 頁。曽根威彦『刑法各論［第 5 版］』（平成 24 年）187 頁（平成 24 年）は，加害目的は結果（損害の発生）を求め，故意（損害の認識）を生み出す動機として，確定的であることを要する（故意を限定）とするが，この分類に属するものといえよう。ただし，この見解が目的は確定的認識で足り，意図をも当然に含めるのか，それとも目的は確定的認識に尽きるとするのかは不明である。この点について，本書 21-23 頁を参照。
7) 瀧川幸辰『瀧川幸辰刑法著作集第 2 巻』（昭和 56 年）360 頁，内藤・前掲注（3）322 頁，藤木・前掲注（3）刑法各論 348 頁，藤木・前掲注（3）経済取引と犯罪 67 頁。なお，内田文昭『刑法各論［第 3 版］』（平成 8 年）349 頁は図利加害目的を，中山研一『刑法各論』（昭和 59 年）333 頁は加害目的を，一般の目的犯の目的と同様に，故意を生み出し，結果を求める動機・意欲とするが，この見解と同旨といえよう。

産上の損害を加えることが目的とされ動機とされることを要する（二分説）[8]，自己または第三者図利の動機や加害の動機を要する（積極的動機説）[9]，図利加害の動機があるか，図利加害の認識があっても本人図利の動機がないことを要する（消極的動機説）[10]，消極的動機説の理論的基礎づけを試み，本人図利目的によって任務違背を認識していても任務違背にはあたらず背任罪の成立が否定される（不利益性認識説）[11]など錯綜している。

2　判例の状況

判例は図利加害目的について従来から，図利目的と加害目的はいずれかが存在すればよい[12]，図利加害目的で求める損害は財産上の損害である必要はない[13]，任務違背があってもそれが本人図利目的による場合には背任罪を構成しない[14]ものの，本人図利目的と自己または第三者図利目的や本人加害目

8）団藤重光『刑法綱要各論［第3版］』（平成2年）656頁は，図利目的は構成要件の客観的要素を超える主観的違法要素として狭義の目的であり，財産に損害を加える点は単なる表象・認容で足りるが，加害目的は故意の特殊の要件であり，結果に対する単なる表象・認容では足りず，本人に財産上の損害を加えることが目的とされ動機とされるとする。松宮孝明『刑法各論講義［第4版］』（平成28年）301頁は，図利目的がない場合には加害についての積極的な動機ないし確定的認識が必要であり，図利目的がある場合には加害については未必的認識・予見で足りるとする。

9）佐伯仁志「判批」ジュリスト1232号（平成12年）196頁，芝原邦爾『経済刑法研究上』（平成17年）177-178頁，野村・前掲注（2）128, 136頁，平川宗信『刑法各論』（平成7年）394頁，松原芳博『刑法各論』（平成28年）345頁。なお，倉富勇三郎他監・松尾浩也増補解題『増補刑法沿革総覧』（平成2年）1197-1199頁を参照。

10）池田修他編『新実例刑法［各論］』（平成23年）132頁〔芦澤政治執筆〕，伊東研祐『刑法講義各論』（平成23年）233頁，伊藤渉他『アクチュアル刑法各論』（平成19年）251-252頁〔鎮目征樹執筆〕，木口信之「背任罪における図利加害目的の意義とその認定について」『小林充＝佐藤文哉先生古稀祝賀刑事裁判論集上巻』（平成18年）454頁，香城敏麿「背任罪の成立要件」阿部純二他編『刑法基本講座第5巻』（平成6年）265頁，香城敏麿『刑法と行政刑法』（平成17年）159頁，島田聡一郎「背任罪に関する近時の判例と，学説に課された役割」ジュリスト1408号（平成22年）120-121頁，高橋則夫『刑法各論［第2版］』（平成26年）402頁，中森喜彦『刑法各論［第4版］』（平成27年）161頁，西田典之『刑法各論［第6版］』（平成24年）259-260頁，林幹人『刑法各論［第2版］』（平成19年）277頁（ただし，本人の利益を図る動機とは本人の不利益性の認識がないことであるとする），前田雅英『刑法各論講義［第6版］』（平成27年）285頁，山口厚『刑法各論［第2版］』（平成22年）327頁。この見解を採用するとおもわれるのは，井田良『刑法各論［第2版］』（平成25年）144-145頁。

11）上嶌一高『背任罪理解の再構成』（平成9年）270-271頁。同じく消極的動機を修正するものとして，山口厚『問題探究刑法各論』（平成12年）204-205頁。

12）東京高判昭和30年10月11日高刑集8巻7号934頁。

第 3 章　目的の内容に関する各論的考察　281

的とが併存する場合には，主たる目的が後者であれば，前者が付随的に存在するとしても背任罪の成立を妨げるものではない[15]ということについては，現在においても一致しているとみることができる。なお一部ではあるが，図利目的の内容として動機や意図に近いものと解する[16]，とするものも存在する[17]。

　このような中で近年の 3 つの最高裁判所決定に着目することができる。すなわち，被告人は「〔第三者〕を利し〔本人〕を害することを熟知しながら，あえて回収不能のおそれのある過振りを長期間連続的に行い，〔本人〕に財産上の損害を加えたものであり，しかも被告人が右任務違背行為に出たのは，〔本人〕の利益を図るためではなく，従前安易に行っていた過振りの実態が〔本人〕に発覚して自己の面目信用が失墜するのを防止するためであった」「特別背任罪における図利加害目的を肯定するためには，図利加害の点につき，必ずしも…意欲ないし積極的認容までは要しないものと解するのが相当であり

---

13) 大判大正 3 年 10 月 16 日刑録 20 輯 1867 頁，新潟地判昭和 59 年 5 月 17 日判時 1123 号 3 頁。最決昭和 63 年 11 月 21 日刑集 42 巻 9 号 1251 頁も同旨である。財産上の利益・損害に限られない非限定説（身分上の利益その他の非財産的利益を含む）は，井田・前掲注（10）139 頁，伊東・前掲注（10）234 頁，鎮目・前掲注（10）253 頁，芝原・前掲注（9）176 頁，高橋・前掲注（10）403 頁，中森・前掲注（10）161 頁，西田・前掲注（10）259 頁，野村・前掲注（2）127 頁，林・前掲注（9）278 頁，山口・前掲注（11）202 頁，山口・前掲注（10）328 頁。これに対して，財産上の利益・損害に限られる限定説は，大塚・前掲注（6）326-327 頁，大谷・前掲注（3）331 頁，川端・前掲注（3）433 頁，曽根・前掲注（6）187 頁，団藤・前掲注（8）655 頁，内藤・前掲注（3）319-320 頁，前田・前掲注（10）283 頁，山中・前掲注（5）464 頁。

14) 前掲注（13）・大判大正 3 年 10 月 16 日，福岡地判昭和 39 年 6 月 11 日下刑集 6 巻 5＝6 号 755 頁，東京高判昭和 42 年 12 月 15 日判タ 221 号 215 頁。木口信之「判解」『最高裁判所判例解説刑事篇平成 10 年度』（平成 13 年）224 頁を参照。

15) 大判昭和 7 年 9 月 12 日刑集 11 巻 1317 頁，最判昭和 29 年 11 月 5 日刑集 8 巻 11 号 1675 頁，前掲注（12）・東京高判昭和 30 年 10 月 11 日，最決昭和 35 年 8 月 12 日刑集 14 巻 10 号 1360 頁，東京高判昭和 42 年 12 月 15 日判タ 221 号 215 頁，前掲注（13）・新潟地判昭和 59 年 5 月 17 日。最近では，最決平成 9 年 10 月 28 日判時 1617 号 145 頁の原審である東京高判平成 5 年 11 月 29 日判タ 851 号 122 頁は，目的の主従から第三者図利目的を認定しているといえる。最決平成 10 年 11 月 25 日刑集 52 巻 8 号 570 頁も目的の主従を考慮している。

16) 前掲注（12）・東京高判昭和 30 年 10 月 11 日，神戸地判昭和 34 年 5 月 6 日下刑集 1 巻 5 号 1178 頁。

17) 前掲注（3）・大判大正 13 年 11 月 11 日，大判昭和 11 年 12 月 24 日刑集 15 巻 1658 頁，前掲注（15）・東京高判昭和 42 年 12 月 15 日は，財産上の損害の認識は確定的であることを要せず未必的に認識していれば足りるとするが，これらは財産上の損害の故意について述べたものであるか，加害目的の内容について述べているかまでは断言できない。

…〔第三者〕を利し〔本人〕を害する図利加害目的の存在を認めることができる」（①決定）[18]，被告人は「〔第三者〕に対し，大幅な担保不足であるのに多額の融資を受けられるという利益を与えることになることを認識しつつ，あえて右融資を行うこととしたことが明らかである。…〔本人〕の利益を図るという動機があったとしても…それは融資の決定的な動機ではなく，本件融資は，主として〔第三者〕の利益を図る目的をもって行われたということができる。そうすると，被告人…には，本件融資につき特別背任罪におけるいわゆる図利目的があったというに妨げな〔い〕」（②決定）[19]，「被告人が本件融資を実行した動機は，〔本人〕の利益よりも自己や〔第三者〕の利益を図ることにあったと認められ，また，〔本人〕に損害を加えることの認識，認容も認められるのであるから，被告人には特別背任罪における図利目的はもとより加害目的をも認めることができる」（③決定）[20]がそれである。

　3つの最高裁判所決定はいずれも第三者図利や本人加害の認識を肯定するとともに，さらに，本人図利の動機が存在せず，第三者図利と本人加害の点から，そしておそらくは自己図利の点からも，目的を肯定した（①決定），本人図利の動機が決定的な動機でなく主として第三者図利の動機から目的を肯定した（②決定），従たる本人図利の動機よりも主たる自己図利や第三者図利の動機と本人加害の認識認容から目的を肯定した（③決定）ものである。ここでは，本人の利益を図る目的が存在しない，あるいはそれが主たる動機ではないことから図利加害目的の存在を肯定するという手法がとられている。これは，消極的動機説から上手く説明できるとされ[21]，学説の多数もこのような考え方に賛同を示し，近年はこの議論は終結したかの感もある[22]。

---

18) 前掲注（13）・最決昭和 63 年 11 月 21 日。解説として，永井敏雄「判解」『最高裁判所判例解説刑事篇昭和 63 年度』（平成 3 年）452-467 頁。
19) 前掲注（15）・最決平成 10 年 11 月 25 日。解説として，木口・前掲注（14）205-233 頁。
20) 最決平成 17 年 10 月 7 日刑集 59 巻 8 号 779 頁。解説として，上田哲「判解」『最高裁判所判例解説刑事篇平成 17 年度』（平成 20 年）356-389 頁。
21) 永井・前掲注（18）461 頁，木口・前掲注（14）230 頁，上田・前掲注（20）374-377 頁，佐伯・前掲注（9）194-195 頁，今井猛嘉「判批」ジュリスト 1313 号（平成 18 年）175 頁。

三　検　討

1　消極的動機説の評価

(1)　本人図利目的と自己または第三者図利目的とが併存する場合，本人図利目的が従たる目的であれば，背任罪の成立を妨げるものではないが，自己または第三者図利目的の存在だけで直ちに背任罪として処罰に値するのではなく，自己または第三者図利目的が主たる目的である場合に背任罪の成立が認められる[23]，という点については一致があるといってよいだろう。

　任務違背行為により本人に損害を与えただけでは犯罪の成立を認めることはできない。自由主義経済社会においては何らかの行為をする際には常に利益をえることはありえず，取引行為が損害をもたらす可能性は常に内在するものである。このような行為を全て禁じることは現代社会のあり方から認められるものではなく，これは自己の任務を他人に依頼する場合においても変わるところはない。本人に利益を与えることを欲しつつも任務に反する行為をして結果的に本人に損害を与えてしまう可能性は存在するからである[24]。つまり，他人の事務処理者が任務に違背して本人に損害を与える行為が全て違法となり犯罪とされるものではなく，いわゆる投機的・冒険的取引のように，ある程度の危険を冒すことも通常の事務処理の範囲内と認められている[25]。したがって一定の任務違背行為による加害結果を生じさせた場合に，処罰を限定する何らかの措置は必要である。

　ドイツにおける背任罪（ドイツ刑法 266 条）は構成要件要素として目的を規定しておらず，そのため構成要件はほとんど際限がなくあらゆる契約違反が可罰的とされてしまいかねない危険性があることから，強度の財産保護義務

---

22)　その後の諸判決もこれらの論理にしたがっているものと考えられる。例えば，前掲注（15）・東京高判平成 5 年 11 月 29 日，大阪高判平成 8 年 3 月 8 日判時 1590 号 149 頁，大阪地判平成 13 年 3 月 28 日日弁連刑事弁護センター『無罪事例集 7 集』（平成 14 年）194 頁。大阪地判平成 6 年 1 月 28 日判タ 841 号 283 頁は，図利加害の認識認容のほか，本人の利益を図る動機・目的がなかったことを求めており，消極的動機説に近いものである。
23)　目的の主従を考慮するのは背任罪だけではなく，偽造罪の行使の目的や財産犯罪の不法領得の意思等，他の目的犯にも等しく妥当するものと考える。
24)　長井圓「判批」『刑法判例百選 II 各論［第 3 版］』（平成 4 年）123 頁。
25)　曽根・前掲注（6）186 頁。

を要求することでこれに対応する[26]。わが国の刑法においても，こうした客観的側面からの限定は十分に考えられるところではあるが，程度の差こそあれある意味では違法と評価されてもしかるべき行為にまで事務性を肯定するために事務処理の範囲が広くなり，また任務違背の逸脱の程度も多岐にわたることから，これだけでは十分な処罰の限界づけが期待できないとすれば，図利加害目的が限定機能の役割を果たすと考えてよいであろう。そうすると，認識説と認識認容説に対してなされる，構成要件的故意が充足されれば図利加害目的も認められることになるから，法が図利加害目的を特に要件としている意味がなくなる，危険を認識しつつ行う投機的・冒険的取引について背任罪の成立範囲に一定の限定機能を果たしえないとの批判[27]は，この点からも正当といえる。

　たとえ任務違背行為により損害を発生させたとしても，それが主として本人の利益のためにした行為であれば，たとえ従として自己または第三者図利目的をもって結果的に損害を与えたとしても処罰すべきでないことには共通の理解があるといってよいだろう。客観的には利益侵害を発生させているのだから，主観的側面で積極的に違法を基礎づけるのではなく，消極的に，特に正当化する事情が存在しない場合のみ処罰対象から除外する消極的動機説の有力化はその帰結であるといえる。

　(2)　しかしながら消極的動機説にはいくつかの問題点が考えられる。まず消極的動機説と他説とで結論にどれだけの違いがみられるのかというと，実際にはほとんど違いはみられない[28]。結論が大きく分かれるのは，①自己または第三者図利と加害のいずれかまたは両者について確定的認識と認容を有している場合，②自己または第三差図利と加害のいずれかまたは両者について未必的認識と意欲を有している場合，③自己または第三者図利と加害の両者について未必的な認識認容を有している場合である。①では意欲説からは図利加害の意欲がないために目的は否定されるが，確定的認識説を含めて多

---

26) Johannes Wessels/Thomas Hillenkamp, Strafrecht Besonderer Teil 2, 38.Aufl., 2015, S. 420f. 上嶌・前掲注（11）69-115頁を参照。

27) 芦澤・前掲注（10）128，130頁，木口・前掲注（14）229頁，上田・前掲注（20）363頁。

28) 芦澤・前掲注（10）136-137頁を参照。

くの見解からは目的が肯定される。これに対して，②では確定的認識説から
は図利加害の確定的認識がないために目的が否定される可能性があり，意欲
説を含めて多くの見解からは目的が肯定される（ただし，確定的認識説が意欲
まで目的に含めて解するのであれば目的は肯定される）。これら2つの場合にお
ける行為者の内心状態からは一般的に本人図利の動機がない場合が多いであ
ろうから，消極的動機説からも一般に目的が肯定されることになろう。これ
に対して，③では確定的認識説と意欲説からは目的は否定されるが，それ以
外の見解の多くは目的を肯定することになろう。消極的動機説はこの条件だ
けでは判断できず，本人図利の動機の存在が要求されることになるが，自己
または第三者図利を未必的にせよ認識しているのであれば目的を肯定するこ
とは十分に可能であろう。

　①では目的を否定する意欲説に対して，②では目的を否定する可能性のあ
る確定的認識説に対して批判が向けられるのに対して，③では，本人図利動
機の有無という一定の修正を施すとはいえ，この程度の心理状態で目的を肯
定してよいのか消極的動機説をはじめとする諸説に対する批判が考えられ
る。そうはいっても，この3つの類型は消極的動機説に特有の問題というも
のではなく，意欲説や確定的認識説にも内在する問題である。つまり，この
ような結論を認めるべきかどうかの価値判断が重視されることになる。その
他の事案では目的の主従を考える限りでは，消極的動機説と他の見解とで結
論に大差はない。

　そうすると，消極的動機説のように文理に反するような解釈をする必要は
ないのではないかともいえる。つまり，「自己若しくは第三者の利益を図り又
は本人に損害を加える目的」という文言は，「本人図利の動機がないこと」と
合致するものではないから，このような読み替えは許される解釈といえるの
か[29]，消極的動機説は文理に反した解釈をしているのではないかという疑問
が生じることになる。消極的動機説が妥当な結論を導き解釈論としては十分
に考慮に値するとしても，それは他の見解からも導きうるものであり，また
それでは刑法がこのような文言を用いずに「図利加害目的」を使用している

29）島田・前掲注（10）121頁は許される拡張解釈とする。

のは，積極的な目的を要求するとの趣旨と解するのが素直な解釈といえるのではないだろうか。

(3) 消極的動機説は，本人の利益を動機とする場合には処罰しないとして，本人加害の未必的認識があっても本人図利を意図していれば図利加害目的はなく，目的の範囲は不当に拡大することにはならない[30]とする。しかし，③の事案において，本人の利益も自己または第三者の利益にも無関心である場合，例えば格別の積極的動機を持たないまま，本人に損害が生じることを未必的に認識しつつ任務違背行為を行って財産上の損害を生じさせた場合はどう解するのだろうか。消極的動機説が，目的という主観的要素の存在を重要視せずに，任務違背行為と財産的損害という客観的要素に違法性判断の重点を置くことから犯罪性を決定すべきであり，例外的に本人図利目的の場合を処罰から除外するという思考が働いているのであれば，中間的目的の場合には本人図利目的がない以上は背任罪の成立を認める方向は否定できず，これに賛同する論者もいる[31]。もちろんこのような場合を処罰する必要性があるとの価値判断の考慮が働いているのだからこのような結論に問題はないとの反論も予想されるが，ここには処罰範囲拡大の可能性や目的の文言の解釈の妥当性の問題が存在することは否定できない。

任務違背を「本人にとって実質的に不利益な行為」という実質的基準で判断する思考[32]は，背任罪のひとつのあり方として評価できるものであり，このように任務違背性という客観的要件を厳格に解することによって，目的という主観的要件を緩和ないし不要とする方向を導くものとなる[33]が，このよ

---

[30] 永井・前掲注 (18) 462 頁。

[31] 上田・前掲注 (20) 383，386 頁，木口・前掲注 (10) 457 頁。香城・前掲注 (10) 刑法基本講座 265 頁，山口・前掲注 (11) 205 頁も同旨である。これに対して，前田・前掲注 (10) 285 頁は反対する。佐久間修「判批」法学教室 226 号（平成 12 年）133 頁は，消極的動機説は背任罪の成立範囲が広すぎると主張する。また，松原・前掲注 (9) 345 頁も，本人の利益も行為者や第三者の利益も図るつもりのない漫然とした職務懈怠行為に図利加害目的を認めるのは，法の文言に反し，目的を積極的動機の意味で解する。なお，これとは逆に，本人の利益と自己または第三者の利益のいずれもが重要である場合は，自己または第三者図利目的の存在により目的が肯定されることになるのであろうが，本人図利目的の存在により目的を否定するというのであれば，法文上規定される自己または第三者図利目的があるにもかかわらず，これを本人図利目的に読み替えることで処罰を制限するというこのような方向性が適切なものといえるかは疑問である。

第 3 章　目的の内容に関する各論的考察　　287

うな帰結が妥当なものか，任務違背性をこのように解する必要があるかどうかは目的を積極的に規定している現行法との関係ではなお議論の余地があろう。

　(4)　自己または第三者図利目的や本人加害目的があるとしても，本人図利目的が主たる目的であるときは，一般に背任罪の成立は否定される。一旦は図利加害目的の存在を認めつつも，主たる目的である本人図利目的の出現によってその存在が否定されることの不可思議さが，本人図利目的の存在を要求する消極的動機説が主張される大きな理由であると考えられる[34]。しかしながら目的の主従で目的の有無を判断するのは消極的動機説に特有のものであるとまでいうことはできないであろう[35]。

　　人間が行動するにあたっては唯一の心理状態に端を発することもありうるが，それと同じく様々な要因から行動に出ることも当然ありうるのである。そのときに存在する心理状態が全て刑法上評価の対象とされるものではなく，行為を全体的に観察したときに図利加害目的でもってなされた行為であると評価しうることができればよいといえる。図利加害目的と本人図利目的とが併存することは当然に考えられるものであり，その場合を全て図利加害目的によってなされた犯罪行為と評価するのは適切ではない。そこでは目的

---

32)　山口・前掲注 (11) 203 頁。例えば，③決定の第一審判決（大阪地判平成 11 年 9 月 9 日刑集 59 巻 8 号 806 頁）は，「取引の通念上許される限度において，社会的に相当と認められる方途を講じつつ，通常の業務執行の範囲内で行うことが要請されるのであって…会社経営に当たる者としては…事業としての採算性について調査検討するのは当然のことといわなければならない」として，本件融資が「正常な企業活動を逸脱しており，任務違背の著し」いものとするが，任務違背性要件を厳格に判断しているものといえる。

33)　林・前掲注 (10) 277 頁は，図利加害目的を不要とする立法改正を提唱する。山口・前掲注 (11) 204 頁も同様の考え方であろう。

34)　この点について，上田・前掲注 (20) 381 頁を参照。

35)　消極的動機説およびこれに類する見解からは，井田・前掲注 (10) 144 頁，伊東・前掲注 (10) 233 頁，木口・前掲注 (10) 456-457 頁，香城・前掲注 (10) 刑法と行政刑法 442 頁，鎮目・前掲注 (10) 252 頁，高橋・前掲注 (10) 403 頁，中森・前掲注 (10) 161 頁，西田・前掲注 (10) 260 頁，林・前掲注 (10) 278 頁，前田・前掲注 (10) 285 頁，山口・前掲注 (11) 202-203 頁，山口・前掲注 (10) 328 頁。消極的動機説を採用しない見解からは，大塚・前掲注 (6) 327 頁，大谷・前掲注 (3) 331 頁，川端・前掲注 (3) 433 頁，芝原・前掲注 (9) 176 頁，団藤・前掲注 (8) 655 頁，内藤・前掲注 (3) 320 頁，中山・前掲注 (7) 332 頁，野村・前掲注 (2) 106 頁，平川・前掲注 (9) 393 頁，松宮・前掲注 (8) 301 頁，山中・前掲注 (5) 464 頁。なお，上嶌・前掲注 (11) 272 頁は目的の主従を問題とはしていない。

の主従で目的の有無を判断することは自然な考え方であり，背任罪の成否を考えるにあたっては，いずれの目的でもって行為に出たか，目的の主従の評価が問題となる。目的の比較は全ての見解からも主張しうるのである[36]。

(5)　図利目的と加害目的を区別すると，図利目的はあるが加害目的はない場合，加害目的はあるが図利目的はない場合，図利目的も加害目的もある場合とに区別することができるが，任務違背行為による財産侵害という客観的側面を重視し，主観的要素を消極的に考慮し，本人図利目的の非存在にこそ消極的動機説における目的の重点があることからすれば[37]，自己または第三者図利や本人加害の認識が要求されてはいるものの，両目的の区別はこの点にしか存在しない。それが意欲であるか確定的認識であるか動機であるかなどは本来問題とはならないはずである。つまり消極的動機説は図利加害目的を一体的に把握するものといえ，図利目的であれ加害目的であれ，いずれにしても本人図利目的との関連で論じられるべきであり，図利目的と加害目的の両者を区別したり，直接的に両者に目的の存在根拠を求める必要性は乏しいといえる[38]。

判例には「図利目的も加害目的も認められる」といった表現や，図利目的ではなく加害目的を強調したものとの評価がみられるとともに，図利目的は「自己又は第三者の利益の認識（・認容）があり，本人図利の動機がないこと」，加害目的は「本人損害の（・認容）があり，本人図利の動機がないこと」として両者を分ける見解がある[39]。しかし，これは図利目的と加害目的を区別することを明示するものであるから，消極的動機説とは相容れないのではないだろうか。消極的動機説からこのような両目的の区別に意味があるのかは疑問が投げかけられてしかるべきである[40]。

---

36)　②決定は，目的の存否を決定する基準として「決定的」かどうかという用語を使用する。同決定が「主として」第三者図利目的があったこと，その控訴審判決が「主たる動機」「副次的な動機」を使用することからは，「決定的」とは「主たる」と同じ意味で使用されており，目的が併存する場合に「主従」とは異なる新たな基準を提言したとまではいえないと考えてよいだろう。

37)　木口・前掲注（14）220頁を参照。

38)　山中・前掲注（5）462-463頁は，本人図利目的があっても，加害故意も存在するのであるから，その存在によって加害目的が否定されるかどうかには疑問が残るとして消極的動機説を批判する。

39)　例えば，③決定。上田・前掲注（20）373，383-384頁。

第3章　目的の内容に関する各論的考察　289

　以上のことからすると，消極的動機説からの結論は他説からも認められるところであり，消極的動機説が唯一正当な見解とされる根拠もないと考えられる。消極的動機説は，本人図利目的がない場合に犯罪成立を認める，いわば消極的目的犯とでもいえる類型として背任罪を把握するが，これは立法論としては一考の余地はあるけれども，そうであれば，そのような目的犯として背任罪を規定すべきであろう。本人図利目的がないことが重要なのではなく，本人図利目的があるとしてもそれは従たる目的にすぎず，自己または第三者図利目的や加害目的の方が主たる目的である場合に背任罪の成立が認められるべきであり，最高裁判所の3決定も本人図利目的の存否を論じつつも，結局のところは自己または第三者図利目的や加害目的の存在から背任罪の成立を肯定していることに注意すべきであろう[41]。

2　図利加害目的の内容

　(1)　故意と同じく，目的においても知的側面と意的側面の両面の心理的事態が存在すると考えることができる。これに関しては，図利加害の点について知的要素としてはまずは未必的認識が必要とされることに問題はないであろう[42]。そして，問題は，このような事態だけで目的として十分なものといえるかどうかである。本人図利の意図がなく自己または第三者図利の認識のみが存在するときは，図利目的は客観的要素に対応するもののない超過的内心傾向として，一般の目的犯と同じ構造を有しており，他の目的犯の多くで目的は未必的認識認容で足りると解されていることからすると[43]，ここでの目的も同様に未必的認識認容で足りるとする構成も考えられる。しかしそれでは単なる任務違背行為が処罰対象とされかねず，可罰的とはいえない経済

---

40) 佐伯・前掲注 (9) 196 頁も，消極的動機説からは図利加害目的は単なる認識認容となり，加害目的は故意が肯定される以上常に肯定されることになり，図利目的は全く必要のない要件となってしまうとする。これに対する反論として，木口・前掲注 (10) 455 頁。

41) 山口厚他「現代刑事法研究会第6回」ジュリスト 1408 号（平成 22 年）141 頁は，主として本人の利益を図る目的ではなかったということだけから図利加害目的を認めた判決はたぶんないのではないか，とする〔佐伯仁志発言〕。

42) 上田・前掲注 (20) 374-375 頁は，①決定は第三者図利と本人加害の「熟知」と表現しているが，これは熟知を必要とする立場を採ったというよりも，事案に即した表現というべきであろうとする。

43) 本書 117-127 頁。

活動が不当に制限されるおそれが生じかねないことは先に述べたとおりである。正当な経済活動といっても，他人の財産を侵害する側面をも有する任務違背行為は広範囲に及ぶ。そして，財産侵害行為に対して目的は法益保護の限定として，ここでは図利目的が犯罪成立範囲を限定する役割を演じることとなり，自己または第三者図利の認識認容では足りず，主観的側面を強化し，未必的認識認容を排除することから，意図または確定的認識を要求することは，1つの方策である。これによると，先にあげた①と②のいずれの類型においても目的を肯定することができ，消極的動機説からの批判も回避することができる[44]。

（2）これに対して加害目的については，財産上の損害が客観的構成要件として規定されていることから，財産上の損害を加える目的は客観的構成要件を超過しない要素であり，目的の対象は故意の対象と一致する。このような場合法文上あえて目的を要求する必要はなく，その意味では侵害犯を目的犯として構成する立法形式は無意味なものとなる。しかし目的は超過的内心傾向である必要もなければ，目的犯を危険犯として構成しなければならないとの要請も存在せず，一定の目的がある場合に処罰範囲を限定する目的犯構成はこれを侵害犯として構成するとしても許容されてしかるべきである。故意と目的の対象が同一であるということは，目的に何か特別の意味を付与するからこそその意味が認められるはずであり，そこでは故意犯一般に通用する未必的故意を排除する機能を目的に付与するものと認めるのが相当であろう。目的を未必的認識認容とするのであれば，わざわざ目的を規定する必要はないからである。その意味でここでの目的は故意の特殊形式であると把握することができ，目的は故意を強める要素として未必的認識認容では足りな

---

[44] 事案は異なるが，ドイツ刑法では，犯人庇護罪（ドイツ刑法257条）の利益確保目的が，実行行為である援助行為の中立性ゆえに，その犯罪の性質上本来的に考えられる目的の内容よりも強度のものを要求すべきであると限定的に解されている。本書75-79頁を参照。また，木口・前掲注（10）452頁は，不良貸付けの場合に，少なくとも第三者の利益の点は容易に確定的認識が認められるから，確定的認識説が意図するほど成立範囲が限定されることはないとするが，犯罪成立範囲の適正化を求めるべきである。なおほとんど考えられないであろうが，本人に損害を加えることは確定的に認識しているが，本人に利益をもたらす意図で行動したという場合において，消極的動機説からは図利加害目的が欠如して不可罰となる可能性が高いともおもわれるが，任務違背が強度であっても，果たしてこの結論は支持できるのか疑問である。

い，すなわち意図または確定的認識を要求する機能を有するものと解するべきである[45]。

この点について，ドイツ刑法では，Absicht（目的）が故意の形式を特徴づける犯罪類型があり，その際には「absichtlich oder wissentlich（意図的に又は事情を知りながら）」という文言を用いることで構成要件充足のために未必の故意を排除することがある。例えばドイツ刑法145条1項1号は，行為者が意図的に又は事情を知りながら緊急通報または非常信号を濫用することを処罰対象としている。ここでの目的は行為と結果すなわち客観的構成要件に関係するとともに，構成要件の充足のために結果が発生しなければならないものとされる[46]。この立法形式は，ここで問題とされている背任罪のそれと同様の規定の仕方ではなく，両者に直接的な関連が認められるものではないが，このように侵害犯の故意を一定の形式に限定することは立法政策上も許容されてしかるべきであることを示すものとして指摘することができるであろう。

ただし加害の内容につき財産上の利益や損害を前提としない非限定説に立脚すれば，超過的内心傾向として財産上の損害以外の損害を加える目的も認められる。本人の信用を害する等の目的をその例としてあげることができる。ここでは図利目的と同様の展開が認められることになるが，たとえ本人に損害を加えることを認識していても一定の場合にはそれが許される場合があることを認めるという要請が否定できない以上は，犯罪成立要件を限定する機能を目的が果たすことになり，目的としては意図または確定的認識が要求されるべきこととなり，結果として加害目的の内容は財産上の損害かどうかにかかわらず一致することになる。

(3) 目的について強度の内容を要求すると，微妙な主観的要件で可罰性の有無が左右されることが適切なのか[47]，さらには最高裁判所に現れた事案では，積極的意図が認定されておらず，意欲説からは目的を認めることはでき

---

45) 芦澤・前掲注（10）128，130頁，上田・前掲注（20）363頁が，認識説と認識認容説は，構成要件的故意が充足されれば図利加害目的も認められることになるから，法が図利加害目的を特に要件としている意味がなくなると批判するのは正当である。

46) Stefanie Mahl, Der strafrechtliche Absichtsbegriff, 2004, S. 69f, 78.

47) 山口・前掲注（10）327頁。

ないのではないか[48]との批判が向けられている。しかし，客観的要件として
は違法性を具備していると判断することも可能なだけの任務違背行為が存在
しているうえ，その客観的要件だけで可罰性の有無を決定できないのであれ
ば，主観的要件と併せて可罰性を判断することは正当であろう。また，①決
定の前審である差戻し控訴審判決は，「特に自己若しくは第三者の利益を意
欲し，又は会社の損害を希望し，ないしはこれらを好ましいものと志向する
ことを要〔しない〕」[49]として意欲説を否定し，当該決定もこれにしたがうも
のと考えられるが，意図の内容としてこのような強い意欲や希望まで要求す
べきかは疑問である。図利加害目的を違法要素と位置づけるのであれば[50]，
主観的要素が法益侵害の存否または強弱に影響を及ぼす程度の内容が要求さ
れることで十分であり，そこでは結果の発生を重要であるとしてこれを求め
る意思や行為の目標として向けられた意思[51]と解することは可能といえる。

　そして，任務違背を行った行為者が本人図利よりも強く，自己または第三
者の利益を意図したり確定的に認識している場合には，当該任務違背行為は
もはや適法行為として評価うるものではなく，また，自己の行為の結果本人
に損害を与えることを意図したり確定的に認識しているのであれば，この行
為はもはや適法行為として評価されるべきではないであろう。こうして，図
利加害目的の内容としては，目的としえ掲げる結果が発生することの意図な
いしは確定的認識と解すべきである[52]。

四　結びにかえて

　以上論じてきたことを前提として最高裁判所の3決定について簡単にコメ
ントする。①決定は意欲説を否定する旨を明示しているものの，第三者図利

48）木口・前掲注（14）227頁，上田・前掲注（20）382-383頁。
49）東京高判昭和60年5月7日刑集42巻9号1369頁。
50）藤木・前掲注（3）経済取引と犯罪66頁。香城・前掲注（10）刑法基本講座264-265頁
　も同旨であろう。
51）Friedrich Sprang, Zur Auslegung der Absichtsmerkmale im deutschen Strafrecht,
　1960, S. 42ff.
52）ドイツにおいては財産犯罪の目的は意図を要すると一般的に解されている。しかし，
　法益侵害が存在し，目的が法益保護の範囲を限定する機能を有するのであれば，故意論
　において意図と確定的故意とは違法内容としては同価値のものと考えられていることか
　ら，あえて意図のみを目的として要求する必要はないと解する。本書95-102頁を参照。

第3章　目的の内容に関する各論的考察　293

と本人加害の確定的認識を有し，さらに，自己の面目，信用の失墜を防止す
る意思が存在する。自己の面目，信用を保とうとして行おうとする意思は自
己図利目的として十分であり，判例が意欲説について，このような意思まで
「意欲」に含まれないと解するのであれば，それは狭すぎる解釈というべきで
ある。②決定の控訴審判決は，「被告人には，それまで自分が手がけてきた案
件であり，また，間に入ってもらっていた知人との関係もあって，今更引き
下がるわけにはいかないということから，積極意見を述べるだけの事情が
あったと推認できることからしても，そのような思いが積極の意向表明につ
ながった」[53]としている。これについては，第三者の利益を図るという意欲
や積極的認容は認められない[54]，これは第三者図利の点とも，本人図利の点
とも，直接の関わりがない事情であり，図利加害の積極的動機を重視する動
機説とは明らかに異なる[55]との指摘がある。②決定は，「今更引き下がるわ
けにはいかない」から「あえて」融資をしたものである[56]が，ここでは融資
への消極的姿勢が認められているのではなく，「積極の意向表明」が存するこ
とから，認容以上の心理状態の第三者図利を重要なものとした意思を認める
ことは可能であろう。③決定の第一審判決は，「社長としての地位を保持する
ため…〔第三者〕の便宜を図り，事業の採算性について調査検討することな
く，実質無担保で，あえて本件融資の実行に及んだ」「予想経常利益を達成で
きず，大幅に落ち込むことになれば，自己の手腕を問われて社長の地位を追
われることになりかねないと危惧していた」[57]とするが，ここから自己の地
位を保持することを意図して融資を行ったことは明らかであるといえる。

---

53) 東京高判平成 7 年 2 月 27 日刑集 52 巻 8 号 1070 頁。
54) 木口・前掲注（15）227 頁。
55) 木口・前掲注（10）460 頁。
56) 木口・前掲注（10）453，465 頁は，②決定のように，任務懈怠が決定的な事情である
場合，できれば融資をしたくないがあえて融資をした場合に，動機説が当罰性を否定す
るのであればその妥当性には問題があるとする。
57) 前掲注（32）・大阪地判平成 11 年 9 月 9 日。

第5節　価値中立行為と目的犯
――迷惑防止条例における客待ち規定を中心として

一　はじめに

　最近の刑事立法の特色のひとつとして，従来よりも早い段階における処罰を可能とする危険犯の処罰規定の増加により処罰範囲が拡大していることがあるとされる。処罰の早期化は，法益侵害の発生を既遂処罰の前提とする犯罪体系において，本来的な法益侵害の発生以前の段階で既遂処罰を認めるもので，目的犯もそのような犯罪類型の一つである。

　犯罪処罰の早期化の利点としては，早期における捜査機関の介入と立証の困難の救済があげられる。しかし，逆に，処罰早期化は人権保障と衝突しかねない。すなわち，法益の侵害が現実に発生しているとまでいうことのできない段階において刑法の介入を許容することは，人権を不当に制約しかねないのではないかというのがこれである。処罰の早期化に際してはこのように人権保障に十分に配慮する必要がある。

　このようなことから，処罰の早期化については，法益概念を具体的に捉えようとすると，処罰時期を早めること，それにもかかわらず比較的重い刑を規定することの理由が説明できない，逆に，法益を抽象化するならば，法益概念は解釈や立法を規制する機能を減少させてしまうというジレンマがある[1]とされる。

　ところで，東京都の公衆に著しく迷惑をかける暴力的不良行為等の防止に関する条例（以下「本条例」という）は，いくつかの目的犯規定をおいているが，7条1項1号でわいせつな見せ物の観覧等についての客引き，2号で売春類似行為目的の客引き，3号で異性による接待をして酒類を伴う飲食をさせる行為の提供等についての客引きを禁止するとともに，7条1項2号で売春類似行為目的の客待ち，7条3項で一定区域における1項1号，3号の客引き目的での客待ちを禁止する[2]。これらは，他県の迷惑防止条例においても文

---

1) 井田良「最近における刑事立法の活性化とその評価―ドイツとの比較を中心に―」刑法雑誌43巻2号（平成16年）274-276頁。

第3章　目的の内容に関する各論的考察　　295

言上の相違はあっても同様の規定がみられる[3]。

　他方，これらの行為と同等もしくはより強い規制が求められると考えられ
る風俗営業や売春に関しては，風俗営業を営む者の客引き，客引きのための
立ちふさがり・つきまとい（風俗営業等の規制及び業務の適正化等に関する法律

---

[2]　本節における問題点に関する限り，本条例は以下のように規定する。
　第七条　何人も，公共の場所において，不特定の者に対し，次に掲げる行為をしてはな
らない。
　　一　わいせつな見せ物，物品若しくは行為又はこれらを仮装したものの観覧，販売又
は提供について，客引きし，又は人に呼び掛け，若しくはビラその他の文書図画を配布
し，若しくは提示して客を誘引すること。
　　二　売春類似行為をするため，公衆の目に触れるような方法で，客引きをし，又は客
待ちをすること。
　　三　異性による接待（風適法第二条第三項に規定する接待をいう。以下同じ。）をして
酒類を伴う飲食をさせる行為又はこれを仮装したものの提供について，客引きをし，又
は人に呼び掛け，若しくはビラその他の文書図画を配布し，若しくは提示して客を誘引
すること（客の誘引にあつては，当該誘引に係る異性による接待が性的好奇心をそそる
ために人の通常衣服で隠されている下着又は身体に接触し，又は接触させる卑わいな接
待である場合に限る。）。
　3　何人も，不当な客引行為等の状況を勘案してこの項の規定により客待ちの規制を行
う必要性が高いと認められるものとして東京都公安委員会が指定する東京都の区域内の
公共の場所において，第一項第一号又は第三号に掲げる客引き（同号に掲げる客引きに
あつては，性的好奇心をそそるために人の通常衣服で隠されている下着又は身体に接触
し，又は接触させる卑わいな接待に係る客引きに限る。）を行う目的で，公衆の目に触れ
るような方法で客待ちをしてはならない。
　4　警察官は前項の規定に違反して客待ちをしていると認められる者に対し，当該客待
ちをやめるべき旨を命ずることができる。
　5　本条の規定の適用に当たつては，都民の権利を不当に侵害しないように留意し，そ
の本来の目的を逸脱して他の目的のためにこれを濫用するようなことがあつてはならな
い。
　第八条
　4　次の各号の一に該当する者は，五十万円以下の罰金又は拘留若しくは科料に処する。
　　五　第七条第一項の規定に違反した者
　6　第七条第四項の規定による警察官の命令に違反した者は，二十万円以下の罰金又は
拘留若しくは科料に処する。
　10　常習として第四項の規定違反をした者は，六月以下の懲役又は五十万円以下の罰金
に処する。
　　第九条　法人の代表者又は法人若しくは人の代理人，使用人その他の従業者が，その
法人又は人の業務に関し，前条…第四項第五号…又は第六項の違反行為をしたときは，
その行為者を罰するほか，その法人又は人に対し，同条の罰金刑を科する。
[3]　平成 22 年 9 月の時点で，売春類似行為目的での客待ちを規制する迷惑防止条例は 27
都道府県，わいせつな見せ物の観覧等の客引き目的での客待ちの規制は 22 都道府県にみ
られる。目的の対象とされる客引きの内容や一部で刑罰が付与されていないなど条例に
よって若干の相違はみられるが，東京都条例の規定と大きな隔たりはない。

（風適法）22条），売春目的での勧誘，勧誘のための立ちふさがり・つきまとい，客待ち，誘引（売春防止法（売防法）5条）が処罰されており，これらの客待ちについては売春目的での客待ちが規定されている（売防法5条3号）にすぎず，本条例との間の処罰範囲に相違がある。

さらに，例えば通貨偽造罪（刑法148条1項）に代表されるように，目的を違法要素ととらえるか責任要素ととらえるかは別としても，一般に通貨偽造行為は価値的に無内容な行為と理解されるべきではなく，偽貨が市場に流通する危険は目的の有無にかかわらず常に存在しうるので，基本行為である通貨偽造行為はこの危険を備えたある程度の違法性を帯びた行為であるととらえることができる。そして，目的を有する行為に処罰を付与するとともに制限もする機能を目的は有している[4]。これに対して，本条例で規制される客観的行為である客待ち行為は，それ自体は何ら違法性を帯びるものではない価値中立行為ないしは適法行為（以下「価値中立行為」という）ととらえることができ，そこに目的が追加されることで処罰対象とされるものである。これは目的に違法性を付与させるという多大な役割を担わせることになるが，果たしてこのような規定を認めることは許されるのか，また許されるとすれば，そこでの目的にはどのような内容が汲まれるべきであろうか，目的犯固有の問題として提起されることになる。

そこで，本条例における客待ち規定を手掛かりとして，価値中立行為と目的犯規定のあり方について若干の検討を試みることにする。

二　2つの客待ち行為

1　売春類似行為を目的とする客待ち

本条例は，「売春類似行為をするため，公衆の目に触れるような方法で，客引きをし，又は客待ちをすること」を禁止し（7条1項2号），違反者を50万円以下の罰金又は拘留若しくは科料（8条4項5号），常習者を6月以下の懲役又は50万円以下の罰金（8条10項）に処する旨規定する。売春類似行為目的での客引きと客待ちを並列的に規定しているものである。また，売防法も，

---

4) そのような意味で目的は違法性ないしは責任を限定する役割を担っているものといえる。

売春をする目的で「公衆の目にふれるような方法で客待ちをし，又は広告その他これに類似する方法により人を売春の相手方となるように誘引すること」を6月以下の懲役又は1万円以下の罰金に処するとしている（5条3号）。

売春類似行為とは，男子が対償を受け，または受ける約束で，不特定の男子と性交類似の行為をする男娼行為をいい[5]，客引きと誘引とは同義だとされる[6]。本罪の保護法益は，公共の場所における風俗環境および個人の意思の自由の保護であり[7]，売防法でも，社会の風紀を乱し，一般市民に迷惑を及ぼすものを処罰する規定とされている[8]ことや，売防法が売春それ自体の違法性とは直接に関係のない風紀の取締と公衆への迷惑防止という観点から処罰する[9]のと同様に，本罪の処罰は，「売春類似行為それ自体が善か悪かということはここでは全然触れ」ず[10]「同じような形で同じようなことなので」「売春婦と歩調を合わせた」ものである[11]ことを前提とすれば，両規定は売春と売春類似行為の点が異なるだけで，その他の点では，売春および売春類似行為それ自体の違法性とは無関係に，規定の行為が風紀の取締と公衆への迷惑防止に関係する限りで処罰対象とするという同じ趣旨の規定であると認められ，客待ち行為について，両者を共通に検討することが許されよう。

客待ちとは，相手方の申込みを待っている状態をいい，その判断は，四囲の状況ないし行為者の様子から，売春もしくは売春類似行為をする意思があり，相手方を求めているものであることが，客観的に認められれば足りる[12]。

5）乗本正名他『公衆に著しく迷惑をかける暴力的不良行為等の防止に関する条例解説』（昭和37年）62頁。

6）乗本他・前掲注（5）64頁。

7）乗本他・前掲（5）60頁，上村貞一「公衆に著しく迷惑をかける暴力的不良行為等の防止に関する条例逐条解説」ジュリスト261号（昭和37年）40頁。田中二郎他「〔座談会〕ぐれん隊防止条例—公衆に著しく迷惑をかける暴力的不良行為等の防止に関する条例—」ジュリスト261号（昭和37年）30頁［乗本正名発言］は，「毛ずねのあるような者が女性の服装をして人の目に触れるようなところにうろうろしていること自体が善良な風俗を阻害」する，「美観を害するとか見苦しいというような観点からとらえざるを得ない」とする。

8）佐藤文哉「売春防止法」平野龍一他編『注解特別刑法7風俗・軽犯罪編［第2版］』（昭和63年）32頁。

9）佐藤・前掲注（8）32頁。

10）田中他・前掲注（7）30頁［乗本］。

11）田中他・前掲注（7）30頁［上村貞一発言］。

12）売春類似行為について，乗本他・前掲注（5）62頁。

その際には「公衆の目に触れるような方法で」行うことが要件とされるが，これは，人の目に触れる可能性があれば足り，現実に公衆の目に触れたかどうかは問わず[13]，公衆の目に触れないような場合には犯罪の成立が認められないことをいっているにすぎない[14]ので，この要件が客待ち行為それ自体の解釈に何らかの影響を及ぼす要素となりうるものではない。

本条例における客待ち行為について判例は，「自ら『売春類似行為をする』意思を有する者が，道路その他の『公共の場所』において，服装，姿態，動作等の外形的に不特定または多数の人が覚知することのできるような方法，手段を用いて，その意思を表示して相手方となる者の申込を待つ行為をいうものと解するのが相当で」ある[15]，としている。また，売防法の客待ち行為に関しては，「売春をする者自らの何らかの動作（動静乃至姿勢或は表情を含む。）によって，少くとも売春をする目的のあることを明らかにするような積極的態度の存在することを要し，従ってその態度たるや通常人の街頭に佇む姿，或は…いわゆるデイト，待ち合せ等の姿とはおのずから区別さるべきあるものを帯有しなければならず，しかもそのことは客観的に識別し得られる程度のものであることを必要とする」[16]と，客待ち行為自体に一般の待ち合わせ等と区別されるべき外形上客待ちをしていることが明白な特徴すなわち積極的態度を要求することで，客観的行為に限定を加えることが着目される。

この点に関して論じている学説は多くはないが，「売春をしようとする者が自らの挙動によって売春をする意思のあることを表示しながら，公共の場

---

13) 乗本他・前掲注（5）62頁。
14) こうして，田中他・前掲注（7）31頁［上村］は，「公衆の目に触れないような方法でやる場合は問題にしない」という帰結を導いている。
15) 東京地判昭和 39 年 10 月 29 日判時 391 号 50 頁。
16) 大阪高判昭和 46 年 7 月 22 日判時 649 号 97 頁。これは他の判例でも同様であり，例えば，東京高判昭和 52 年 6 月 21 日判時 885 号 173 頁は，「『公衆の目にふれるような方法で客待ち』をするとは，単に売春の目的で公共の場所等をうろつき，あるいは立ち止まり，相手方の誘いを待つだけでなく，外形上，売春の目的のあることが，その服装，客待ち行為の場所・時刻等と相まち，一般公衆に明らかとなるような挙動を伴う客待ち行為をいうものと解するのが相当である」，東京高判昭和 56 年 3 月 2 日刑月 13 巻 3 号 137 頁は，客待ち「をするとは，単に売春の目的で公共の場所等をうろつき，あるいは立ち止まり，相手方の誘いを待つだけでなく，外形上，売春の目的のあることが，その服装，客待ち行為の場所・時刻等と相まち，一般公衆に明らかとなるような挙動を伴う客待ち行為をいう」，とする。

第3章　目的の内容に関する各論的考察　　299

所をうろついたり公衆の目にふれる場所に佇立したりして，相手方の申し込みを待つ行為をいう。このような行為は，外見上は一般人の待ち合せなどとまぎらわしいから，客待ち行為か否かの判定は，主として，行為者が自らの挙動によって売春をする意思のあることを表示しているか否かにかかることになる」[17]と，判例に賛同するとともに，売春目的の表示には，外見上の挙動のほかに，服装，化粧，客待ち行為の場所，時刻，時間などとの関連も指摘する[18]。

　その一方で，判例学説ともに目的の内容について述べるところはない。判例は「売春をする目的のあることを明らかにするような積極的態度」およびそれに類似の表現を用いているが，これは行為を限定するための要件を示しているのであって，目的それ自体について言及するものではない。

2　わいせつな見せ物の観覧等の客引きを目的とする客待ち

　本条例は，「何人も，…公安委員会が指定する…公共の場所において，…第一項第一号又は第三号に掲げる客引き（…卑わいな接待に係る客引きに限る）を行う目的で，公衆の目に触れるような方法で客待ちをしてはならない。」と，わいせつな見せ物の観覧等についての客引き（7条1項1号）と異性による接待をして酒類を伴う飲食の提供等についての客引き（7条1項3号）を目的とする客待ちを禁止し（7条3項），警察官の禁止命令（7条4項）に違反した者を20万円以下の罰金又は拘留若しくは科料（8条6項）に処する。これに対して，風適法においては，風俗営業や一定の性風俗特殊営業等を営む者に対して，当該営業に関する客引き（22条1号，28条12項1号，31条の3第2項，31条の13第2項1号）および，客引きのための道路その他公共の場所での立

17）佐藤・前掲注（8）35頁。

18）佐藤・前掲注（8）37頁。判例も，前掲注（16）・東京高判昭和52年6月21日は，「被告には，当時売春の目的で客待ちしていたとはいえ，その服装及び右行為の場所，時刻等を併せて考慮しても，…被告人の行為の程度では，外形上，未だ売春の目的があることを一般公衆に明らかにするような挙動を伴う客待ち行為とは認めがたい」（この事案では，目的を認めつつ，客待ちにあたらないとして無罪とした），前掲注（16）・東京高判昭和56年3月2日は，被告人の行為は，「その化粧や服装こそ一見して売春婦とわかるほどの異様なものではなかったとしても，その行為の時刻，場所等を併せ考えると，外形上，売春の目的のあることを一般公衆に明らかにするような挙動を伴う客待ち行為であると認めることができないわけではない」など，同様の基準を適用する。

ちふさがりやつきまとい（22条2号，28条12項2号，31条の3第2項，31条の13第2項2号）を禁止し，これらの違反者は6月以下の懲役若しくは100万円以下の罰金又は併科に処せられる（52条1号）[19]が，客待ち行為については風適法では処罰対象となっていない。そして本罪と風適法とは行為の主体及びその保護法益において必ずしも一致するものではないので，観念的競合に立つ[20]とされる[21]。

わいせつな見せ物の観覧等についての客引き（本条例7条1項1号）は，相手方を客とするため，言語または動作により，積極的に誘うことを要する[22]。そして，本罪は公共の場所（繁華街）において迷惑や不安を覚える行為を規制することにある[23]とされている。本罪が公共の場所における風俗および性風俗に関する事項を規制する性質を有することを考慮すれば，その保護法益は，売春類似行為の場合と同様に，公共の場所における風俗環境および個人の意思の自由の保護[24]としてよいであろう。

これに対して，風適法の客引き行為の禁止は，当該営業所の享楽又は射幸心をそそる雰囲気が，営業所外の一般公衆の目にふれる場所にまで延長され

---

19) 風適法22条（風俗営業），28条12項（店舗型性風俗特殊営業）（31条の3第2項で無店舗型性風俗特殊営業に適用），31条の13第2項（店舗型電話異性紹介営業）はそれぞれ1号で当該営業に関する客引きを，二号で当該営業に関し客引きをするため，道路その他公共の場所で，人の身辺に立ちふさがり，又はつきまとうことを禁止し，52条1号で等しく処罰する。

20) 豊田健＝仲家暢彦「風俗営業等の規制及び業務の適正化等に関する法律」平野龍一他編『注解特別刑法7風俗・軽犯罪編［第2版］』（昭和63年）186頁。

21) 客引きのための立ちふさがり，つきまといを禁止する規定（風適法22条2号等，売防法5条2号，軽犯罪法1条28号）について，佐藤・前掲注（8）35頁によると，立ちふさがりは，人の身辺に立ちはだかり，その通行を妨げること，つきまといは，人の前後，側方について，その人が歩けば一緒に歩き，止まれば自分も止まって離れないことをいう。稲田輝明＝木谷明「軽犯罪法」平野龍一他編『注解特別刑法7風俗・軽犯罪編［第2版］』（昭和63年）127，130頁は，これらの行為は，それ自体，人の行動の自由を妨げて不快感を与えるだけでなく，人の生命・身体・財産等に危害を加えるための準備行為である場合が多いので，人の行動の自由の保護と暴力行為の未然防止の観点から設けられたものと理解する。ここから客待ちと立ちふさがり，つきまといとは同一ないしは類似のものというよりも，後者の方により大きな法益侵害的要素が含まれているものといえよう。

22) 乗本他・前掲注（5）61頁。

23) 東京都議会会議録（平成16年11月24日平成16年議会運営委員会（第39号）本文）［松澤財務局長発言］。

24) 乗本他・前掲注（5）61頁。

ることを防止するものである[25]が，これは本罪における公共の場所での風俗環境および個人の意思の自由の保護と共通する性格を有するものといえ，また本罪制定の経緯や，本罪における客引きの対象行為の内容との関係からみても，本罪と風適法の客引き行為とはかなりの程度の類似性を認めることができる[26]。それにもかかわらず，一方では客引き目的での客待ちが処罰され，他方ではそれが処罰されないことは注目することができるであろう。

本罪の客待ちについての判例はまだ存在していないようであるが，客引きなどの目的で，うろつき，たむろする行為と，単に通行し，立ちどまる行為とは，佇んだり，うろついたり，数人でたむろして，客となる者や客にしようとする者を物色するなどの行動パターンや服装，所持しているビラ等の内容等により，客待ちをしている者であるか否かで区別され，さらに，客待ち目的は，捜査員による内偵捜査を初め，客待ちをしている者の言動，行動パターン，所持しているビラ等の内容等により客引きを行う目的の有無を判断する[27]のが立法趣旨である。ここでの行為の外形による判断を重視することは，売春および売春類似行為と同様の関係にあると認められ，客待ち行為はそのための積極的態度，挙動を要求することで客観的行為態様を限定して解釈するといってよいだろう。

三　犯人庇護──ドイツにおける価値中立行為と目的犯処罰

本条例が規制する客待ち行為は単に佇んでいるにすぎない事実的なものではない。佇むとしても客を待つという社会的意味を付与された行為である。ここでの客待ちには独特の服装や態度等が事実上認められ，そのような事実

---

25) 豊田他・前掲注（20）91 頁。なお，鈴木安一『風俗営業等取締法』（昭和 43 年）179 頁も同様に，営業所内で善良の風俗を保持するためであり，営業行為が営業所外にも及ぼし，善良の風俗を害することのないようにするためであるとする。

26) この点については売防法や軽犯罪法との関係でも同様のことがいえる。

27) 東京都議会会議録（平成 16 年 12 月 13 日平成 16 年警察・消防委員会本文）［柴田生活安全部長発言］。さらに続けて，ピンクビラ等配布行為等の禁止（本条例 7 条の 2）の制定について，ピンクビラ等の配布等の目的は総合的に判断するが，目的があれば，1 枚所持していた場合も違反は成立するとするが，目的は客観的要素と無関係にその存否が論じられるのであって，行為の外形に違法性の十分な根拠が認められない場合，あるいは非常に希薄な場合において目的の存在から犯罪の成立を認めるものではないとの発言は，本二罪における目的の判断と同様の基準を示しているものといえる。

それ自体が治安の悪化の一助となっているといえなくもない。しかし，だからといって客待ちは外形上は単に佇んでいるのと何ら変わりはなく，両者の区別は不可能もしくは大いに困難なうえ，客待ちに特有の服装や態度等が客待ちをしていない者に認められることもあることを考慮すれば，客待ちによる治安悪化が，客待ちの事実それ自体から果たして刑法上保護すべき違法を具備するとまでいえるかは疑問である。もちろんそれらの行為が可罰的違法を伴わない形式的違法という評価をすることもできようが，それだけで刑法上の違法が認められるものではない。さらに，たとえ売春違法論を援用して売春類似行為を違法と仮定しても，その客待ち行為はこれらの実質的な法益侵害のせいぜい予備段階にすぎないので，その違法性はさらに弱まるはずであり，その程度の違法なものを目的とする客待ち自体を違法とするはさらに問題となろう。客を待つという行動は我々の日常生活の範疇の中に認められるものであり，またここでの客待ち行為は我々が日常なしうる佇立と外形上何ら変わるものではないから，客待ち行為自体を違法とみるだけの根拠は乏しく，価値中立行為と位置づけられる[28]。

　客待ち行為自体には何ら違法性は付与されるものではないと考えられるが，そのような価値中立行為を客引き目的の存在によって犯罪化するのが本二罪の特徴といえる。このような立法措置の例としてドイツでは犯人庇護（ドイツ刑法257条1項）があげられる。これは，違法な行為を行った者に犯行の利益を確保させる目的で，その者を援助した（Hilfe leisten）場合を処罰するものである[29]。そして，犯人庇護は行為者が利益確保目的で行為すればよく，実際に被庇護者が利益確保を実現したかどうかは問わない，すなわち本来的な法益侵害発生の前段階での処罰の早期化を目指した犯罪類型である。

　そうはいっても，援助と客待ちとではその射程範囲が全く異なることを除外しても，両者を同列に取扱うことはできない。前者は「援助」という文言

---

[28]　前掲注（15）・東京地判昭和39年10月29日が，「もともと，『待つ』という行為は，その行為の性質からいつて受動的でありかつ日常一般の生活現象としてみられるものであつて，『客待ち』についていえば，その行為の態様は，相手方となる者の申込があることを望み，頼みとして時間を過ごすということにとどまるのである」とするのも，客待ち自体の違法に消極的であるものといえる。

[29]　その他には，平和を危殆化する関係（ドイツ刑法100条）の「戦争等を招来する目的で」他権力と「関係を結び，維持する」犯罪等がある。

第3章　目的の内容に関する各論的考察　　303

自体からしてその行為はかなり広範囲に及ぶが，後者は，行為が日常生活に属するとはいえ，行為主体も行為それ自体もそれ相当に限定されているからである。それでもなお価値中立行為一般に論じられてこの問題が解消される範囲内では，両者を比較することは許されると考えられる。

犯人庇護は既遂処罰を早期化する犯罪の一類型であるから，その利益確保目的の内容については目的犯の一般的な傾向にしたがうと，意図（Absicht, dolus directus 1. Grades）まで要求する必要はなく，確定的認識（Wissentlichkeit, dolus directus 2. Grades）で十分だが，未必的認識（dolus eventualis）では足りないということになる[30]。一般的傾向にしたがいここでの利益確保目的は確定的認識で足りるとする見解がある[31]が，通説は意図を要求する。その根拠として以下のことがあげられている。まずは類似の規定である刑の免脱（ドイツ刑法258条1項）との文言上の相違である。刑の免脱が「意図的に又は事情を知りながら（absichtlich oder wissentlich）」と意図と確定的認識を主観的要件として並列的に規定するのに対して，犯人庇護が「目的（Absicht）」しか規定していないことから，ここでの目的は意図に限定すべきである[32]。また幇助との相違もあげられている。犯人庇護は結果が達成されることを要しないが，結果が発生しない場合に可罰的な犯人庇護と不可罰な幇助未遂とでは，前者について目的の内容を強く要請しなければ評価矛盾となってしまう[33]。

---

[30] 既遂処罰を早期化する目的犯構成においては，目的は確定的認識で足りると一般的に主張されている。Claus Roxin, Strafrecht Allgemeiner Teil Bd. Ⅰ, 4.Aufl., 2006, S. 441ff；Klaus Gehrig, Der Absichtsbegriff in den Straftatbeständen des Besonderen Teils des StGB, 1986, S. 44ff, 79f；Stefanie Mahl, Der strafrechtliche Absichtsbegriff—Versuch einer Inhaltsbestimmung mit Hilfe psychologischer Erkenntnisse, 2004, S. 79ff, 86ff.

[31] Theodor Lenckner, Zum Begriff der Täuschungsabsicht in §267 StGB, NJW 1967, S. 1894；Walter Stree, Schönke/Schröder Strafgesetzbuch Kommentar, 27. Aufl., 2006, §257Rn. 22. は，犯罪の既遂には保護法益の実際の侵害は必要でなく，この方向に進む行為で十分であるが，目的は構成要件該当行為の方向だけを特徴づけるので，行為者がその方向を求めたのか，自己の行為がこの方向につながるのを確実と表象したのかで可罰性の相違を理由づけることはできない，として確定的認識でよいとするが，Walter Stree/Bernd Hecker, Schönke/Schröder Strafgesetzbuch Kommentar, 29. Aufl., 2014, §257Rn17. は，庇護効果に関して確定的認識で足りるとする見解にはしたがうことができないとする。

[32] Karsten Altenhain, Nomos Kommentar Strafgesetzbuch, 4.Aufl., Bd. 3, 2013, §257Rn. 31.

[33] Mahl, a.a.O.（Anm. 30）, S. 140.

さらに，ここでの「援助した」との構成要件は特に中立的であったり広く把握されるため，社会的に相当な行為までがこの規定で捕捉されてしまうので，主観的側面を高く要求することで可罰性を限定し[34]，これによって客観的な犯人庇護の構成要件の射程距離は意味あるべく制限されることになる[35]。

判例も通説同様に目的に意図を要求している。例えば，盗まれた指輪の買い戻しを所有者から依頼されて，窃盗犯人（本犯者）からの委任で指輪を保管するその恋人と交渉した者について，所有者のための取戻しも，窃盗犯人の金銭の受取りもどちらも求めたのであれば（いずれの目的が優越するかは明らかとできなかった），目的は行為者の排他的ないしは優先的に利益を確保させる目標である必要はなく，行為者はいくつかの目標を追求してもよく，援助が行為者に重要でもあればそれでよいとした事例（買戻し事例）[36]や，窃盗犯人と認識しつつ通常の運賃でもってこの者を自分の運転するタクシーに乗せ，盗品を確実にさせたタクシー運転手につき，運賃の獲得が重要であったから目的をもって行為していないとの主張に対して，「運賃を受け取るためにタクシーを運行しても，この目標を達成するために窃盗犯人に犯罪の利益を確保させるとの意思を被告人が行為に表したことが排除されるものではない。被告人は運行しなければえられない運賃を運行によってえようとしたので，この結果は被告人には重要であった」として，意図の意味で目的を肯定した事例（タクシー運転手事例）[37]をあげることができる。

四　検　討

1　価値中立行為の処罰

価値中立行為を主観的目的により可罰的とする立法形式についてはこれまでみたとおり，規制領域は異なるものの，わが国の判例学説および立法趣旨

---

34) Gehrig, a.a.O. (Anm. 30), S. 111f, 122；Joachim Vogel, Strafgesetzbuch Leipziger Kommentar, 12.Aufl., Bd. 1, 2007, §15Rn88；Altenhain, a.a.O. (Anm. 32), §257Rn. 31；Andreas Hoyer, Systematischer Kommentar zum Strafgesetzbuch, 52.Lfg., 6.Aufl., 2001, §257Rn. 28.；Mahl, a.a.O. (Fn. 30), S. 140.

35) Rudolf Rengier, Strafrecht Allgemeiner Teil, 7.Aufl., 2015, S. 132f；Rudolf Rengier, Strafrecht Besonderer Teil Ⅰ, 17.Aufl., 2015, S. 389.

36) OLG Düsseldorf NJW 1979, 2320.

37) BGHSt4, 107.

は本二罪について客待ち行為それ自体の外形から犯罪成立範囲を制限する一方で，客引き目的の内容については特別なことは明示していないのに対して，ドイツでは犯人庇護について価値中立的であるがゆえに処罰範囲が容易に拡大しかねない客観的な援助行為それ自体に特別な制限を設けることはなく，利益確保目的に目的犯の一般的な傾向から考えられるよりも高度な内容を要求する，という正反対の方策によって処罰の適正さを図ることが模索されている。

　ここでのドイツの判例通説の考え方に対しては，客観的な価値中立行為が一定の目的の付与によって初めて犯罪となるのは避けられるべきであるとの議論が存在した[38]。また，それ自体では問題がなかったり社会的に相当な態度が無価値な目的が付け加わることで無価値な構成要件に該当することになってしまう心情刑法であり，法益保護刑法の基本理解とは一致しない[39]との批判もなされている。後者に対しては，所為の不法を基礎づける行為者の意思方向と行為者動機の全体から現れる心情とは同一でなく，行為者による結果惹起に適した行為との関連で行為者の意思方向は可罰性を基礎づけるとの反論が展開されている[40]。

　価値中立行為を目的の付与により処罰するというこのような立法形式は，客観的な行為それ自体の中に違法を見出すことができないうえに，その文言内容が犯罪成立の限界を画する機能を十分に果たしえないために，犯罪成立範囲の限界が不明確になりうる結果，犯罪成立範囲があまりにも広くなる可能性，社会的に相当である行為までをも犯罪に含めてしまう可能性を否定できず好ましいものではないといえる。罪刑法定主義の原則からは行動の予測可能性が害され，国民の行動の自由が著しく侵害されることからの保護が図られるべきである[41]から，行為者に対して行為の予測可能性の機能を果たしえない立法は許されない。つまり，行為者においては行為時にいかなる行為

---

[38]　Gehrig, a.a.O.（Anm. 30), S. 96. 爆発犯罪又は放射能犯罪の予備（ドイツ刑法 310 条）に相当する旧 311 条 b の立法に際してのものである。

[39]　Wolfgang Frisch, Zum tatbestandsmäßigen Verhalten der Strafvereitelung—OLG Stuttgart, NJW 1981, 1569, JuS 1983, S. 917. 刑の免脱においての主張である。

[40]　Gehrig, a.a.O.（Anm. 30), S. 122.

[41]　山口厚『刑法総論［第 3 版]』（平成 28 年）10，15 頁。

306

が犯罪として罰され，また罰されないかの予測が立てられることが重要であり，自己の行為の違法性を予測しえなければならない。そして，ここでの行為は通常の場合は客観的な行為それ自体での違法性予測を意味することになろうからである。しかしこれは予測可能性を裏切らない限りは罪刑法定主義を潜脱するものではなく，客観的行為が行為者主観と結合することで初めて違法性を予測させるような場合までも罪刑法定主義違反とすることを意味するものというべきではないであろうし，それが心情刑法となるものでもない[42]。

そして，客引きを目的とすることで客待ちはその後に予定される客引きに通じるものであることからも，価値中立行為であっても法益を害するものと評価しうるのであれば，その可罰性を肯定することも許されると考えられる。客待ちに特有の服装や態度等があることは認められるとしても，このような要件は客待ちの成否に必要な要件ではない。外見上は何ら変わるところのない佇立という自然的行動から可罰的な客待ちという社会的評価へと変化する要件が客待ちの判断には不可欠であるが，そこではわいせつな見せ物の観覧等へと誘う形態の客待ちは目的の有無にかかわらず違法性を帯びるとの主張も十分に考えられる。しかし，外形的に客待ちをしているような行動を違法とみることはできず，これらの行為が全て犯罪として捕捉されうることを回避する必要もある。その要件を客観的側面に求められないとすれば，主観的側面に求めざるをえないであろう。このような意味で，客観的行為だけでは犯罪を肯定できない価値中立行為が主観的目的を伴うことによって犯罪とされる立法形式も許される立法形式といわざるをえない。

2 目的を伴う客待ち行為の処罰

売防法は「売春の防止を図ること」を，風適法は「善良の風俗と清浄な風俗環境の保持」を目的とする（各1条）のに対して，本条例は「都民生活の平穏を保持すること」を目的とする（1条）。これらの目的規定はかなりの程度

---

42) このような規定はその他，明確性の原則，無害行為の処罰，過度に広範な処罰に当てはまることが考えられるが，目的を伴う価値中立行為の規定がそれだけで適正処罰の逸脱を意味するものでないことはもちろんである。

抽象的に規定されているものの，両者はその取締りの対象についてもその行為類型についてもかなりの点で類似すると考えられるが，客待ち行為での処罰範囲は異なる。法律と条例で処罰範囲に乖離がないのは望ましいことであるかもしれないが，しかし，両者の行為主体と保護法益は必ずしも一致するものではない[43]うえ，条例では当該地域の特殊性も考慮に入れた取締目的が存在するので，一概に処罰範囲の乖離が直ちに問題であると考えるべきではない。問題は本条例における客待ち行為規定の処罰の妥当性である。

　本条例は，東京都における治安の悪化への対処，結果発生の未然防止に資するものとしてその意義を有し，その観点から法律では捕捉しえないかなり広範な処罰が目指されているが，その反面で，本二罪が公共の場所における規定の行為を内心の目的の付与によって処罰するのは十分に注意を要し，繁華街を単に通行したりたむろする行為までをも規制する可能性があることから，その解決策を探る必要があろう。そこでは刑罰をもってしても臨むべき保護すべき利益が存在することが当然の前提とされるべきであり，本条例においてもそのような法益の存在が処罰の正当化には不可欠である。

　この点客待ち段階をすぎて客引きないしはその後に引き続いて行われる売春類似行為やわいせつな見せ物の観覧等に達すれば，当該地域における風俗環境の悪化は肯定しうるであろうし，執拗な客引きがなされる結果として客引きされた者に強制や暴行脅迫が加えられる危険も十分に認められるから，保護法益である公共の場所における風俗環境および個人の意思の自由の保護が害され，処罰を肯定しうるものといえる。

　これに対して，客待ちの段階では，実質的には客引き以下の風俗環境の悪化にすぎず，その後の行為へと至る危険や客引きされた者への危険という点では，客引き等で認められる程度の危険までは至っていない。これを処罰するには前段階の時点においてもなお客待ちを防止するだけの理由が必要とされなければならない。単に嫌悪感を抱くにすぎない迷惑なだけの行為を規制したいがための規定ではないかとの批判を回避し，犯罪化を正当化することがまさに問題とされるのである。

---

43) 豊田他・前掲注（20）186頁。

客待ち行為が風俗環境の保護という社会的法益の側面に重点が置かれるべきことからすると，客待ち行為が客引き行為に比べてその実質的危険が低いとしても，その点だけで客待ち行為の処罰の正当性が失われるということにはならない。実際，客待ち行為については，その後に予定される客引き行為等に直結するものであるから，その危険が認められるとする構成も十分に可能と考えられるからであり，その点にこそ目的犯による処罰の早期化の特性を認めることができるからである。例えば通貨偽造罪は，偽造行為にのみ関与した者等，行使罪だけでは捕捉できない者にもまた処罰の必要性が認められること，さらには，通貨に対する公共の信用保護という重要な法益を保護するためには行使段階での刑法介入では遅いと考えられることから，処罰対象とされているものといえる。

これを本二罪についてみると，なるほど客待ちのみを行ったが客引きは行っていない者の存在は認められるところであるから，このような者の処罰には本二罪のような規定は効力を発揮する。しかし，目的犯による処罰の早期化は同時に人権侵害にも配慮しなければならないことから，安易な立法による取締りを求めるべきでないことも同時に要請されなければならない。処罰の早期化は，実質的な法益侵害の危険がいまだ顕在化していないものではあるが，法益侵害の程度の大きさと規制の必要性およびその方法とを比較衡量して正当化されるものと考える。

まずは法益侵害の程度と規制の必要性について，客待ち行為という行為態様から危殆化される風俗環境および個人の意思の自由という保護法益の程度が小さいことに異論はないであろう。また，本二罪の東京都における治安の悪化への対処，結果発生の未然防止という意義は認められないわけではない。しかし，このような目的達成のためにはどのような規制を行っても許されるというものではなく，刑罰付与を正当化できるためには，単なる迷惑にはとどまらない，法益侵害行為という性格がそこに存在する必要がある。もちろん当該地域において治安のための取締りをすべき事情は存在するであろうが，客待ち行為は，その典型的な行為態様が存在するとはいえ，外形上は繁華街に佇むという住民であれば誰もが行いうる日常的な行為であり，かつ，非典型的な行為態様までも捕捉される可能性があることを考慮すれば，当該

第3章　目的の内容に関する各論的考察　309

行為による風俗環境および個人の意思の自由への軽度の危殆化に対して刑罰を発動することには躊躇を覚えざるをえない。法益侵害の程度があまりに小さいにもかかわらずなされる刑罰付与は，過度の制裁として許されないものであり，行政制裁や別個行為に対する犯罪での処罰による規制を模索すべきと考える。また本二罪の法定刑はかなり低く設定されているため罪刑の均衡の点を問題とする必要はないことが，立法を正当化する根拠になるものでもない。

　次に規制の方法について，仮りに客待ち行為のような程度の低い法益侵害を規制するとしても，それを目的犯構成による処罰の早期化で対応すべきかは問題となろう。処罰早期化は人権侵害の危険を孕みうる立法措置であるから，安易な早期化は避けるべきである。早期化は本来的な法益侵害の前段階を既遂として処罰するものであるから，法益保護刑法の原則からは前段階を本来的な法益侵害の段階と同等に処罰することが許容できる事情，すなわち重大な法益侵害の危険がある場合が前提として求められるべきであり，早期化で対処せざるをえない場合に限定して用いられるべきであると考える。また，このような許容事情が認められる場合には，価値中立行為の処罰について目的犯構成を採用することを他の類型と別異に解する理由が存在しない以上はこれは許されるべきものである。

　なおこの点について本条例は，警察官の禁止命令と不当な権利侵害への留意規定（人権条項）という手続的保障を設けている（7条4項，5項）。これは客待ち行為がそうではない単にその場に佇むことと区別が困難であることへの配慮を示しているものといえるのかもしれない。しかし，この保障が法執行者に対する単なる注意規定にとどまるとすれば，その実効性には疑問を投げかけざるをえないし，不当な権利侵害を招来しないような慎重な措置はこのような規定の存否にかかわらず当然のことである。前述の東京高判昭和52年6月21日の無罪判決について，人権条項（売防法4条）としての規定が機能したものとして高く評価する見解もある[44]が，「およそ法律の適用にあたっては，国民の権利を不当に侵害しないように留意しなければならないの

---

44) 谷口正孝「いわゆる人権条項と法の動態」判例タイムズ353号（昭和53年）1頁。本
　条例も7条5項で人権条項に留意する旨を宣言している。

であるが，本法が国民の私生活と深いかかわりをもつところから，特に本条のような規定が置かれた」[45]のであるから，その存在が人権保障に大きな寄与をしたとみるべきではないであろう。

　以上の考察から，価値中立行為について目的犯構成により処罰を認める立法措置は許容されるが，本条例における客待ち行為の処罰は，法益侵害の危険がわずかな行為に対して処罰を早期化して対処するものであり，その保護は刑罰をもって臨むほどの要請には欠け，立法措置としては問題であると考えられる。

3　価値中立行為に対する目的犯構成

　(1)　価値中立行為を目的犯構成で処罰する規定は許されるとしても，価値中立行為の特殊性ゆえに，その構成要件行為が拡大する結果その処罰範囲が広くなりすぎ，日常的な行為までが捕捉されることになりかねない危険が存在する。そこでその危険を回避する必要性が認められる。本条例が文言上は「客待ち」としか規定していないにもかかわらず，判例学説のいうように客待ち行為は単に佇むだけではなく，行為自体に売春類似行為やわいせつな見せ物の観覧等の客引きの意思表示を示す外形を要求して限定作用をもたせるように，客観的な行為の側面を限定することが妥当なのか，これは逆にいえば，ドイツにおけるように目的の内容を厳格化して処罰範囲を限定する必要があるのか，ということに通じる。

　ただし，目的犯の目的にどのような内容を含ませるかは各構成要件の解釈の問題であり[46]，その意味で目的犯の目的の内容について総論的に統一的見解を提示することはできない[47]とされている。ここでも，あくまでも価値中

---

45) 佐藤・前掲注 (8) 27 頁。

46) Rengier, a.a.O. (Anm. 35), AT, S. 132；Gehrig, a.a.O. (Anm. 30), S. 44；Mahl, a.a.O. (Anm. 30), S. 68；Vogel a.a.O. (Anm. 34), §15Rn87；BGHSt13, 219. は，「刑法は『Absicht』という用語やそれと意味の同じ内心の所為側面のメルクマールを用いている。しかしこのメルクマールの法的意味は常に同じわけではない。むしろ各刑法の意味と目的に応じて変わるものである」とする。

47) 1962 年ドイツ刑法草案 17 条は「法律が absichtlich な行為を前提とする事態を実現することが重要な者は absichtlich に行為したものである。」と Absicht を定義する試みがなされたが，立法には至らなかった。Gehrig, a.a.O. (Anm. 30), S. 26；Mahl, a.a.O. (Anm. 30), S. 69.

立行為に関する一般的なガイドラインを示すことが試みられるにすぎない。

　ドイツにおけるように目的に高度の内容を要求して限定を加える方法は，主観的側面により意図と確定的認識とをわける理論的明快さを出発点とするものである。買戻し事例においては目的が重畳的に存在すると認定されたが，これについて，行為者は本犯者に売買代金を与えることで利益を確保させることを盗品の再入手のために甘受しているが，行為者は本犯者の違法な行為とは何の関係もなく，本犯者の援助のために行動したのではなく，むしろ自己の使命を遂行したにすぎないのであるから，行為者が自己の全く別の目標に向けられた行為の確実な帰結として法益侵害をみている場合に刑法的手段を用いるのは疑問であり，これを処罰するという不適切な結論を回避するには，可罰性を目標に向けられた行為として意図に限定する必要があるとされる[48]。これが利益確保目的について意図を要求する理由のひとつとしてあげられる。

　しかし意図と確定的認識の限界は微妙である。タクシー運転手事例では，運転手は運行し，そこに存する利益確保のための援助を行った場合にだけ運賃を獲得しえたので，運転手には利益確保も重要であったとされたが，一方では，運賃獲得の前提はタクシーの運行であり，それを超えた物の確保は付随結果にすぎず，運賃支払いが利益確保の成功に依存するような場合にだけ中間結果として求めていたともいえる[49]，つまり意図か確定的認識かは単純に決定しうるものではなく，行為者心理との複雑な関係との関連で決定されるからである[50]。この事例は，意図と確定的認識の区別は理論的には明確だとしても，具体的事情においては困難もしくは不可能という事態が大いに認められうることを示すものといえよう。

　そのほか，ドイツにおける犯人庇護の利益確保目的の構成は主観的側面をあまりに偏重しすぎるとの批判は免れないものである。たとえ目的を主観的

---

[48]　Gehrig, a.a.O.（Anm. 30），S. 112f.

[49]　Gehrig, a.a.O.（Anm. 30），S. 111f.

[50]　Mahl, a.a.O.（Anm. 30），S. 143f. は，タクシー運転手事例について，利益確保目的の肯定には乗客である本犯者の盗品確保が重要かが決定的であるが，それは否定されるべきである。運転手は自己の任務を拒否しなかったことについて非難されるかもしれないが，運行を通常の顧客輸送と異なるものとみてはおらず，本犯者に盗品を確保させようとは考えていなかった，と判決に否定的である。

312

違法要素と認めるとしても，犯罪成立要件としてはまずは客観的行為の内容が確定されるべきであり，これが無限定のままに放置されていては，処罰の限界を画することは不可能である。価値中立行為の場合には処罰拡大の危険があるがゆえに，その危険回避のために客観的行為の限界づけが特に必要となろう。

犯人庇護での理論構成は尊重に値するものではあるが，これはあくまでも犯人庇護の枠内での解釈であり，そこでは既遂の時点を早期化する場合には目的（Absicht）について必然的に意図（Absicht）を要請するものと解釈する必要はないことに役立つものと認められる[51]にすぎず，価値中立行為の目的犯一般に妥当するものではない。刑の免脱との文言上の相違から，刑の免脱に比べて広い犯人庇護の客観的構成要件を主観的な領域で高度の要求によって限定しようとする[52]犯人庇護の構成要件の特殊性に意図の要求は依拠するものとみるべきであり，価値中立行為だからといって目的として意図を要求するだけの理由はないものといえる。

これに対して，わが国の判例は，客待ち行為に目的の存在を明らかにする積極的態度を要求することによって，客観的な行為態様を限定し，その結果目的があっても客待ちの外形を備えていない場合を無罪とすることにまで至る。元来客待ちはこのような限定要素を伴うものではなく，主観的な客引き目的と客観的な客待ち行為の存在だけで本二罪の成立は認められてもよかったはずである。しかし，価値中立的な客待ちの全てに犯罪の成立を認めることになると，本条例が目的とする都民生活の平穏保持を脅かすことのない客待ちについても犯罪成立を認めざるをえなくなってしまうから，誰の目にも明らかな外形を備えた場合に犯罪の成立範囲を限界づけるように要請が働き，このような客観的態度での限界づけは意味があり，まずもってとるべき方策であるといえる[53]。

---

51) Altenhain, a.a.O.（Anm. 32），§ 257Rn. 31.

52) Altenhain, a.a.O.（Anm. 32），§ 257Rn. 31.

53) 前掲注（16）・大阪高判昭和46年7月22日は，客待ち行為を限定してこそ「『客待ち』を『勧誘』とは別個独立の犯罪として取締の対象としている趣旨に適うものということができるのであつて，そうでなければ『勧誘』に至らないまでも，少くとも『客待ち』は常に成立し得るというが如き安易な解釈運用に堕する危険を多分に包蔵する」と指摘する。

第3章 目的の内容に関する各論的考察 313

　以上より，立法措置としては妥当性を欠く本件客待ち行為規定ではあるが，行為の客観的側面を限定する方法により処罰の限定を図る判例学説の方法論は妥当な方向性を有するものと考えられる。

　⑵　私見は本条例における客待ち行為を処罰することには疑問があるが，それはひとまずおくとして，客引き目的の内容はどのように解すればよいであろうか。前述のとおり，目的犯の目的は各構成要件の解釈の問題であり，その内容について総論的に統一的見解を提示することはできないとされるが，そうはいってもドイツにおいては一定の規則性もまたみられる。すなわち，目的が法益侵害には向けられておらず，目的が付け加わることによって法益侵害が初めて当罰的となる場合（窃盗（ドイツ刑法242条），詐欺（ドイツ刑法263条）等）は，単に他人の物を奪取したり欺罔に基づいて損壊しただけでは所有や財産を侵害することはあっても，刑法に独特な明確な特徴は一定の傾向と結びついて初めてその種の行為はえるものであり，目的は意図の意味で理解される。これに対して，法益侵害の発生を待つことなく可罰性を早期化した場合（虚偽告発（ドイツ刑法164条），文書偽造（ドイツ刑法267条）等）は，目的は法益侵害との主観的関係を作り出し，その限りでは意図と確定的認識の間の相違は重要ではないので，目的は確定的認識をも包含する[54]，というのがこれである。この議論にしたがうと，犯人庇護には一定の規則性を破る例外事情が存在するゆえに利益確保目的は特別な内容が付与されるが，そのような事情がなく，また行為の客観的側面から犯罪成立の限定を考える客引き目的の場合は，確定的認識で足りると考えてよいであろう。

　しかし，後者の類型について目的が確定的認識で足りるとするのは，特に偽造罪において第三者から文書の偽造を依頼され，対価である報酬をえるためだけに偽造行為を行ったが，偽造文書が法的取引において行使される確定的認識があるにすぎない者を文書偽造の幇助犯ではなく正犯として処罰すべきことを念頭に置いている[55]ところに最大の理由がある。これを客待ち行為にあてはめると，自分自身では客引きをする意図はないが，第三者がその意

---

54) Rengier, a.a.O.（Anm. 35), AT, S. 132f. 同様の趣旨として，Gehrig, a.a.O.（Anm. 30), S. 44ff, 79ff；Mahl, a.a.O.（Anm. 30), S. 79ff., 86ff.
55) Gehrig, a.a.O.（Anm. 30), S. 88；Lenckner, a.a.O.（Anm. 31), S. 1891.

図を有していることを認識していた場合が考えられるが，このような場合の多くはわが国の判例通説では刑法 65 条の共犯と身分の問題として解決されうるので，議論の実益はさほど大きくはないといえるかもしれない。また実際問題としても，偽造行為や客待ち行為について確定的認識だけで意図のない行為は単独犯ではほとんど考えられず，確定的認識は行為者が多数関与する場合にだけ問題となるにすぎないともおもわれる。また，虚偽告発についても判例通説は目的を確定的認識で十分とするが，これは政策および体系の両面から，他人の刑事訴追を目標とすることなく，訴追官庁の注意を自分からそらすことが行為者に重要な場合を包含するためには，確定的認識で十分とすることに意味がある，また，虚偽告発行為はすでに法益である刑事司法を侵害するとともに個人の保護を害するので，付加的な主観的構成要素は客観的な行為の側面を超えてはおらず，構成要件に該当する法益侵害によって特徴づけられる犯罪類型への影響を有しない[56]，と虚偽告発の性質から帰結が導かれている。

4 価値中立行為と目的

　以上の立場は，ドイツにおける目的犯の新たな二分説を基礎としてえられるものであるが，私見は目的犯を，行為自体と目的実現の関連が強い場合と，目的が違法の性格を変える場合とに二分する見解を提唱するものであるので，価値中立行為と目的犯について，私見に基づいた論拠を提示することとしたい。

　価値中立行為とはここでは違法ではない行為，すなわち適法行為と位置づけることができる。つまり，本二罪の客待ち行為自体は適法な行為として違法性は存しないが，これに客引き目的が加わることによって可罰性が付与される犯罪類型であるから，ここでの目的は本件行為の違法の性格を変える意味を有するものであると考えられる。したがって，ここでの目的犯は第二の分類の第三の類型[57]に属するものといえ，目的の内容としては基本的には目的を実現することの未必的認識認容では足りず，意図または確定的認識を要

---

56) Mahl, a.a.O.（Anm. 30），S. 82.
57) 本書 158-162 頁を参照。

第3章 目的の内容に関する各論的考察 315

すると解するべきことになる。

　客待ち行為自体は価値中立的に何らの害を生じさせる性質を有するものではない。そこから判例は、「服装，姿態，動作等の外形的…覚知することのできるような方法，手段を用いて，〔売春類似行為をする〕意思を表示」[58]，「何らかの動作…によって…売春をする目的のあることを明らかにするような積極的態度」[59] というように，客待ち行為自体に一般の待ち合わせ等と区別されるべき外形を要求する。このような判例が採用する客観的行為による限定は必要かつ有益な手法であることは前述のとおりであるが，そうはいっても，客観的行為による限定だけで問題の解決が図れることにはならない。このような外形が示す動作は正当な行動としてもとりうるものであるから，客観的行為それ自体では本二罪の保護法益である公共の場所における風俗環境および個人の意思の自由の保護に違反しているとまではいえず，その点ではどのように客観的行為を限定するとしても，それだけでは当該行為は依然として適法行為と位置づけられなければならず，可罰性付与を肯定するためにはこれに何らかの要素を加えた対処が求められるからである。

　ただし，客待ち行為自体は価値中立であるとしても，判例で要求されるようにそれを限定することで一定程度の法益侵害の危険性のある行為としての性質を見出すことができるようになる。つまり，正当な行為の中に他者の利益侵害の危険性が存在するものであるから，そのような行動に出ようとする者には不当な手段によって他者の利益を侵害することのないような配慮が求められることとなる。こうして，正当な行為概念の限定に対して，行為自体における目的実現の危険性を内蔵することの要請が付与されることによって，正当な行為であっても一定の目的による違法化が認められることとなる。

　すなわち，当該客待ち行為には一定程度の風俗環境や個人の意思の自由に対する侵害の可能性が内在するものであり，そして，行為者が客引き目的でもってそのような行動に出る場合には，法益侵害の危険性を付与・増大させることから，当該目的のある行為には可罰性が認められる。その意味で客引き目的は当該行為の違法の性格を変える性質を有することとなる。

58）前掲注（15）・東京地判昭和 39 年 10 月 29 日。
59）前掲注（16）・大阪高判昭和 46 年 7 月 22 日。

316

こうして，客引き目的については，相場操縦罪における誘引目的（金融商品取引法 159 条 2 項 1 号，197 条 1 項 5 号）で述べたことと同様に取扱う根拠を示すことができ，目的の内容としては，未必的認識認容以上の強度の意思内容，すなわち客引きをすることの意図または確定的認識が求められるものと解する。

以上のとおり，私見は，本二罪における些細な程度の法益侵害の可能性のある場合に目的犯化による当罰性を認めうるかには消極的な立場であるが，本二罪による規制を是と仮定するのであれば，本二罪はこのような論拠によって正当化しうるものであり，またその際の目的の内容としては，ドイツにおける理論を論拠とする立場と結論においては同一の帰結が導かれることとなる。

第4章　目的犯と共犯

一　はじめに

(1)　目的犯は，目的が犯罪の成立要件となっている場合（以下，「真正目的犯」という）と刑の加重要件となっている場合（以下，「不真正目的犯」という）とに区分することができる。そして，目的犯の共犯の問題とは，目的を有する者（以下，主に「共働者」という）による目的犯の遂行に関与した目的を有しない者（以下，主に「関与者」というが，関与者は特に言及しない限り目的を有しないものであるが，目的を有する場合も本稿における議論の状況によっては考えられる）が，いかなる罪責を負うかに尽きるといっても過言ではないだろう[1]。目的を有しない関与者に目的犯の成立を認めるにはどのような要件が必要とされるのだろうか。そして，関与者に目的犯の（共同）正犯の成立が否定された場合には，不真正目的犯においては基本犯の成立を認めうるが，真正目的犯では基本犯が存在せず無罪となるのであろうか。あるいは，いずれの場合においても目的犯の狭義の共犯（特に幇助犯）が成立するのであろうか。

これは共働者が正犯者として目的を有することを前提として，関与者はその心理状態に応じて目的犯（の正犯または狭義の共犯）の成否が問題となるので，その解決には目的という心理状態の存在が犯罪態様の決定に意味を有することとなる。関与者が自身のための目的を有していれば（自己目的），これ

---

1)　山口厚『刑法総論［第3版］』（平成28年）73頁は，目的なき故意ある道具において事態を支配する者を背後者，結果発生に介入する者を第三者という（なお，山口厚『刑法総論［第2版］』（平成19年）72頁は，背後者，媒介者という）。島田聡一郎「いわゆる『故意ある道具』の理論について（一）」立教法学58号（平成13年）84頁も同様に，背後者，行為媒介者とする。本稿の関心は目的なき故意ある道具の問題よりも広いところにあり，背後者に相当する目的のあることが問題なく肯定できる行為者・正犯者を共働者，媒介者に相当する目的の有無や目的犯の成否が問題となる行為者を関与者と呼ぶことにする。なお，正犯なき共犯を肯定し，関与者の正犯性や犯罪性を否定しつつ共働者を狭義の共犯に止める見解も存在するが，私見はこれを否定する前提で考察を進める。

を目的として把握できるのは当然だとしても，自己目的ではなく，他人である共働者のための目的を有している場合（他者目的）や，共働者の目的の存在を認識しているにすぎない場合（共働者の目的の認識。このような関与者を以下，「認識関与者」という）が考えられる。この両者が目的に当たるのであれば，関与者は目的を有しているから目的犯の成立に問題は生じない。しかし，その目的性が否定されると，目的のない者が目的のある者に関与したという冒頭で取り上げた問題の解決が求められることとなる。

その際には，目的が刑法65条にいう身分に該当するかどうかが検討される必要がある。判例は，刑法65条にいう身分とは「男女の別，内外国人の別，親族関係，公務員たるの資格のような関係のみに限らず，統て一定の犯罪行為に関する犯人の人的関係である特殊の地位又は状態を指称する」[2]と広い身分概念を採用するが，目的のような主観的・一時的な心理状態が身分に当たるかは議論の対象となっている。これが肯定されると，共犯と身分における議論がそのまま妥当し，あえて目的犯と共犯という分野について検討する必要性はない（または乏しい）。これに対して，目的の身分性が否定されると，この問題は刑法65条とは別個の基準にしたがって解決されることとなる。すなわち，目的は連帯的作用と個別的作用のいずれの作用に服するかが検討されなければならない。

(2)　関与者の心理状態はこれにとどまるものではない。共働者の目的すら認識していない場合（共働者目的の不認識。このような関与者を以下，「不認識関与者」という）も考えられる。わが国では，これは従来から目的なき故意ある道具との名称が与えられてきた問題である。背後者（共働者）が「学校用教材と偽り」「隠して」「秘して」媒介者（関与者）に通貨を偽造させた事例について，媒介者は目的がないから構成要件該当性がなく無罪であり，背後者に間接正犯が成立すると論じられてきた[3]ことに鑑みると，わが国の目的なき故意ある道具の理論は，媒介者には背後者の行使の目的の存在を認識していない場合が想定されてきたものといえる。これは関与者が共働者の目的を認識していないことを前提とした議論と並行的に展開しうる問題である。

---

2)　最判昭和27年9月19日刑集6巻8号1083頁。これは大判明治44年3月16日刑録17輯405頁にしたがってものである。

その一方で，背後者に行使の目的があることを媒介者が認識している場合には，媒介者自身に行使の目的が存在するとの立論も考えられ，その場合の媒介者には通貨偽造罪の正犯が成立するとの主張もある[4]。この事案が目的なき故意ある道具の領域に属するかは別として，この問題は，関与者における共働者目的の認識の有無にかかわらず，目的犯一般についての考察が必要とされる[5]ことがわかる。

本稿はこのような問題意識を念頭に置いて，目的犯の共犯について若干の検討を試みるものである[6]。

二 目的犯の共犯に関する判例・学説の状況

1 学説の状況

学説においては，目的犯の目的が身分に当たるかどうかがその主たる関心

---

3) 浅田和茂『刑法総論［補訂版］』（平成19年）433頁，井田良『講義刑法学・総論』（平成20年）449頁，内田文昭『刑法概要中巻』（平成11年）464-465頁（ただし，媒介者が無罪とはならない例外的状況にも触れる），大塚仁『刑法概説（総論）［第4版］』（平成20年）162頁，大谷實『刑法講義総論［新版第4版］』（平成24年）147頁，川端博『刑法総論講義［第3版］』（平成25年）545-545頁，曽根威彦『刑法総論［第4版］』（平成20年）237頁，高橋則夫『刑法総論［第2版］』（平成25年）417頁，団藤重光『刑法綱要総論［第3版］』（平成2年）159頁，西田典之『刑法総論［第2版］』（平成22年）331頁，内藤謙『刑法講義総論（下）Ⅱ』（平成14年）1339-1340頁，平野龍一『刑法総論Ⅱ』（昭和50年）361頁，福田平『全訂刑法総論［第5版］』（平成23年）266頁，前田雅英『刑法総論講義［第6版］』（平成27年）87頁，松原芳博『刑法総論』（平成25年）346頁，山口・前掲注(1)第3版73頁。これに対して，野村稔『刑法総論［補訂版］』（平成10年）412-413頁は，背後者に教唆犯を認める。林幹人『刑法総論［第2版］』（平成20年）414-415頁は，目的のない媒介者は背後者に完全に支配されているわけではないから，行為支配性を欠き，間接正犯の成立を疑問とするとともに，媒介者は構成要件該当行為をしていないから背後者は教唆犯でもなく，両者に共謀共同正犯を認める。これは，間接正犯は共謀共同正犯よりも高度の支配が必要とすることから導出される。

4) 山口・前掲注(1)第3版73頁。山中敬一『刑法総論［第3版］』（平成27年）876頁が議論を整理して，間接正犯とする見解への批判として，自分が領得するのでなくても，また，自分が行使するのでなくても，背後者に行使させる目的があり，または，背後者が行使することを未必的にでも知っていれば，領得の意思や行使の目的は肯定される，とする。なお，目的なき故意ある道具と並んで説明される身分なき故意ある道具では，非身分者が身分者の身分を「認識して」行為に関与する事例が主としてあげられており，非身分者に幇助犯や共同正犯の成立を認めるのが一般的である。

5) 島田・前掲注(1)96-101頁。

6) 近年で目的犯と共犯について論じる文献としては特に，内田文昭「目的犯と共犯」神奈川法学33巻3号（平成12年）1頁以下，十河太朗『身分犯の共犯』（平成21年），西田典之『新版共犯と身分』（平成15年）。

事といえる。これについては，文言上の意味から身分概念は継続的なもので
あることが必要か，それとも主観的・一時的なものでも足りるかの観点から，
肯定説[7]と否定説[8]が主張されている。また，目的の身分性を真正目的犯で
は肯定し，不真正目的犯では否定する二分説[9]も存在する[10]。

　肯定説は，目的は判例にいう「状態」に当たるとするが，目的を身分に含
めることの必要性を特にあげる。すなわち，目的が身分に当たらないと目的
を欠く関与者について目的犯の共犯が成立せざるをえない場合（例えば，目的
が加減的要素や責任要素である場合）があることを問題として，日常用語的理
解からは若干離れるが，身分概念を広く解することに妥当性が認められる[11]
とする。これは，刑法65条2項の適用場面について，目的犯への従属性・連
帯的作用を認めるべきではなく，判例（以下で示す⑥判決，⑦判決）と同様に目
的の個別的作用を維持する点を重視するものである。その意味では，二分説
も同様の方向性を志向するといえよう。これに対して，否定説は身分の日常
用語上の使用に忠実たるべきことを主張し，不真正目的犯や責任目的犯にお
いてこれらの目的要素を個別的に判断して，異なった犯罪同士であっても共
犯の成立は認められる[12]ことを理由として，刑法65条2項によることなく
目的のない者に対する基本犯の成立が可能であるために，日常用語上の意味

7）浅田・前掲注（3）448頁，井田・前掲注（3）513頁，大谷・前掲注（3）450頁，団藤・
　前掲注（3）419頁，内藤・前掲注（3）1414頁，西田・前掲注（3）407-409頁，野村・
　前掲注（3）429頁，平野・前掲注（3）372頁，山口・前掲注（1）第3版348頁。伊東研
　祐『刑法講義総論』（平成22年）366-367頁，川端・前掲注（3）608-609頁も同旨であろ
　う。

8）大塚・前掲注（3）329頁，曽根威彦『刑法の重要問題〔総論〕［第2版］』（平成17年）
　364頁，高橋・前掲注（3）480頁，林・前掲注（3）433-434頁，福田・前掲注（3）292
　頁，前田・前掲注（3）335頁，山中・前掲注（4）1006頁。松宮孝明『刑法総論講義〔第
　4版］』（平成21年）300-301頁も同旨であろう。

9）内田・前掲注（3）540-541，550頁，内田・前掲注（6）2頁。木村亀二＝阿部純二『刑
　法総論［増補版］』（昭和53年）156，426頁。

10）松原・前掲注（3）409頁は，不真正目的犯における刑法65条2項の身分性にのみ言及
　し，目的がたとえ身分に当たらないとしても，被告人に有利な方向で刑法65条2項を準
　用すべきであり，下記⑥判決が営利目的を行為者の非難可能性を高める事情と解する限
　り，刑法65条2項の身分に含めることは，実体にかなった解釈として支持できるとする
　とする。この見解も，目的犯の共犯が成立すべきところを基本犯の共犯を認めて，事案
　の適切な解決を図ろうとするものと位置づけることができる。

11）山口・前掲注（1）第3版348-349頁。

12）林・前掲注（3）434頁。

第 4 章　目的犯と共犯　　321

を拡大する必要性に乏しいことを指摘する。

2　判例の状況とその評価

(1)　わが国の判例に現れた事案においては，目的の身分性の議論にとどまることなく，目的犯の共犯における認識関与者の罪責そのものが争点となっているものが多い。

まず，A が自己の経営する料理屋から逃走した未成年者の芸妓を連れてくれば報酬を与えると B に告げ，C はこの事情を知って拐取に参画したという営利目的拐取罪（刑法 225 条）の営利の目的について，「A ニ営利ノ目的アリタルコトハ論ナキ所ニシテ又刑法第二百二十五条ノ営利ノ目的ハ同法第六十五条第一，二項ノ犯人ノ身分ニハ該当セサルニ依リ既ニ此ノ点ニ於テ BC ノ行為ハ A ト同シク刑法第二百二十五条ノ営利誘拐ノ罪ヲ構成スル」[13)]とした判決がある（以下，「①判決」という）。拐取罪では単純拐取罪は未成年者に対する場合だけが処罰の対象とされていることから（刑法 224 条），目的拐取罪は未成年者を被拐取者とする場合は不真正目的犯だが，成年者の場合は真正目的犯として構成される。①判決は，被拐取者が未成年者であるので本来的には不真正目的犯の事案に属するが，これを目的拐取罪一般の問題として扱い，営利の目的の身分性を否定して，目的犯（営利目的拐取罪）の共犯においては刑法 65 条の適用がない，そして，真正目的犯と不真正目的犯の両者において認識関与者に対して目的犯の成立を認めたものと位置づけることができる。

(2)　真正目的犯については以下の諸判決をあげることができる。まずは，有価証券偽造罪（刑法 168 条）の行使の目的について，「自ラ偽造ノ株券ヲ行使スルノ意思ナキモ他人カ行使ノ目的ヲ以テ株券ヲ偽造スルモノナルコトヲ知リナカラ其ノ他人ノ依頼ニ応シテ株券ヲ印刷スルハ…有価証券偽造罪ノ正犯ヲ以テ論スヘキモノナルコト勿論ナル」[14)]とした判決（以下，「②判決」という）である。

次に，当選を得させない目的で公職の候補者に関する虚偽の事項を公にす

---

13)　大判大正 14 年 1 月 28 日刑集 4 巻 14 頁。
14)　大判大正 15 年 12 月 23 日刑集 5 巻 584 頁。

る罪（公職選挙法235条2項）について，この目的は「刑法六五条にいう『身分』には該当しないものであると解せられるから，共犯者において，正犯が同項所定の目的で虚偽事項を公表することを了知認識して，虚偽事項の公表行為に加功するのであれば，行為加功者たる共犯者自身に固有のものとして，『当選を得させない目的』が存在しなくとも，同人を，当選を得しめない目的をもって虚偽事項を公表した罪の共犯者と認定するを阻げないものと解せられる」15)とした判決（以下，「③判決」という）である。

そして，毒物劇物を販売する目的で貯蔵する罪（毒物劇物取締法3条3項）について，「被告人は，Aらに頼まれ，同人らが業として販売する目的で本件トルエンを自室に貯蔵することを容認していたものであり，同被告人が自らこれを販売するという目的のなかったことは明らかである。しかしながら，毒物及び劇物取締法三条にいう販売の目的は，麻薬取締法六四条二項，覚せい剤取締法四一条二項等にいう営利の目的とは異なり，身分犯として要求されている主観的違法要素ではなく，刑法一五五条一項の公文書偽造罪等にいう行使の目的と同様，独立した犯罪成立要件として要求されている主観的要素であると解せられるから，共犯者が販売する目的であることを認識していたにとどまる場合にも販売の目的があったというほかはない。」16)とした判決（以下，「④判決」という）である。

最後に，売春の周旋をする目的で売春の相手方となるように誘引する罪（売春防止法6条2項3号）について，「被告人のように，他の者が売春の周旋をする目的を有していることを認識しながら，その客寄せのための宣伝ちらしの頒布を請け負ったうえ，これを実行した者については，その行為は，売春の周旋をする目的で行われた場合に該当し，同項三号により処罰の対象となる」17)とした判決（以下，「⑤判決」という）である。

②判決〜⑤判決はいずれも，真正目的犯における認識関与者について目的犯の成立を肯定した点で共通性があるが，個々の判決の構成は異なる。②判決は行使の目的の身分性に言及せずに結論だけを述べている。③判決では当

---

15) 東京高判昭和53年5月30日判時920号234頁。
16) 東京地判昭和62年9月3日判時1276号143頁。
17) 仙台地判昭和63年6月9日判時1276号145頁。

選を得させない目的は刑法 65 条 1 項の身分に当たらない。④判決は真正目的犯と不真正目的犯とで目的の身分性の肯否をわけるとともに，共働者の販売目的の認識は目的に当たるとする。その意味では関与者自身が目的を有するから，目的の身分性を検討する必要はなく，ましてや刑法 65 条の適否を検討する必要もなく，目的犯の成立を認めることができる事案であった。⑤判決の共働者の「目的を…認識しながら…これを実行した者については…目的で行われた場合に該当〔する〕」との判示からは，④判決と同様に共働者の周旋目的の認識が目的に当たると断言しているかは不明だが，目的の身分性に言及していないことからは，④判決と同様にこれを認める趣旨と理解できなくもない。つまり，①判決〜③判決が共働者の目的を認識している場合には目的犯の成立を認めるにすぎず，これを目的として認めるかどうかまでは言明していないのに対して，④判決（と⑤判決）はこれを目的と認める点が大きく異なるものである。

(3)　不真正目的犯については以下の諸判決を指摘することができる。まずは，共働者の営利目的を認識しつつ麻薬を輸入した薬物犯罪の営利の目的（旧麻薬取締法 64 条，現行の麻薬及び向精神薬取締法に相当する）について，「営利の目的をもつ者ともたない者とが，共同して麻薬取締法一二条一項の規定に違反して麻薬を輸入した場合には，刑法六五条二項により，営利の目的をもつ者に対しては麻薬取締法六四条二項の刑を，営利の目的をもたない者に対しては同条一項の刑を科すべきものといわなければならない。［原文改行］しかるに原判決およびその是認する第一審判決は，共犯者である A が営利の目的をもつているものであることを知つていただけで，みずからは営利の目的をもつていなかつた被告人に対して，同条二項の罪の成立を認め，同条項の刑を科しているのであるから，右判決には同条および刑法六五条二項の解釈適用を誤つた違法があ〔る〕」[18]とした判決（以下，「⑥判決」という）である。

次に，共働者の営利目的を認識しつつ大麻の輸入を幇助した薬物犯罪における営利の目的（大麻取締法 24 条）場合について，「被告人自身が営利の目的

---

18)　最判昭和 42 年 3 月 7 日刑集 21 巻 2 号 417 頁。

を持っていたことを含んでおらず，営利の目的をもつ者の大麻の密輸入を営利の目的をもたない者が幇助したことを判示したにとどまるから，営利の目的をもたない被告人に対しては，刑法六五条二項により，刑法六二条一項，大麻取締法二四条一項を適用すべきであった。しかるに，原判決は，刑法六二条一項，大麻取締法二四条二項，一項を適用し，被告人に対し同条二項の罪の幇助判の成立を認めているから，原判決には判決に影響を及ぼすことの明らかな法令の適用の誤りがあるというべきである。」[19]とした判決（以下，「⑦判決」という）である。

　⑥判決と⑦判決は，いずれも不真正目的犯に属する薬物犯罪の営利の目的について，目的の身分性を肯定し刑法65条2項の適用対象となることを認め，共働者の営利の目的を認識しているだけでは目的には当たらず，目的をもたない者には基本犯の正犯（⑥判決）や幇助犯（⑦判決）が成立すると明示したものである。

　⑥判決は，営利の目的は身分ではないとしていた従来一般の考え方を改めたもので，画期的意義をもつが，それは，身分は必ずしも継続的性質を有するものでなければならないわけではなく，犯人の人的関係である特殊な状態であって，それによって，可罰的評価がより高くなり，もしくはより低くなると認められるものであれば足りる[20]からであるとされる。ここで判例が，少なくとも不真正目的犯における目的の身分性を肯定した意義は大きいと評価しうるであろう。

　そして，⑦判決については，目的のような個人的要素の個別的作用は，営利の目的が利欲犯的動機であり責任非難を高める責任要素だという点に求めざるをえない[21]として，営利目的の責任要素性から目的の個別的作用を評価する見解がある一方で，営利目的を責任身分として，刑法65条に依拠することなく，判決と同様の解決に至ることも可能であろう[22]と，⑦判決の結論には賛成する見解もある。これに対して，目的は，犯行によって自己または第三者が利得することを認識しつつ行為に及べば，それだけで認められるもの

19）東京高判平成10年3月25日判時1672号157頁。
20）坂本武志「判解」『最高裁判所判例解説刑事篇昭和42年度』（昭和43年）50頁。
21）西田・前掲注（6）353頁。
22）酒井安行「判批」ジュリスト1157号（平成11年）148頁。

といってよいとして，共働者の目的の認識を目的として把握し判例の結論に異を唱える見解23)も存在する24)。

　(4)　判例は自己目的の他に他者目的についても目的として位置づける。例えば，真正目的犯（通貨偽造罪・刑法148条）における「行使の目的は自己が行使する場合に限らず他人をして真正の通貨として流通に置かせる目的でもよい」25)とする判決（以下，「⑧判決」という）や，不真正目的犯（薬物犯罪・覚せい剤取締法41条の2)における「覚せい剤取締法四一条の二第二項にいう『営利の目的』とは，犯人がみずから財産上の利益を得，又は第三者に得させることを動機・目的とする場合をいうと解すべきである」26)とする決定（以下，「⑨決定」という）がそれである。

　⑧判決と⑨決定は，第三者による行使（他人行使目的）や第三者による財産上の利益の獲得（他利目的）についても目的に含め，自己目的と他者目的との間に差異を設けないことを認めるものである。これらの事案で他者目的すなわち目的を有する関与者に対する目的犯の成立は当然であり，刑法65条の適用は問題とはならない。目的を自己目的に限ることなくその範囲が拡大されているものとして注目することはできるであろう。

---

23)　齊藤彰子「判批」甲南法学41巻1＝2号（平成12年）148頁。これに対して，島田・前掲注(1) 96-101頁は，少なくとも目的が違法要素であれば，共働者の目的の認識は目的と構成する。

24)　なお，宇津呂英雄「判批」警察学論集35巻11号（昭和57年）182-183頁は，営利の目的について，狭義の共犯にも妥当するとしつつ，幇助犯の特殊性をも考慮に入れるべきとするが，これによると，⑥判決と⑨決定の射程範囲は共同正犯に限定されるとも考えられる。

25)　最判昭和34年6月30日刑集13巻6号985頁。

26)　最決昭和57年6月28日刑集36巻5号681頁。⑥判決が「共犯者であるAが営利の目的をもっているものであることを知っていただけで，みずからは営利の目的をもっていなかつた」と判示したことから，その後の下級審判決では，共働者の営利目的の認識が営利目的で当たるかについて，肯定する判決（大阪地判昭和56年8月27日判時1034号143頁）と否定する判決（京都地判昭和57年3月11日判タ475号203頁）とが存在する。⑨決定はこの点を明確にしたものと評価できる。なお，東京高判昭和53年6月27日判時902号123頁は，「被告人は，営利目的のために覚せい剤の入手を図るAの依頼を受け，その情を知り，同人に対し覚せい剤取引に因る財産上の利益を得させる目的で〔あった。〕…原判決が被告人に対し覚せい剤取締法四一条の二第二項の罪の従犯の成立を認め，刑法六五条二項を適用しなかったのはまことに正当である。」とする。これは，本件事案では目的の存在が認められる以上は，わざわざ刑法65条1項の適用を認める必要がないと宣言したものとみることができよう。

(5) 以上のとおり判例は，目的犯の共犯について刑法65条の適否につい
て言明するものは少なく，また，①判決を除外すると詳細においては相違す
る点もあるが，真正目的犯の目的は身分ではなく，認識関与者には目的犯の
共犯が成立するのに対して，不真正目的犯の目的は身分であるが，共働者の
目的を認識しているだけでは目的とは認められず，認識関与者には刑法65
条2項により基本犯の共犯が成立する，と考えていると一応の結論を述べる
ことができるであろう。以下では，関与者の罪責は目的という心理状態に依
存することから，他者目的を目的に含めることの可否，共働者の目的を認識
していない場合と認識している場合の犯罪の成否について検討を加える。

三　問題点の検討

1　他者目的の目的性

(1)　目的は自己目的に限ることなく他者目的をも目的に含めることができ
るかについては，学説の一部で否定する見解[27]はあるものの，判例（⑧判決，
⑨決定）と学説の多くはこれを肯定する。薬物犯罪の営利目的における他人
を利する目的すなわち他利目的を肯定した⑨決定では，薬物犯罪において刑
が加重される理由は，違法性と責任の両方が高くなることからすると，営利
の目的とは，行為に当たって財産的利益への意欲，すなわち動機・目的を指
し，このような積極的な動機・目的が存在すれば，その利益を何人に帰属さ
せようとしたか（自己か他人か）は重要ではない[28]ことが理由としてあげら
れる。

学説からも営利の目的を主として違法要素と解する立場から，薬物犯罪に
おける営利目的について，犯罪を手段として財産上の利得をえまたはえさせ
ようとする心理が，そのような心理のない場合に比して，より強い道義的非
難に値するものであることは明白であろうが，営利目的の有無による法定刑
の差ははなはだ大きく，単なる責任の差で説明し尽すことは困難であり，財

27）町野朔『刑法総論講義案I［第2版］』（平成7年）182頁は，通貨偽造罪の行使の目的
について，行為の法益侵害性を高める主観的違法要素であり，偽造行為者が左右しうる
のは将来の自己の行為なので，行為者自身が行使する目的でなければならないとする。
⑨決定に批判的なものとして，松宮・前掲注(8) 301頁。
28）高木俊夫「判解」『最高裁判所判例解説刑事篇昭和57年度』（昭和61年）216-217頁。

第4章 目的犯と共犯 327

産上の利益をえるという動機が, この種犯罪行為を積極化し, これを反復継続させ, さらには, その規模を拡大させるなどの種々の形で, この種犯罪の動因となり, 薬物の乱用の危険を増大させる要因となっている[29]として, 他利目的の目的性に肯定的である[30]。そして, この理論展開は拐取罪においても同様であり, 目的が違法要素として機能するのであれば, 他利目的の目的性に問題はない[31]とされる。

(2) これに対して, 営利目的を責任要素と解する見解からは, 自利目的と他利目的とで非難可能性の程度の違いが強調され, 他利目的の目的性は原則的に否定される[32]と主張される。そして, 営利の目的には「外国で…麻薬を売却して財産上の利益を得ることを目的とする場合も含まれると解するのが相当である。したがって, A国で売却して利益を得る目的で,〔麻薬〕をB国からいったん本邦に輸入した被告人の所為について」営利目的麻薬輸入罪の成立を認めた判決[33]を引き合いに出して, 営利目的がある場合の刑の加重根拠が薬物乱用の規模の拡大による国民の保健, 衛生への危害の増加という法益侵害性の増加によるのだとすれば, それはわが国の国民を対象とするものであり, 外国で売却する密輸入にはそのような危険は内包されておらず, こ

---

29) 香城敏麿「覚せい剤取締法」平野龍一他編『注解特別刑法5-Ⅱ[第2版]』(平成4年) 44-45頁。亀山継夫「判批」研修376号 (昭和54年) 65-66頁は, 薬物犯罪の営利目的だけでなく拐取罪の営利目的についても同様の理論を展開したうえで, 心情的な面から見れば, 自分が利益をえるためと他人のためをおもった場合とでは, その悪性において差があるようではあるが, 経済的利益を生み出す意図のもとに行われる行為の定型的な危険性という面では両者に差はないとする。

30) 森本益之「判批」判時1061号 (昭和58年) 217-218頁, 宇津呂・前掲注 (24) 181頁は, 営利の目的が責任要素に尽きるのではなく, 違法要素としての側面を重視すると, 自己の利益を図るのか他人の利益を図るのかの相違は重要ではなく, およそ財産的利益を生み出す目的のもとになされる行為の定型的な危険性という面で共通性をもつとし, 長島敦「判批」東洋法学26巻2号 (昭和58年) 103頁は, 背任罪や2項犯罪におけるように, 刑法は財産犯罪において自己利益と他人利益の場合を同一に取り扱っているとする。

31) 西田・前掲注 (6) 261, 271頁は, 同じ営利目的でも, 拐取罪では違法要素であり, 薬物犯罪では責任要素であると主張する。山口・前掲注 (1) 第3版99-100頁は, 2つの営利の目的は違法要素とも責任要素とも理解可能なことを指摘する。

32) 西田・前掲注 (6) 298頁は, 自利目的が広く間接的利得の場合にまで及んでいる現在の実務を考慮すれば, 純粋な他利目的までも営利目的に取り込む必要性があるかを疑問視する。

33) 最判平成5年11月9日刑集47巻9号111頁。ただし, 現在では営利目的外国輸入罪が適用される。

のような目的も営利の目的として認めるとすれば，それは責任要素説に立つべきであることを主張する[34]。

　責任要素説の背景には，自己利益を目標とする利欲犯的側面を考慮に入れ，自己利益を追求する姿勢の破廉恥さと他者のために行動する姿勢の律儀さが念頭に置かれているようにもおもわれる。しかし，営利の目的を責任要素と解するとしても，そのような動機の最終的ともいえる深い部分にまで入り込んで刑法上の責任を評価する必要はなく，自己の利益か他者の利益かにかかわらず利益を求めれば責任非難の存在としては十分である。したがって，自利目的と他利目的とで責任を差別化する理由はないであろうし，さらには，他利目的の場合が自利目的の場合よりも常に非難可能性が低いとは一概に判断することはできないであろう。そのような相違を一般的に認めることは困難であり，個々の事案の量刑段階において非難の程度を考慮すれば足りるであろう。

　また，当該判決に対しても，薬物の国際的取締りの観点から，薬物の海外への拡散をも防止する必要があり，営利の目的がある場合には，海外への拡散行為が反復，継続される可能性が高く，違法性が増大するとともに，当初は外国で売るつもりであったとしても，営利という点からは儲かりさえすれば相手は誰でもよいということになろうから，同等ないしそれ以上の利益があげられる場合には国内で販売する危険性も存在し，わが国国民の保健衛生上の危害発生の危険性は高まっている[35]とみることもでき，違法要素説からの説明も可能である。

　このように，薬物犯罪における他利目的について目的が違法と責任のいずれの要素に属するかで目的性を否定する理由はなく，自利目的と他利目的とでその目的性を区別する理由はないと考えられる。そして，この構成は他者目的一般にも妥当するであろう。また一般論的に考えると，他者目的の場合は，自己目的の場合と比べて，正犯というよりも幇助犯ではないかとの疑問が生じやすいことも想定される。他者目的を目的から除外する見解はこの点を考慮していると考えられる。しかし，目的は正犯性の必要条件ではあって

34）西田・前掲注（3）347-349頁。
35）青柳勤「判解」『最高裁判所判例解説刑事篇平成5年度』（平成7年）137-138頁。

第4章　目的犯と共犯　329

も十分条件ではない[36]。すなわち，正犯性の判断にあたっては，実行行為性や行為支配性などの目的以外の正犯性の要件が別に要求されることは当然であり，目的の存在だけで正犯性が肯定されるものではない。

2　関与者に自己目的・他者目的はなく，共働者の目的を認識していない場合

(1)　共犯者間において目的を共有している場合には，目的を身分と解する必要なしに，全ての共犯者に対して刑法60条から62条に応じた目的犯の成立が認められることに問題はない。したがって，目的犯の共犯が問題となるのは，自己目的や他者目的を有しない者が目的を有する共働者に関与した場合ということになる。そして，これは，共働者に目的があることを認識している場合と認識していない場合とに二分することができる。

まずは不認識関与者について検討する。わが国で目的なき故意ある道具の事例として主としてあげられる通貨偽造事例はまさにこの類型に属するものである。

(2)　ドイツにおいては，わが国とは異なり，認識関与者の場合が目的なき故意ある道具の主たる議論対象とされている。領得目的で行為する背後者が奪取の際に，事態を認識し客観的構成要件と責任を充足するものの領得目的はもっていない他人を利用した場合がその代表的事例としてあげられる。かつては，窃盗罪の領得目的としては自己領得目的のみが規定されていたが，1998年に第三者領得目的をも規定し，両者は同置されることとなったため，他者目的はここでは問題とはならなくなった。つまり，第三者領得目的の追加によって，目的なき故意ある道具とされてきた1つの問題が解決されるに至り，媒介者が領得事態の発生を確定的または未必的に認識して行為する場合が残されることとなったのである[37]。

このように背後者のための第三者領得の意図ではなく単純な故意や未必的な故意で財物奪取を行った場合について一般的な見解は背後者を間接正犯，媒介者を幇助犯とする[38]。その一方で，媒介者が，自分が背後者から窃盗行

---

[36] Vgl. Joachim Vogel, Strafgesetzbuch Leipziger Kommentar, 12. Aufl., Bd. 8, 2010, §242Rn. 198.

為に使われていることを知らずに，背後者の一時使用のために財物奪取を行った場合を目的なき故意ある道具の議論に含め，媒介者は領得意思に欠け，背後者に間接正犯が成立するとも主張される[39]。

これは，前者においては領得という違法自体の惹起を認識している媒介者はもはや道具や支配の対象とはなりえないのに対して，後者のように領得の違法性を認識していない場合にのみ道具性を認めようとするものであり，共働者目的の認識の有無で目的なき故意ある道具の帰結を異にしようとの理論構成といえる。そして，目的なき故意ある道具の問題を，媒介者が自分は窃盗に使用されることを知らなかった，つまり背後者の目的を認識していない場合をも検討対象に加えて，両者で結論を異にすることは，正当であると評価できる[40]。

(3) 目的なき故意ある道具の事案をどこまでに確定するかは1つの問題として掲げることができようが，共働者の目的を認識するまたは認識していない関与者の罪責問題の方がより重要であることは明白である。

共働者の目的を認識していない心理状態が故意や目的や身分に当たらないことに問題はない。このような関与者は，自ら犯罪要素（違法要素，責任要素）を充足していないのみならず，共働者が遂行する違法の実現を認識していないことから，目的が違法要素と責任要素のいずれに属するとしても，目的犯の正犯の成立を認めることはできない。また，正犯が実現しようとする目的犯の事実を認識していないことから，目的犯の狭義の共犯（幇助犯）の成立を

---

37) Bernd Schünemann, Strafgesetzbuch Leipziger Kommentar, 12. Aufl., Bd. 1. 2007, §25Rn. 140 ; Günter Heine/Bettina Weißer, Schönke/Schröder Strafgesetzbuch Kommentar, 29.Aufl., 2014, §25Rn. 19. なお，Tobias Witzigmann, Das "absichtslos-dolose Werkzeug", 2009, S. 229. は，背後者が目的を有することを知っているだけでは媒介者は故意を有するにすぎないとするが，これは，共働者目的の認識は目的に属さないことを示すものといえる。

38) Schünemann, a.a.O. (Anm. 37), §25Rn. 138 ; Vogel, a.a.O. (Anm. 36), §242Rn. 199. なお，Claus Roxin, Strafrecht Allgemeiner Teil Ⅱ, 2003, S. 65f. は，この場合媒介者は領得の意図に欠けることから正犯たりえないが，背後者についても教唆犯にならないと同時に，行為支配性にも欠けるので正犯にもなりえないことから，横領が成立するにすぎないとする。

39) Roxin, a.a.O. (Anm. 38), S. 65f.

40) Schünemann, a.a.O. (Anm. 37), §25Rn. 141. も同様に，背後者が物を一時使用のためだけに所持したいと振舞った場合のように，媒介者が自分が窃盗に利用されることを知らなかった場合も，目的なき故意ある道具の場面であると指摘する。

認めることもできない。目的なき故意ある道具の問題とされる通貨偽造罪事例について従来から，背後者は間接正犯であり，媒介者は無罪であるとされてきたのはこのような意味で理解することができる。ただし，これは真正目的犯の場合に妥当する帰結である。真正目的犯では，基本犯が存在しないために目的犯の正犯および狭義の共犯が成立しない関与者は直ちに無罪となるからである。

これに対して，不真正目的犯である薬物犯罪事例では，媒介者に目的犯が成立する余地がないのは同様であるが，基本犯は当然成立しており，この点から背後者とは目的犯と基本犯の共犯関係が認められる。ここでは罪名従属性の問題は生じうるが，完全犯罪共同説を採用するのであればこれは否定され修正を施さざるをえないが，部分的犯罪共同説と行為共同説の立場からは，罪名の個別化は可能であり，その成立に問題はないといえる[41]。また，関与者に基本犯の成立が認められるにもかかわらず，背後者に間接正犯が成立するかは問題となろう。間接正犯は事態を支配する者であるにもかかわらず，犯罪を遂行した関与者を支配しているといえるかが疑問として提起されうるからである。しかし，関与者は基本犯の実行行為を行っており，また基本犯と目的犯の実行行為には共通性が認められることからすると，共犯関係を認めることはできても，背後者の支配性を肯定することはできない。

四　関与者に自己目的・他者目的はなく，共働者の目的を認識している場合

1　刑法65条の目的犯への適用可能性

(1)　共働者の目的を認識している心理状態は目的に当たり，そのような関与者に目的犯の成立が認められるのか，当たらないとしても関与者に目的犯の成立が認められるのか，が目的犯と共犯の最大の問題であり，判例に現れた事案はいずれもこの点が問題となっている。身分なき故意ある道具の理論において，身分者による違法行為を認識している非身分者に狭義の共犯（幇助犯）の成立が一般的に認められる[42]ことからすると，目的なき故意ある道具の場合もこれと同じ理論構成を用いることができ，共働者の目的を認識し

---

41) 内田・前掲注 (6) 15頁，十河・前掲注 (6) 304頁，西田・前掲注 (6) 270頁。

ている場合には，これが目的に当たるか否か，また正犯か共犯かはさらに議論が必要ではあるが，関与者に目的犯の成立を肯定するだけの基盤はあるとおもわれる。ドイツにおける議論もそのことの正当性を示している。

認識関与者の目的犯の成否に関する議論の筋道としては，まず，A) 共働者の目的を認識している心理状態は目的に当たるかが検討される。これが肯定されると，B) 目的の身分性の肯否如何にかかわらず，C-1) 刑法 65 条を適用することなく認識関与者は自ら目的を有する者として目的犯の成立が認められる。これに対して，A) 共働者の目的の認識の目的性が否定されると，次に目的は身分であるかが検討される。B) これが肯定されると，C-2) 非身分者である認識関与者は刑法 65 条にしたがって犯罪の成否が考えられ，B) 目的の身分性が否定されると（厳格には，共働者の目的を認識している心理状態の身分性が検討されることになるはずだが，目的性が否定される一方で身分性が肯定されるとは考えにくいから，これは否定される），C-3) 目的犯の共犯は刑法 65条とは別個の原理から解決される。この問題の解決は以上の 3 通りの論理的思考によることとなる。

認識関与者に目的犯の共犯の成立が認められるとしても，それが共同正犯となるのか，それとも狭義の共犯にとどまるのかは別の問題である。刑法 65条 1 項の共犯に共同正犯が含まれるかについて肯定説[43]と否定説[44]の対立があるのは周知のとおりであるが，これが問題となるのは C-2) である。これに対して，C-1) からは関与者には目的犯の成立が認められるが，これは刑法 65 条とは無関係であり，共同正犯か狭義の共犯かは関与形態から決定さ

---

42) 目的の身分性に肯定的な立場から，浅田・前掲注 (3) 433 頁，井田・前掲注 (3) 449頁，内藤・前掲注 (3) 1339 頁，西田・前掲注 (3) 331 頁，目的の身分性に否定的な立場から，内田・前掲注 (3) 464 頁，大塚・前掲注 (3) 162 頁，曽根・前掲注 (3) 237 頁，林・前掲注 (3) 414 頁，福田・前掲注 (3) 266 頁，前田・前掲注 (3) 88 頁。
43) 大判昭和 9 年 11 月 20 日刑集 13 巻 1514 頁，井田・前掲注 (3) 515 頁，内田・前掲注 (3) 547 頁，大谷・前掲注 (3) 455 頁，川端・前掲注 (3) 610 頁，曽根・前掲注 (3) 268頁，高橋・前掲注 (3) 480-481 頁，内藤・前掲注 (3) 1408-1409 頁，西田・前掲注 (3) 410 頁，林・前掲注 (3) 434 頁，平野・前掲注 (3) 370 頁，前田・前掲注 (3) 338 頁，山口・前掲注 (1) 第 3 版 351 頁。
44) 浅田・前掲注 (3) 448 頁，大塚・前掲注 (3) 333 頁，団藤・前掲注 (3) 420 頁，野村・前掲注 (3) 433 頁，福田・前掲注 (3) 292 頁，松宮・前掲注 (8) 298 頁，山中・前掲注 (4) 1002 頁。

れることに問題はない。また，C-3）ではこの問題は刑法 65 条の適用対象外であるが，問題解決のために採用する基準に応じて関与者に目的犯の共同正犯の成立を認めることは十分に可能であり，その点では，C-1）と同様といえる。

(2)　ドイツ刑法 28 条はわが国の刑法 65 条に相当する規定であり，ここで規定する「特別な一身的要素」がわが国における身分に相当する[45]。そして，特別な一身的要素が「正犯の可罰性を基礎づける」場合には，この要素をもたない共犯（教唆犯，幇助犯）は刑の減軽がなされ（1 項），特別な一身的要素が「刑を加重，減軽，阻却する」場合には，この要素の有無に応じて関与者（正犯，共犯）各自の犯罪が成立する（2 項）。1 項は真正身分犯における犯罪成立に関する身分の連帯的作用を定め，2 項は不真正身分犯における犯罪成立に関する身分の個別的作用を定めた規定であると一般的に解されている[46]。正犯の成立には正犯要素を全て充足する必要があるために，自ら特別な一身的要素を備えていない者は正犯とはなりえず，共犯の成立が認められるにすぎない[47]ことから，1 項が共犯（教唆犯または幇助犯）のみを対象とし，共犯従属性の適用を否定する点はわが国の刑法 65 条 1 項と大きく異なるが，それ以外はわが国の判例・通説の考え方とほとんど変わりはない。

そして，わが国では，目的という主観的・一時的要素を身分に含めるかについて争いがあるところ，「特別な一身的要素」は継続的要素である必要はなく，その点では動機，心情，目的のような主観的要素もこれに当たりうることが一般的に認められている[48]。しかし同時に，この特別な一身的要素は行為者関係的要素を意味し，行為関係的要素はこの中には含まれないとも解されている[49]。行為者関係的要素は個人や行為者人格を特徴づける要素である

---

[45]　ドイツの共犯と身分の問題においても，わが国との体系的相違はあるものの，わが国におけるのと同様の問題が提起されているとされる。詳細については，十河・前掲注 (6) 68-107 頁を参照。

[46]　Heine/Weißer, a.a.O.（Anm. 37），§ 28Rn. 24ff. ドイツ刑法 28 条 1 項は真正身分を欠く者の刑の減軽を規定しているため，1 項と 2 項の間の不均衡はわが国と比べて一定程度解消されている。十河・前掲注 (6) 69 頁，西田・前掲注 (6) 254 頁を参照。わが国の改正刑法草案 31 条 1 項は，同様の場合に刑の任意的減軽を規定していた。

[47]　Rudolf Rengier, Strafrecht Allgemeiner Teil., 7.Aufl., 2015, S. 444.

[48]　Heine/Weißer, a.a.O.（Anm. 37），§ 28Rn. 14, 20.

のに対して，行為関係的要素では不法内容が重要であり，所為すなわち法益侵害を特徴づけるものである[50]。目的もまたこの区分にしたがって「特別な一身的要素」に当たるかどうかが判断される。例えば，謀殺罪（刑法211条）の「下劣な動機」や「他の犯罪行為を可能にし，または隠蔽する目的」は行為者関係的であるから，刑法28条1項により処断される[51]のに対して，窃盗罪（刑法242条）の領得目的，詐欺罪（刑法263条）の利得目的，虚偽告発罪（刑法164条）の官庁の手続を開始させる目的などは，行為関係的な結果惹起に向けられ，結果発生の放棄が既遂時期の前置化に用いられている[52]ゆえに，行為関係的要素であり，刑法28条の規定によらず共犯従属性の理論にしたがう[53]ものとされている。

　そうすると，ドイツにおける身分犯は大きく3種類にわけることができる。すなわち，特別な一身的要素が行為者関係的要素であれば刑法28条の適用を受け，真正身分犯では狭義の共犯は身分犯に連帯的に作用するが刑は減軽され，不真正身分犯では正犯・共犯を問わず特別な一新的要素に応じた犯罪が適用されるが，これに対して，特別な一身的要素が行為関係的要素であれば刑法28条の適用の範囲外であり，真正身分犯・不真正身分犯を問わず，連帯的に作用して身分犯が成立する，というものである。

2　共働者の目的の認識の目的性

　(1)　わが国の判例に現れた事案はいずれも認識関与者の罪責が問題となった場合であり，真正目的犯において共働者の目的を認識している場合に①判決〜③判決が目的犯の成立を認めるにすぎないのに対して，④判決（と⑤判決）はこれを目的と認めることからすると，ここでの共働者の目的の認識の

---

49) Heine/Weißer, a. a. O.（Anm. 37），§28Rn. 10；Hans-Heinrich Jescheck/Thomas Weigend, Lehrbuch des Strafrechts Allgemeiner Teil, 5.Aufl., 1996, S. 658.

50) Rengier, a.a.O.（Anm. 47），S. 444f.

51) Rudolf Rengier, Strafrecht Besonderer Teil II, 16.Aufl., 2015, S. 46ff. なお，山本光英『ドイツ謀殺罪研究』（平成10年）289頁以下を参照。

52) Rengier, a.a.O.（Anm. 47），S. 446.

53) Heine/Weißer, a.a.O.（Anm. 37），§28Rn. 16；Ingeborg Puppe, Nomos Kommentar Strafgesetzbuch, 4.Aufl., 2013, §§28, 29Rn. 45；Urs Kindhäuser, a.a.O.（Anm. 53），NK, §242Rn. 125.

第4章　目的犯と共犯　335

目的性について判例が明確な態度決定をしているとまで断言することはできない。むしろ，共働者目的の認識を目的として認めることについての根拠と正当性の不明確さが際立っている。学説においても，目的の身分性を肯定することを前提としつつ，偽造罪を例として，共働者の行使の目的の認識を目的と認める見解[54]が主張されてもいる。これに対して，④判決に対しては，共働者の目的の認識を目的とするのは認識（故意）と目的を混同するものである[55]との批判もあげられている。

　自ら目的を有する者に目的犯が成立するのは当然であるが，自らは目的を有しなくとも目的を有する者と犯罪を共働する関与者には，少なくとも真正目的犯においては，目的犯の成立を肯定しうる。そうすると，判例に現れた事案は，共働者の目的を認識していることから，これが目的に当たるかどうかをあえて検討することなく目的犯の成立を認めるのに問題のない事案であった。唯一の例外は不真正目的犯の事案である①判決だが，これは次に述べるように判例の理論構成が断絶していると考えられるから，ここから除外してもよいだろう。したがって，ここでの判例の状況が理論的に分裂しているとしても結論に大差がないことにまずは注意しなければならない。

　その上で，共働者の目的の認識が目的に当たるかどうかは理論的には検討されるべき問題である。②③判決が，結論の同一性に着目することで，このような心理状態を目的に含めることを肯定しつつあえて論じていないとすれば，それは④判決（と⑤判決）と同じ理論構成によるものであり，この点で判例に齟齬はない。これに対して，②③判決が目的性を否定するのであれば，判例の見解は分裂していると言わざるをえない。さらに，共働者の目的の認識の目的性は不真正目的犯にも広く妥当しうる問題であり，⑥⑦判決の事案において基本犯ではなく目的犯が成立する可能性を否定できないのは，すでにあげた一部の学説が主張するとおりである。この問題はまさしく目的犯の

54）山口・前掲注（1）第3版73頁。前掲注（23）も参照。なお，松宮・前掲注（8）300-301頁は，目的が違法要素である通貨偽造では目的犯が成立し，責任要素である薬物犯罪では基本犯が成立し，前者の目的について法益侵害に還元しきれない動機もあれば，それをもたない共犯者には量刑での減軽可能性に言及する。これは，薬物犯罪から共働者目的の認識は目的ではないが，違法要素であれば共働者目的の認識があれば，これが目的に当たるか否かは別として，目的犯の成立を肯定するものといえる。

55）内田文昭「判批」判タ712号（平成2年）72頁。

共犯の問題の本質の1つをなすものであり，真正目的犯と不真正目的犯で目的性の結論が異なりうることを考慮に入れて検討する必要がある。

(2) 他者目的と共働者の目的の認識との区別について，自己目的だけでなく他者目的をも身分としてとらえることができるのであれば，共働者の目的を認識するだけでは足りないとしても，認識は他者目的を前提とするのが通常であるから，身分を欠く共犯者の存在を考えることは困難である[56]との指摘がある。この指摘は他者目的と共働者の目的の認識の区別困難性と同価値性を強調するものといえる。

しかし，区別困難性については，認識がある場合には他者目的が認められる場合がほとんどであろうと考えられるとしても，両者は同一あるいは不可分なのものではなく，多くの場合に重なり合いがみられるにすぎない別個の存在である[57]から，通常は随伴するからといって，それをわけて論じてはならない，あるいはできないということにはならないはずである[58]。

また，同価値性については，他者目的と共働者の目的の認識に違法性または責任の程度でどれほどの違いがあるのかは問題として提起することはできよう。両者がともに違法性に影響を及ぼすものであれば，目的を有する共働者の存在を前提としているから，このような心理状態によって高められる法益侵害の危険性の程度は変わらないということができよう。すなわち，目的とその認識では，例えば「偽造通貨が流通に置かれることの目的」と「共働者が偽造通貨を流通に置く目的をもっていることの認識」は，法益侵害に対する危険の程度では確かに同程度に危険なものと評価することができよう。そのような同価値性が存在するからこそ，認識関与者に目的犯の共犯が成立する素地があるといえる。両者が責任に関わる場合においても，責任の程度に相違を見出すことは難しいともいえる。違法行為への参画について双方の心理状態を有する者とで非難可能性は異なるものではないといえるからである。この点では，両者の同価値性を否定するだけの根拠は明確とまではいえない。

---

56) 内田・前掲注 (55) 72頁。
57) 齊藤・前掲注 (23) 145頁は，両者の区別は困難であり，一方で目的犯の成立を肯定し，他方でこれを否定するほど両者の間に違法性の差異は認められないとする。
58) 島田・前掲注 (1) 93頁。

第4章　目的犯と共犯　　337

　このようなことからすると，両者の区別は可能であっても同価値であれば
あえて両者の性格を区別する必要性はなく，共働者の目的の認識を目的とし
て構成することも許されそうである。

　(3)　しかし，このような解釈は目的という文言の自然的意味を超えるもの
であることに加えて，認識が影響を及ぼす法益侵害の危険性や非難可能性か
らは目的犯の成立を肯定すれば足りるのであって，あえてこのような心理状
態を目的として取り込み目的概念を拡大する必要性も乏しい。違法性と責任
の同価値性から同一の取扱いをする許容性が認められるとしても，共働者の
目的の認識の目的性は目的の文言解釈から導出されるべき事柄である。また，
公務員等の身分概念と対比しても，共働者の身分性を認識したからといって
これを身分に含めるとする見解はみられない。一般的な身分が客観的性格を
有するのに対して，目的とその認識はいずれも主観的性格という点での相違
はあるが，目的が身分概念に含まれるのであれば，客観的身分と主観的身分
とでその範囲が異なることに意味ある理由を見出すことの方が困難であり，
目的の認識の目的性を否定する障害は低いものである。

　ドイツにおいて，正犯は自ら目的を有しなければならず，領得目的は窃盗
正犯（間接正犯と共同正犯を含む）だけが充足しなければならない要素である
が，その一方で，狭義の共犯は自ら領得目的を有してはならないが，正犯が
領得目的で行為することを認識しなければならない，それは，狭義の共犯の
故意は，主たる行為の構成要件該当性基礎づける事態を含んでいなければな
らないからである[59]，とされていることは，共働者の目的の認識は目的では
ないために正犯性を認めえないことを示していると考えることができる。

3　目的の身分性

　(1)　判例は真正目的犯と不真正目的犯とで目的の身分性の肯否をわけると
考えられるが，その根拠と正当性をどこに見出すことができるのかは不明確
である。①判決と⑥⑦判決において営利目的の性質がわかれたことの相違に
ついては，営利目的拐取罪は，犯人に営利の目的がある場合に初めて成立す

---

[59]　Wolfgang Mitsch, Strafrecht Besonderer Teil 2, 3.Aufl., 2015, S. 77 ; Vogel, a.a.O. （Anm.
　36）, § 242Rn. 200.

る犯罪であって，営利の目的の有無によって刑に軽重の区別がある場合ではないから，これをもって，薬物犯罪における営利の目的を身分に当たらない根拠とすることはできない[60]との指摘がある。これは，真正目的犯と不真正目的犯との相違を強調するものである。

しかし，①判決の事案は⑥⑦判決と同じく被拐取者が未成年者である不真正目的犯の事案であったのであり，不真正目的犯において共働者の目的の認識があれば，これを目的とするか否かにかかわらず，目的犯の共犯を成立させるためには，刑法65条2項の適用を否定する，すなわち，目的の身分性を否定せざるをえなかったのである。また，目的が可罰的評価を基礎づけるか高めるかいずれにしても，目的が「犯人の人的関係である特殊な状態」にあたるかが重要なので，この事実が真正目的犯と不真正目的犯とで目的の身分性をわけることにどれだけの意味があるといえるだろうか。このような点からこの指摘は疑問とせざるをえない。

さらに，拐取罪の営利目的は違法要素だが薬物犯罪の営利目的は責任要素であることから，①判決と⑥⑦判決を比較して，目的の身分性に相違がもたらされたと考える見解[61]もある。論者の見解によれば両者の区別は説明可能かもしれないが，判例は，目的が違法と責任のいずれに属するかでその身分性を異にするとの立場を採用してはいない。

(2) 目的の身分性が肯定されると，目的犯の共犯は刑法65条によって処理される。目的が真正目的か不真正目的か，あるいは，違法目的か責任目的かで目的の身分性の肯否をわけることも考えられる。しかし，この基準でもって目的の身分性の結論に差異を生じることは奇異な現象である。目的の真正・不真正性は立法政策の問題にすぎず，また目的の違法性・責任性は犯罪体系や法解釈の問題であり，身分性の肯否を決定するものではないからである。真正身分・不真正身分，違法身分・責任身分をどのように区別するとしても，目的が法律上どのような機能を有するかとは無関係に身分性は決定されるべきである。つまり，目的犯への刑法65条（特に2項）の適用の是非の前に，目的の身分性は決定されなければならないのである。

---

60) 坂本・前掲注 (20) 51頁。
61) 西田・前掲注 (3) 408頁。

第 4 章　目的犯と共犯　　339

　大審院判決以来の判例における広い身分概念からすると，目的の身分性を肯定するのは容易であり，決して身分という語義の範囲を超えるものではない。ドイツにおいて特別な一身的要素がわが国における身分の意味よりも狭く解されうるにもかかわらず，目的のような主観的・一時的要素をこれに含めることからも，わが国においても身分に目的を含めることは可能であろう。そうすると，①判決は，不真正目的犯において目的のない関与者について，刑法 65 条 2 項を適用した基本犯（未成年者拐取罪）ではなく，目的犯（営利目的拐取罪）の共同正犯を認めたいとの視座のもとで目的の身分性を否定した判決であったということができる。このようなことからすると，①判決と⑥⑦判決とではその理論構成に断絶が生じていると考えざるをえない。

　（3）　身分概念を判例よりも狭く解して目的を身分から除外する解釈は当然考えられるところである[62]。身分性が否定された要素は，刑法 65 条とは別個の原理によって解決されることとなるが，目的もその例外ではない。その基準をどこに置くことになるかは不明確ではあるが，共同正犯の本質論や共犯の処罰条件といった共犯の基本原理に基づいた解決が図られることになろう[63]。これは，刑法 65 条 2 項を例外規定とみる従属性説の考え方[64]にしたがって，真正目的犯，不真正目的犯いずれの場合にも目的犯への連帯が認められ，目的のない関与者について目的犯が成立するというのが 1 つの方向性である。他方で，ある要素が一身的に作用するのであれば，従属性原則のもとにおいてもその要素を満たさない者は基本的犯罪が成立するにとどまる，すなわち，目的のない関与者には基本犯が成立することとなるとする思考がもう 1 つの方向性である。したがって，目的の身分性が否定された場合には，従属性原則による連帯性と一身的要素による個別性のいずれを基準として目的犯の性格を考えればよいのかという問題として整理することができよう。

　そうはいっても多くの見解は，このように真正目的犯，不真正目的犯を区

---

[62]　高橋則夫「共犯と身分」阿部純二他編『刑法基本講座第 4 巻』（平成 4 年）172 頁は，刑法 65 条の問題領域を限定する必要から，身分を「社会的・法律的などの人的関係において特定の義務を負担するところの地位又は資格」と定義して，判例よりも狭い解釈を提唱する。

[63]　十河・前掲注（6）244 頁。

[64]　西田・前掲注（6）260 頁。

別することなく一律に対処するというのではなく，そして，目的の身分性を肯定するか否定するかで見解の相違が実際の事案において結論に大きな相違を生じさせるのではなく，判例と同じような結論に到達するようにおもわれる。そうすると，目的が身分と位置づけられるかどうかは，目的犯の共犯の問題にとっては，理論的な説明の相違にすぎないだけで，それほど大きな地位を占めることにはならない。目的犯の共犯については，真正目的犯の目的を身分と解すると，刑法65条1項により目的を欠く者にも当該目的犯の共犯が成立するから，真正目的犯では目的を身分とするか否かにより結論に差異は生じないことの考慮が判例の背景にあるとも考えられるが，その一方で，不真正目的犯においても，部分的犯罪共同説や柔らかい行為共同説からは，判例のような帰結に至ることは可能であり，目的を身分と解さなくても刑法65条2項を適用したときと同じ結論に至るとの評価[65]がそのことをまさに示している。

　そうすると，身分概念を判例よりもあえて狭く解して，身分から主観的・一時的要素を排除し，目的犯について刑法65条の枠内での解決を否定するだけの根拠には乏しいとおもわれる。むしろ，目的を身分に含めて刑法65条の解釈を検討することの方が得策といえるのではないだろうか。

4　刑法65条の性格

　(1)　目的の身分性が肯定されると目的犯の共犯は刑法65条の適用対象となる。その1項と2項の関係については，以下のとおり4つに大別することができる。すなわち，Ⓐ1項は真正身分犯の連帯性，2項は不真正身分犯の個別性についての規定であるとする見解[66]，Ⓑ1項は真正身分犯，不真正身分犯の双方の共犯の成立，2項は不真正身分犯の科刑についての規定であるとする見解[67]，Ⓒ1項は違法身分，2項は責任身分についての規定であるとする見解[68]，Ⓓ真正違法身分について1項，不真正責任身分について2項を適

---

[65]　十河・前掲注（6）303-304頁，西田・前掲注（6）270頁。
[66]　最判昭和31年5月24日刑集10巻5号734頁，浅田・前掲注（3）449頁，内田・前掲注（3）541，549頁，大谷・前掲注（3）454頁，川端・前掲注（3）612頁，高橋・前掲注（3）476頁，野村・前掲注（3）432-433頁，前田・前掲注（3）336頁。
[67]　大塚・前掲注（3）331頁，団藤・前掲注（3）418頁，福田・前掲注（3）293-296頁。

用することを原則とし，真正責任身分については2項を準用して非身分者を不可罰とし，不真正違法身分については2項により非身分者には通常の刑を科すとする見解[69]である[70]。

　Aと®の見解は，法文に比較的忠実な解釈と評価しうるとともに，真正目的犯と不真正目的犯の成立（と科刑）は，各構成要件の規定にしたがって形式的に判断される点で明確である。しかし，一方に連帯的作用を他方に個別的作用を認めることの理論的根拠が問題とされるとともに，営利目的拐取罪を例にして，営利の目的を有しない関与者は，未成年者の拐取を教唆・幇助する行為の方がより当罰的であるのに，被拐取者が未成年者であれば刑法224条の共犯として軽く，成年者であれば刑法225条の共犯として重く処罰されることとなるという不合理な結論を認めざるをえない[71]と批判される。また，①判決の事案では，目的を身分と解すると未成年者に対する営利目的拐取罪は成立せず，基本犯である未成年者拐取罪が成立するにすぎないので，目的の身分性を否定せざるをえなかったのは前述のとおりである。

　(2)　これに対して，©の見解からは，目的が身分に属する以上は違法身分と責任身分の区別は目的においても貫徹される。そして，©の見解からは，目的犯は目的の性格にしたがって以下の4つの類型に区別することができる。ⓐ違法目的の真正目的犯（真正違法目的犯）としては，成年者に対する営利目的拐取罪と偽造罪が該当し，この場合目的は連帯的に作用し，認識関与者には目的犯が成立する。細かい点で問題はあるものの①判決～⑤判決がこれに当たる。ⓑ責任目的の真正目的犯（真正責任目的犯）の場合目的は個別的に作用し，認識関与者には基本犯が成立するはずだが，これは存在しないために不可罰となる。ⓒ違法目的の不真正目的犯（不真正違法目的犯）としては，

68）伊東・前掲注（7）366-367頁，西田・前掲注（3）402頁，平野・前掲注（3）306-307頁，林・前掲注（3）430-431頁，山口・前掲注（1）第3版346頁。

69）曽根・前掲注（3）269頁，内藤・前掲注（3）1407頁。松宮・前掲注（8）307-311頁も同旨であろう。

70）その他の見解として，井田・前掲注（3）512-513頁，山中・前掲注（4）1000頁。なお，大越義久「身分犯における身分」神奈川法学46巻2=3号（平成25年）25頁は，刑法65条を行為者の属性として行為者関係的身分にのみ適用すべきとの主張もあるが，現行法の解釈としてそのような意味で刑法65条を解釈しうるかは問題も多いといえよう。

71）西田・前掲注（6）252-253頁。

未成年者に対する営利目的拐取罪が該当し，この場合目的は連帯的に作用し，認識関与者には目的犯が成立する。①判決がこれに当たる。ⓓ責任目的の不真正目的犯（不真正責任目的犯）としては，営利目的による薬物犯罪が該当し，この場合目的は個別的に作用し，認識関与者には基本犯が成立する。⑥⑦判決がこれに当たる。この区別はⒹの見解からも基本的に妥当する。

　判例に現れた以上の事案の説明はⒸの見解からは比較的容易であるとされる。しかし，これは，Ⓒの論者の依拠する立場から違法目的と責任目的を区分することからえられる帰結にすぎない。薬物犯罪の営利の目的は，責任要素かどうかとは別に，違法要素としての側面も有していると考えられる[72]ことを前提とすると，薬物犯罪には刑法 65 条 1 項が適用され，ⓓではなくⒸの類型に属することとなる。また，結果無価値論を貫徹して主観的違法要素を完全に否定する見解からは，偽造罪における行使の目的なども全て責任要素である。これによると，真正目的犯は全てⓑの類型に属し，認識関与者は不可罰とならざるをえない[73]。さらに，主観的違法要素を部分的に肯定する見解は，目的の法益侵害性への影響力から主観的違法要素性を判断したり，結果を目的とする犯罪と後の行為を目的とする犯罪とに目的犯を二分して後者の目的のみを違法要素とするが，これらの見解からも目的は全てが当然に違法要素性を付与されているものではないので，真正目的犯の目的が責任要素とされる場合には，同じく処罰範囲に間隙が生じるといわざるをえない。

　いずれにしても，財産犯罪における不法領得の意思（利用・処分意思）や虚偽告訴罪の「人に刑事又は懲戒の処分を受けさせる目的」がこのような目的に当たることになろう[74]。前者は，粗暴犯である器物損壊と利欲犯である窃盗とを区別する[75]ものであり，後者は，誤った処分による被告訴者の権利侵害は，処分について最終的な判断を行う機関の決定により発生するのであり，行為者の目的・意思があることによってそのような法益侵害が発生する危険

72）前掲注（29）を参照。

73）西田・前掲注（6）176，262 頁は，目的犯ではないが真正責任身分犯である常習面会強請罪（暴力行為等処罰法 2 条 2 項）について，非身分者による加功は，共同正犯であれ狭義の共犯であれ，刑法 65 条 2 項の準用により不可罰となることを認める。

74）山中・前掲注（4）998 頁は，営利目的面会強請罪（財産上不正ノ利益ヲ得又ハ得シムル目的）（暴力行為等処罰法 2 条 1 項）は真正責任身分犯に当たるとする。

75）西田・前掲注（3）90 頁。

が有意に高まるのではない[76]ことをその理由とする。この2つをはじめとする目的犯の多くの類型で認識関与者を不可罰とするのは果たして妥当といえるか疑問とされるであろうことは想像に難くない[77]。

（3）　なお，共働者の目的の認識を目的とする見解[78]を採用すると，この理論構成は責任要素としての目的にも妥当するはずであるから，ⓐ〜ⓓの全ての類型について目的犯の成立が認められ，ⓑにおける認識関与者の不可罰性という結論を回避することはできる。しかし，この見解の前提条件が採用できないことはすでに述べたとおりであり，また，この見解からの結論は逆に，処罰範囲の拡大を招くものとして批判の対象ともなるであろう。

五　認識関与者における目的犯の共犯に関する分類

1　違法身分における共同正犯の成否

（1）　以上述べてきたとおり，私見は目的の身分性を肯定し，共働者の目的の認識の目的性を否定すべきと考える。これを前提として，目的犯の共犯における認識関与者の罪責については，以下のように刑法65条の適用が問題となる場面を3つに区分して検討するのが妥当であると考える。

第1に，共同正犯関係においては，正犯要素は正犯者中の1人の者が具備すればよい。そして，この正犯要素が違法要素の場合には，これを具備しない関与者においても共働者の要素を認識して関与すれば共働して法益侵害を惹起することができる。これによって，認識関与者については，目的が違法要素である場合は目的犯の共同正犯の成立を肯定することができる。例えば，拐取罪の営利の目的だけでなく薬物犯罪の営利の目的もまた違法要素として機能すると解されることから，このような関与者には目的犯の共同正犯の成立を認めるべきである。刑法65条1項はこのことを規定する。

ドイツにおいては，窃盗の共同正犯は自ら領得目的を有していなければならない[79]とされるように，共同正犯は正犯要素を自ら全て具備する必要があ

76）　山口・前掲注（1）第3版99頁。
77）　この問題はⓓの見解にも妥当する。すなわち，真正責任身分は刑法65条2項を準用して非身分者を不可罰とする立場からは，目的の身分性にかかわりなく，目的の個別的適用が認められることとなり，関与者の不可罰性は否定しえない。
78）　山口・前掲注（1）第3版73頁。

る。2人が共働して他人の財物を奪取したが，1人に領得目的があり他の1人にない場合，前者だけに窃盗正犯は認められる[80]。ドイツ刑法28条1項が狭義の共犯のみに妥当するのは，可罰性を基礎づける一身上の要素が主たる行為者に欠けると主たる行為は存在しないと判断されるからである[81]。

しかし，わが国の判例・通説からは，刑法65条1項の「共犯」には条文上の制限が付されておらず，共同正犯にも適用されるとする見解が一般的であることからも，正犯の成立には個々の行為者が自ら正犯要素を全て充足する必要があるとの要請はドイツほど強くはない。正犯が成立するためには正犯要素の充足が要件とされることは，違法な事態の惹起のためには共犯者全員が正犯要素を充足する必要まで意味するものではない。共犯者間の少なくとも1人がこれを充足し，その他の者はこの充足者とともに違法な事態を惹起することを認識していれば，結果発生の危険性は高まるといえるからである。その場合には共犯者全員に当該犯罪の共犯の成立を認めてもよいであろう。

(2) これは，身分犯においても変わりはない。身分者に保護が委ねられている法益を非身分者は単独では侵害することはできないが，身分者と共働であれば法益を侵害することは可能である。目的犯においても事情は同じであり，例えば通貨偽造行為はそれ自体適法であっても，通貨に対する公共の信用を害する一定程度の危険性を内包しており，また，有価証券の売買という適法行為であっても，相場を変動させるという一定程度の可能性を内包することは否定できない。そして，これらの行為の際に行使の目的や誘引目的が存在し，目的の内容が実現される危険性が存在したときに目的犯の成立が認められる。目的のない適法行為であっても，違法な法益侵害が実現される可能性がその中に包含されていなければ目的犯成立の前提条件に欠ける。

そうすると，認識関与者に共同正犯が成立するためには，認識関与者は単に共働者の目的の存在を認識するだけでは足りず，共働者の目的によってどのような事態が発生するか，すなわち共働者によって法益侵害の危険が発生することを関与者は認識することが必要であり，それにもかかわらずこれに

---

79) Rudolf Rengier, Strafrecht Besonderer Teil Ⅰ, 17.Aufl., 2015, S. 53.

80) Mitsch, a.a.O.（Anm. 56), S. 77.

81) Rengier, a.a.O.（Anm. 47), S. 444.

関与することによって，違法の共同惹起を肯定することができる。

以上の検討からすると，身分犯の共犯を異なって解決するだけの理由は見出し難い。そうすると，刑法65条1項は共同正犯における違法身分の連帯的作用を規定すると解するのが妥当な方向性を示していると考えられる。

(3) ただし，「共同正犯が認められる」とは，共同正犯の成立可能性を意味するにすぎず，実際の共同正犯の成立にはその他の正犯要件の充足が必要となる。これは共犯従属性原則（制限従属形式）からも示されるところである。制限従属形式は正犯要素が違法であれば，共犯の成立を認めることができるという共犯成立のための必要条件を述べたものであることを考えれば，共同正犯成立のための必要条件と十分条件は異なるものである。

目的犯においても，目的を認識しているから共同正犯となるわけではなく，目的の認識は共同の違法惹起の可能性を意味するにすぎない。行為者各自が行為支配性など正犯として評価しうるだけの寄与が満たされて初めて共同正犯と評価しうるのであって，行為の寄与度に応じて，共同正犯と幇助犯のいずれにもなりうることは当然である。

2　責任身分における共同正犯の成否

第2に，共同正犯関係においては，正犯要素を具備した共働者の責任要素を認識するだけで自らその責任要素を具備していない者は，身分犯の共同正犯としては処罰できない。つまり，身分が責任要素である場合には，非身分者は身分犯ではなく基本犯の共同正犯が成立する。これによって，認識関与者については，目的が責任要素である場合は目的犯ではなく基本犯の共同正犯が成立するにすぎない（共働者と関与者は目的犯と基本犯の共同正犯関係に立つこととなる）。刑法65条2項はこのことを規定する。

判例・通説であるⒶの見解は真正責任身分について刑法65条1項を適用し，非身分者に身分犯の共同正犯を認める。これは責任身分についても連帯を認めるもので，従属性原則により忠実な思考であり，共同正犯の共犯的側面を私見よりも強く認めることからの帰結であると評価することができる。共同正犯には正犯的側面と共犯的側面の両面があることは当然であり，両者のいずれをより強調するかで私見との見解の相違がもたらされることとなろ

う。しかし，形式的に文言に忠実な解釈よりも，実質的観点から違法の連帯性，責任の個別性を貫徹するべきことからすると，正犯である共働者の責任要素を認識することで，関与者を正犯として非難するのは妥当ではないと考えるべきである。その意味で私見はこの点について©の見解に近い。

　非身分者には身分不存在を理由として単独では法益侵害を惹起しえないとしても，身分者の身分を認識して行為を共働すれば身分犯の共同正犯の成立が認められるのは，身分を備える正犯者と共働することによって法益侵害結果を惹起しうるからであり，身分の連帯的作用はその限りで肯定されるにすぎない。

　これに対して，正犯性を肯定するためには正犯は自ら責任を具備する必要があり，正犯の1人がこれを備えていることを知っているだけで自らはその要素を有していない者は，責任要素である正犯要素を欠いているために，違法な事態を共同で発生させたことに対する責任を負うにすぎない。責任判断においては行為者各自の責任が判断されるべきであり，共同正犯といえども共同する他者の責任まで負担するものではないからである。違法要素の連帯性，責任要素の個別性はこのように理解することができる。

　このような責任身分の個別的作用は，目的犯における責任目的においても同様に妥当するものであり，共働者の目的の認識の目的性が否定されることから，責任目的については関与者が自ら目的を有する必要があることを意味する。

3　狭義の共犯の成否

　(1)　第3に，狭義の共犯は正犯の犯罪に加担するものであり，正犯行為を認識しつつこれを教唆・幇助すれば，身分犯の共犯の成立を認めるべきである。すなわち，身分が違法要素か責任要素かを問うことなく，非身分者に身分犯の狭義の共犯の成立を認める。これは目的犯においても同様であり，認識関与者については，目的が違法と責任のいずれの要素に属するかにかかわらず，正犯行為を認識して関与すると正犯と同じ身分犯（目的犯）の狭義の共犯の成立を認められる。刑法65条は共同正犯のみに妥当する規定であり，狭義の共犯はこの規定による違法の連帯的・責任の個別的作用の枠外にあ

る[82]）。

　ⓒとⓓの見解からは，真正責任目的犯における認識関与者の狭義の共犯の
成立について，認識関与者は目的を有しないことから目的犯の成立が否定さ
れ，また，基本犯が存在しないことから，犯罪の成立が認められない。営利
目的面会強請罪や常習面会強請罪（暴力行為等処罰法2条1項，2項）がこれに
当たるとされている[83]）。これに加えて，結果無価値論に立脚する多くの見解
からは，窃盗罪の不法領得の意思や虚偽告訴罪の人に刑事または懲戒の処分
を受けさせる目的なども責任要素に属することとなり，また，偽造罪の行使
の目的をも責任要素と解する見解も有力に主張されているから，実際に問題
となる犯罪の種類は多く考えられる。

　(2)　身分（目的）は構成要件要素であり，違法または責任の要素である。こ
れは正犯の成立にとって必要な要素であることに問題はない。これに対して，
狭義の共犯においては，例えば，殺人の教唆について，教唆者は正犯者が殺
人を行うことを認識する必要はある[84]）が，それは被害者を殺害することの認
識認容という殺人の故意とは区別される。これからすると，正犯と狭義の共
犯ではその成立要件を異にすることに問題はない。身分犯についても，公務
員に収賄を教唆する者に，収賄罪の教唆犯が成立するとしても問題はないが，
それは，正犯が行う身分犯という違法行為に加担することを認識してこれに
関与することから導出されるもので，刑法65条1項によるものではない。狭
義の共犯は自ら違法身分（目的）を具備する必要はない。正犯の違法身分を認
識することが必要であり，それで十分である。

　また，責任の個別性の原則は，狭義の共犯においても妥当する原理と考え
るが，ここから責任身分は従属性が認められず行為者各自がこれを備えなけ

82）刑法65条1項が共同正犯についての規定とするものとして，大判明治44年10月9
　日刑録17輯1652頁。なお，大谷・前掲注（3）455頁は，刑法65条1項について，教唆
　犯・幇助犯の成立を特に除外する理由はないとする。その趣旨は結論において妥当であ
　るが，狭義の共犯においてはあえて刑法65条1項の規定によるまでもない。
83）山中・前掲注（4）998頁，西田・前掲注（6）262頁。なお，Jescheck/Weigend, a.a.O.
　（Anm. 49), S. 660. は，ドイツにおける通説とは異なり，共犯に責任構成要件の可罰性を
　基礎づける要素が欠けていると刑法29条が適用されて共犯は不可罰であると指摘する。
84）大谷・前掲注（3）433, 441頁は，自己の教唆行為によって被教唆者が特定の犯罪を実
　現することを決意しその実行に出ることを認識認容することをもって教唆犯の故意と
　し，幇助犯の故意も同様に構成する。

ればならないということにはならない。この原則は，犯罪構成要件に規定される責任身分（目的）を行為者各自が全て具備することを必要とするわけではない。責任非難が行為者各自に対してなすことができれば足り，狭義の共犯においては，共犯者個人に対する身分犯としての責任非難が向けられれば，自らは当該責任身分を具備してはいなくても，身分犯の共犯の成立を認めることは可能である。狭義の共犯は自らの犯罪を実現するものではなく，他人の犯罪に加功するものである。正犯要素が違法要素であれば法益侵害性を認識していることは共同正犯における場合と同一であるが，その一方で，身分が責任要素である場合にも正犯が実現する犯罪の性格，すなわち当該正犯が遂行する身分犯への加担を認識しているので，身分犯の共犯として非難を加えることは可能といえる。

　(3)　このように狭義の共犯の成立には共同正犯とは異なる原理が働くと考えるべきである。このような場合には，身分犯の共同正犯を認めることはできないとしても，狭義の共犯の成立を認めるべきである[85]。このような構成は目的犯においても同様であり，例えば，不法領得の意思必要説を前提とすると，正犯者に窃盗を教唆する者は，自身で不法領得の意思を有しなければ窃盗の教唆犯が成立しないとすればそれは妥当な結論とはいえない。正犯者の不法領得の意思を認識していることで成立要件としては必要かつ十分である。第三者領得の意思もここでは問題とはならない。

　目的が違法要素と責任要素のいずれに属するかに関わらず，狭義の共犯が自ら目的を有する必要はないことが認められなければならない。不法領得の意思をはじめとして目的の体系的地位は議論のあるところであり，また，狭義の共犯が正犯の犯罪行為に加担する犯罪類型であることから，目的が違法と責任のいずれの要素に属するとしても，犯罪への加担である点で変わりはない。すなわち，正犯が目的を有して目的犯を遂行することを認識していれば，狭義の共犯としての違法性および責任を肯定することができる。

---

85) このような私見に対しては，身分犯の正犯になれないのに共犯にはなれるとすることは論理が逆ではないかとの疑問が提起されよう。しかしこれは，共同正犯と狭義の共犯との構造上の相違による帰結である点を考慮すれば，共犯の成立可能性は正犯の成立可能性を前提とすることにはならない。

第4章　目的犯と共犯　349

4　私見に対して予想される疑問と回答

(1)　私見に対して予想される疑問としては，まず，常習性が責任身分と位置づけられるとしても，責任要素としての目的は存在するであろうかということをあげることができる。結果無価値論からは責任目的は多数存在し，©と©の見解からは真正責任目的犯においては処罰の間隙が大きく認められる。これに対して，行為無価値論の立場からは，違法性の存否および程度に影響を及ぼさず責任の決定だけに関与する責任目的の存在は想定し難い。

責任目的の例としてあげられる営利目的面会強請罪の営利の目的（財産上不正の利益をえる目的）についても，薬物犯罪における営利の目的と同様に，論者の立脚する立場からの主張である。実際に，組織犯罪処罰法2条2項1号は，財産上不正な利益をえる目的で行った規定の犯罪から生じた財産を「犯罪収益」とするが，それは，そのような目的で遂行された犯罪行為の規模，反復継続性といった点に着目するからであると考えられる。営利目的面会強請罪においても同じく，単なる動機の悪性だけではなく，この目的でもって遂行される面会強請の強度，法益侵害の危険性の高さを考慮すれば違法要素であることは十分に理解可能であり，「財産上不正の利益をえる目的」が一般的に責任要素となるわけではない。

(2)　私見に対する最大の疑問としては，責任目的が想定し難いとしても，責任身分（目的）が共同正犯では個別的に，狭義の共犯では連帯的に機能することの妥当性があげられるであろう。責任身分の連帯を認めると，非常習者Aと常習者Bが賭博をした場合に，Aには常習賭博罪の共同正犯や狭義の共犯が成立しうる[86]ことに対して，常習性を責任要素と解する限りは，身分犯の共同正犯の罪責を問うのは不合理であり，また，共犯の罪名は正犯の罪名に従属すると解するとしても，身分犯の共犯を認めることも不合理であるとして，刑法65条2項は責任身分についてまで罪名従属性を維持することが不合理であるからこそ，これを修正する規定であり，制限従属性の思想に沿ったものであるとの批判[87]がすでに展開されているところである。

しかし，この不真正責任身分における批判は，共同正犯に関する限りでは

---

86)　十河・前掲注 (6) 253-256 頁。
87)　西田・前掲注 (6) 305-307 頁。

正当であるが，狭義の共犯については妥当しないことはすでに述べたとおりである。これからすると，私見は，真正身分・不真正身分や違法身分・責任身分に身分を分類する見解に比べて，刑法 65 条 2 項が適用される基本犯の共犯を認める範囲が狭くなることは事実である。しかし，他人とともに犯罪を行う場合には，その他人の行う身分犯の事実を認識している以上その責任を負うべきところからすると，私見が責任の個別性原則に違反しそれを規定する刑法 65 条 2 項の趣旨を没却するものでもないと考える。

　(3)　また，共同正犯と狭義の共犯で成立する犯罪が分離することは，真正責任身分において非身分者には身分犯の共同正犯は存在しないため，基本犯の狭義の共犯が成立するだけであるが，その一方で，不真正責任身分における非身分者は基本犯の共同正犯と身分犯の狭義の共犯の両者の成立可能性が認められることになり，特に後者の罪数関係が問題となる。これについては，正犯と共犯のいずれかの要件も充足されていることを前提として，基本犯の正犯と身分犯の共犯の二罪の成立がとりあえず考えられるが，両者は重い罪の刑に軽い罪の刑が吸収される関係に立つと解すべきであろう。目的犯の場合にも事情は同様である。

　このような考え方からすると，不真正責任身分では一般的に身分犯の刑は加重されていることから，正犯と共犯とで刑の重さがほとんど変わらない，あるいは，特に教唆犯の場合には共犯の方が正犯よりも刑が重くなることもあり，正犯と共犯の区別が無意味となってしまいかねない事態がありうることは認めざるをえない。これについては最終的には，ドイツ刑法 28 条 1 項や改正刑法草案 31 条 1 項のように，身分犯の成立が認められる非身分者に刑の減軽をすることが，立法政策や量刑事情として一考に値するであろう。

六　結びにかえて

　以上不十分ではあるが，目的犯の共犯について検討を重ねてきた。ところで，私見は目的犯の目的の内容の相違の観点から，行為自体の目的実現の関連が強い場合と目的が違法の性質を変える場合とに目的犯を 2 分し，前者においては目的は目的実現の未必的認識認容で足りるが，後者においてはそれよりも強度の内容（意図，確定的認識）を要すると考える[88]。これは，単独正

犯として目的犯を遂行する場合の目的として要求されるべき内容に関する考
察であり，本稿における共犯関係にも同様に適用される理論ではない。共犯
においては，自ら目的を有していない者であっても，特に共働者の目的を認
識している場合には目的犯の共犯（共同正犯，狭義の共犯）が成立しうること
が問題となるのであるから，この点においても単独正犯と共犯では目的犯成
立のための要件は必然的に異なるものとならざるをえない。

　特に後者の類型においては，目的犯正犯が目的実現の未必的認識以上の強
度の意思内容を要求するのに対して，共犯（共同正犯，狭義の共犯）であれば
共働者の目的を未必的に認識しさえすれば目的犯の成立が認められうること
には疑問も提起されよう。しかし，犯罪を基礎づけることとそれへの関与と
で目的犯成立のための内容が異なることは必ずしも矛盾するものではない。
共働者が基本犯ではなく目的犯を遂行することを認識しつつこれに関与する
点に目的犯としての関与者の犯罪性が肯定されるのである。共同正犯も狭義
の共犯も自ら全ての犯罪要素を具備する必要はないことに鑑みれば，これは
関与者が正犯であるか共犯であるかを問わず共通するものである。

88）本書 147-168 頁，伊藤亮吉「目的犯における目的の内容」刑法雑誌 54 巻 2 号（平成 27
　年）199-213 頁。

第5章 結 語

（1） 本書は第1章「序論」から第5章「結語」までの5部構成をとるが，主たる検討をなす第2章から第4章までの概要を簡単に述べると以下のとおりである。

第2章第1節「目的犯の新たな潮流—ドイツにおける判例学説の状況」では，ドイツにおける新たな目的犯の二分類について論じる。従来展開されてきた目的犯の二分類（短縮された二行為犯と断絶された結果犯）は，目的を違法要素，責任要素のいずれに分類するかに多大な寄与を果たしてきたが，それは決して目的の内容を決定しうるものではなかった。そこで，目的の内容を明らかにする観点から，目的犯を別に分類して検討することが試みられている。すなわち，詐欺罪のように当罰的な行為に可罰性を限定するために目的が法益侵害の可罰性を基礎づける場合と，文書偽造罪のように最終的な法益侵害の意味での実質的な既遂を待たずに法益侵害を早期化する場合とに目的犯を2分し，前者の目的の内容は目的が実現することの意図を要し，後者では確定的認識まで含めるとする見解がこれである。ただし，この分類は，目的犯の性格による分類というほどの形式的性質を有するものではなく，一定の傾向を示すにすぎない。したがって，例外状況も認められ，例えば，犯人庇護罪は本来的には後者に属する性格を有するが，目的は意図を要すると解されている。このようなドイツにおける新たな二分類は，わが国の目的犯の目的の内容を考察するうえで大きな示唆を与えてくれるものと考えられるが，ドイツとわが国における事情を考慮すると，これをわが国において無批判に受け入れるべきではなく，その受容には十分な検討が必要とされると考えられる。

第2章第2節「判例学説の状況とその評価としての目的犯の分類」では，わが国の判例，学説に現れた目的犯の目的の内容について論じる。わが国の判例においては目的の内容について一様の理解があるわけではなく，犯罪類

型に応じて，目的を確定的認識，意図，動機，未必的認識と，様々に理解されている。学説においては，一部の犯罪類型については目的の内容に争いはあるものの，概ね判例にしたがう傾向が強いといえる。このようなわが国の状況を分析し，また前節におけるドイツの状況を参考にしつつ，わが国における目的犯を2つに分類し，これによって目的の内容を考察することが可能となる。すなわち，行為自体と目的実現の関連が強い場合と，目的が違法の性格を変える場合であり，前者の目的の内容は目的実現の未必的認識認容で足りるが，後者では意図または確定的認識を必要とすると解すべきである。

第3章第1節「ドイツにおける不法領得目的」では，ドイツにおいて不法領得目的がどのような内容を有するかについて論じる。すなわち，不法領得目的は排除目的と収得目的にわけられ，前者は排除についての未必的認識で足りるが，後者は収得についての意図を要すると判例通説は解している。このようなドイツにおける状況を概観し，ドイツ刑法が不法領得目的で問題と考えている諸々の問題点を分析的に考察することは，わが国における奪取罪における不法領得の意思の内容を検討するうえで十分に傾聴に値するものと考えられる。

第3章第2節「奪取罪における不法領得の意思」では，わが国の奪取罪における不法領得の意思を権利者排除意思と利用処分意思にわけて，その内容としてどのようなものが求められるべきかについて論じる。ドイツの一般的な見解は，前者については権利者排除についての未必的認識で足りるが，後者については利用処分についての意図を要すると解するところ，この点についてわが国の事情とは大きな相違は認められずわが国においても基本的にはこれと同様に考えることができる。ただし，意図と確定的認識との違法における同価値性を考慮すると，後者は確定的認識をも含めることができると解すべきである。

第3章第3節「横領罪における不法領得の意思」では，横領罪における不法領得の意思を権利者排除意思と利用処分意思に着目して，その内容としてどのようなものを求めるべきかについて論じる。わが国の判例は横領罪の不法領得の意思を奪取罪よりも広く認める傾向がみられるが，両罪の相違の特徴である占有侵害の有無は不能領得の意思の内容を決定するだけの理由を見

出すことはできず，権利者排除意思，利用処分意思ともに奪取罪におけるそれと異なる内容を認める必要はなく同様の内容を与えることができると解すべきである。

第3章第4節「背任罪における図利加害目的」では，背任罪の図利加害目的についてどのような内容を要求すべきかについて論じる。判例学説は，消極的動機説という本人図利加害目的がないことを重視する立場を採用するとされるが，このような意思は法文上規定する図利加害目的とは直接的に結びつくものではなく，また，判例においても実際には図利加害目的の存在に言及していることから，消極的動機説がこの問題を解決するための唯一の解決策を示すものではなく，このような考え方には賛同できない。図利加害目的の内容としては，図利目的，加害目的ともに当該結果発生についての意図または確定的認識を要すると解すべきである。

第3章第5節「価値中立行為と目的犯―迷惑防止条例における客待ち規定を中心として」では，価値中立行為が目的犯として規定されることで可罰化されることの是非について論じる。客観的行為それ自体では処罰に値しない価値中立行為であっても，一定の場合にはこれを捕捉する必要がある。法はその一形態として目的犯化による処罰を規定するが，主観面による処罰化が妥当であるかは疑問の余地がある。迷惑防止条例においては，一定地区における客待ち行為自体は処罰対象とはされないが，それが客引き目的でなされると処罰対象とされる。ここであまりに広くなりかねない処罰の限定のためには，目的の内容自体を強度なものを要求する方策と，客待ち行為を限定的に解する方策とが考えられるが，まずは客観的側面による限定を試みるべきである。そのうえで，客待ち行為はそれ自体は正当な行為と位置づけられることからすると，客引き目的は，意図のみならず確定的認識を要すると解する。

第4章「目的犯と共犯」では，目的犯の共犯について，目的犯を構成的目的犯と加減的目的犯にわけたうえで，各種の共犯形態においてどのような結論に至るかについて論じる。目的は自己目的に限ることなく他者目的も含めることができる，共働者の目的を認識していない場合の関与者に目的犯は成立しない，正犯者の目的の認識は目的に含めることはできない，目的を刑法

65条の身分に含まることは許される，ということがまずは確定される。これを前提として，目的が違法要素であれば共働者の目的を認識する関与者に目的犯の共同正犯の成立を肯定する（刑法65条1項），目的が責任要素であれば共働者の目的を認識する関与者に目的犯ではなく基本犯の共同正犯の成立を肯定する（刑法65条2項），目的が違法要素か責任要素かにかかわらず正犯行為を認識して加担する関与者には目的犯の狭義の共犯が成立するものと解すべきである。

（2）　以上のとおり，本書は目的犯の目的としてどのような内容を要求すべきかを中心に検討を加え，あくまでも各論における傾向を示すにとどまるものの，それでもなお一定の体系化を試みることを主眼とするものである。すなわち，故意においては故意として記載される客観的構成要件該当事実が実現することの認識認容が要求されるところ（認容説），これに応じて目的においても，例えば，通貨偽造罪（刑法148条）が規定する行使の目的としては，目的として記載される事実としての偽造通貨の行使つまり偽造通貨が流通に置かれることの実現を未必的に認識（認容）すれば足りるのか，それとも，それ以上に意図や確定的認識などのより強度な意思を必要とするのかということを問題の出発点として議論を展開する。この点を学説はこれまであまり検討対象としてこなかった一方で，判例においては，目的の内容にまで立ち入ってこれを意識して判決を出しているものが多数あるとともに，目的の内容の定義づけを試みるものもいくつかみられることは本書においてすでに指摘したところである。本書の問題意識からすると，目的の内容の解明という点については判例の方が学説よりもはるかに先に進んでいるものといえよう。

　一方，主観的要素としては目的と同一である故意に目を転じてみると，そこでは，目的と同じく，結果発生の意図でもって行為する場合とその未必的認識認容で行為する場合とを想定しうるものの，故意の存否に関する限界事例，すなわち（未必の）故意と（認識ある）過失の区別のためには未必の故意の事案を設定することが必要不可欠であるから，故意論においては未必の故意の問題解明が議論の中核となっていることに疑いはなく，かつそれは当然といえる。その一方で，未必の故意以上の意思形態である意図や確定的認識は，未必の故意と比べて量刑段階では差を生じさせるのかもしれないが，故

第 5 章　結　語　　357

意の存在としては同一のものと評価される，すなわち，これらは故意に算入
されることが当然認められるものであるから，その実態を検討する理論的実
益は少ないのかもしれない。

　ある行為が客観的に他人の法益を侵害する性質を有するものであり，行為
者自身がそのことを認識認容していれば，そのような主観的側面を故意と名
づけるか目的と名づけるかは別にして，当該行為の遂行をおもいとどまる反
対動機の形成が期待でき，それにもかかわらずあえて行為に出れば責任非難
に値するものといえ，犯罪の成立を肯定することは正当であるとも考えられ
る。この点では故意と目的は等価値といえる。しかし，行為自体に一定程度
の違法性が付与されているとしても，なお一定の場合には客観的な法益侵害
の認識認容だけでは処罰に値せず，それよりも強度の意思内容（意図や確定的
認識）を要求すべき類型が存在しうるのではないだろうかということが本書
の出発点である。故意においてはそのような強度の意思内容を要請する立法
形式はもちろん可能であるが，わが国の現行法上はそのような立法例は見当
たらない[1]。

　これに対して，ドイツにおける Absicht の議論が Absicht の文言上の意味
を非常に重視していることが示すとおり，目的の文言上の一般的・本来的な
意味は，意図等の強度の意思を表すものといえる。しかし，だからといって
わが国における目的の内容を意図に限定することに固執する解釈を採用する
必要はなく，現に判例の多くは目的と意図との相関性を重視してはいない。
目的の内容の検討にあたっては，目的の一般的・本来的意味である意図から
出発し未必的認識認容でもよいかという思考方法をとることから，従来の未
必の故意論とはある意味では逆の視点でもって考察することとなるのかもし
れない。意図と未必的認識認容という犯罪成立のための主観的要素としては
等価値と評価すべきともいえる 2 つの要素に差を設けることが認められるべ
きかへの疑問は当然提示されることになろう。しかし，当該目的犯の形式や
目的の性格に鑑みると，目的犯の目的について強度の意思内容を要求すべし
とする解釈も可能なものがあると考えられる[2]。その肯否は別として，少な

　1）　ドイツ刑法は，258 条 1 項などで absichtlich oder wissentlich（意図的に又は事情を知
　　りながら）のように，主観的要素を限定する犯罪類型が存在する。

くともその是非に関する議論を一概に排除する理由はないものといえる。本書はこの点について一定の帰結を示すことができたのではないかと考える。

（3）　目的犯法制は将来的にどのような展望を見通せるであろうか。目的犯は，基本的には目的が客観的に実現する必要なくして，いわば，ある意思を内心に抱いているだけで，犯罪の成立または刑の加重（減軽）が認められる犯罪類型である。別言すれば，通常の犯罪よりも行為者主観に犯罪の成否や刑を依存することの大きい犯罪類型といえる。主観的要素の認定については，その恣意性，不明確性の危険がしばしば指摘されるところであるが，これは目的の認定においても妥当する。これに対しては，故意の認定におけるのと同様に，客観的事情を重視して[3]目的の認定もなされるべきといえるが，客観的側面に対応物が存在しない目的の認定はより恣意性，不明確性に流される可能性が高いとも考えられる。そして，目的の内容について未必的認識認容以上のより高度のものを要求するとした場合，これによってこの問題が解消されるわけでもない。むしろ，行為者の心理状態として未必的認識認容では足りず意図や確定的認識の存否を犯罪の成否に当たり実際に判断しなければならないことになると，その判断はより困難を極めることになるといえるから，その危険性はさらに高まることにもなりかねない。

また，目的犯はいわゆる処罰を早期化・前置化する犯罪類型である。つまり，目的犯においては法益侵害はいまだ発生していない（断絶された結果犯）か，何らかの侵害は発生しているけれども当該行為で目的とされる侵害は発生していない（不完全な二行為犯）段階において，早期の処罰化を肯定することとなる。いずれの類型であるとしても，こうした立法が結果の発生をある意味で「未然に」防止することを志向するのは，社会秩序の維持という点を考慮すれば，正当化しうるのかもしれない。しかしその反面で，本来的な法益侵害の危険が「切迫」しているとまではいえない段階において法益侵害性を肯定し，処罰の早期化を肯定しうるには刑法の法益保護機能の観点からは，行為者の自由保障を蔑ろにする危険性が高いために，それを正当化しうるだ

2）　私見では，目的犯の分類における第二の分類の第三類型と第四類型がより強度の意思内容を要求する類型にあたる。本書 158-169 頁を参照。

3）　大野市太郎「殺意」小林充＝香城敏麿『刑事事実認定(上)』（平成 4 年）2 頁を参照。

第5章　結　語　　359

けの相当の理由が必要となるのは当然である。このことから，両者の均衡点を探る努力が不可欠である。現在の目的犯法制の全てがこの点での有効性を有すると仮定しても，目的犯法制を際限なく拡大する，あるいは，それができるということになれば，それは懸念されるべき事態であり，どのような目的犯法制の立法でも許容されるというものではない。

　このような事情を考慮すると，目的犯という犯罪類型の立法化には慎重を要することは当然のことであり，そうだとすると，目的犯法制は将来的には縮小あるいは廃止の方向を模索し，より客観的要素を判断材料とする法制に収斂されていくべきかともおもわれる。しかしながら，立法の慎重さと法制の縮小・廃止の方向とは軌を一にするレベルの問題ではなく，目的犯法制を一律に排斥するような方向性は採用できないであろう。通貨偽造罪を例にしても，通貨偽造行為はその全てが処罰に値するわけではなく（そうでなければ，通貨偽造行為は映画撮影の目的や自己の技術を誇る目的で作成されたものを含めて全てが禁止されるべきこととなろう），処罰が一定の場合に限定されるべきであることに異論はないとおもわれる。その一定の場合について現行法が規定している行使の目的のある場合に限定することの当否を含めて，処罰と不処罰の限界線をどこに引くかについては見解がわかれるかもしれないが，偽造通貨の精巧性や量，偽造を行った場所や関与した人数の多寡といった客観的要素で犯罪性を決定することはできないことは当然である。やはりいかなる目的でもって通貨偽造を遂行したかが現段階における限界線としては最も有効であり，効率的であると考えられる。そして，これらの客観的事情は目的の有無を判断する上で推定や参考となりうるにすぎないものである。

　（4）　目的犯法制の正当化は，特に目的犯の分類における第二の分類の第三類型のように，客観的行為は適法行為ではあるが，一定の範疇において犯罪化が求められるものにおいて先鋭化する。これについては，何を基準として犯罪化が可能かが検討されなければならない。そこでは客観的な行為の態様を基準として犯罪化を決定しようとする手法がまずは検討されることになろう。その手法は一定程度有効性を有するのかもしれないが，それでもどのように規定しようとしても当罰的な行為を規定し尽すことはできないであろう。特に，客観的には正当な行為を前提とした目的犯としての処罰化におい

ては，例えば相場操縦罪（金融商品取引法159条2項1号，197条1項5号）の
「相場を変動させるべき一連の有価証券売買等」との規定については，例えば，
大量の売買がなされれば相場を変動させるべき売買に該当しうるであろう
が，それ自体は特に問題とはなりえない取引であって，誘引目的が犯罪化を
決定する要素となっている。その意味では目的等の主観的要素が犯罪性を決
定するうえで重要な役割を果たす類型となっている。

　このような類型における処罰化が果たしてどの程度妥当性を有するかは
個々に考察する必要があり，また安易な処罰化を認めるべきではないが，他
者の利益を侵害する危険性を伴う場合には，適法行為とはいえ，何らかの規
制に服しうることがこの問題を解決するためのとりあえずの方策として提示
することができるであろう。その意味では全くの適法行為をある目的によっ
て処罰するものではないのである。

　このような第三類型での解決が他の類型の目的犯化が避けられることを意
味するものではない。例えば，構成的（真正）目的犯においては，これが第一
の分類における第一類型[4]と第二類型[5]では客観的行為における違法の量的
相違が認められるだけで，目的のない行為は不処罰であることに変わりはな
い。その点では，客観的行為にどの程度の違法性が認められるかの程度の差
こそあれ，いずれにしても客観的行為だけでは処罰対象とはなりえない行為
が目的の存在によって可罰的となる犯罪類型が想定しうるのであるから，第
一，第二類型は第三類型と同様の基本的構造を有することから，同様の手法
で問題の解決を図ることができる。

　また，第四類型は基本的には加減的（不真正）目的犯が想定されるが，そこ
での目的の体系的地位が違法要素か責任要素かにかかわらず，一定の目的の
存在が刑の軽重に影響を及ぼしうる法制は十分に考えられるところである。
つまり量刑にあたっては，行為者の心理状態を考慮することなしにはこれは
不可能なのであるから，それを規定化して，一定の心理状態を特に重く（あ
るいは，特に軽く）処罰することはむしろ当然ともいえる。

　このことは目的犯法制が多分に立法技術に左右される側面を有することが

4）本書147-151頁を参照。
5）本書151-157頁を参照。

否めないことを意味している。例えば,旧刑法における各種の殺人罪規定(292条-298条)やドイツ刑法の殺人罪(211条の謀殺罪と212条の故殺罪)のように目的等の有無で犯罪の区別を設けるのと,現行刑法の殺人罪(刑法199条)のように広範な法定刑を設定するのとで,いずれの立法形式が妥当かの判断を下すことはできない。前者は犯罪の明確化,類別機能の点に利するところがあり,後者は個別の事案に応じた量刑判断が可能な点に利するところがあるといえるから,どちらの選択も立法政策としては可能であろう。「謀殺必ス重カラス故殺必ス輕カラス,謀殺テモ故殺テモ或場合ニ於テハ重イ者カ輕イコトカアリ,又輕イ者カ重イコトカアル,依テ謀殺故殺ヲ設ケル必要ハ無イ」[6]との現行の殺人罪の立法理由が後者の立場をよく示している。そうはいっても,このような立法例が絶対的に正しいというわけではないことは改めて付言するまでもない。

　また,旧刑法の殺人罪規定と同様なものとして,例えば,現行法は各種薬物事犯につき営利目的の有無で法定刑に違いを設けている(例えば,覚せい剤取締法41条1項の単純な覚せい剤輸入罪と2項の営利目的覚せい剤輸入罪)が,これを現行の殺人罪のように単一の犯罪に統合し幅広い法定刑に構成し直すことも,このような立法技術が許される限りでは(例えば,これによって単純な覚せい剤輸入行為を営利目的覚せい剤輸入行為と同等に現行法よりも重い刑を科したり,逆に,営利目的覚せい剤輸入行為を単純な覚せい剤輸入行為と同等に現行法よりも軽い刑を科すことが国民の合意としてえられる限りでは),考えられうる1つの立法形式といえる。その意味では,加減的(不真正)目的犯は,立法技術のあり方の問題とも言い換えることができる。そして,これについてわが国の薬物犯罪が営利目的の有無で犯罪の種類をわける手法を採用しているのは,そのような立法形式の現れであって,決して誤りであるとはいえない。

　(5)　以上のことからすると,目的犯法制については,特にこれまで適法行為あるいは放任行為として犯罪とされていなかった行為を犯罪化することについては,その個々の立法の妥当性は問題となりうるのであり,安易な犯罪化を認めるべきではないことを当然の前提としても,目的犯法制は現代社

---

6)　倉富勇三郎他監・松尾浩也増補解題『増補刑法沿革綜覧』(平成2年)1147-1148頁。

会における法益保護の観点からもその存在に理由があるものと評価しうるものと考えられる。

そして，最近の，不正アクセス行為の用に供する目的での他人の識別符号の不正保管（不正アクセス禁止法6条），児童買春の周旋をする目的での勧誘（児童買春処罰法6条1項），自己の性的好奇心を満たす目的での児童ポルノ所持，提供等（7条1項），児童買春等目的での人身売買（8条1項），私事性的画像記録の公表目的での提供（リベンジポルノ防止法3条3項）等の規定に代表されるように，今後もこのような立法形式は有効であり続けるであろうと予想される。これらの目的犯法制が妥当なものかも含めて，目的犯の問題はいまだ残されたままではあるが，詳細は今後の研究課題とさせていただきたい。

著者紹介

伊藤 亮吉（いとう りょうきち）
1969年4月　東京都に生まれる
1991年3月　早稲田大学法学部卒業
2003年3月　早稲田大学大学院法学研究科博士後期課程単位取得満期
　　　　　　退学
現　　在　名城大学法学部教授

目的犯の研究序説

2017年2月27日　初版第1刷発行

著　者　　伊　藤　亮　吉

発行者　　阿　部　成　一

〒162-0041　東京都新宿区早稲田鶴巻町514番地

発行所　　株式会社　成　文　堂
電話 03(3203)9201(代)　　Fax 03(3203)9206
http://www.seibundoh.co.jp

製版・印刷 三報社印刷　　　　　　製本　弘伸製本
ⓒ2017 R. Ito　　　　　　　Printed in Japan
☆乱丁・落丁本はおとりかえいたします☆　検印省略
ISBN 978-4-7923-5194-6 C3032
定価(本体6500円＋税)